澳洲全境圖

AUSTRALIA

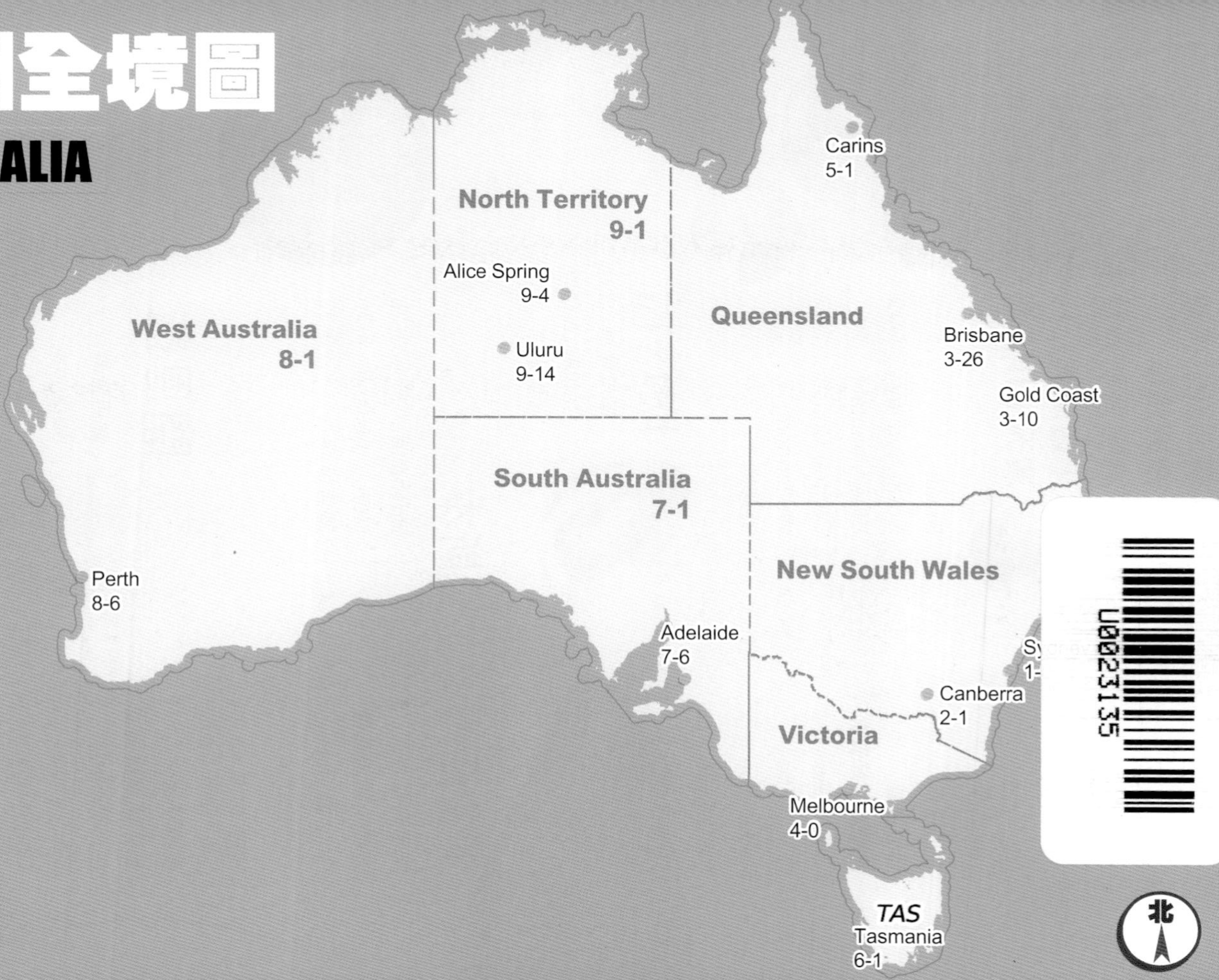

North Territory
9-1
Alice Spring
9-4
Uluru
9-14
West Australia
8-1
Queensland
Carins
5-1
Brisbane
3-26
Gold Coast
3-10
South Australia
7-1
New South Wales
Perth
8-6
Adelaide
7-6
Sy
1-
Canberra
2-1
Victoria
Melbourne
4-0
TAS
Tasmania
6-1
北

目錄

悉尼 Sydney

坎培拉 Canberra

黃金海岸&布里斯本 Gold Coast&Brisbane

墨爾本 Melbourne

開恩茲 Cairns

塔斯曼尼亞 Tasmania

南澳 South Australia

西澳 Western Australia

北領地 Northern Territory

防疫限制

澳洲已取消所有COVID-19疫情相關入境及檢疫規定，入境澳洲無需再作任何檢測。

旅遊簽證

持有香港特區護照HKSAR Passport或英國國民海外護照BNO的人士，可自行申請Australian ETA電子簽證（簽證類別601）。電子旅遊簽證可以在網上辦理，有效期1年，持證者可以在簽證有效期間無限次進出澳洲，而每次停留時間不能超過3個月，簽證費用為AUD20。大部分電子旅遊簽證申請均能即時獲發，但有少部分人士可能需要12小時才能獲得簽證，故最好提早辦理申請。

詳情查詢：www.eta.immi.gov.au

申請步驟

1 免費下載「Australia ETA」流動應用程式，Android或iOS版均可

2 預備好所需文件，包括你的信用卡、旅遊證件以及澳洲的住宿地址，例如旅館或親友家的地址

3 按照指示以手機拍攝個人照片，並掃描旅遊證件

4 填寫申請表，包括姓名、電話、住址及電郵地址

5 進行電郵地址驗證，確認個人資料無誤

6 確認後於線上進行電子支付或以信用卡付款

澳洲領事館
地址：香港灣仔港灣道25號海港中心23樓
電話：2827 8881
時間：9:00am-5:00pm（周一至五）
網址：https://hongkong.china.embassy.gov.au/

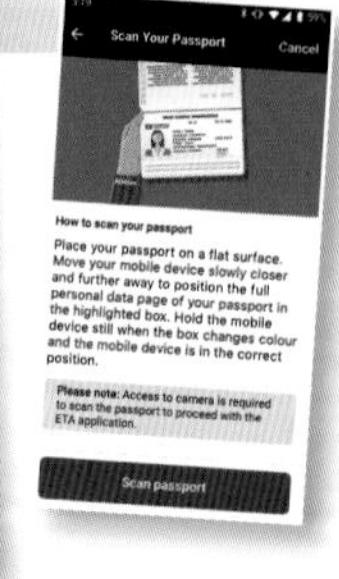

貨幣

澳洲的貨幣為澳元，簡寫AUD或AD$來表示，貨幣兌換服務可在銀行、酒店及國際機場找到，也可以透過自動櫃員機(ATM)提款，但應於出發前啟動海外提款設 定。

兌換率：現時AUD 1=HK$5.22（以2023年6月匯率）
澳元鈔票：面額包括5元、10元、20元、50元和100元
澳元硬幣：有1元及2元，並有5、10、20、50分

氣候

位處南半球的澳洲，季節及氣候與香港剛好相反。按照各省份地理位置的不同，天氣亦有所不同。以墨爾本為例，夏季平均氣溫約14° C至25.3° C，有時氣溫可高達30° C；冬季則為6.5° C至14.2° C；春季10月是降雨量最多的月份，記緊帶備雨具。一般四季分布如下：

春季	夏季	秋季	冬季
9至11月	12至2月	3至5月	6至8月

查詢詳細天氣：www.bom.gov.au

時差

澳洲共分為3個獨立時區，包括東部（AEST）、中部（ACST）、西部（AWST）。新南威州、首都領地坎培拉、維多利亞、塔斯曼尼亞及昆士蘭均屬AEST，會較香港快2小時。而ACST則包括北領地和南澳，AWST則是西澳。ACST會較AEST遲半小時，而西澳則與香港沒有時差。

在澳洲夏季會有夏令時間，新南威爾斯省、坎培拉多利亞及南澳，會調快1小時。從10月首個周日的早上2時（AEST）開始，到翌年4月首個周日的早上3時（澳洲東部夏令時間）結束。夏令時間不適應用於昆士蘭和北領地和西澳。

電壓

澳洲標準電壓為230V，頻率為50 Hz，插座設計為三腳扁身斜腳插，只要加轉接插頭就可以使用，要省錢的話建議出發前先購買。

退稅

在澳洲購物，遊客是可以申請退稅計劃（Tourist Refund Scheme，簡稱TRS），退稅金額接近商品總價值的10%。不過，遊客需根據以下條件才可辦理：

1. 在同一間商店內，購買了AUD 300或以上（包括GTS，即服務稅）的物品
2. 退稅商品之購買日期必須在離境前60天，以商店開出的收據為準
3. 要求零售商提供一張總額AUD 300或以上（包括GTS）的稅務發票
4. 離開澳洲前帶著所購買之物品、稅務發票、護照、國際航機登機證，到TRS服務櫃枱申請
5. 遊客可選以下稅項退款方法，通常會在30日之內退款：
   - 信用卡／支票，可選數種不同的貨幣／澳洲銀行賬戶

Tips!

退稅櫃檯將於航班起飛前30分鐘停止辦理，大家要預留好時間！

查詢電話：61-2-6275 6666
電郵：information@customs.gov.au
網址：www.customs.gov.au

下載退稅神器

如想節省機場辦理退稅的時間，不妨在離境前預先下載TRS手機App，填好個人資料和退稅物品資料，系統還提供退稅方式選擇；獲一個二維碼QR Code，到達機場後可以憑二維碼連同護照、登機證、相關發票及退稅貨品等，前往TRS櫃台的快捷通道辦手續。這樣不僅可以減少排隊的時間，還能提前計算出可得到的退稅金額。

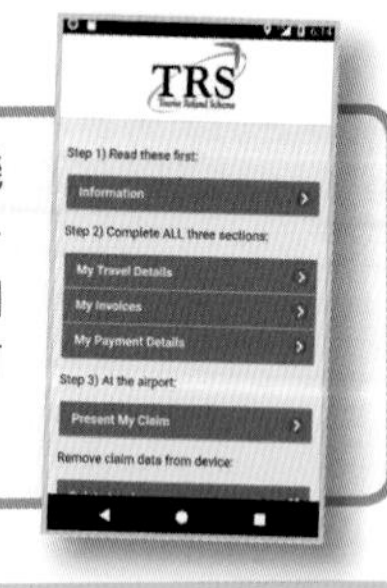

電話

澳洲國家號碼為61，手提電話的區號是04(整個澳洲)，而各省地區號碼如下：

澳洲東岸各城市的區號	
中東部：02 新南威爾斯、澳洲首都領地	**東南部：03** 維多利亞、塔斯曼尼亞
東北部：07 昆士蘭	**中西部：08** 南澳、西澳、北領地

有用電話

報警及緊急事故：000
悉尼市內電話查詢：1223

實用網址

澳洲地大物博，單是悉尼市就足以玩上三五七日，還有墨爾本、布里斯本、黃金海岸、坎培拉……旅行前除了熟讀本旅遊天書外，更不妨瀏覽以下內容充實的實用網址。

澳洲旅遊局

網址：www.australia.com

詳盡的官方網頁內記載了澳洲全國各地好去處，以不同主題分類，一切吃喝玩樂資料盡在掌握。

澳洲旅遊專家熱線：3750 5000

Study in Australia

網址：www.studyinaustralia.gov.au

此網頁為打算到澳洲留學的人提供課程、學校及費用等資訊。更有不少留學生的留言，分享在澳洲留學的經驗。

Working Holiday Jobs

網址：www.workingholidayjobs.com.au

網頁為所有到澳洲工作假期的人提供平台交流，可找到有關於的問題，例如簽證、稅收、找工作等。

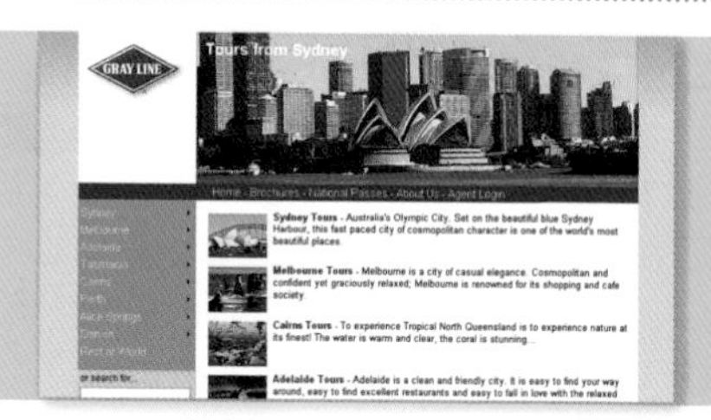

Grayline觀光網

網址：www.grayline.com.au

Grayline是澳洲數一數二的觀光團公司，提供全面的觀光服務，包括全日或半日觀光行程，以及代辦各種觀光通行程。

澳洲住宿網頁

網址：www.wotif.com

網頁內備有各省份不同種類住宿的資料。資料詳盡，操作簡易，堪稱澳洲最佳住宿網站。

The Arts Centre

網址：www.artscentremelbourne.com.au/

內容包括墨爾本及維多利亞州內大大小小的演唱會、展覽及表演資訊，喜愛藝術的旅客不容錯過。

各省旅遊局網站

澳洲旅遊局：www.australia.com

新南威爾斯州旅遊局：www.sydney.com

維多利亞州旅遊局：www.visitmelbourne.com

坎培拉旅遊局：www.visitcanberra.com.au

昆士蘭旅遊局：www.queensland.com.hk

南澳洲旅遊局：www.southaustralia.com

西澳洲旅遊局：www.westernaustralia.com

北領地旅遊局：www.travelnt.com

塔斯曼尼亞旅遊局：www.discovertasmania.com

澳洲新事

悉尼

01 悉尼最高建築 Crown Towers Sydney

擁有無敵美景的泳池，冬天時酒店會維持28度水溫，所以什麼時候來都可以邊游邊賞景。

乘坐火車於Wynyard站下車，步行約9分鐘

Crown Towers系列的酒店以奢華風格為主，Crown Towers Sydney也不例外。這家酒店於 2020 年 12 月開業，是現時悉尼最高，亦是全澳第四高摩天大樓，共75層樓高271.3米。酒店距離海港大橋和歌劇院非常近，遊客可以在泳池、餐廳及一些客房欣賞Darling Harbour美景。酒店房內可以使用床頭平板來控制所有開關以及調節溫度和開關窗簾，十分方便。另外酒店設有豪華水療中心、網球場、珠寶鐘錶店以及由米芝蓮星級主廚主理的高級餐廳等等，就算在這待上整天也不會悶！

地：1 Barangaroo Avenue Sydney, NSW 2000
電：61-2-8871-6371　費：AUD 849 起
網：https://www.crownhotels.com.au/sydney

與野生動物共眠 02 Wildlife Retreat at Taronga

這裡原本是澳洲原住民Cammeraigal的村落，在原住民語言中Taronga是海景的意思。

乘坐100號巴士，於Taronga Zoo站下車，步行約2分鐘；或在Circular Quay乘坐渡輪，約12分鐘

Taronga Zoo在2019年建立了這間與動物共眠的酒店。客房一共有4種類型，分別是叢林房、動物景觀房、海港房和樹頂房。客房與保護區非常近，遊客可以直接在房內看到袋鼠、樹熊、鴨嘴獸或其他瀕臨絕種的稀有動物。入住這家酒店可以免費進入動物園及參加專享導賞，近距離觀賞動物生態。雖然房價並不便宜，但動物園和酒店以非營利模式經營，全部利潤都投入生態保育，只要入住和遊玩就已經是間接幫忙進行保育工作，十分有教育意義。

地：Bradleys Head Road, Mosman, NSW 2088　電：61-2- 9978-4791　費：AUD 548 起
網：https://taronga.org.au/sydney-zoo/wildlife-retreat

園內的生態旅遊，遊客可以在動物棲息地觀察牠們的生態。

Making Worlds展廳入口掛上52塊顏色各異的窗戶。

草間彌生的作品《Flowers that Bloom in the Cosmos》。

全新的藝術花園，是結合景觀、戶外裝置藝術的空間。

悉尼藝文新地標 03
Sydney Modern Project

St James火車站步行10分鐘即達

澳洲重要的藝文基地Art Gallery of NSW，斥資3.5億澳元新建的美術館名為Sydney Modern Project，剛於2022年底啓用；新建築佔地超過7,000平方米，除了有全天候開放的戶外藝術花園，展出三位俏皮的青銅人以及草間彌生的作品之外，場內7個展區均各具特色，其中Yiribana Gallery展廳可見澳洲原住民及Torres Strait島民的藝術作品，為悉尼這個大城市帶來濃厚的藝術氣息。另外隱藏在地下室的The Tank，也是場中的亮點之一，由二戰的海軍儲油罐改建而成，保留了7米高的圓柱狀管線，散發一股神秘色彩。

地：Art Gallery Road, Sydney NSW
電：61-2-9225 1744
時：10:00am-5:00pm 費：免費
網：https://www.artgallery.nsw.gov.au/

墨爾本地標新搞作 04
墨爾本
Eureka Skydeck 88

乘坐58號電車於Casino East站下，步行約4分鐘

在Eureka Skydeck 88能以最佳角度觀賞墨爾本市景，在疫情期間，Skydeck進行大改造，增加了許多新功能。其中包括新增VR劇場，讓遊客可以穿越墨爾本的主要地點；還有新的VR遊戲，參觀遊客可以沿著城市上空的窄木條步行，十分驚險刺激。由於新增很多付費項目，如果遊客參觀之餘亦想嘗試這些項目，買套票會更加划算喔！

連Peppa Pig也 到Skydeck 88欣賞風景！

VR劇場體驗大概要花1小時。

地：7 Riverside Quay, Southbank Melbourne, 3006
電：61-3-9693-8888 費：成人 AUD 28；兒童 (4-16 歲)AUD 18.5
Skydeck+ The Edge 套票網上價
成人 AUD 43，兒童 (4-16 歲) AUD 27
網：https://www.melbourneskydeck.com.au/

Sea World新景區 05
The New Atlantis in Sea World

乘坐704號或705號巴士於Sea World站下車，步行約9分鐘

來到黃金海岸，一 定要少不去到主題樂園玩了！當地老牌樂園Sea World開放新景區The New Atlanis，Atlanis區以機動遊戲為主，有過山車的Leviathan、空中鞦韆Trident和旋轉機動遊戲Vortex。Leviathan是木製過山車，木頭受壓時會發出聲響更是其中一大特色，車道傾斜轉彎、高低起落，刺激之餘又有點粗獷。

Trident則比較悠閒，它位於樂園最高的地標三叉戟那邊，遊客坐上去會升上42米的高空上旋轉，可以欣賞布羅德沃特的景色。而Vortex以前所未有的方式扭動和旋轉作賣點，在15米高空翻滾搖擺，體驗一把在洗衣機滾動的感覺。

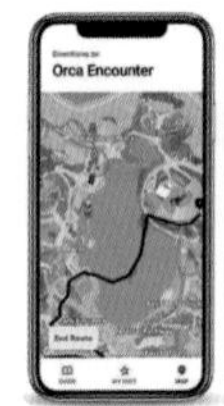

可以下載樂園APP來查看排隊時間來安排行程！

樂園海獅Luna和Rory也到新園區參觀。

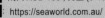

地：Sea World Drive, Main Beach, Gold Coast, QLD
電：61-133386 時：10:00am - 5:00pm
費：成人 AUD 105；兒童 (3-13 歲) AUD 95
網：https://seaworld.com.au/

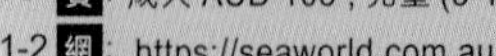

萌爆狐獴家族 06

Meerkats Exhibit in Paradise Country

建議於Pacific Fair乘在的士，約32分鐘

狐獴也在慶祝聖誕。

如果想一家大細一起玩，比起刺激的樂園，Paradise Country會來得更適合。Paradise Country新開放狐獴區Meerkat Exhibit，狐獴是母系社會，所以園內是以媽媽Aya為主的小型狐獴家族，媽媽底下還有姊姊Sarabi和雙胞胎妹妹Keeya和Maliah。另外，為了讓遊客體驗幕後互動體驗，園方每天會舉行兩場動物之旅。想看看現實版的丁滿嗎？可以去樂園新展區Meerkats Exhibit看看這些精靈古怪又可愛兇悍的狐獴們吧！

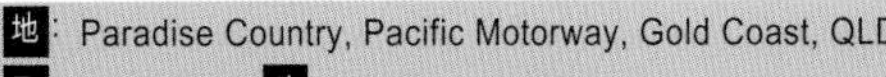

地：Paradise Country, Pacific Motorway, Gold Coast, QLD
電：61-133386 時：10:00am - 3:30pm
費：成人 AUD 49；兒童 (3-13 歲)AUD 39
網：https://paradisecountry.com.au/

柏斯

紅色懸崖與夕陽交輝相映，景色十分壯麗！

一望無際的地平線，是平時很難看到的景色。

07 卡爾巴里絕佳賞景點

Kalbarri Skywalk

由柏斯市中心沿Indian Ocean Drive駕駛，之後在Dongara南面轉入Brand Highway，再於 Geraldton 轉入 North West Coastal Highway，最後抵達卡爾巴里國家公園

卡爾巴里國家公園裡有很多天然形成的奇特地貌，園方於2020年在卡爾巴里峽谷新建空中步道，步道下還能看到默奇森河。這條河在旱季時會因為河水流量不足而露出河床；在雨季時河水流量變大，變得非常的湍急。從步道那觀看默奇森河，一直蜿蜒流向遠方，真的令人深深感受到大自然之美。此外步道也非常適合觀賞日落，在紅色懸崖上看著夕陽西下，天空猶如燃燒的烈焰，十分漂亮！

地：17 Dick Perry Avenue, Perth, WA 電：61-8-9219-9000
時：6:00am - 6:00pm 網：https://exploreparks.dbca.wa.gov.au/

自駕遊樂趣多

澳洲公路網絡完善，多條公路貫通各個省份，而沿岸的1號高速公路更連繫各省首府；加上當地治安良好，遊客大可安心駕駛。若你擁有國際車牌，又對自己的駕駛技術有信心，不妨考慮來一趟自駕遊。

租車程序及方法

Step 1： 若想租到心儀的車款，最好在出發前2星期上網辦理預訂手續。假如正值旅遊旺季，更應該提早預約。

Step 2： 取車手續可在機場的租車店辦理，謹記向職員查詢清楚是否不限里數，以及汽車保險等詳情。一般而言，保費愈高，保障範圍愈廣泛，但要注意哪些意外須由駕駛者自行承擔後果。填寫Rental Agreement時，也要細閱租車條款、租金及保險範圍。如中途會有其他司機駕駛，亦必須在Additional Driver一欄填上姓名及駕駛執照號碼等資料。

Step 3： 取得車匙後，可自行前往停車場取車。出發前必須檢查汽車是否有花痕或凹位，如有任何損毀，應立即通知職員，免得之後要賠償。離開前也要跟職員講明還車地點。

租車種類

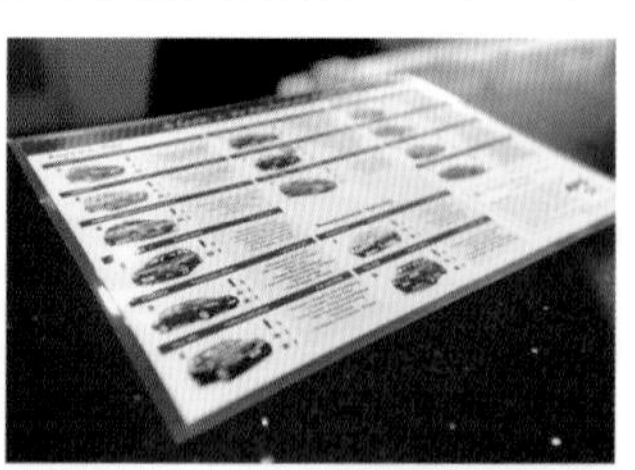

澳洲的道路寬闊平坦，一般房車已足夠應付日常所需。不過，租車之前要先衡量行李大小和多寡，免得不夠位擺放行李。

以世界知名的AVIS租車公司為例，共提供Economy、Compact、Satellite Navigation、Station Wagon、Premium、Luxury、Full-Size Van及4 Wheel Drive 8類車款給客戶選擇。

Honda Civic

Toyota Corolla

Range Rover

Jeep

費用

租車費按個別租車公司、地區、車款和租期而有所不同，一般租期最少3天，以小型車為例，1天約 AUD 100 起，當中包括市區不限里數行駛，以及保險費用。

付款方式

大部分租車公司會要求客人以信用卡或現金付賬，出發前也須繳付車租及按金。

Avis www.avis.com.au
Hertz www.hertz.com.au
Budget www.budget.com.au
Thrifty www.thrifty.com.au

租車小貼士

1. 駕駛執照

於澳洲駕駛，必須持有簽署了 1949 年日內瓦公約所發行的國際駕駛執照，及同時出示護照。

2. 必須年滿 25 歲

大部分租車公司規定，租用者須年滿 25 歲，並具有 1 年駕駛經驗，某些車款更要求駕駛者須年滿 30 歲。因此，租車時應詳細閱讀合約條文。

3. 還車前入油

還車前最好為汽車入滿油，免得被租車公司收取額外手續費。如車輛沒有任何損毀或故障，將車匙和合約交還後，便可完成還車程序。

4. 考慮精神狀態

假如擔心乘搭長途機後，沒有精神駕駛汽車往來澳洲，不妨先在機場乘搭公共交通工具前往市中心，再在市中心的租車公司取車。

路牌提示

澳洲的交通標誌跟香港大同小異，但也有一些比較特別的，駕駛者要格外注意。

1. 規則標誌

必須右轉

右邊車道上的所有車輛都必須右轉

相反方向行車

不准左轉

不准掉頭轉彎

必須保持在本標誌的右側

2. 警告標誌

前方道路將突然下坡或上坡

前面可能水浸

駛到道路盡頭後必須讓路予其他車輛

前面可能有牲畜過馬路

前方道路將有向左的迴轉彎道

分叉道路於前方終止

駛近前面的山坡時將不能看見前面的安全距離

前面道路有鐵路
鐵路是一排橫跨道路的金屬橫條

3. 高速公路標誌

公路出口

高速公路起點

高速公路終點

現在駛離高速公路

4. 其他標誌

學校地帶
指定時間內時速限制為40公里

地方交通區，如民居等地方
時速限制為40公里

輕軌車道
只准輕軌電車行駛

應讓予打信號燈正要
駛出停車位置的公共汽車

僅供獲授權的公共汽車和
服務車輛使用的專用車道

指行人、騎自行車者及其他車輛
可以安全共用的街道，
其時速限制為10公里

袋鼠出沒注意！

這個提醒司機附近有袋鼠出沒的路牌，相信只會在澳洲才見得到。當地人提醒，駕車時若見到袋鼠衝出馬路，必須謹記以下 3 點：

1. 切勿扭軚；
2. 切勿響按，因為這會令袋鼠受驚或好奇，停下來跟你對望；
3. 不要急煞車，因為後面的車輛也會收掣不及。

遇到袋鼠衝出來，唯一的方法就是慢慢收油，好讓牠們順利過馬路。

實用網址

Roads and Traffic Authority（RTA）
網址：www.rta.nsw.gov.au

National Roads and Motorists Association（NRMA）
網址：www.nrma.com.au

公路收費、油費

泊車買票

大部分澳洲人都會以私家車作為代步工具，因此各大城市都設有很多免費或收費泊車區，不用擔心找不到車位。只要不是在巴士站或交叉路口，而路邊又沒有No Parking或禁止泊車的路牌，一般情況下都可以泊車。要注意在街邊泊車後必須購票（顯示泊位時限），並須放在車廂擋風玻璃，讓交通警檢查。

入油知多啲

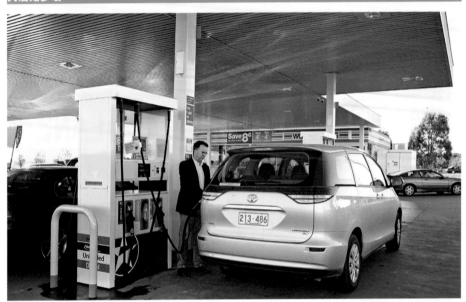

1. 外國的油站多採用自助式經營，澳洲亦不例外。
2. 入完油後向收費處職員講出入油櫃位的號碼，職員便會計算收費。
3. 一般都可以用信用卡付款，現金亦無任歡迎。
4. 當地的汽油分有鉛（Super Leaded）、無鉛（Unleaded Regular及Premium Unleaded）3種，郊區的油價通常較高，而無鉛汽油又較有鉛汽油便宜。大部分汽車都使用無鉛汽油，不肯定的話，可在租車時向職員查詢。
5. 澳洲的高速公路（Motorway）大概每2小時車程就有一個加油中心，供入油、進食及休息之用。不過，某些較偏僻的省份如西澳，途中就只得小鎮設有油站；假如油缸即將缺油，必須盡快前往入油，否則不但有排煩，還會延誤去玩的時間。

駕車小貼士

1. 右軚先行

與香港一樣，澳洲亦是右軚，汽車都靠左行駛，右側來車可優先通行。要注意在十字路口時，即使直線前進也要先讓右邊或右轉的汽車先行。

2. 最高車速

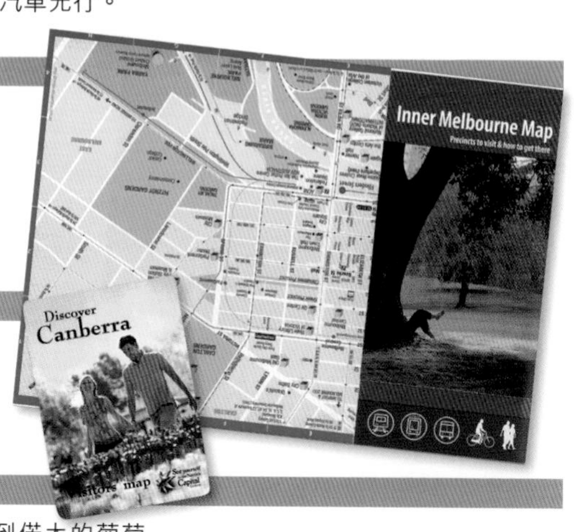

市區及城鎮的最高時速是每小時60公里，郊區道路及高速公路一般時速為每小時110公里，某些道路亦有特定的時速限制，沿途路牌均會列明。

3. 先取地圖

旅遊諮詢中心、旅遊熱點及租車公司均有免費地圖供索取，如有需要，更可要求職員在地圖上點出指示路線。

4. 酒後駕駛

不少人都會自駕前往酒莊觀光，難得來到偌大的葡萄園，當然要開懷暢飲。另外，由於澳洲人熱愛飲酒，專門賣酒的Drive-in Bottle Shop在每個省市都開得成行成市，價錢也十分便宜。為免酒後駕駛釀成意外，澳洲警方都非常落力打擊酒後駕駛，經常設置路障測試司機的酒精含量。當地法例規定，血液內的酒精濃度須於0.05%以下，以每杯20毫升的酒莊試酒份量計算，只喝5杯已經超標。

5. 適當休息

在香港甚少機會駕長途車，然而來到澳洲，穿州過省動輒用上3小時以上，必須適當地休息避免意外發生。除與其他乘客輪流駕駛外，當地的公路上也設置了多個Driver Reviver休息站，設有洗手間、小食亭等，讓司機有機會下車吹吹風，休息一下。

6. 做足防曬

人人都知臭氧層穿了個大窿，澳洲的陽光因而特別猛烈。無論司機或乘客，在漫長的公路上被陽光直曬，若不做足防曬工夫，隨時會有機會曬傷。

自駕遊精選路線

01. 新南威爾斯太平洋海岸旅遊路線（Pacific Coast Touring Route NSW）

特色：

從新南威爾斯的悉尼到昆士蘭的布里斯本，沿著中部海岸（Central Coast）進發，經過遼闊的海灘、寧靜的鄉村、酒莊、熱帶雨林以及多座死火山，人文地貌元素通通有齊。由於途經景點眾多，雖然路程不算長，也建議以7天時間每天駕駛1-3小時完成，確保有足夠時間感受澳洲東岸的風土人情。

行程：

D1 Sydney → Central Coast 84 公里，車程約 1.5 小時

- **Gosford**

悉尼近郊Gosford的Australian Reptile Park看到如鴨嘴獸、袋熊、袋獾、澳洲犬和短吻鱷等珍罕澳洲本土野生動物，也可在Pelican Plaza岸邊體會餵塘鵝的樂趣。

- **Glenworth Valley**

遊客可以參加約2個半小時的騎馬團，全程由導師引領，穿過森林溪澗、叢林草地，享受大自然環境和騎馬的樂趣。

D2 中部海岸 → Newcastle → Hunter Valley 180 公里，車程約 2.5 小時

- **Newcastle Harbour**

漫步皇后碼頭（Queens Wharf），在附近隨意挑選一間咖啡室鬆弛一下，享用午餐。

- **Hunter Valley**

獵人谷內有超過100個葡萄園，遊客可以品嚐該地區頂級的Semillion與Shiraz紅酒，也可預約到區內著名酒莊如McGuigan、Tyrrell、Tulloch以及Drayton參觀及選購佳釀。

D3 Hunter Valley → Port Stephens 154 公里，車程約 2 小時

- **Nelson Bay**

Nelson Bay是斯蒂芬港著名的度假天堂，遊客可乘坐遊艇與瓶鼻海豚並肩同行，在飛行角（Fly Point）潛水或浮潛到其它海洋生物中間，然後跳上渡輪暢遊鷹隼巢（Hawks Nest）。

- **Tomaree Headland**

騎四輪摩托車或駕駛四驅車征服斯托克頓海灘（Stockton Beach）廣闊的沙丘。

D4 Port Stephens → Coff Harbour 334 公里，車程約 4 小時

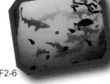

- **Barrington Tops**

從斯蒂芬港口出發，可先駛入內陸被列入世界遺產名錄的巴靈頓高地，在這裏遊客可以遠足，玩激流漂筏穿過亞熱帶雨林，並觀賞多座死火山。

- **South West Rocks**

South West Rocks是潛水、浮潛，或是進行深海釣魚的好去處。鄰近的Nambucca Heads白色海灘人煙稀少，適宜在此鬆弛一下。

Coff Harbour → Byron Bay 239 公里，車程約 3.5 小時

- **The Big Banana Fun Park**

Coff Harbour附近的主題樂園The Big Banana Fun Park已有超過50年歷史，old school得來卻極有童真！

- **Clarence River**

在迷人的鄉氣城市Grafton停下來喝一杯咖啡，到Clarence River乘船與海豚同行，再乘古老的蒸汽火車穿越Glenreagh的群山。

Byron Bay → Gold Coast 88 公里，車程約 1.5 小時

- **Cape Byron**

5月到11月間在拜倫角步行道（Cape Byron Walking Track）散步，有機會觀看鯨魚一年一度的遷徙。亦可到拜倫角海洋公園（Cape Byron Marine Park），在座頭鯨、海龜和海豚身邊浮潛。

- **Surfers Paradise**

黃金海岸最著名的沙灘，近42公里的海面下都是綿軟的沙子，一點礁石都沒有，平滑的海底既能輕易形成海浪，衝浪者摔下也不易受傷。而沙灘旁的酒吧、食肆及酒店林立，絕對是度假者的天堂。

Gold Coast →布里斯本 83 公里，車程約 1 小時

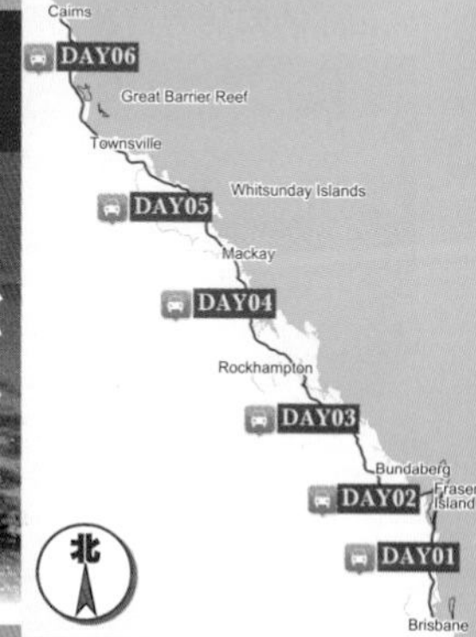

- **Warner Bros. Movie World**

來到這個以華納電影為主題的樂園，遊客不但可以跟賓尼兔、必必鳥、蝙蝠俠等卡通及電影人物近距離接觸，更有機會親身體驗多項驚險的機動遊戲。

- **Dreamworld**

澳洲最大的主題公園，不但有驚險刺激的冒險遊戲，還有互動教育式的野生動物園區。在這裡你可以抱著樹熊、攬著袋鼠拍照；也可一邊撫摸山羊，一邊餵牠們飲奶。

02. 昆士蘭太平洋海岸旅遊路線 (Pacific Coast Touring Route Queensland)

Cairns
DAY06
Great Barrier Reef
Townsville
DAY05
Whitsunday Islands
Mackay
DAY04
Rockhampton
DAY03
Bundaberg
DAY02
Fraser Island
DAY01
Brisbane
北

特色：

由布里斯本出發，至開恩茲為終站，欣賞昆士蘭最著名的海岸景觀，包括被列入世界遺產名錄的大堡礁，純淨質樸的島嶼和雨林國家公園。遊客可以駕駛四驅越野車，行駛在世界最大的沙島費沙島、在本達堡（Bundaberg）附近觀賞魔鬼魚和海龜、在洛漢普頓（Rockhampton）遊覽大凱珀爾島（Great Keppel Island）和摩羯洞（Capricorn Caves），亦可到麥凱（Mackay）附近的暗礁和沉船殘骸間浮潛或潛水，在美麗如畫的降靈島航行，保證令您目不暇給。

行程：

布里斯本→ Fraser Island 397 公里，車程約 8 小時

- **Noosa**

Noosa在布里斯本以北僅90分鐘車程的陽光海岸（Sunshine Coast）上。遊客可尋訪Noosa Heads一帶的暗礁，或到海軍艦艇布里斯本號的沉船殘骸附近潛水。

- **Fraser Island**

Fraser Island這是世界上最大的沙島，遊客可租一輛四驅越野車在沙島上飛馳，或參加旅行團觀賞島上美景。

D2 Fraser Island → Bundaberg 323 公里，車程約 6.5 小時

• **Mon Repos**

在Mon Repos的小海灘上觀看海龜產卵孵蛋，然後潛水和浮潛探遊瑪斯庫萊布夫人島（Lady Musgrave Island）和埃里奧特夫人島（Lady Elliot Island）的珊瑚礁和礁岩。

• **Woodgate Beach**

在埃里奧特角（Elliot Heads）游泳或垂釣，從珊瑚灣（Coral Cove）和印納斯公園（Innes Park）潛水，或到伍德蓋特海灘（Woodgate Beach）看袋鼠。

D3 Bundaberg → Gladstone → Rockhampton288 公里，車程約 3.5 小時

• **Gladstone**

Gladstone是澳洲著名的綠色城市，該城周圍環繞著雨林峽谷、湖泊和一直延伸至大堡礁的海灘。

• **Rockhampton**

Rockhampton又稱為牛肉之都，一定要品嚐其價廉物美的牛排。遊客也可乘遊艇環繞大凱珀爾島（Great Keppel Island）觀賞珊瑚，在謝爾文海灘（Shelving Beach）、猴子角（Monkey Point）或蛤灣（Clam Bay）浮潛，或在植物園

D4 Rockhampton → Mackay 336 公里，車程約 4.5 小時

• **Capricorn Cave**

摩羯洞是摩羯海岸（Capricorn Coast）的名勝，它是一個石灰岩層的壯觀洞穴，曾贏得許多重要觀光及環保獎。由摩羯海岸前往拜菲爾德國家公園（Byfield National Park），在這裏可以遠足穿越芬芳翠綠的雨林，越過龐大的沙丘，從海灘出發釣魚蕩舟。

• **Mackay**

麥基地區也是昆士蘭著名的度假區，遊客可在蘭伯特（Lambert）、布萊克斯（Blacks）和艾米奧（Eimeo）等多個深受歡迎的海灘上散步、游泳和釣魚。在希爾斯伯勒角國家公園（Cape Hillsborough National Park）的僻靜海灣和海灘周圍邂逅負鼠、袋鼠、叢林火雞和針鼴。

D5 Mackay → Townsville 387 公里，車程約 5 小時

• **Whitsunday Islands**

降靈群島的74座純樸小島隱藏在大堡礁和珊瑚海（Coral Sea）深處，大部分無人居住。遊客可參加一日遊或包船遊覽棕櫚鑲邊的島嶼。當中不可錯過降靈島和白天堂海灘（Whitehaven Beach）的白色硅沙。

• **Townsville**

湯斯維爾是北昆士蘭最大城市，且是前往大堡礁島嶼的主要通道。遊客可以步行至市中心的城堡山（Castle Hill）紅色巨大花崗岩石，頂端俯瞰市區和周圍島嶼的美景，也可到世界上最大的活珊瑚礁水族館Reef HQ，見識澳洲品種類多的魚類和珊瑚。

D6 Townsville → 開恩茲 348 公里，車程約 4.5 小時

• **Great Green Way**

由湯斯維爾至開恩茲這條350公里長的旅程被稱為「綠色大道」（Great Green Way），途經12個國家公園和20多座熱帶島嶼，包括帕留馬國家公園（Paluma National Park）及臥如龍國家公園（Wooroonooran National Park）等，兩旁醉人的海景和林景山景，令人目不暇給。

• **開恩茲**

開恩茲不但是一個悠閒的城市，也是參觀大堡礁的入口。遊客可參加大堡礁和丹翠雨林（Daintree Rainforest）一日遊，探訪道格拉斯港口（Port Douglas）和沿海岸再向北一點的苦難角（Cape Tribulation）。

03. 大洋路 (Great Southern Touring Route)

特色：

由墨爾本出發，穿過托爾坎（Torquay）和貝爾斯海灘（Bells Beach），直抵宏偉的十二門徒岩（Twelve Apostles），然後再折返穿過奧特威國家公園（Otway National Park）的瀑布和茂盛的森林，還有機會尋訪格蘭平（Grampians）的原住民歷史和巴拉瑞特（Ballarat）的淘金熱遺跡，最後以墨爾本為終點。

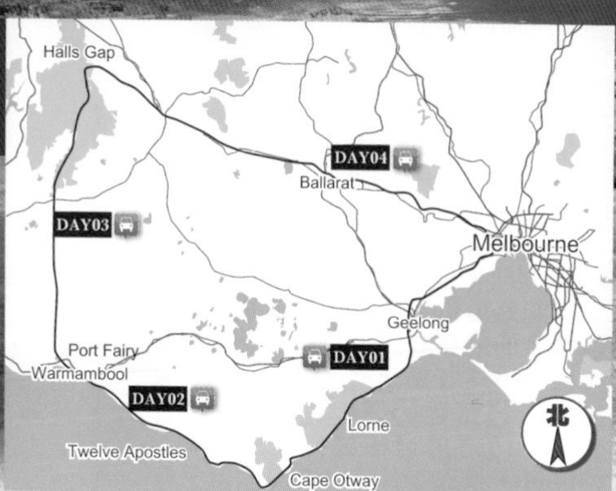

行程：

D1 墨爾本→Lorne 143 公里，車程約 2.5 小時

• **Geelong**

鄰近墨爾本的港口小鎮，遊客可以沿該市海岸漫步，感受海濱風情。

• **Torquay**

托爾坎是著名的衝浪小鎮，擁有世界上最大的衝浪博物館Surfworld Museum。

D2 Lorne → Cape Otway → Twelve Apostles → Port Fairy 253 公里，車程約 4.5 小時

• **Cape Otway**

奧特威角燈塔（Cape Otway Lighthouse）已有150年歷史，在那裡可遠眺分隔澳洲大陸及塔斯曼尼亞的巴斯海峽(Bass Strait)風光。

• **Twelve Apostles**

大洋路上的奇石景色中，以十二門徒石（The Twelve Apostles）最具代表性，這些奇石有逾2,000萬年歷史，最高的一塊門徒石約有65米，絕不可錯過。

D3 Port Fairy → Halls Gap 157 公里，車程約 2.5 小時

• **Halls Gap**

Halls Gap由仙境山脈（Wonderland Range）和威廉山脈（Mount William Range）包圍。這裡從五星級別墅到僅有基本設施的露營地，各類住宿應有盡有。遊客也可在布朗巴克文化中心（Brambuk Cultural Centre）了解當地原住民多樣的文化，並隨遊覽團參觀古老的原住民岩畫遺址。

D4 Halls Gap → Ballarat →墨爾本 253 公里，車程約 3.5 小時

• **Ballarat**

19世紀時，墨爾本出現淘金熱，而Ballarat的Sovereign Hill，就是當時最著名的淘金城市。今天Sovereign Hill仍保留大量維多利亞時代的建築、博物館及淘金設施供人懷緬。

04. 塔斯海岸環島旅遊路線（Coast To Coast Route）

特色：

貫穿塔斯曼尼亞東南西北，由荷伯特開始沿岸到朗塞斯頓，途中經過著名的酒杯灣，而且附近不同的農場以出產各類天然產品著名，包括酒莊、蜜糖、芝士、果醬、三文魚等，再繞過搖籃山返回荷伯特，每天駕駛3小時左右，適合只打算暢遊塔斯曼尼亞的朋友。

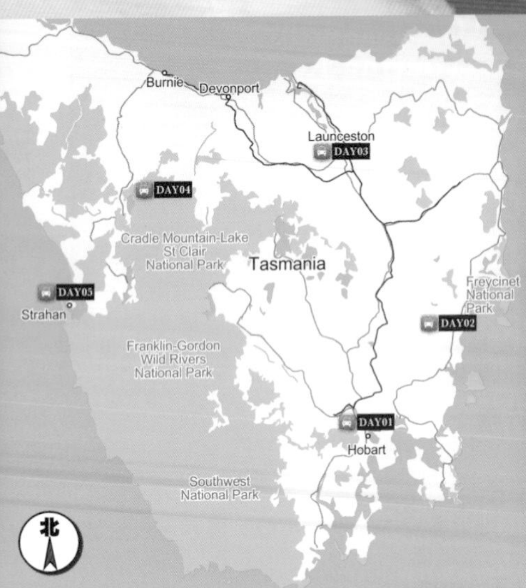

行程：

D1 Hobart → Coles Bay 184 公里，車程約 2.5 小時

• Freycinet National Park

前往到全球十大美麗海灣之一的酒杯灣（Wineglass Bay），欣賞完美地形輪廓。Cape Tourville白色燈塔，觀看壯觀的海岸線風景。再到附近著名蠔場Freycinet Marine Farm，品嚐新鮮生蠔及青口。

• Swansea

在天鵝海（Swansea）附近停下來，享用Kate's Berry Farm全年供應的莓果雪糕、薄烤餅、果醬及果酒。

D2 Coles Bay → Launceston 184 公里，車程約 2.5 小時

• Launceston

Tasmania第二大城Launceston，隨處可見19世紀殖民時期的歐風建築，相當有看頭。

• Cataract Gorge Reserve

在峽谷保護區，可以由著名的King's Bridge開始沿著連綿不斷的石崖邊走，欣賞South Esk River河道，亦可乘坐吊車Basin Chairlift，來往兩邊山頭。

• Bridestowe Lavender Estate

南半球最大薰衣草園，於每年11月至1月間盛放，園內可買到限定的薰衣草雪糕及護膚品等。

D3

Launceston → Cradle Mountain 154 公里，車程約 2 小時

• Mole Creek

Mole Creek的鐘乳石洞Marakoopa Cave是全澳洲擁有最多藍光螢火蟲的自然洞穴，鐘乳石洞約於3.5億年前形成。亦可順道到Trowunna Wildlife Park，找到各種野生動物，如Tasmania Devil、Wombat、袋鼠等的蹤跡。

• Ashgrove Cheese Farm & Melita Honey Farm

Ashgrove Cheese Farm是芝士工廠，特別之處是用傳統人手做英式芝士，設有戶外用餐區。Melita Honey Farm有逾50種蜂蜜，包括紅番椒蜂蜜和塔斯獨有的革木蜂蜜（Leatherwood）。另外附近亦有三文魚農場及有新鮮莓果的Christmas Hills Raspberry Farm。

• Sheffield

原本是個農業生產小鎮，經過時代變遷，利用壁畫來訴説歷史，其中有不少壁畫是利用3D立體彩繪的方式呈現，成為壁畫小鎮。

D4

Cradle Mountain → Strahan 153 公里，車程約 2 小時

• Cradle Mountain

搖籃山位處於海拔1,545米之上，要登頂最少要花上8個小時，而山下有個鴿子湖（Dove Lake），環湖有多條行山路線，沿途風景優美。晚上亦可參加Tour，尋找夜行動物的蹤影。

• Strahan

乘坐Gordon River Cruise，航行穿過荒原世界遺產區（Wilderness World Heritage Area），欣賞2,000年樹齡的候恩松樹，最後在Sarah Island登岸參觀，1822至1833年期間曾有1,200名囚犯被禁於這小島。

• Bonnet Island

參加 Bonnet Island Penguin Tour，極近距離觀賞企鵝回巢的情景。

• Henty Dunes

無邊無際的沙漠地面貌，適合租一塊Sand Board 或者長橇（Toboggon）玩滑沙。

D5

Strahan → Hobart 321 公里，車程約 4.5 小時

• Curringa Farm

著名的生態旅遊農莊，亦設度假村屋可供住宿。園主Tim還會親自表演剪羊毛及牧羊犬趕羊示範。

• Mount Wellington

Mt.Wellington距離Hobart 30分鐘車程，高1,270米，山上可以俯瞰市中心全景。

• Hobart

必到市中心Salamanca Market，購買當地工藝品及農產品作手信，感受當地文化縮影。

平遊澳洲

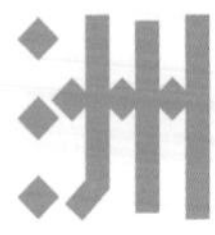

遊遍澳洲是不少背包客的夢想，但是在未出發前可能已經花光旅費，因為澳洲物價甚高，無論是交通、購物及用餐，都在全球排名中數一數二。既然如此，不如善用澳洲的免費資源，用最少的錢去最多的地方，為自己的「荷包」打算！

交通篇

墨爾本

墨爾本有免費的電車—35號City Circle，每天朝十晚六行駛，從市中心Flinder Street開往Docklands，再不斷循環返回市中心，途經主要景點如國會大樓 (Parliament House)、墨爾本水族館 (Melbourne Aquarium)、維多利亞市場 (Queen Victoria Market)、Telstra足球場 (Telstra Dome) 和唐人街 (Chinatown) 等。

時：9:39am-5:54pm (每15分鐘一班)

網：ptv.vic.gov.au/route/view/1112

悉　尼

過往最常用的555號免費巴士已於2015年停駛。但行駛於Parramatta至O'Connell Street之間的900號綠色免費巴士，則仍照常服務。另外Wollongong的55A及55C巴士亦同樣是免費。

時：**900號巴士**：周一至五7:00am-6:30pm；周六至日8:00am-4:00pm(每10分鐘一班)
55A巴士：周六日9:40 - 16:40(每20分鐘一班)，55C平日7:05 - 21:45(每10分鐘一班)，周六日9:50 - 16:10(每20分鐘一班)

阿德雷得

阿德雷得的免費巴士一City Loop 99C、98A、98C、99A，穿梭市內各景點，像是阿德雷德大學、Rundle Mall等，另外電車也同樣是免費，來往娛樂中心 (Entertainment Centre) 與Glenelg海邊。

網：www.adelaidemetro.com.au/routes/99C

布里斯本

在布里斯本，只要看到紅色巴士的車頭上寫著「City Loop」的字樣，就可以免費乘搭，途經植物園 (Botanic Gardens)、Queen Street Mall、市政廳 (City Hall) 等。另外「Spring Hill Loop」則提供來往市中心及Spring Hill的巴士。

除此之外，亦有免費渡輪City Hopper提供服務，分別在North Quay、South Bank 3、Maritime Museum、Thornton Street、Eagle Street Pier、Holman Street、Dockside、Sydney Street均設有站點，全程約45分鐘，令遊客放慢速度，欣賞城市的美景。

網：translink.com.au

柏斯

柏斯的免費交通工具可說是非常完善，包括紅、黃、藍、綠四種顏色的路線，簡稱CAT Services，途經著名的景點如Swan Bell Tower、The Perth Mint等。

時：周一至周四6:00am-6:45pm；周五6:00am-8:00pm；周六、周日8:30am-6:00pm
(以上為紅線時間，其他路線請查詢官網)

網：www.transperth.wa.gov.au/Timetables/CAT-Timetables

跳蚤市場尋寶地
Camberwell Sunday Market

對於喜歡在二手攤尋寶，買便宜好貨的朋友，Camberwell Sunday Market實在是一片寶地。每逢周日，一個個攤擋就會把貨物排列出來，當中不乏二手皮鞋、皮袋、舊書、古董或一些手工製品等，在臨近結束時，個別商店更會賣得越來越便宜，此時亦不妨試試跟店主殺價！

地：Station Street, Camberwell, Melbourne
時：周日7:00am-12:30pm
交：乘火車至Camberwell站下車，步行約5分鐘
網：https://camberwellsundaymarket.org/

澳牌 Outlet 大本營
DFO South Wharf

DFO全寫即是「Direct Factory Outlets」，在澳洲共有7間，主要售賣工廠直銷的過季產品，當中有Nike、Adidas、Kate Spade、Armani等知名品牌及Cotton On、Billabong、Rip Curl等本地品牌。

地：20 Convention Centre Pl, South Wharf, Melbourne
電：61-3-9099 1111
時：10:00am-6:00pm；周四至9:00pm
網：www.dfo.com.au
交：於SouthernCross站乘96號或112號電車到Clarendon Street (Entrance of the Melbourne Exhibition Centre)下車

歷史味雜貨市場
Fremantle Market

Fremantle Market有多達150個各式各樣的小販，由手工藝品、紀念品到乾貨、水果、麵包等食物都有，價錢比市區便宜。另外，很多街頭藝人都會到此表演，吸引不少人前往，是西澳較受歡迎的假日市集。

地：Corner South Terrace & Henderson Street, Fremantle, Western Australia
電：61-8-9335 2515
時：周五9:00am-8:00pm；周六、日9:00am-6:00pm
網：fremantlemarkets.com.au
交：乘地鐵於Fremantle站下車，步行約5分鐘

唐人街購物天堂
Paddy's Market

在悉尼唐人街牌坊對面有個室內市場，經常都人山人海。場內除有澳洲手信如UGG靴、毛公仔、鎖匙扣及乾果等，亦有新鮮蔬果及海產攤檔，由於每間定價不一，建議先格清楚價才出手。

地：Market City, Hay Street & Thomas Street, Haymarket, Sydney
電：61-2-9325 6200
時：周三至日10:00am-5:00pm
網：www.paddysmarkets.com.au
交：乘輕軌電車到Paddy's Market站或Capitol Square站下車

黃昏海灘日落
Mindil Beach Sunset Market

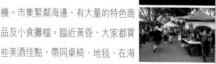

Mindil Beach Sunset Market是北領地最大的的市集之一，只於旱季開放，在送走雨水後為達爾文帶來生機。市集緊鄰海邊，有大量的特色商品及小食攤檔。臨近黃昏，大家都買些美酒佳點，帶同桌椅、地毯、在海灘上悠閒的漫步或野餐，觀看日落和繁星。

地：Mindil Beach, Maria Liveris Drive, Darwin, Northern Territory
電：61-8-8981 3454
時：(5月至10月)周四5:00pm-10:00pm；周日4:00pm-9:00pm
網：www.mindil.com.au
交：在Darwin車站乘4號巴士，於Mindil Beach下車

彩虹小屋
Brighton Beach

墨爾本的Brighton Beach是澳洲最熱門的免費觀光景點之一，亦是所以攝影師的絕佳取景地，不少準新人亦會來這裡拍結婚照。綿延的沙灘上，有一排鮮豔奪目的彩色小屋整齊地排列著，而這些小屋並非民居，是讓其「屋主」放置木舟、滑浪板或一些潛水用具的置物室，非常有特色。

地：Dendy Street and the Esplanade, Brighton, Melbourne
時：24小時
網：www.brightonbathingbox.org.au
交：從墨爾本市內乘火車至Brighton Beach站下車，步行約10分鐘

全球十大美麗海灘之一
Wine Glass Bay

位於Freycinet National Park之內的Wine Glass Bay，是一個由耀眼白沙與湛藍海水相互輝映而成的半月形海灘，是遊客和當地人最喜歡的度假勝地之一，不時可看到有人在此遠足及進行水上活動。

地：Coles Bay Rd, Coles Bay, Tasmania
電：61-3-6256 7000
時：8:00am-5:00pm
網：www.wineglassbay.com
交：於塔斯曼尼亞Hobart市內駕車前往約2小時

澳洲小企鵝
Lillico Beach

想欣賞小企鵝，大都要參加旅行團，但在距離Devonport十分鐘車程，有一個海灘就可以讓你免費一睹企鵝捕食回家的自然生態。每天接近傍晚時分，在Lillico Beach都有一群義工免費為遊人免費講解及指導。

地：Bass Highway, Lillico, Tasmania
時：9月至5月
交：於塔斯曼尼亞Devonport市內駕車前往約10分鐘

袋鼠島
Heirisson Island

距離珀斯市中心約10分鐘車程的Heirisson Island飼養了五隻孤兒袋鼠，由管理員每天餵食，令牠們都不怕人類接近。由於袋鼠是野生放養，因此可不保證遊客能看到牠們，可嘗試到島中央的小湖或樹蔭遮蓋的草地找找看。另外注意不要大聲喧嘩及餵食牠們。

地：Heirisson Island, Perth, Western Australia
交：於珀斯市內乘33號巴士於Victoria Park Transfer Stn下車，步行約10分鐘

陸地上的巨浪
Wave Rock

Wave Rock就像大海中一片席捲而來的波濤巨浪，相當壯觀。它屬於海登岩(Hyden)北部最奇特的一部分，高達15米，長約110米，高低起伏自然，由長期風沙雨水侵蝕及白天黑夜的劇烈溫差形成。從柏斯出發大約需要5個小時的車程，不過很多人在看到如此美景後，仍會覺得值回票價。

地：Wave Rock Road, Hyden, Western Australia
網：www.waverock.com.au
交：於柏斯市內駕車前往約5小時

地底仙景
Blue Lake & Umpherston Sinkhole

位於Mount Gambier內的藍湖是南澳著名的自然景觀，在每年夏天11月至2月期間，湖水的顏色會由灰藍色變成為寶石般的湛藍色，非常漂亮。另一個Mount Gambier受歡迎的景點是地底花園Umpherston Sinkhole，下陷的坑洞內是一片美麗的自然園林，景色優美。

地：Mount Gambier, South Australia
交：於墨爾本乘V-line至Mt Gambier下車，再乘的士前往

大洋洲的天空之鏡
Lake Gairdner

當大家都聽聞遠在玻利維亞的天空之鏡時，其實澳洲都可找到。Lake Gairdner是一個位於南澳的內陸湖，放眼看去都是一片白茫茫，因為湖水長年暴晒而蒸發出鹽晶，因此可以在湖面上走動。每當下雨過後，鹽湖就會形成一面鏡，反映著天空上的雲，畫面非常壯觀。

地：Lake Gairdner National Park,Gawler Range, Eyre Peninsula, South Australia
電：61-8-8204 1910　交：於阿德萊德市內駕車前往約9小時

大自然奧秘
Litchfield National Park

距離達爾文市區2小時車程的Litchfield國家公園有各種令人屏息的自然景點，包括壯觀的瀑布Florence Falls、Tolmer Falls、Wangi Falls和清澈見底的岩石水潭Buley Rockhole等。當中要數最受歡迎的必定是由數百萬白蟻建立的巢穴Anthill，可仔細地觀察牠們小小身軀如何精妙地建造巨大的白蟻丘。

地：Litchfield Park Road, Litchfield Park, Northern Territory
電：61-8-8976 0282
交：於達爾文市內駕車前往約1.5小時

五星級*Infinity pool*
Cairns Esplanade Lagoon

Cairns Esplanade Lagoon是在海邊闢出的人工沙灘及泳池，設計感十足，而且有救生員當值，免受鯊魚的襲擊，所以非常受當地人的歡迎，常常可看到泳客在沙灘上曬太陽。沿著海濱有很多時尚的Cafe及餐廳，是消磨時間的最好地點。

地：52-54 The Esplanade, Cairns, Queensland
電：61-7-4044 3715
時：周一至日6:00am-9:00pm；周三12:00nn-9:00pm
交：從Cairns火車站步行約10分鐘

AUS 澳洲工作假期 WHV 全攻略

「澳洲工作假期計劃（Working Holiday Scheme）」於2001年起開始，澳洲提供無限制名額，為年輕人提供到澳洲工作旅遊的機會。參加者可於12個月內逗留當地從事短期工作或修讀短期課程，體驗生活之餘可也自我增值。

稅務安排

由2017年開始，工作假期的入息稅率調整為15%，雖然比過去19%要低，但卻取消了免稅額，對收入不高的人來説變相是錢少了一大截。

I. 前往澳洲前

1. 如何申請 Working Holiday Visa(WHV)

申請人資格

- 年輕需介乎18至30歲
- 必須為香港特別行政區之居民並持有效證件及護照
- 出示經濟證明（約為AUD 5,000之存款證明），以示有能力在當地短期逗留

申請方法

只需於網上申請，手續簡單方便快捷！

1. 到移民局官方網站或直接輸入 https://online.immi.gov.au/lusc/login
2. 填寫資料，建立個人的ImmiAccount並記住登入名稱及密碼，移民局會發送電郵通知，記得於96小時內點擊確認
3. 進行Subclass417的簽證申請（只適用於第一次申請的人士）
4. 填寫你的個人資料並如實回答有關問題（如健康狀況、犯罪紀錄等）
5. 遞交申請後，你會獲得一個TRN（Transaction Reference Number）號碼，作為查詢進度之用

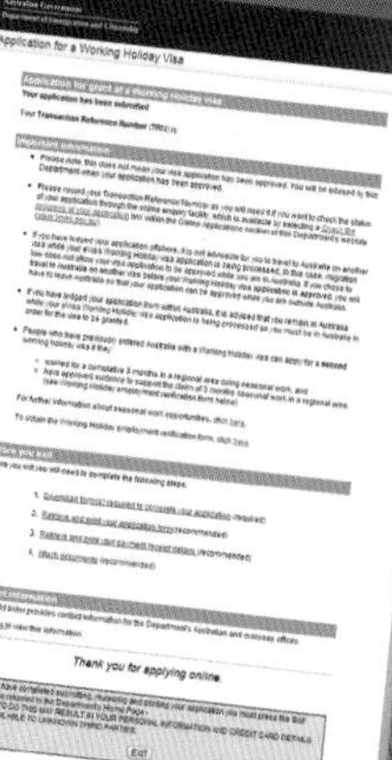
Application for a Working Holiday Visa

Thank you for applying online.

6. 填寫信用卡*資料（可為非本人），繳付AUD 450**的申請費用

*簽證付費須以信用卡完成，並額外有1.08%至2.91%的附加費，如不經由網上申請則額外繳付AUD 80的手續費

7. 列印簽證申請收據，完成第一個階段！

8. 登入個人的ImmiAccount，點擊TRN連號碼

9. 點選「Organise your health examinations」，列印轉介信並**預約指定**的體檢診所照肺部X-Ray

10. 完成健康證明審批後的2至7個工作天就會收到簽證電郵，簽證發出的一年內任何時間都可以入境澳洲！

2. 其他注意事項

選擇要去的城市

首先要選擇好旅程的第一站，如有親友在澳洲照應當然比較好，但沒有的話，也不用擔心。假如在澳洲冬季出發（6月至10月），可選擇前往長年夏天的北方如昆士蘭落腳，相反夏天的話則可考慮各大城市，慢慢打探各路交通及工作情報再決定。

住宿

要找經濟實惠的地方落腳，可選擇一般背包客旅館（Backpacker）、合租房間（Share House）或工作旅館（Working Hostel）等。

	背包客旅館/青年旅舍（Backpacker/Youth Hostel）	合租房間（Share House）	工作旅館（Working Hostel）	寄宿家庭（Home Stay）

	比較常見的是4人、6人或8人一間（Dorm），也有可能是男女混合住一間	分租當地住宅的其中一間房或一張床，然後公共區域如廚房、客廳等則和其他人分享	通常是附近的農場、工廠老闆提供的宿舍，或跟Backpacker類似的旅館，而且都有介紹工作的機會	寄住在澳洲當地人的家裡
價錢	AUD 25-$40／晚	AUD 90-180／周（一般要繳交1-2周的按金，如須搬走亦要預早通知）	AUD 140-350／周	AUD 210-350／周
優點	◆通常在交通便利的地點	◆最便宜，適合長期居住	◆工作，甚至上班交通都已安排好	◆居住環境佳而且提供三餐 ◆能學習道地英語
缺點	◆陌生面孔多，有人身安全及財物上的顧慮	◆接觸的人較少 ◆易與房東或住客發生磨擦	◆如須長時間等候工作，則非常「燒錢」	◆規矩限制較多
參考網址	www.yha.com.au	www.backpackers.com.tw www.gumtree.com.au		www.homestayweb.com/auhome.html

*價錢及內容只作參巧，實際以房間及旅館種類而有所差別

I. 抵達澳洲後

到埗後要做的3件事

1. 買電話咭

購買一張預付SIM卡(Prepaid SIM Card),一般在機場、超級市場及便利店等有售,記得先看清楚自己的電話是用那種Sim Card

▼

按照包裝上的説明書開通(Activate)電話,可以電話、網上或親身到店內開通

▼

開通後會收到一則確認SMS,而上面會顯示你的手機號碼

▼

增值一個金額,在一定的限期內使用

- 上網用信用卡增值
- 到超市、書報店或郵局買儲值卡(Voucher),按照卡上的説明輸入

一般SIM Card

Mini SIM

Micro SIM

Nano SIM

澳洲5大電訊商比較:

Telstra	Optus	Vodafone	ALDI	Lebara
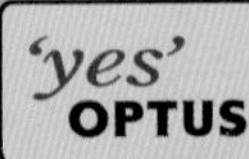				
優點 網絡覆蓋最好	優點 收費便宜而且選擇套餐最多	優點 收費相宜	優點 屬於Telstra旗下,收費亦非常便宜	優點 撥打長途電話收費便宜,而且儲值一年內有效
缺點 收費貴	缺點 偏遠地區接收較差	缺點 偏遠地區接收一般	缺點 購買電話卡地點只限ALDI超市	缺點 通話質素一般

2. 到銀行開戶口

- 開通戶口記得帶備**護照**,與及其他**證明本人在澳洲工作假期的文件**
- 開戶後5-7個工作天內提款卡和提款卡密碼會分開郵寄到你澳洲的住址,所以在拿到卡之前最好不要轉換地址
- 記得申請Debit提款卡,因為它是一張具有信用卡功能的提款卡

- 一般開戶都會有Cheque（用作儲錢及賺利息之用）及Savings（日常使用）兩個戶口
- 想要賺利息，就要在兩個戶口之間匯款，「用幾多錢，過幾多錢」的關係，因此一定要開通網上銀行（E-banking），再下載手機App到電話
- 如果想開戶口，但又怕聽不懂英文，可到大城市或華人區的銀行，一般都有講中文的職員

澳洲常用銀行

澳洲聯邦銀行 Commonwealth Bank of Australia	紐澳銀行 Australia and New Zealand Banking Group Limited	西大平洋銀行 Westpac	澳洲國民銀行 National Australia Bank
	ANZ	Westpac	

3. 申請稅號（Tax File Number, TFN）

在澳洲，個人所得（如工作收入及銀行利息等）需要合法報稅。一旦有了稅號，也表示你可以合法打工

- 僱主會依照你提供的稅號，在薪資中先預先扣除稅款，當離開澳洲境內時可以退回
- 稅號是一組9個位的數字，每人只能申請一次，因此一定要好好保管

如何申請稅號

入境澳洲後，登入澳洲稅務局（ATO/ Australian Taxation Office）官網 www.ato.gov.au 申請

▽

選擇「Individuals」的「Applying for a TFN」，填妥資料後傳送

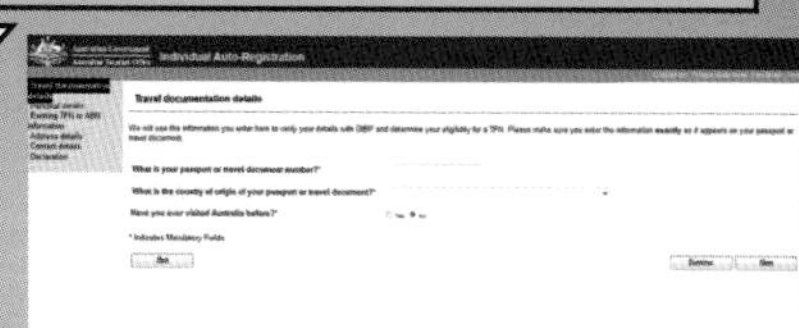

▽

稅號將會於兩周寄出，因此未收到稅務局信件前最好有固定地址，而且收到稅號後向銀行申報。

假如你在30天內還沒收到通知，可直接帶同護照到附近稅局或者致電13-28-61（英文）／ 13-14-50（中文）查詢。記得小心處理稅號，不要隨便告訴別人！

澳洲農場全年打工指南

	Victoria 維多利亞	New South Wales 新南威爾斯	Queensland 昆士蘭	South Australia 南澳	Western Australia 西澳	North Territory 北領地	Tasmania 塔斯曼尼亞
1月	◆梨、桃、蘋果（至4月） 地點：Ardmona / Shepparton / Tatura / Cobram / Invergordon / Kyabram ◆蕃茄（至4月） 地點：Ardmona / Shepparton / Tatura / Kyabram / Echuca / Rochester / Elmore ◆百合花包裝（至2月） 地點：Silvan	◆硬核水果（至3月） 地點：Young	◆香蕉 地點：Innisfail/Tully	◆乾果（至3月） 地點：Riverland	◆葡萄（至3月） 地點：Margaret River/Mt Barker / Swan Valley		◆帶子拆殼（至2月） 地點：Bicheno
2月	◆葡萄（至3月） 地點：Lake Boga / Nyah West / Swan Hill / Robinvale Sunraysia Area / Ovens / King & Kiewa Valleys	◆葡萄（至3月） 地點：Griffith / Leeton / Hunter Valley ◆梨、蘋果（至3月） 地點：Orange ◆西梅（至3月） 地點：Young	◆梨、蘋果（至2月） 地點：Stanthorpe ◆哈密瓜（至4月） 地點：St. George ◆薑（至4月） 地點：Sunshine Coast	◆梨、蘋果（至4月） 地點：Adelaide Hills / Riverland / Limestone Coast ◆包心菜（至8月） 地點：Adelaide Hills ◆葡萄（至4月） 地點：Riverland / Barossa Valley / Southern Vales			◆葡萄（至4月） 地點：Huon / Tamar Valley ◆士多啤梨、莓（至4月） 地點：Huon Valley
3月	◆蘋果（至4月） 地點：Buckland Valley / Stanley / Wandilong / Red Hill / Main Range	◆葡萄（至4月） 地點：Tumburumba ◆蘋果（至5月） 地點：Batlow ◆採棉花（至6月） 地點：Narrabri / Mooree / Dubbo / Wee Waa	◆蔬菜（至12月） 地點：Bundaberg		◆梨、蘋果（至5月） 地點：Manjimup / Pemberton / Donnybrook ◆捕蝦、帶子（至10月） 地點：Carnarvon	◆瓜類（至10月） 地點：Katherine / Darwin	◆蘋果（至5月） 地點：Hunter Valley / Tasman Peninsula / West Tamar ◆啤酒花（至4月） 地點：Scottsdale / New Norfolk / Devenport
4月			◆柑橘（至6月） 地點：Gayandah / Mundubbera ◆豆類（至11月） 地點：Mary Valley ◆番茄、蔬菜（至12月） 地點：Bowen / Ayr		◆瓜類（至11月） 地點：Coorow		

	Victoria 維多利亞	New South Wales 新南威爾斯	Queensland 昆士蘭	South Australia 南澳	Western Australia 西澳	North Territory 北領地	Tasmania 塔斯曼尼亞
5月			◆西蘭花（至10月） 地點：Toowoomba ◆蔗糖（至12月） 地點：Ayr / Ingham / Innisfail				
6月	◆採橙及包裝（至12月） 地點：Mildura			◆橙（至8月） ◆剪枝（至9月） 地點：Riverland	◆瓜、番茄（至12月） 地點：Carnarvon		
7月			◆洋蔥（至12月） 地點：Lockyer Valley		◆香蕉（至8月） 地點：Kununurra		
8月					◆葡萄酒加工（至12月） 地點：Barossa Valley		
9月	◆露筍（至11月） 地點：Dalmore	◆露筍（至10月） 地點：Gundagai / Cowra ◆橙（至4月） 地點：Griffith		包裝及製作橙汁（至1月） 地點：Riverland			

	Victoria 維多利亞	New South Wales 新南威爾斯	Queensland 昆士蘭		Western Australia 西澳	North Territory 北領地	Tasmania 塔斯曼尼亞
10月	◆士多啤梨（至12月） 地點：Silvan		◆桃（至1月） 地點：Silvan	◆士多啤梨（至2月） 地點：Adelaide Hills	◆芒果（至1月） 地點：Kununurra	◆採摘及包裝芒果（至11月） 地點：Katherine / Darwin	
11月	◆車厘子、莓（至2月） 地點：Wandin / Silvan ◆車厘子（至2月） 地點：Boweya / Glenrowan / Wagandary ◆番茄除草（至12月） 地點：Echuca / Rochester	◆車厘子（至12月） 地點：Young / Orange ◆橙（至4月） 地點：Lecton	◆芒果、荔枝、牛油果、香蕉（至2月） 地點：Mareeba ◆李子（至1月） 地點：Stanthorpe		◆龍蝦（至6月） 地點：Freemantle / Kalbarri / Dongara Geraldton / Broome		
12月		◆洋蔥（至1月） 地點：Griffith ◆硬核水果（至3月） 地點：Tumut / Batlow ◆莓（至4月） 地點：Tumbarumba ◆藍莓、香蕉（至1月） 地點：Coffs Harbour / Byron Bay		◆杏桃（至2月） 地點：Riverland			◆莓、奇異果、車厘子（至1月） 地點：Channel District / Huon / Kingborough / Derwent Valley

	Victoria 維多利亞	New South Wales 新南威爾斯	Queensland 昆士蘭	South Australia 南澳	Western Australia 西澳	North Territory 北領地	Tasmania 塔斯曼尼亞
					◆漁業 地點： Broome	◆柑橘、香蕉 地點： Katherine / Darwin	◆海鮮 地點： Devonport、Smithton、St. Helens ◆甘筍 地點： Devonport

搵工小貼士：

1. 每年採摘季節時間可能會因天氣而有差別
2. 一些蔬菜全年都有收成，另外肉廠、或其他工廠都會長年有空缺
3. 可以上網（例如：YellowPage、White Page等）找附近農場的電話，打過去碰碰運氣
4. 澳洲流行直接踩上門投遞履歷，可以在香港製作好後再逐家逐戶派發，另外一些工廠可能會叫你即場填Form
5. 如果有車的話，可以接載同事上下班，如此一來工作機會亦大大增加
6. 當地會有工作中介（Job Agency），但一般等候時間亦較長
7. 擴闊交友的圈子，多打聽消息及不怕發問，把握每一個機會！

電話： National Harvest Service 1800062322 – 政府農場工介紹機構

開工裝備

- 30SPF+ 以上防曬
- 帽（可以遮住頸背更好）
- 太陽眼鏡
- 快乾衣物 / 風褸
- 長褲
- 水壺
- 手套（某些工作可能會對手套有特定要求，可於上班前才購買）
- 厚襪及舒適的球鞋
- MP3（在重覆同樣枯燥工序時，不影響安全下可以解悶）

做義工、換食宿

WWOOF Option 1:

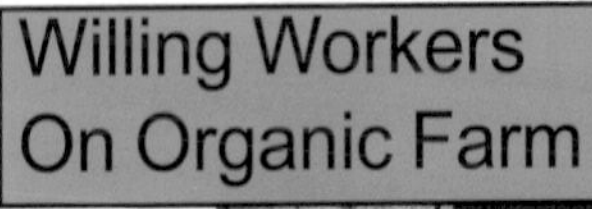

性質是在世界各國有機農場做義工換取食宿同體驗。入會費大約HK$200，期限一年。即使只持有觀光旅客簽證 (Tourist Visa) 都可以參加，但每次停留澳洲上限為90天，再次入境可以繼續用。入會時會獲得一本有各個農場聯絡方法的小冊子，並可以自己揀選心水農場，然後以電郵或電話聯絡農場主人安排工作。

WWOOF：http://wwoof.org

Option 2: HELPX

Help Exchange

計劃性質跟WWOOF相類似，入會費大約HK$200，但會藉為2年期。而且工作種類比WWOOF選擇多。除了有機農場，還有動物牧場、種花、旅館執房、照顧小朋友等不同工種，網站還提供農場資料及相片、參加者對農場的評價，工種選擇比WWOOF更有彈性。

HELPX：www.helpx.net

Option 3: CVA

Conservation Volunteers Australia

CVA是澳洲當地最大的非牟利環保團體。它提供多項環保計劃工作，例如樹林種植、生態及植物危機調查、清除雜草及生態環境修補等。每年邀請世界各地熱愛大自然及喜歡野外活動的人士，到澳洲各地參與各項環保計劃。

CVA：www.cva.com.hk

10大必買手信

澳洲的手信選擇比不上日本或韓國一樣多采多姿，不過既是公認的大自然國度，無論是食物、衣飾及護理保養品，一律講求健康天然，更以質優價廉享譽全球。

① 維吉麥 VEGEMITE

Vegemite 是一種澳洲獨有的深啡色塗醬，幾乎每個家庭都有一瓶。它是由釀酒的酵母加工而成，含豐富的維他命B，味道偏咸，有點像濃縮的蠔油，因此亦有「澳洲臭豆腐」之稱。雖然如此，澳洲人仍然喜歡每天用來塗麵包、餅乾。老實説，味道並非人人能接受，但特色卻十足！

購買地點：各大超市

Vegemite 280g，AUD 5.5

② 蜂蜜品種

推薦品牌：Nature Care

澳洲和鄰國新西蘭都是蜂蜜產品的大國，兩國最著名的蜂蜜品種，都稱為麥盧卡(Manuka Honey)。雖然新西蘭的蜂蜜似較出名，有研究卻證實澳洲麥盧卡比新西蘭的功效高逾16%。

Nature Care是澳洲保養品的名牌，其Royal系列以 真正 Manuka Honey提煉，保證不會買錯。

購買地點：各大超市、藥房

Nature's Care Royal Manuka Honey MGO 220+ (UMF 12+) 500g，AUD 55

③ 茶樹精油

推薦品牌：Thursday Plantation

Tea Tree並不是常見種茶葉的樹，這種樹源自新南威爾斯，澳洲的土著很早就懂得萃取其枝條及葉片，提煉出透明無色香，味很像松油及尤加利的精油。澳洲人視茶樹精油為萬能藥油，可治療傷風感冒、咳嗽、鼻炎、哮喘，改善痛經、月經不調及生殖器感染等功效。Thursday Plantation是當地最著名的茶樹精油品牌，以治暗瘡最有療效。

購買地點：各大超市、藥房

④ 木瓜霜

推薦品牌：Lucas

無論蚊叮蟲咬、燙傷、割傷、曬傷，甚至乾燥爆拆，或者當作潤唇膏，用途非常廣泛的木瓜膏有著過百年歷史，是澳洲人家中必備的良藥。最重要是價錢非常相宜，買回來派街坊，一定啱用！

購買地點：各大超市、藥房

Lucas Papaw Ointment 25g，AUD5.99

⑤ 護手霜

推薦品牌：JURLIQUE

澳洲天然品牌Julique 的皇牌玫瑰系列是女士們的至愛，無論保濕噴霧、眼霜或Hand Cream 都有極佳評價，雖然香港價錢並沒有比澳洲貴很多，但假如遇上匯率低的時候，不妨去入貨！

JURLIQUE_Rose Hand Cream 40ml，AUD32

⑥ 羊毛靴

推薦品牌：UGG

羊毛靴又稱Ugly Boots，在澳洲到處都有售，而且價廉物美，但注意坊間有很多不同牌子，看清楚是否真羊毛及澳洲製造，因為假羊毛分分鐘會「焗臭腳」。 UGG在澳洲各地都有專門店，不過到Outlet買會更划算。

購買地點：百貨公司、UGG專門店及Outlet

CLASSIC TALL UGG，AUD185

Fabulous Face Oil 25ml，AUD57

⑦ 護膚品

推薦品牌：Aesop

澳洲有不少聲稱採自純天然植物的護膚品，以Aesop最具代表性。它的宣傳不多，連產品外形也崇尚簡約，只簡單地印上產品名、成分、使用方法。她的有機草本護膚品帶點草藥的氣味，全部使用當季的新鮮材料，試過就知與別不同！

購買地點：各大超市、藥房

Australian Emu Oil Moisturising Cream 250g，AUD3

8 鴯鶓油

推薦品牌：Australian Emu oil

鴯鶓 Emu是澳洲土生的巨鳥，由鴯鶓提煉的鴯鶓油也算是澳洲獨有的土產手信。鴯鶓油含豐富維生素A、C、D、E及多元不飽和脂肪酸，容易深入滲透到肌肉組織，令到皮膚更加柔軟，延緩皮膚老化，對護髮和育髮，也很有幫助。

購買地點：各大超市、藥房

9 羊脂膏

推薦品牌：G&M

羊脂膏(Lanolin Cream)是從天然羊毛精煉出來的油脂，滋潤吸收而且不油膩，是乾燥冬天的恩物。在澳洲有很多不同牌子的羊脂產品，平如G&M或貴如Lanocreme等，功效都是大同小異，除此之外亦有一系列的副產品如Hand Cream、潤唇膏等，價格都非常便宜。

Australian Lanolin Oil Cream 250g，AUD3

10 運動內衣

CRAZED SPORTS BRA，AUD5.5

推薦品牌：Lorna Jane

澳洲著名的時裝品牌不多，但Lorna Jane就以女生運動服飾，特別是運動內衣打響名堂，連Do姐在《Do姐去Shopping》都要往舖頭購瑜伽運動衣。Lorna Jane服飾的包覆性、支撐度與穩定性都非常出色，加上款項選擇又多，所以成為女生至愛。

購買地點：Lorna Jane專門店

入貨勝地：
Chemist Warehouse

Chemist Warehouse有如香港的萬寧或屈臣氏，總有一間喺左近，無論化妝品、護膚品至補養品一律有齊，澳洲出名的保健品品牌如Blackmores、Bioglan、Swisse、Nature's Own、Nature's Way等都輪流在這裡推廣及打折，店內更有藥劑師駐場，可諮詢他們意見後才入貨。

網站：
http://www.chemistwarehouse.com.au/

節慶

澳洲人很懂得享受生活，慶祝大小節日更是市民的娛樂。悉尼、墨爾本、黃金海岸的節慶活動有很多，不少更是國際性的盛事，因此出發前最好計劃一下會否遇上大型節日，去旅行的同時可以順道感受當地狂熱的氣氛。

Sydney Harbour New Year Eve Countdown

網址：www.cityofsydney.nsw.gov.au/nye

每年的除夕夜，在悉尼壯麗的港灣上都會舉行盛大的煙花會演，迎接新一年的來臨。屆時不但會吸引上百萬的本地人參與，更是世界矚目的一刻。

墨爾本酒食節

網址：www.melbournefoodandwine.com.au

墨爾本酒食節是人們品嘗維多利亞和墨爾本精美廚藝的好機會。節日期間，全省將有 140 項活動，你一定能找到喜歡的美食佳釀。

The Lexmark Indy 300

網址：www.indy.com.au

每年約 10 月中旬，黃金海岸擠滿 V8 Indy 賽跑車的賽道，會進行一連 4 日 4 夜的賽車盛事，吸引成千上萬的觀眾為車手歡呼。

Sydney Gay & Lesbian Mardi Gras

網址：www.mardigras.org.au

起源於 1979 年的 Sydney Gay & Lesbian Mardi Gras 是澳洲一年一度同性戀界的盛事，每到 3 月初便有數以千計的同性戀者會聚集在市內進行大型派對歡。

Melbourne Cup Carnival

網址：www.melbournecup.com

在十一月的第一個周二，於墨爾本 Flemington Racecourse 舉行的 Melbourne Cup 是維多利亞州，甚至整個澳洲的盛事。

Quiksilver Pro Gold Coast

網址：www.aspworldtour.com/quikpro

在黃金海岸的海灘上，每逢 2、3 月便會舉行一年一度世界性的滑浪比賽 Quiksilver Pro。來自世界各地的選手雲集海面上，爭奪滑浪界的最高殊榮。

Royal Show

網址：royalshow.com.au

Royal Show 是澳洲每年的重頭戲，它巡迴於澳洲各大城鎮，每年吸引達幾十萬人次進場。本來 Royal Show 只是向英國皇室展示農牧產品的巡迴展覽，慢慢演變成適合一家大小參與的園遊會。

Darwin Festival

網址：www.darwinfestival.org.au

每年 5 月份舉辦的 Darwin Festival 歷時 18 天，活動包括音樂、舞蹈、戲劇、喜劇、歌舞表演、電影和視覺藝術，每年都吸引世界各地的藝術家。

Tesselaar Tulip Festival

網址：tulipfestival.com.au

欣賞鬱金香並非一定要到荷蘭，每年 9 月至 10 月，在墨爾本會舉行一年一度的鬱金香花展，農場主人的祖父是荷蘭人，自 1954 年開始便將他的私人花園對外開放，45 萬株鬱金香，隨便任人拍照。

Australian International Airshow

網址：www.airshow.com.au

每年 3 月，墨爾本的 Avalon Airport 周邊上空會出現一幕幕觸目驚心的飛行場景，這其實是國際航空展的特技表演，令人拍案叫絕。場內更會展出多款不同的戰機、民航機，飛機迷不能錯過。

Australian Open

網址：www.ausopen.com

澳洲網球公開賽是網球四大滿貫賽事之一，也是四大滿貫賽事中每年最先登場的，自 1905 年創辦以來，已經有百多年的歷史，通常於每年 1 月的最後兩個星期在墨爾本舉行。

The Taste of Tasmania

網址：www.thetasteoftasmania.com.au

每年於 12 月尾至 1 月初舉辦的塔斯曼尼亞美食節吸引多達 300,000 人次，各個小食攤位及酒商都會端出不同佳品，現場舉辦熱鬧的除夕派對娛樂大眾，包括現場表演和午夜煙火，迎接新的一年到來。

AFL Finals Series

網址：www.afl.com.au

9 月是澳式足球決賽的日子，八支隊伍爭取在大決賽日（Grand Final Day）當天，站在古羅馬圓形大競技場式墨爾本板球場（Melbourne Cricket Ground）手捧聯賽杯，場內氣氛絕對可媲美英超！

Sculpture by the Sea

網址：www.sculpturebythesea.com

每年 11 月，在 Bondi Beach 都會有為期兩個星期的海邊藝術展 Sculpture by the Sea，展出包括來自澳洲及海外藝術家的作品，並吸引約三十萬的參觀者。一邊享受陽光，一邊感受藝術，帶來非一般的衝擊。

悉尼
Sydney

放下香港城市緊張工作的壓迫感，來到新南威爾斯州的無污染城市悉尼，吃盡鮮味海鮮，到滿佈型人潮物的Paddington及Surry Hills購物區買個痛快，欣賞天然市郊周邊美景，在這兒你可尋回快樂的自我本色。

悉尼機場交通

悉尼機場快線 Airport Link

Airport Link是往返機場及市中心最快捷的交通工具，車程大概只要15至20分鐘。車站設於國際線1號客運大樓的地庫。由機場至市中心的單程成人票價錢為成人AUD19.53、4-16歲AUD15.98。

網址： www.airportlink.com.au

巴士

由機場前往悉尼市中心及其他地區的巴士，都只接受預約車票，較為麻煩，故很多旅客寧願選擇乘搭機場快線或的士前往市區。

網址：www.sydneybuses.info

的士

機場各個客運大樓都設有的士站，而國際客運大樓（T1）的士站就在入境大堂外。的士起錶為AUD 3.6，每公里跳錶AUD 2.19，而由10:00pm至6:00am時段，每公里跳錶AUD 2.63，周五六10:00pm-6:00am，起錶費另加AUD2.5，每公里跳錶AUD2.63。

由機場前往主要地區大約車資

地區	車資
Sydney City	AUD 57
Manly	AUD 103
Liverpool	AUD 114
North Sydney	AUD 72
Parramatta	AUD 165
Cronulla	AUD 89

電召的士熱線

Taxis Combined Services
電話：133 300
網址：www.taxiscombined.com.au

Silver Service Fleet
電話：133 100
網址：www.silverservice.com.au

Premier Cabs
電話：131 017
網址： www.premiercabs.com.au

租車

機場入境大堂內有多個租車櫃位，打算租車或已在網上預約的遊客可向這裡的職員查詢。以下為兩家主要租車公司的資料：

Avis Australia
電話：61-2-8374 2847
網址： www.avis.com.au

Hertz Australia
電話：61-2-8337 7500
網址： www.hertz.com.au

悉尼市內交通

悉尼觀光巴士 Explorer Bus

專為遊客而設的Explorer Bus共有2種，分別是紅色的Sydney Explorer和藍色的Bondi Explorer。Sydney Explorer途經26個旅遊熱點，包括悉尼歌劇院、岩石區及海鮮市場等。而Bondi Explorer則會走過悉尼的碼頭地區和各海灘，當中包括人氣最盛的Bondi Beach。遊客只需1張車票便可隨時在各站上落車，車上更有語音導覽，為遊客介紹下一個車站的景點，非常方便。車票可於上車時購買，也可於各火車站和機場內買到。車票價格如下：

Sydney Tour	Bondi Tour
8:30am-6:30pm(淡季)	9:30am-6:30pm(淡季)
8:30am-7:30pm(旺季)	9:30am-7:30pm(旺季)
*每20-30分鐘一班	*每30分鐘一班

票種	成人	小童 (4至15歲)
1日票	AUD 59	AUD 39
2日票	AUD 79	AUD 49

*4 歲以下免費

網址：www.theaustralianexplorer.com.au

澳寶卡 (Opal Card)

以往遊悉尼慣用的MyMulti Card，在2016年頭已正式退役被澳寶卡(Opal Card)所取代。新卡不單比MyMulti Card抵用，使用範圍更由悉尼市伸延至整個新南威爾斯省。澳寶卡可用於全省的公共交通網絡，包括巴士、火車、輕軌鐵路及渡輪。

澳寶卡的好處

1) 每天AUD16.8封頂：乘火車、巴士、渡輪和輕軌的交通費，成人每天AUD16.8封頂，兒童每天AUD8.4封頂，之後在同日繼續用卡乘坐交通工具都不再扣錢。

2) 每周 AUD50封頂：成人交通費每周AUD50封頂，兒童每周AUD25封頂，之後在同周繼續用卡乘坐交通工具都不再扣錢。

3) 周六周日或公眾假期封頂：所有持澳寶卡的乘客，其交通費成人AUD8.4、兒童AUD4.2封頂。

4) 一小時無限轉乘：一小時內使用同樣的交通工具轉乘只計算一次的費用。

*澳寶卡的周按照周一至周日計算，如果在該星期中間或周末才開始使用便不太划算。

**封頂價及半價優惠不包括悉尼機場快線，另周一至周日期間計費八次後，餘下一周內的交通費將有半價優惠。

如何購卡

可以在2千家澳寶零售店購買，請瀏覽 retailers.opal.com.au 或者尋找帶有澳寶卡標志的零售店。

如何拍卡

每次行程開始時將澳寶卡在澳寶卡讀卡器上拍上，行程結束時拍下。注意聽拍卡時發出的「叮」聲並查看屏幕，確保您已正確地使用。

如何充值

可在澳寶卡網絡中的特定車站和碼頭隨時充值。

網址：https://www.opal.com.au/

輕便鐵路 Light Rail

Light Rail連接Central車站至Haymarket、Paddy's Market、Sydney Fish Market、Star Casino、Darling Harbour及Chinatown等地，每隔10-15分鐘1班車，單程成人票價為AUD 3.2-5.05。

網址：www.transportnsw.info

悉尼市巴士 Sydney Buses

悉尼的巴士線貫通全市及郊區，各巴士總站設於Circular Quay、Town Hall及Central火車站。部分巴士線可於上車後以現金向車長購票，但部分的巴士線只接受預付（PrePay）的車票，因此上車前要小心看清楚是否接受現金。預付車票可於各大便利店、火車站和渡輪碼頭購買。

網址：www.sydneybuses.info

	0-3公里	3-8公里
成人(單程)	AUD 4(澳寶卡AUD3.2)	AUD 4.7(澳寶卡AUD3.93)

悉尼火車 Sydney Train (繁忙時間收費)

覆蓋悉尼市內及周邊，是遊客經常乘搭的交通工具，主要車站分別有Wynyard、Town Hall、Circular Quay和Central站，此外，亦有到較遠地方如Blue Mountains和Newcastle

網址：www.sydneytrains.info

	0-10公里	10-20公里	20-35公里	35-65公里	65公里以上
成人正價	AUD4.6	AUD5.7	AUD6.5	AUD8.7	AUD11.2
持澳寶卡	AUD3.79	AUD4.71	AUD5.42	AUD7.24	AUD9.31

悉尼渡輪 Sydney Ferries (繁忙時間收費)

從Circular Quay開出的渡輪，分別連接Manly、Darling Harbour、Watsons Bay、Rose Bay、DoubleBay北岸及Balmain。船票可於Circular Quay和Manly的票站購買，部分也可即時在船上購票。

網址：www.transportnsw.info

票種	0-9公里		9公里以上		NewCastle Stockton	
	全時段	單程	全時段	單程	全時段	單程
成人	6.43	7.7	8.04	9.7	3.2	4

悉尼公共交通路線圖（局部）

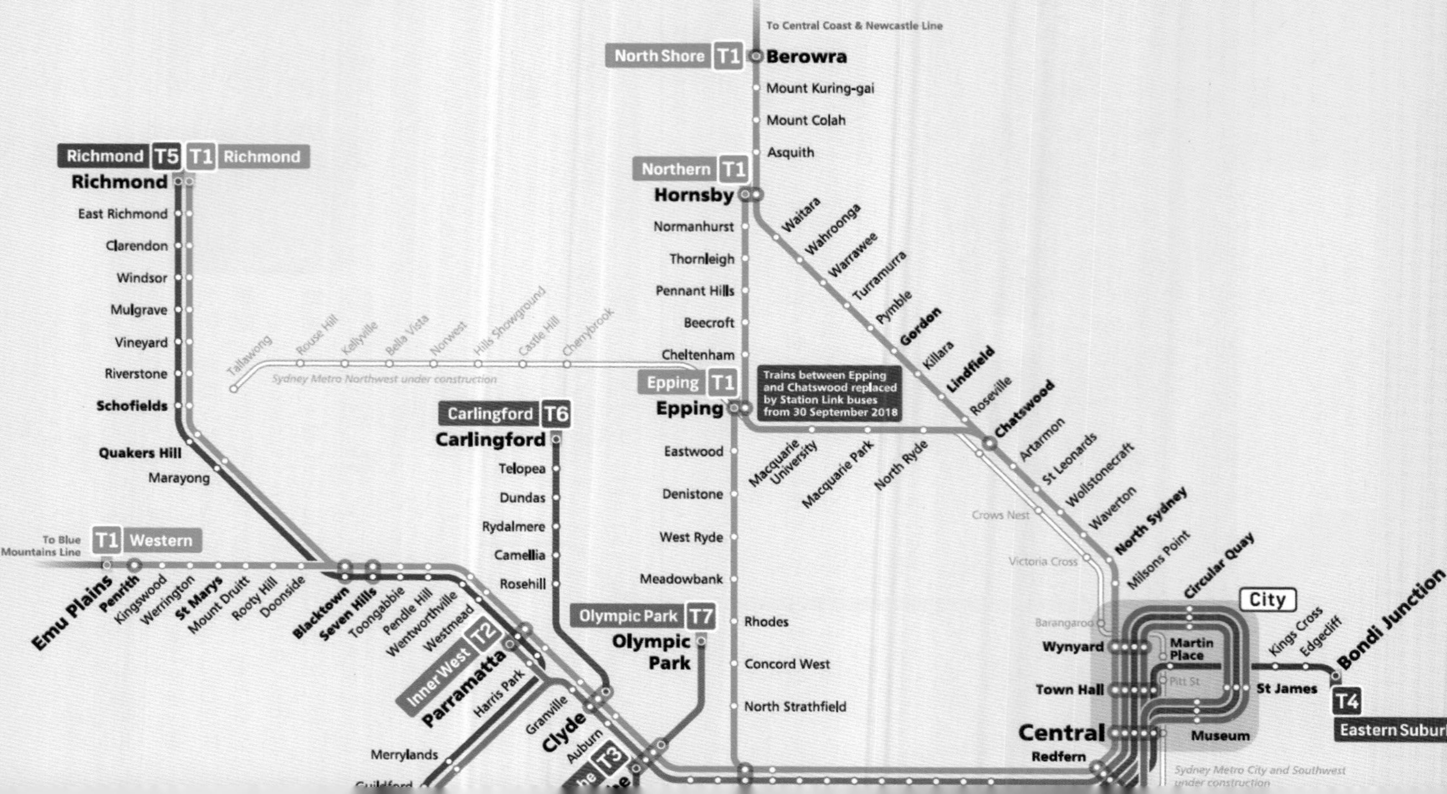

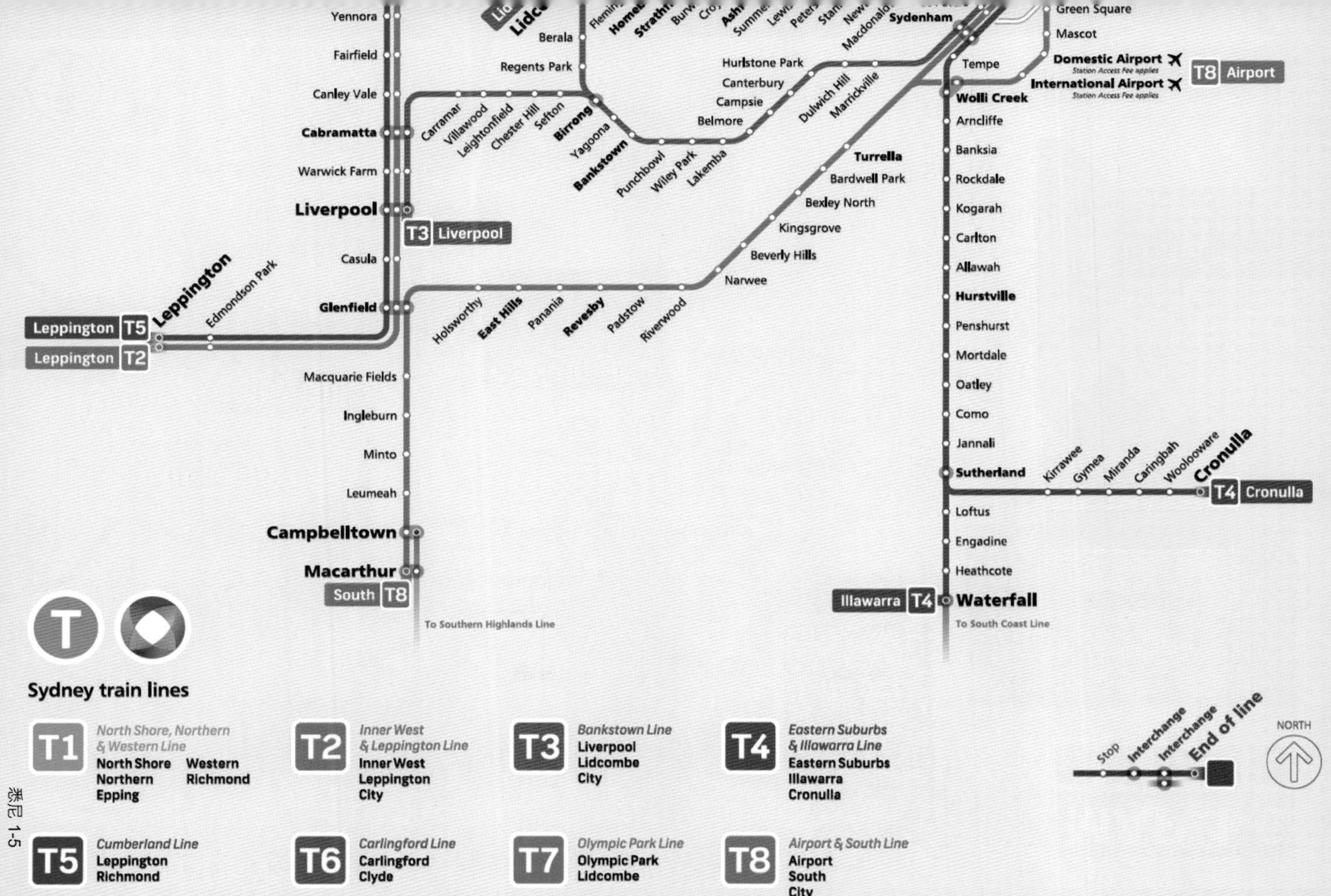

Yennora
Fairfield
Canley Vale
Cabramatta
Warwick Farm
Liverpool
T3 Liverpool
Casula
Glenfield
Leppington T5
Leppington T2
Leppington
Edmondson Park
Macquarie Fields
Ingleburn
Minto
Leumeah
Campbelltown
Macarthur
South T8
To Southern Highlands Line
Berala
Regents Park
Carramar
Villawood
Leightonfield
Chester Hill
Sefton
Birrong
Yagoona
Bankstown
Punchbowl
Wiley Park
Lakemba
Belmore
Campsie
Canterbury
Hurlstone Park
Dulwich Hill
Marrickville
Sydenham
Holsworthy
East Hills
Panania
Revesby
Padstow
Riverwood
Narwee
Beverly Hills
Kingsgrove
Bexley North
Bardwell Park
Turrella
Green Square
Mascot
Domestic Airport
Station Access Fee applies
International Airport
Station Access Fee applies
T8 Airport
Tempe
Wolli Creek
Arncliffe
Banksia
Rockdale
Kogarah
Carlton
Allawah
Hurstville
Penshurst
Mortdale
Oatley
Como
Jannali
Sutherland
Kirrawee
Gymea
Miranda
Caringbah
Woolooware
Cronulla
T4 Cronulla
Loftus
Engadine
Heathcote
Illawarra T4
Waterfall
To South Coast Line
Sydney train lines
T1 North Shore, Northern & Western Line
North Shore
Northern
Epping
Western
Richmond
T2 Inner West & Leppington Line
Inner West
Leppington
City
T3 Bankstown Line
Liverpool
Lidcombe
City
T4 Eastern Suburbs & Illawarra Line
Eastern Suburbs
Illawarra
Cronulla
T5 Cumberland Line
Leppington
Richmond
T6 Carlingford Line
Carlingford
Clyde
T7 Olympic Park Line
Olympic Park
Lidcombe
T8 Airport & South Line
Airport
South
City
Stop
Interchange
Interchange
End of line
NORTH

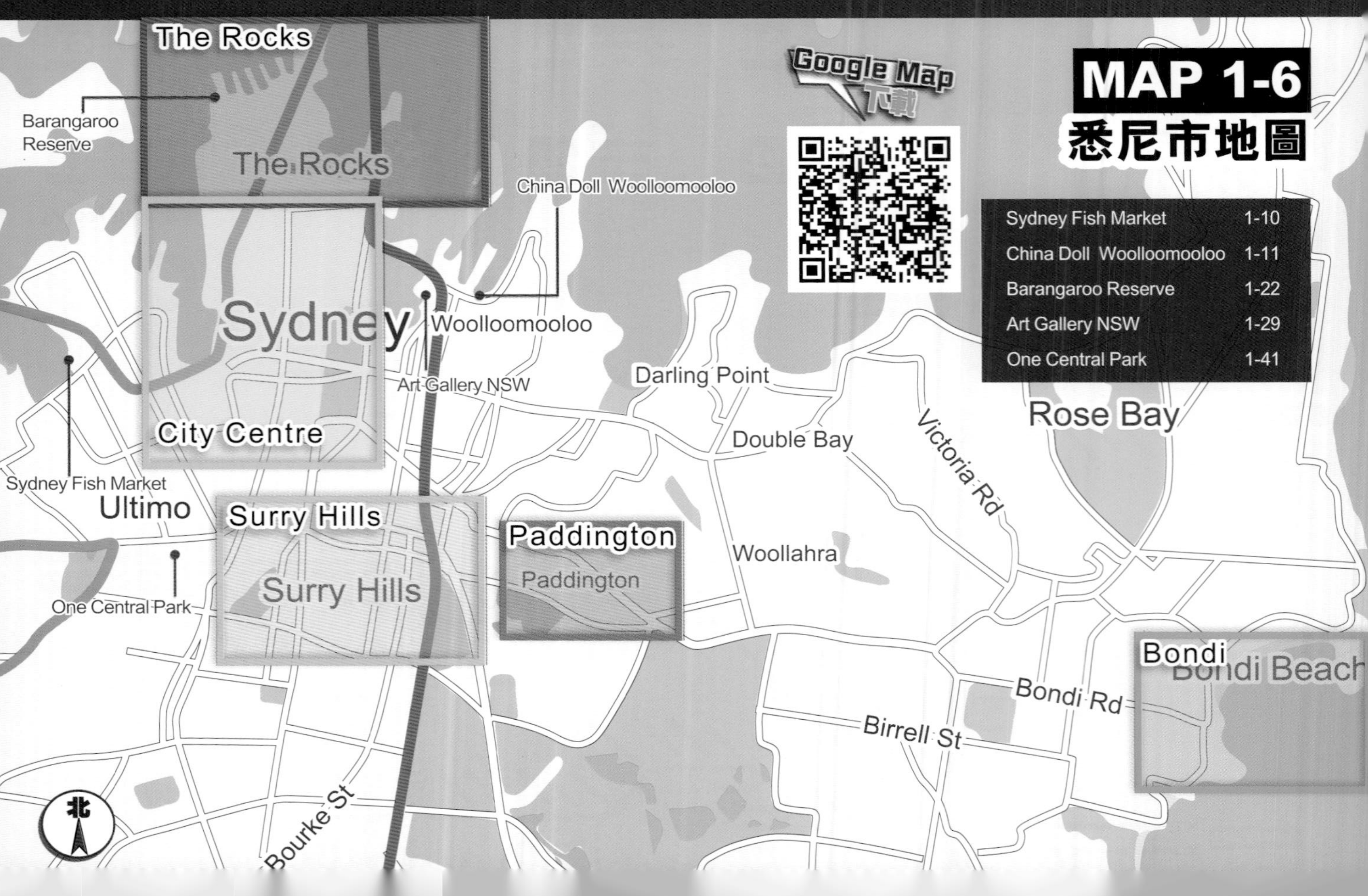
MAP 1-6
悉尼市地圖
Google Map
下載
Sydney Fish Market 1-10
China Doll Woolloomooloo 1-11
Barangaroo Reserve 1-22
Art Gallery NSW 1-29
One Central Park 1-41
The Rocks
Barangaroo Reserve
The Rocks
China Doll Woolloomooloo
Sydney
Woolloomooloo
Art Gallery NSW
Darling Point
Rose Bay
City Centre
Double Bay
Victoria Rd
Sydney Fish Market
Ultimo
Surry Hills
Paddington
Woollahra
Paddington
One Central Park
Surry Hills
Bondi
Bondi Beach
Bondi Rd
Birrell St
Bourke St
北

MAP 1-7 The Rocks

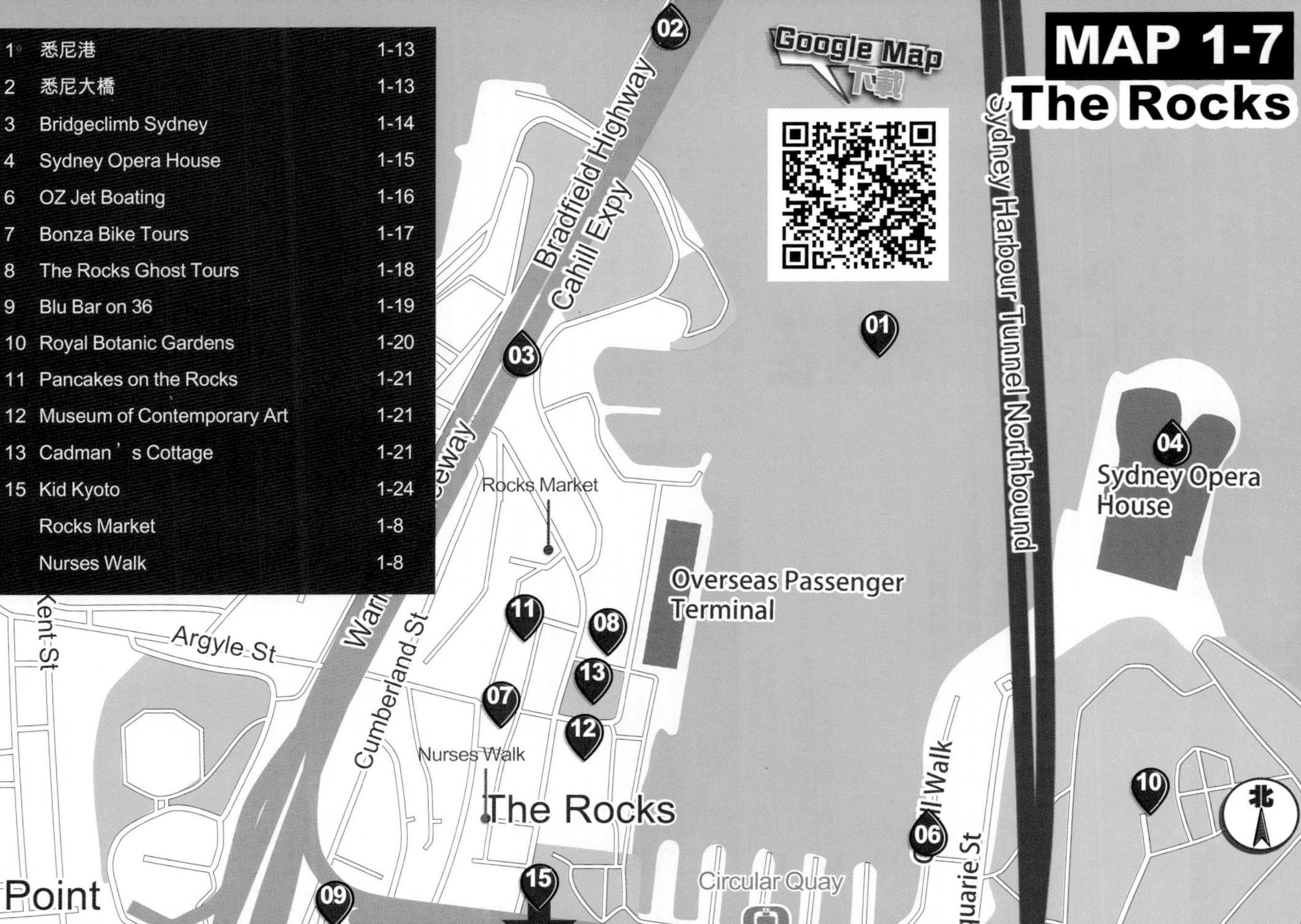

1	悉尼港	1-13
2	悉尼大橋	1-13
3	Bridgeclimb Sydney	1-14
4	Sydney Opera House	1-15
6	OZ Jet Boating	1-16
7	Bonza Bike Tours	1-17
8	The Rocks Ghost Tours	1-18
9	Blu Bar on 36	1-19
10	Royal Botanic Gardens	1-20
11	Pancakes on the Rocks	1-21
12	Museum of Contemporary Art	1-21
13	Cadman ' s Cottage	1-21
15	Kid Kyoto	1-24
	Rocks Market	1-8
	Nurses Walk	1-8

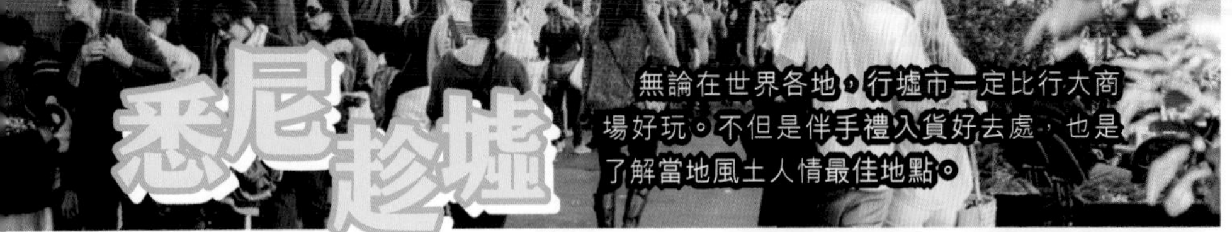

悉尼趁墟
無論在世界各地，行墟市一定比行大商場好玩。不但是伴手禮入貨好去處，也是了解當地風土人情最佳地點。

Rocks Market

Map 1-7 C3

Circular Quay火車站步行10分鐘即達

岩石區市場置身在該區的古典建築群之中，古雅文青的氛圍已經夠殺食。整個市集約有200多個攤位，由食物、衣飾至工藝物都是本土自家製作。營業期間，在大街小巷不時有音樂與歌唱表演，充滿嘉年華的氣氛，真係唔買都要嚟睇下！

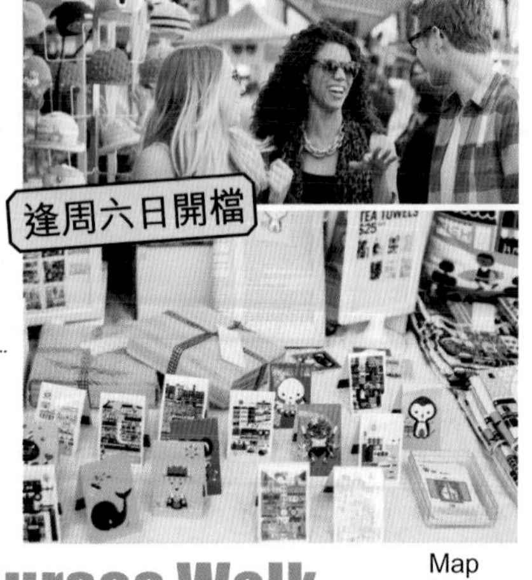

地：Playfair Street, George Street & Jack Mundey Place, The Rocks, Sydney, NSW

時：The Rocks Markets 周六日 10:00am-5:00pm，The Rocks Friday Foodie Market 周五 9:00am - 3:00pm

網：http://www.therocks.com/things-to-do/the-rocks-markets/

Nurses Walk

Map 1-7 B4

Circular Quay火車站步行10分鐘即達

如果碰不上開檔日子，遊客也可在附近的Nurses Walk逛逛。Nurses Walk曾經是Makeshift Hospital的所在地，市政府為了紀念這些醫護人員，將這條小巷翻修並命名為護士街。今天這裡已再沒有醫院，反而變身成為一條專售精品的小街。街道兩旁設有畫廊、酒吧、精品店以及咖啡館等，非常適合度過一個慵懶閑散的下午。

地：Nurses Walk, The Rocks,Sydney, NSW

Bondi Market

Map 1-42 C1

在Circular Quay車站乘380或333號巴士，於Campbell Parade下車，步行3分鐘

Bondi Beach是悉尼最著名的海灘，平日型男索女云集，而周日更添了文青氣息，因每逢週末，Bondi Beach Public School 都會搖身一變成為Sunday Market。從古著、首飾、家品、手工藝品，到本地薑的自家設計都有，其他地方未必再買得到，獨一無二非常適合當手信。另外周六同樣地點亦會舉行Bondi Farmers Market，是選購自家種植有機食品及新鮮蔬果的好時機。

地：Bondi Beach Public School, Warners Avenue, Bondi Beach, NSW

時：周六 9:00am-1:00pm、周日 10:00am-4:00pm

網：www.bondimarkets.com.au

Kirribilli General Market

Milsons Point火車站出站即達

Kirribilli General Market是悉尼北岸最悠久的跳蚤市場，開業於1976年，至今已超過40歲。跳蚤市場每月的第四個周六，在北岸悉尼海港大橋旁的Bradfield Park一帶舉行。Kirribilli General Market共有120多個販檔，以售賣一手及二手時裝及首飾為主，同時亦有售一些手工藝品和古董。除了買賣，主辦單位還會在會場舉行不同的文娛活動，如音樂表演、瑜伽班，甚至小朋友playground，一家大小都能盡興。

地：Kirribilli Bowling Green, 68 (cnr Burton St) Alfred Street, Kirribilli, NSW

電：61-2-9922 442　**時**：每月第四個周六 8:30am-3:00pm

網：http://www.thekirribillicentre.org/kirribilli-markets

Kirribilli Art, Design & Fashion Market

Milsons Point火車站出站即達　Map 1-47A A2

Kirribilli Art, Design & Fashion Market與General Market在同一地點，不同時間舉行。顧名思義，Art, Design & Fashion Market更集中出售工藝及藝術創作的產品。場內銷售美輪美奐的原石藝術品、原木器皿與及玻璃製品，都是工匠們自家生產，與流水線生產的工業商品大有分別。

地：Kirribilli Bowling Green, 68 (cnr Burton St) Alfred Street, Kirribilli, NSW

電：61-2-9922 4428　**時**：每月第一及第二個周日 9:00am-3:00pm

網：http://www.thekirribillicentre.org/kirribilli-markets

Northside Produce Market

Map 1-47A A1

North Sydney火車站出站步行20分鐘即達

澳洲是農業大國，以農產品為主的跳蚤市場自然大有看頭。Northside Produce Market云集澳洲最優秀的天然食材，由蔬果、乳酪、橄欖油、蜂蜜至咖啡全部有齊，市場在2011年更榮獲Good Food Shopping Guide Award大獎，肯定是一次令人難忘的購物經驗。

地：Miller St, North Sydney NSW　**電**：61-2-9922 2299

時：每月第一及三個周六 8:00am-12:00nn

網：https://www.northsydneycentre.com.au/markets/northside-produce-market

悉尼 必食海鮮 好去處

即食平靚正海鮮
Sydney Fish Market

Map 1-6

乘Light Rail於Fish Market站下車

悉尼人想買鮮活的海產，一定會到悉尼魚市場（Sydney Fish Market）。每天早上，各地漁船會運來過百種海鮮作批發和零售，一般價錢較市面便宜2至3成。由於即運即賣，故漁獲保證新鮮。遊客可在市場內購買海鮮，並叫店員替你做成刺身或烹調成美味海鮮餐，非常方便。加上市場外的碼頭有露天枱椅，很多人喜歡在陽光海風送爽下，品嘗滋味海鮮，你又怎能錯過呢？

場內的零售商都會同時提供煮食服務，為了方便遊客，不少更有中文餐牌。

必食推介！

海鮮熱食拼盤 Hot Seafood Platter

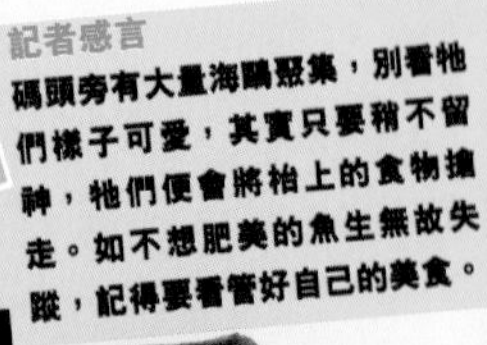

提防小偷！

記者感言

碼頭旁有大量海鷗聚集，別看牠們樣子可愛，其實只要稍不留神，牠們便會將枱上的食物搶走。如不想肥美的魚生無故失蹤，記得要看管好自己的美食。

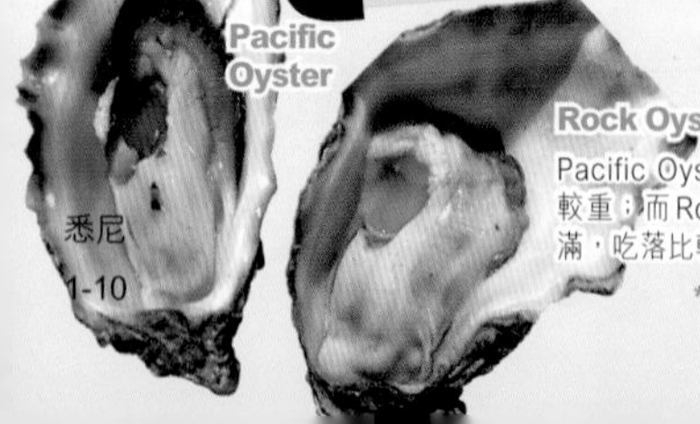

Pacific Oyster

Rock Oyster

Pacific Oyster比較大隻，海水味較重；而Rock Oyster外形小而飽滿，吃落比較鮮甜。

*價格因大小而有差別

地：Locked Bag 247, Bank Street, Pyrmont, Sydney, New South Wales

電：61-2-9004 1100

時：7:00am-4:00pm（12月25日休息）

網：www.sydneyfishmarket.com.au

意式海鮮拼盤Brodetto all' Anconetana: Fish Stew Ancona Style
海鮮夠新鮮，湯汁味道有點像龍蝦湯，濃味中帶鮮甜，材料又夠入味，食完也忍不住連湯汁都一飲而盡。

太平洋超級景觀
Icebergs Dining Room + Bar

Map 1-42 C2

於Circular Quay乘380號巴士，於Bondi Beach的Campbell Parade和Francis Street交界下車，步行2分鐘

坐落於South Bondi的懸崖上，面對南太平洋的Icebergs，景觀堪稱悉尼之最。從餐廳所見是一望無際的大海和漂亮的邦廸海灘（Bondi Beach），令人心曠神怡。餐廳憑著超級靚景和大廚Robert Marchetti的優秀廚藝，成為了悉尼的人氣海鮮餐廳，更在《Sydney Good Food Guide 2008》（有點像歐洲的米芝蓮飲食指南）內獲得2星評級大獎。這裡的菜式主要以地中海手法烹調，加上大廚的個人創意改良，配合新鮮的材料，令菜式與別不同。當中以意式海鮮拼盤（Brodetto all' Anconetana）做得最出色，是必食之選。

番茄青辣椒帶子沙律Hand Dived Spring Bay Half Shell Scallops, Tomato, Green Chilli, Garlic, Radish Salad

餐廳的室內設計以白色為主，特大的落地玻璃讓客人可以盡情欣賞無敵海景。

望向岸邊的方向，便是世界聞名的Bondi Beach。

地：1 Notts Avenue, Bondi Beach, New South Wales
電：61-2-9365 9000　網：www.idrb.com
時：12:00nn-12:00mn（周五至六）；12:00nn-11:00pm（周二至四）；星期一休息

悉尼的中國娃娃
China Doll Woolloomooloo

Map 1-6

乘Sydney Explorer巴士，於Woolloomooloo Bay站下車，步行2分鐘

要去China Doll用餐的話，建議最好在黃昏時分，並坐在室外碼頭旁的座位，因為這兒可看到遼闊的天空，進餐時可享受到悉尼的醉人日落。別以為China Doll只是吃中餐的地方，其實主廚Frank Shek擅長多種亞洲菜，包括中菜、日菜、泰菜及東南亞菜式。但他強調這裡並非賣fusion菜，因為他會盡量保留原材料的味道。他會以不同手法處理海鮮，當中以中式甜酸魚和日式天婦羅做得最出色，既沒影響原材料的特質，又能把菜煮得色香味俱全。

椰子炸香蕉Coconut Fried Banana with Coconut Ice Cream & Palm Sugar Syrup
這道招牌甜品，椰子味雪糕跟香蕉十分匹配。香蕉炸得香脆，配上香滑的香草椰子雪糕，一冷一熱，入口即溶，感覺很特別。

酸甜脆鯛魚 Crispy Snapper

China Doll選擇將客人禁地——廚房，作開放式設計，相信這是另一種表現信心的方式。

地：Shop 4, 6 Cowper Wharf Road, Woolloomooloo, Sydney, New South Wales
電：61-2-9380 6744　網：www.chinadoll.com.au
時：12:00nn-11:30pm；耶穌受難節及聖誕節休息

簡單海鮮餐
Nick's Seafood Restaurant

Map 1-25 B2

2人海鮮拼盤 Nick's Seafood Platter for Two
看到大大份的海鮮拼盤，未吃已令人相當震撼。

餐廳位於Cockle Bay Wharf旁邊，晚上的景色非常迷人。

乘火車於Town Hall站下車，步行10分鐘

煮海鮮的方法層出不窮，但太過賣弄反而令海鮮失真，畢竟吃海鮮的重點是新鮮。Nick's Seafood Restaurant便深明這個道理，以嚴謹的食材和簡約的烹調風格，保留了海鮮最佳的鮮味。這裡最值得推薦的是份量十足的Nick's Seafood Platter for Two(2人海鮮拼盤)，生蠔、龍蝦、青口及大蝦全都非常新鮮，能一次過滿足海鮮發燒友的慾望。

地：The Promenade, Cockle Bay Wharf,Sydney, New South Wales
電：1300 989989
時：11:30am-10:00pm
網：www.nicks-seafood.com.au

悉尼中餐廳

Map 1-25 D1

幸花邨 Fortune Village Chinese Restaurant

乘火車於Town Hall站下車，步行約3分鐘

話說悉尼著名的金唐海鮮酒家已在疫情期間結業，如果想吃中餐的話，還有幸花邨可選。幸花邨臨近Darling Harbour，是悉尼非常知名的中餐館之一。幸花邨由華裔Simon Chan於1981年創立，至今仍由家族運營。幸花邨內外裝潢都有濃郁的中國特色，菜品結合了中國各大菜系的精華，並針對當地人的口味進行了改良，所以深受到當地人的歡迎。

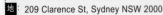

地：209 Clarence St, Sydney NSW 2000
電：61-2-9299 7273
時：11:30am-2:30pm（周六除外）、5:30pm-9:00pm，周日、周一及公眾假期休息
網：https://www.fortunevillage.com.au/

南半球第一大港
悉尼港

01 Map 1-7 D2

悉尼港可算是澳洲重要的門戶，港灣總面積為55平方公里，口小灣大，是世界上著名的天然良港。海岸的南北兩岸，都是悉尼最繁盛的地帶。遊客可在環形碼頭(Circular Quay)或達令港(Darling Harbour)登上遊輪，沿著港灣欣賞著名的悉尼海港大橋、歌劇院，與及海港中的小島——丹尼森堡（Fort Denison）及鯊魚島（Shark Island)、克拉克島（ClarkIsland)、羅德島（RoddIsland）和山羊島（GoatIsland）等，悠閒地把悉尼最美麗的景色盡收眼底。

悉尼港口的大衣架
Sydney Harbor Bridge

02 Map 1-7 C1

悉尼海港大橋及歌劇院可算是悉尼的經典地標。大橋建於1932年，橋最高處高於海平面134米，是世界上第5長的拱橋，更曾是全球最高的鋼鐵拱橋。澳洲人形容海港大橋的造型像一個「老式的大衣架」，特別是晚上橋身亮起燈飾時，橋的鋼架和欄杆像掛上深色和淺色、直線和曲線的彩帶，構成了一幅令人難忘的美麗圖畫。

地: Sydney Harbour Bridge, Sydney NSW

攀上悉尼大橋，居高臨下的感覺絕對是其中一次最難忘的體驗。

登上大橋頂峰
Bridgeclimb Sydney 03

Map 1-7 C1

乘火車到Circular Quay站下車，沿George Street步行約10分鐘

悉尼兩大舉世聞名的地標，悉尼歌劇院（Sydney Opera House）和悉尼海港大橋（Harbour Bridge），前者是藝術及娛樂的象徵，後者則是繁榮都市的標誌。自1998年開始，悉尼海港大橋增設The Bridgeclimb，公開給大眾攀登，參加者可以沿著橋頂的弧形路線，由橋面一直攀上大橋的頂點，俯瞰歌劇院及悉尼港灣的壯麗景色。而由2006年起，主辦單位開創了另一條名為The Discovery Climb的路線，讓參加者穿過橋底及維修員工通道，體驗悉尼大橋的另一面。參加者全程都會穿上專用攀橋服和扣上橋身鋼索，非常安全，更有極富經驗的領隊從旁介紹大橋和悉尼歷史，歷時足有3.5小時。

在Discovery Climb路線上，教練會講解興建悉尼大橋時鮮為人知的趣事。

地：3 Cumberland Street, The Rocks, Sydney, New South Wales

電：61-2-8274 7777

時：7:00am-7:00pm

網：www.bridgeclimb.com

註：完成攀橋後可獲發紀念證書。

Bridgeclimb收費表

	日間	晚間	黃昏	黎明（特別提供）
	一至日	一至日	一至日	每月第一及第三個周六
成人	AUD 344-364	AUD 294-314	AUD 394-414	AUD 404-424
小童	AUD 149-169	AUD 149-169	AUD 189-209	AUD 189-209

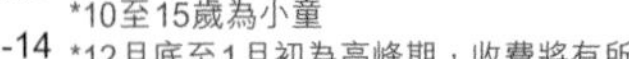

*10至15歲為小童

*12月底至1月初為高峰期，收費將有所調升。

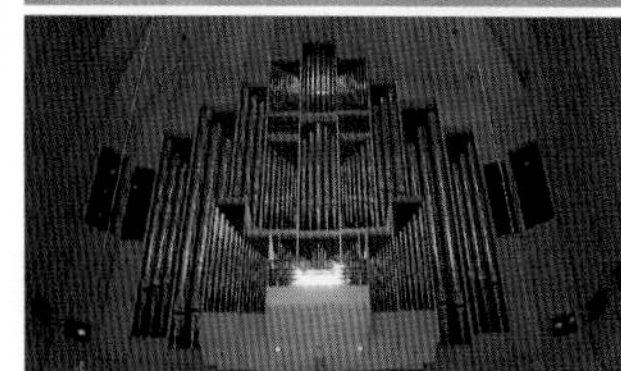

古為今用
Sydney Opera House 04

Circular Quay火車站步行10分鐘即達

悉尼歌劇院由丹麥建築師約恩· 伍重（Jorn Utzon）設計，該建築由1959年動工，至1973年完成，共耗時14年。歌劇院最令人印象深刻的，一定是貝殼形屋頂的設計。原來該設計是仿效瑪雅文化和阿茲特克神廟，帆型橢圓的結構不但和悉尼港的環境絕配，更是令聲音傳播得更完善，為觀眾帶來最完美的享受。悉尼歌劇院主要由兩個主廳組成，其中最大的主廳是音樂廳最多可容納2,679人。音樂廳內有一個由10,500根風管組成的大風琴，號稱是全世界最大的機械木連杆風琴。由於歌劇院是20世紀最具特色的建築之一，所以2007年被聯合國教科文組織評為世界文化遺產，可算是最年輕的世界文化遺產之一。

地：Bennelong Point, Sydney NSW
電：61-2-9250 7111
時：10:00am -5:00pm
網：www.sydneyoperahouse.com
費：導賞團收費：成人 AUD43，小童 AUD23，可於網站查詢日期及預約

地：每年 5 月底至 6 月中
網：https://www.vividsydney.com/

今夜星光燦爛
活力悉尼燈光音樂節 Vivid Sydney 05

活力悉尼燈光音樂節每年在5月底至6月中舉行。「節期」雖然只有20多個晚上，卻把悉尼港璀璨的夜色向全世界展示。在燈光音樂節期間，創意的3D炫彩燈光會把悉尼港兩岸的建築打扮得花枝招展，其中的悉尼歌劇院、海關大樓、現代藝術館，都換上潮爆的新裝，而市內也會舉行廣邀全球的音樂人，主辦多場音樂會，由古典民謠Hip-hop到電子全部有悉尼齊，令步入冬季的悉尼一點都不會冷。

每艘Jet Boat都擁有自己的名字，這艘外形像鯊魚般的快艇便叫「Mako」。

工作人員會為參加者提供防水衣，不想全身濕透者記緊穿好。

當船長使出270° 旋轉急煞時，船尾立時濺起巨浪。

嘩！在嚇破膽的旅程中，還想拍照留念，那就要記得緊握扶手喇！

水上飄移

OZ Jet Boating 06

Map 1-7 D4

乘火車到Circular Quay站下車

來到悉尼港，除了參加一般的港灣觀光渡輪欣賞風景外，原來這裡還有更刺激、更瘋狂的觀光快艇——Jet Boating。每艘快艇可乘坐23人，在歷時30分鐘中的旅程中，導遊除了會「循例」介紹岸上的明媚景色外，大部分時間都會是高速飄移「掟彎」、急煞停船的花式表演時段。以時速80公里航行，最後再來個270° 大旋轉結束，感覺像參加亡命賽車般，肯定令人畢生難忘。

記者感言
從沒想過會在巨浪下，欣賞悉尼歌劇院和Goat Island等景色，果然別有風味。

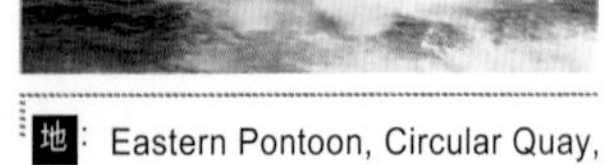

地：Eastern Pontoon, Circular Quay, Sydney, New South Wales

電：61-2-9808 3700

時：11:00am 至 4:00pm，夏令時間至 5:00pm

網：www.ozjetboating.com

費：（成人）AUD 89；（16 歲以下小童）AUD 59

註：接受網上及電話報名

澳洲人愛騎單車的程度可說是「車不離身」，連去旅行都要把單車寄倉，以單車遊悉尼算是最好不過。

踩單車遊悉尼

Bonza Bike Tours 07

Map 1-7 B3

乘火車到Circular Quay站下車，向Harrington Street方向步行約10分鐘

悉尼的名勝景點多不勝數，單是決定行程，都令人頭痛。若嫌乘旅遊巴士觀光乏味，可考慮參加單車旅行團。由Bonza Bike Tours舉辦的導賞團非常受遊客歡迎，歷時半日的Sydney Classic Tour涵蓋大部分主要景點，包括Sydney Opera House、Sydney Harbour Bridge、Darling Harbour及The Rocks等，每到達一個景點，導遊都會繪影繪聲作介紹，拍照留念後，便跳上「戰車」繼續往下一站出力踩呀踩，甚有征服悉尼的感覺。對自己有信心的遊客也可只租單車，自行遊走悉尼市，輕鬆寫意。

Bonza Bike Tours有多款單車供客人選擇，除了男女車款外，更有嬰兒座提供，非常體貼。

各單車團收費

	成人	小童
Sydney Classic 帶你遊悉尼市最經典的觀光勝地	AUD 129	AUD 99
Sydney Harbour Bridge Ride 沿著海港邊踩單車，邊觀賞海港景色	AUD 149	AUD 129
Manly Beach & Sunset Cruise 帶你到悉尼最美麗的沙灘看絕色日落	AUD 149	AUD 129
Sydney Highlights 以重點觀光為主的快速遊	AUD 99	AUD 79

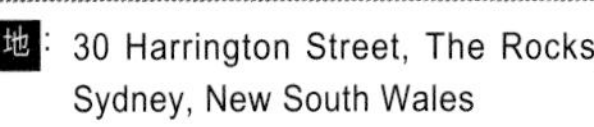

地：30 Harrington Street, The Rocks, Sydney, New South Wales

電：61-2-9247 8800

時：9:00am-5:00pm

網：www.bonzabiketours.com

費：淨租單車 AUD15／小時；AUD40／天

註：所有單車團都接受網上及電話報名

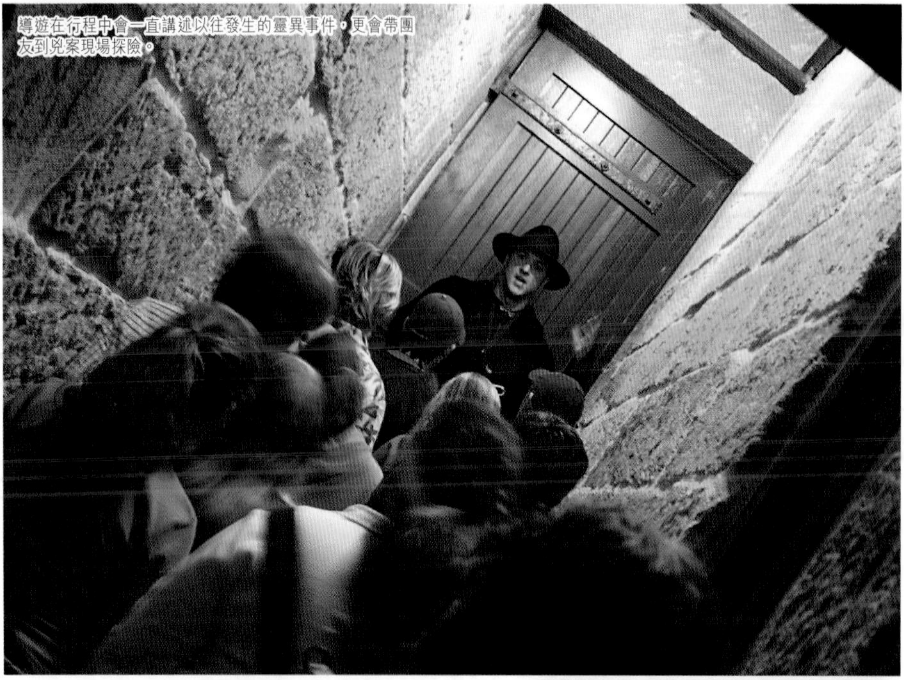

導遊在行程中會一直講述以往發生的靈異事件，更會帶團友到兇案現場探險。

鬼怪大作戰  08

Map 1-7 C3

The Rocks Ghost Tours

乘火車到Circular Quay站下車，沿岸步行5分鐘

團友可獲得電筒一個，大部分人都不禁擺出「照下巴」的經典姿勢。

悉尼歌劇院及悉尼海港大橋等地標，都只會讓人聯想到悉尼是一個非常現代化的大城市，但追溯至數十年前，現時繁盛的岩石區（The Rocks）卻是一個充斥着詭異事件的地方。Ghost Tours的創辦人Brian兒時經常聽婆婆親述關於這裡的鬼故事，加上從前發生了不少謀殺自殺等恐怖案件，令本來從事旅遊業的他跟老婆Colleen決定創辦別開生面的猛鬼團，揭示The Rocks神秘的一面。歷時2小時的Ghost Tour帶團友穿梭橫街小巷、地道兇宅，導遊逐一講述各地點耐人尋味的前塵往事，大膽又充滿好奇心的遊客不能錯過！

地：28 Harrington Street,The Rocks, Sydney, New South Wales
電：61-2-9241-1283
時：9:30am-4:30pm
網：www.ghosttours.com.au
費：成人 AUD 49；小童 AUD 45
註：Adult Nightly Tours4 月至 9 月的出發時間為 6:45pm，10 月至 3 月則是 7:45pm

室內設計靈感來自紐約這個大都會，每張枱都自成一角，沒有一般酒吧的壓迫感。

居高臨下的夜生活

Blu Bar On 36

09 Map 1-7 B4

乘火車到Circular Quay站下車，步行約10分鐘

位於悉尼市中心的悉尼香格里拉大酒店（Shangri-La Hotel, Sydney），36樓之上有一間名為Blu Bar On 36的型格酒吧。其地理位置得天獨厚，大型落地玻璃的設計，讓你飽覽悉尼港的醉人夜景，美麗的景觀冠絕整個悉尼酒吧界。店內的cocktails多達三百幾種，也提供多款原創無酒精飲品。坐在窗邊摸著杯底，望著腳底下的迷人景色，是結束完美一天的最佳選擇。

地：36F, 176 Cumberland Street, The Rocks, Sydney ,New South Wales

電：61-2-9250 6000

時：周日至周四 11:00am-11:00pm，周五、周六至 12:00mn

網：www.shangri-la.com/sydney/shangrila/dining/bars-lounges/blu-bar-on-36/

註：dress code 為 Smart Casual，即不可穿背心、短褲、拖鞋

從窗邊向外望出去的景觀，可能比手中的醇酒更加醉人。

Mangalo
以新鮮芒果、菠蘿及橙製成的mocktail，味道非常香甜清新。

Showgirl
Blu Horizon原創的Showgirl，荔枝酒加伏特加，配上青檸汁和士多啤梨，味道清甜。

園內小火車
Choo Choo Express

每半小時開出，車程25分鐘，成人AUD10，小童AUD5，啱晒懶行的遊客。

二百年歷史植物公園 10

Map 1-7 E4

Royal Botanic Gardens

Martin Place火車站步行10分鐘即達

悉尼皇家植物園原是農場，建於1816年。植物園佔地30公頃，園內收集展示了大量熱帶和亞熱帶的植物共7,000多種。公園主要建築和設施有：宮廷花園、棕櫚園、蕨類植物區、第一農場、低地園、展覽溫室、南威爾士國家標本館等。每年吸引了300多萬遊客來參觀。

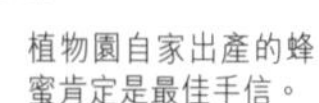

植物園自家出產的蜂蜜肯定是最佳手信。

園區介紹

棕櫚園
（The Palm Grove）

棕櫚園建於1851年，是植物園歷史最長的園區之一，裡面不乏過百年的古木。區內收集展示了140多種棕櫚科植物，而在1853年種植的昆士蘭貝殼杉（Agathis Robusta），更是植物園中最高大的一棵植物。

宮廷花園
（The Palace Garden）

原址是一幢大型的維多利亞式花園宮殿，可惜在1882年被火燒毀。現時花園中央仍保留著幸存下來的雕像，與及後來加建的紀念噴泉和下沉式花園。

第一農場（First Farm）

不但展示殖民地時期澳洲農場的風格，更會認識該時期主要栽培的農作物。

展覽溫室
（Tropical Centre）

由兩座現代化的建築物組成，塔形建築展示澳大利亞熱帶植物，弧形建築收集了澳洲以外的熱帶植物。而區內的南威爾士國家標本館是澳洲兩大標本館之一，收藏了約100萬份標本，最高老的可追溯至1770年。

蕨類植物區
（The Fernery）

原來是總督的家庭花園，現集中種植澳洲和世界各地的蕨類植物，令人大開眼界。

地：Mrs Macquaries Road Sydney NSW　電：61-2-9231 8111
時：7:30am-5:30pm　網：https://www.rbgsyd.nsw.gov.au/　費：免費入場

超人氣鬆餅店 Pancakes On The Rocks

Map 1-7 C3

乘火車於Circular Quay站下車，步行約6分鐘

Pancakes On The Rocks位於岩石區市集的走道上，除了知名的鬆餅外，還有非常豐富的餐點可以選擇。鬆餅即場烹製，又熱又鬆軟，加上冰凍的雪糕和新鮮水果，是幸福度爆燈的甜點！此外戰斧肋排亦是店內招牌之一，肋排烤得外焦內軟，配上鹹香BBQ醬，十分美味！由於餐點分量比較大，所以可以點幾道菜品和旅伴們分食，這樣就可以嚐到不同餐點又不會吃不完了。

地：22 Playfair Street, The Rocks, Sydney 2000 電：61-2-9247-6371 網：https://pancakesontherocks.com.au/
時：周日至周四 7:30am-12:00nm；周五至周六 7:30am-2:00am

藝術集中地 Museum of Contemporary Art

12 Map 1-7 C4

乘火車於Circular Quay下車，步行5分鐘

外形莊嚴的博物館建於人流極旺的岩石區，位置十分方便。

位於岩石區的當代藝術博物館（Museum of Contemporary Art）會定期展出澳洲本土及國際藝術家的作品，內容非常多元化，包括繪畫、攝影、裝置藝術及原住民的藝術品等。

地：140 George Street, The Rocks, Sydney, New South Wales
電：61-2-9245 2400 網：www.mca.com.au 費：全免
時：10:00am-5:00pm；周五 10:00am-9:00pm（周二休息）

百年見證 Cadman's Cottage

13 Map 1-7 C3

想不到這間小小的石屋，已經有超過190年的歷史。

乘火車於Circular Quay下車，步行5分鐘

這間白色小屋建於1816年，是岩石區（The Rocks）現存最古老的建築物。由於曾被多個政府機構，如住宅、水警基地及水手營房等使用，故仍能保存完整，並見證了The Rocks一帶的繁華更替，現在是National Parks and Wildlife Service的旅客資訊中心。

地：110 George Street, The Rocks, Sydney, New South Wales
電：61-2-9247 5033 時：9:00am-5:00pm（一至五）

市區中的綠洲

Map 1-6

Barangaroo Reserve

Circular Quay火車站步行10分鐘

Barangaroo 位於岩石區，是一大片綠化地帶。雖然位處市區，但直至近年當地政府才鋭意發展。據説整個項目包括商業、住宅及藝術文化部分，陸續在2023年前完成。而2015年率先開放的，就是名為Barangaroo Reserve的海濱公園。Barangaroo其實是一位女土著領袖的名字，所以Barangaroo Reserve亦設有介紹澳洲原住民歷史的設施，而公園內種植的，大部分也是澳洲原生植物。Barangaroo Reserve面向達令港，設有單車徑及步道，是海邊漫步的好地方。岸邊高低不一如石階般的砂岩，更是觀海景及欣賞一年一度悉尼燈光音樂節的最佳地點。

地：Hickson Rd, Barangaroo NSW 2000 Australia
電：61 2 9255 1700　網：http://barangaroo.sydney/

Barangaroo 食肆推介

在Barangaroo Reserve旁的 Avenue Barangaroo，設有不同食肆，行到累可以輕鬆「醫肚」。

Anason

主打土耳其菜，配合澳洲新鮮的海鮮，在碧海藍天下別有一番異國風味。

地：5/23 Barangaroo Avenue Barangaroo, NSW 2000 Australia
電：61 2 9188 1581 時：12:00nn-10:00pm
網：http://www.anason.com.au/

Belles Hot Chicken

大受歡迎的炸雞店，獨特炸雞秘方加上澳洲南方風味漢堡，令食肉一族難以抗拒。

地：5/33 Barangaroo Avenue Barangaroo, NSW 2000 Australia
電：61 2 8355 7879 時：11:30am-9:00pm
網：http://belleshotchicken.com/

Cirrus

得獎無數的澳洲海鮮專門名店，更提供超過500款美酒，地方寬敞開揚。

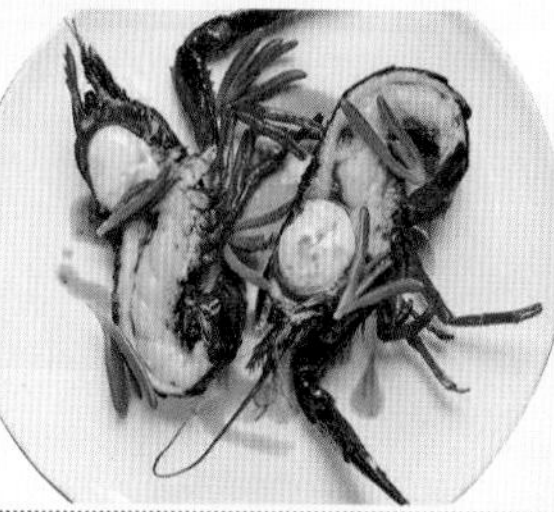

地：23 Barangaroo Avenue Barangaroo,NSW 2000 Australia
電：61 2 9220 0111 時：12:00nn-11:00pm，周一、二休息
網：http://www.cirrusdining.com.au/

Kid Kyoto主打日本Fusion菜式。

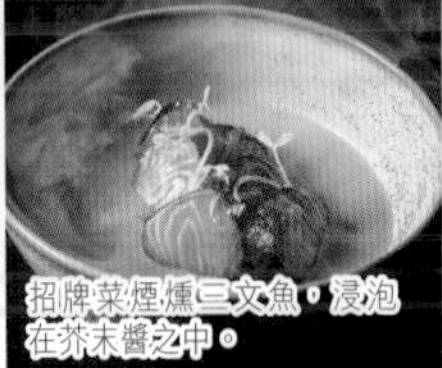
招牌菜煙燻三文魚，浸泡在芥末醬之中。

令人聯想到京都的千本鳥居。

京都Fusion

Kid Kyoto

Map 1-7 C4 15

乘343號巴士於Pitt St opp Australia Square下車，步行1分鐘

Kid Kyoto背後的主題靈感，源於店主在京都乘車時，在車廂內聽著播放90年代Nirvana的搖滾音樂，便有了將日本料理與搖滾結合的主題概念，因此餐廳內不時有搖滾音樂播放或樂隊演奏。菜單之中最令人驚喜的就是Smoking Salmon Sashimi（AUD24），以紫菜包裹的三文魚刺身，浸在冒煙的芥末青豆醬之中，再鋪上三文魚籽，剛好突出魚肉的鮮甜。另一道Blackened Oyster With Pickled Ginger即煙燻生蠔，也是餐廳的招牌菜，十分香濃入味，作為拌酒小吃也不錯。

地：17-19 Bridge Street, Sydney NSW
電：61-2-9241 1991
時：周一至五 12:00nn-10:00pm、周日及一休息
網：https://kidkyoto.com.au

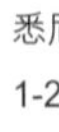

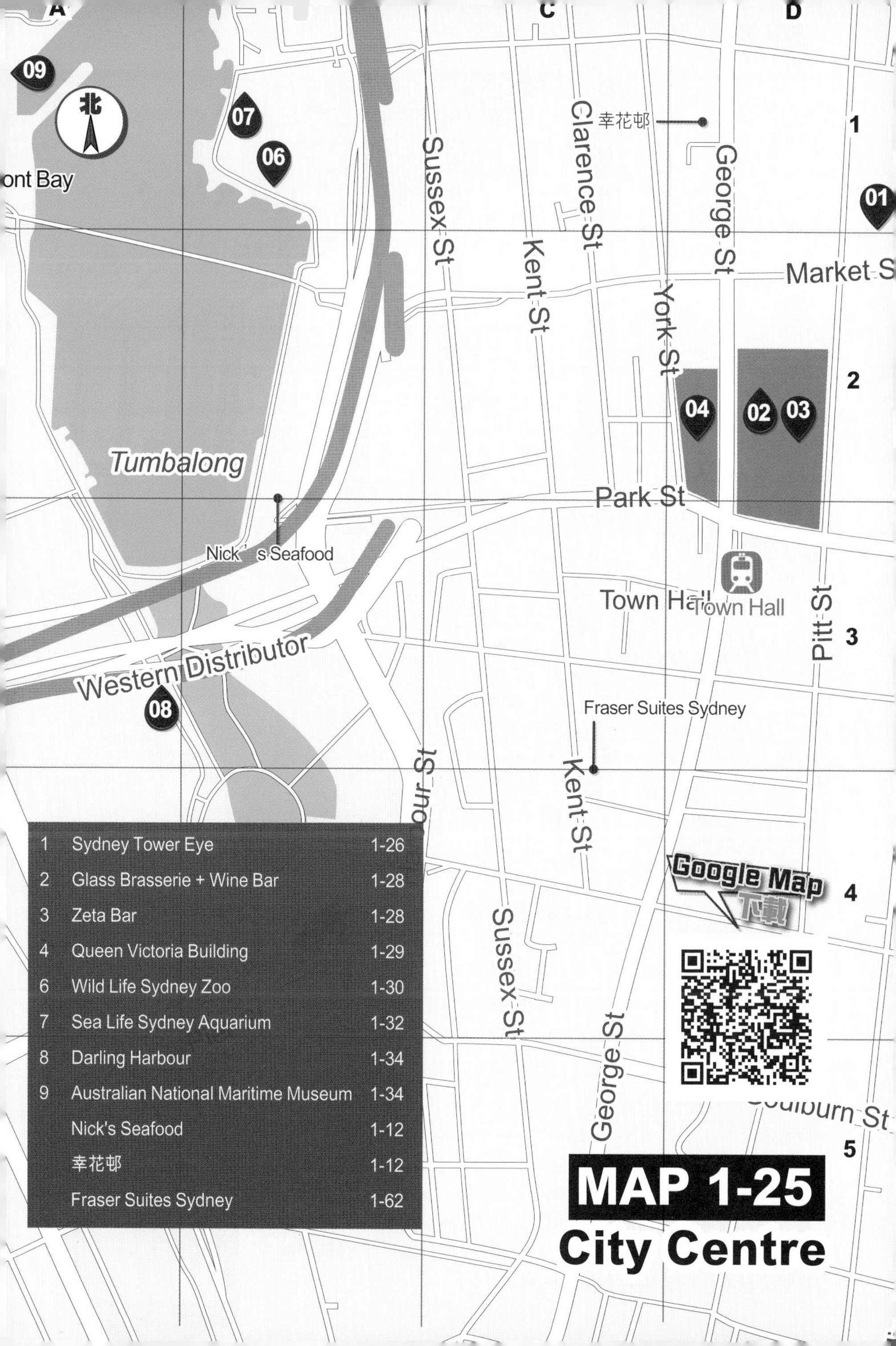

1	Sydney Tower Eye	1-26
2	Glass Brasserie + Wine Bar	1-28
3	Zeta Bar	1-28
4	Queen Victoria Building	1-29
6	Wild Life Sydney Zoo	1-30
7	Sea Life Sydney Aquarium	1-32
8	Darling Harbour	1-34
9	Australian National Maritime Museum	1-34
	Nick's Seafood	1-12
	幸花邨	1-12
	Fraser Suites Sydney	1-62

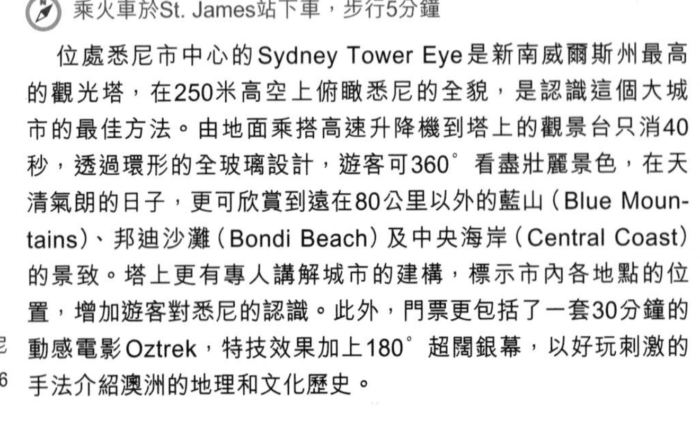

環形設計的觀景台，讓遊客可以360°全方位欣賞悉尼景色。

記者感言
在香港天天工作，無暇欣賞自己的城市，但當身處別人的城市，作為一個旁觀者別有一番感受。

悉尼最高的娛樂
Sydney Tower Eye

Map 1-25 D1 **01**

乘火車於St. James站下車，步行5分鐘

位處悉尼市中心的Sydney Tower Eye是新南威爾斯州最高的觀光塔，在250米高空上俯瞰悉尼的全貌，是認識這個大城市的最佳方法。由地面乘搭高速升降機到塔上的觀景台只消40秒，透過環形的全玻璃設計，遊客可360° 看盡壯麗景色，在天清氣朗的日子，更可欣賞到遠在80公里以外的藍山（Blue Mountains）、邦迪沙灘（Bondi Beach）及中央海岸（Central Coast）的景致。塔上更有專人講解城市的建構，標示市內各地點的位置，增加遊客對悉尼的認識。此外，門票更包括了一套30分鐘的動感電影Oztrek，特技效果加上180° 超闊銀幕，以好玩刺激的手法介紹澳洲的地理和文化歷史。

全悉尼最高的郵箱，不妨在旁邊的手信店買張明信片，從這兒寄給至愛親朋。

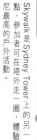

Skywalk是Sydney Tower上的另一賣點，參加者可在塔外走一圈，體驗悉尼最高的戶外活動。

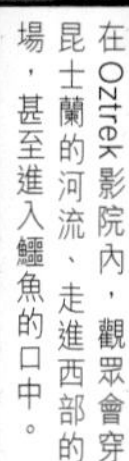

在Oztrek影院內，觀眾會穿過昆士蘭的河流、走進西部的農場，甚至進入鱷魚的口中。

從塔上遠眺出去，便會發現悉尼是一個綠意盎然的城市。

4 Attraction Pass

只要手持Pass，便可以超值價在30天內玩盡Sydney Tower Eye+ SEA LIFE Sydney Aquarium、WILD LIFE Sydney Zoo及Madame Tussauds Sydney 4個景點，比逐次買票合共節省AUD 95，激抵！

網上票價：成人AUD 85，小童AUD 65

https://www.sydneyaquarium.com.au/tickets/single-tickets/#combo-5-best-deal

地：Centrepoint Podium Level, 100 Market Street, Sydney, New South Wales

電：61-1-800 258 693

時：9:00am 至最後入場 8:00pm(依官網公告為準）)

網：www.sydneytowereye.com.au

費：Sydney Tower（成人）AUD 26.4；（3至15歲小童）AUD 20.8

＊網上購票有特價優惠

餐廳的裝潢由紐約著名設計師Tony Chi.Warmth負責，感覺舒適簡潔。

米芝蓮名廚主理 02

Map 1-25 D2

Glass Brasserie + Wine Bar

乘火車於Town Hall站下車，步行3分鐘

由國際名廚Luke Mangan主理的Glass，位處悉尼Hilton酒店2樓。餐廳以極高樓底配合大量玻璃的設計增加空間感，擺設裝潢都充滿型格。這裡吃的以法國菜為主，再融合大廚不絕的靈感和無限創意，經常創出獨特的新穎菜式。特別要留意「品嘗推介」(degustation menu)，一連6道菜均是大廚的精心之選，味道由淡至濃，而且每道菜侍應均會細心地解説，就算對法國菜不熟悉，也可吃出箇中的藝術。

Sashimi Selection
6款不同的精選刺身，必須由上至下來食，非常講究。

地：Level 2, Hilton Sydney, 488 George Street, Sydney, New South Wales
電：61-2-9265 6068
時：6:30am-12:00mn（每天營業時間不同）
網：www.glassbrasserie.com.au
註：入場 Dresscode 為 Smart Casual，即不可穿背心、拖鞋、短褲、涼鞋。

開揚的室外陽台，空間感極大，而且更面對悉尼地標Queen Victoria Building。

Raspberry mule
這是deconstructed酒的一種，可以隨意把數種材料混合，創出自己的飲法。

Zata tiki punch
這是experimental酒的其中一款，喝的時候杯上的熱情果，更會燃燒起來。

Map 1-25 D2

Cocktail的藝術

Zeta Bar 03

乘火車於Town Hall站下車，步行3分鐘

同樣位處在Hilton Sydney內的Zeta酒吧，也深受當地人歡迎。每到周末假日更是一眾潮人的聚腳地。酒吧的設計分為室外及室內兩部分。前者客人可以三五成群站在陽台上把酒聯誼，非常熱鬧；而後者則適合想靜靜地品酒談天的客人。此外，這間獲獎無數的酒吧，對調酒的學問也非常有研究，自創多套調酒哲學，包括大膽創新的experimental、充滿玩味的deconstructed及一反傳統的twisted classics等，保證客人的味覺能得到前所未有的新體驗。

地：Level 4, Hilton Sydney, 488 George Street, Sydney, New South Wales
電：61-2-9265 6070 網：www.zetabar.com.au
時：5:00pm-12:00mn(周四、五)；10:00pm-1:00am(周六)；
註：入場 Dresscode 為 Smart Casual，即不可穿背心、拖鞋、短褲、涼鞋

老而彌堅 04 Map 1-25 D2

Queen Victoria Building

Town Hall火車站步行3分

維多利亞女王大廈可算是悉尼市中心的地標，與外形前衛的悉尼塔一新一舊相映成趣。大廈建於1898年，以圓頂的羅馬風格設計，中央聳立著的玻璃圓頂，裡外都充滿高雅貴氣。大廈在1970年代曾重修，現時設有180間商店、咖啡廳和餐廳。大廈內部盡量保留著上世紀的裝飾和擺設，其中最矚目的，首選南側的皇家吊鐘。據説該鐘是英國皇室的工匠特意打造，時鐘正點時還會播放音樂玩偶劇，所以時常吸引遊客駐足觀看。

地：455 George St, Sydney, NSW　電：61-2-9265- 6800
時：9:00am-6:00pm，周四至 9:00pm；周日 11:00am-5:00pm　網：https://www.qvb.com.au/

藝術匯萃 05 Map 1-6

Art Gallery NSW

Martin Place火車站步行10分鐘即達

新南威爾斯美術館建於1874年，是全澳洲第四大的美術館。美術館樓高5層，其中三層是地庫(Lower Level1-3)，只有Ground Level及Upper Level在地面。Ground Level主要展示15至20世紀的歐洲美術作品與及19世界至現代的澳洲藝術品。Lower Level1集中亞洲的藝術，包括中國和日本的傳統工藝美術品。Lower Level2展示當代藝術為主，亦設有相片展覽館。

地：Art Gallery Road, Sydney NSW
電：61-2-9225 1744　時：10:00am-5:00pm
費：免費　網：https://www.artgallery.nsw.gov.au/

城市中的野生世界 06
Wild Life Sydney Zoo

Map 1-25 B1

乘火車於Town Hall站下車步行31分鐘

位處繁華達令港的Wild Life Sydney Zoo，於2006年開館。園內有長達1公里的步道，穿梭9個不同區域，並飼養了超過130多個品種的獨特野生動物，如鶴鴕（Cassowary）及蜜袋鼯（Sugar Glider）等，而各區均依照牠們的生活習性而建，既令牠們容易適應，遊人也可多了解其生活。

這裡最叫遊客樂而忘返是人與動物可作近距離接觸。樓高兩層的展館內，每天都有3次餵飼和接觸動物的時段，遊客亦可於上層開放式地帶以一繩之隔看着袋鼠們在玩耍。真佩服澳洲人對保育的熱誠，就算在繁華城市中，仍致力為民眾提供接觸及認識大自然的好機會。

這種身體圓圓的蜥蜴，名為Blue Tongue，是澳洲其中一種著名啤酒的標誌。

館內設有互動教學室，讓小朋友及家長可以更加了解各種動物。

特別設計的網狀屋頂內，住著不同種類的雀鳥。

可愛樹熊伴你吃早餐

園內設有樹熊互動區，遊客除了可以在這裡跟樹熊合照外，工作人員更會抱著牠們來到餐桌前，陪著遊客享受一頓豐盛的早餐。

收費：成人 AUD 60 (需於網上預約)

時間：7:15am，約2小時

各層動物分布圖

地下	蝴蝶區、無脊椎動物區、爬蟲區、雀鳥區
1樓	蝙蝠區、袋鼠區、鶴鴕區、餐廳及禮品店
2樓	樹熊互動區

樹熊一天睡上廿個小時，能否看到牠們「開眼」就要碰碰運氣了。

鶴鴕奉行一妻多夫制，但館內只有雌雄各一隻，令她不能「作反」。

地：1-5 Wheat Road, Darling Harbour, Sydney 2000

電：1-800-206-158　時：10:00am-5:00pm

網：www.sydneywildlifeworld.com.au

費：成人 AUD 38.4；4 至 15 歲小童 AUD 28.8(網上優惠)

註：建議購買 2 合一 (Sea Life+Wild Life) 套票，成人 AUD65，小童 AUD48

魚缸容量多達260萬公升，難怪可容納多種巨型海洋生物在生活。

進入悉尼水底世界 07

Map 1-25 B1

Sea Life Sydney Aquarium

火車於Town Hall站下車步行20分鐘

於1988年開幕的Sea Life Sydney Aquarium，是悉尼市內最多遊客到訪的收費景點。這個水底世界住著超過12,000隻共600多種海洋生物，而且全部可在澳洲水域找到牠們的踪影。遊客在這個濃縮的澳洲水世界內，可以輕鬆地了解到海洋百態。

館內共分成4個區域，包括Southern Oceans、Northern Oceans、Southern Rivers及Northern Rivers。當中最受歡迎是位於Northern Oceans區模擬大堡礁的水底隧道。在這長達160米的大型魚缸中穿梭，可以看到無數色彩鮮艷的珊瑚、逾300公斤的鯊魚及巨大的鯆魚（Giant Rays），更有機會看到電影《海底奇兵》裡超可愛的毛仔（Nemo）。

走過最受歡迎的水底隧道時，也是遊人拍照的最佳時機。

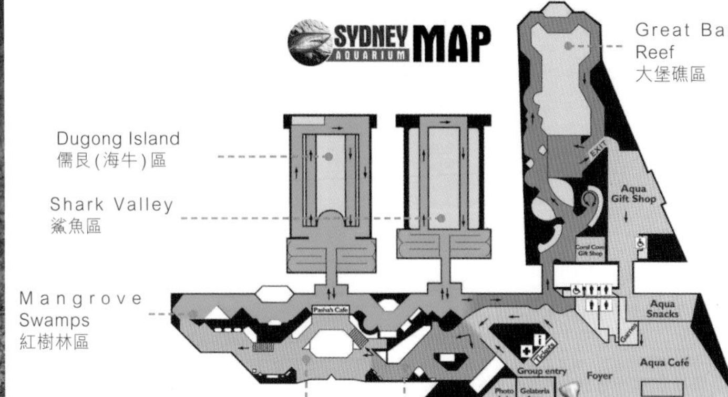

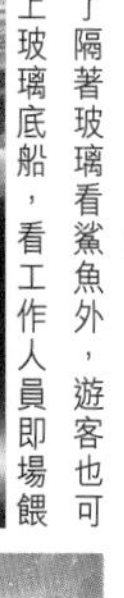

除了隔著玻璃看鯊魚外，遊客也可登上玻璃底船，看工作人員即場餵飼牠們。

在Touch Pools內，大家可以伸手撫摸海星等海洋生物。

趣致又搞笑的海豹表演，是遊客最愛的節目之一。

地：1-5 Wheat Road, Darling Harbour, Sydney 2000

電：1-800-199-657　時：10:00am-6:00pm

網：www.sydneyaquarium.com.au

費：（成人）AUD 40.8；（4 至 15 歲小童）AUD 30.4（網上購票優惠）

註：建議購買 2 合一 (Sea Life+Wild Life) 套票，成人 AUD65，小童 AUD48

與愛情無關 08

Darling Harbour

Map 1-25 A3

達令港又譯情人港，不過名字與戀人無關，而是紀念新南威爾士州第七任總督芮福· 達令(Ralph Darling)。達令港與海濱的岩石區及悉尼市中心相連，區內著名的地標包括悉尼水族館(Sydney Aquarium)、野生動物園(Wildlife Sydney Zoo)及海事博物館等(Australian National Maritime Museum)等，而達令港碼頭更是暢遊悉尼港遊艇的集散地。

地: Darling Harbour, Sydney, NSW

縱橫四海 09

Map 1-25 A1

Australian National Maritime Museum

乘Light Rail於Pyrmont Bay站下車即達

博物館建立於1991年，是澳洲六個國家博物館中唯一一個不位於首都的博物館。2010年，英國的《星期日泰晤士報》將其列為世界上最酷的十大博物館之一。博物館包含七個主要的常設展館，主題包括發現澳洲，澳洲原住民和水之間的關係，澳洲的海運歷史，海洋資源的回顧，澳洲海軍史，美國和澳洲的聯盟關係。博物館還設有動感體驗館Action Stations，另外在碼頭停泊了驅逐艦HMAS Vampire和潛艇HMAS Onslow供遊人參觀，近距離感受澳洲海軍的實力。

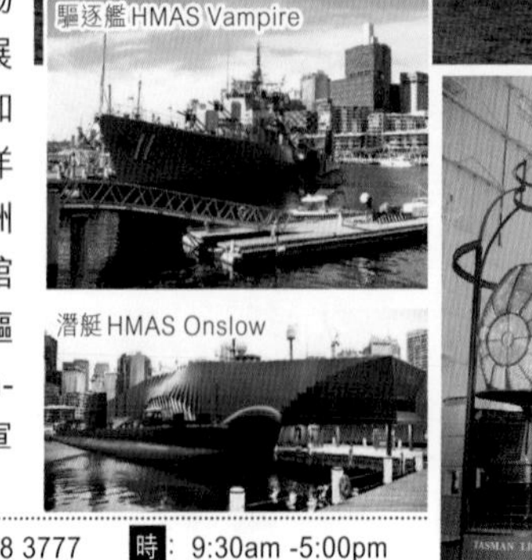

驅逐艦HMAS Vampire

潛艇HMAS Onslow

地: 2 Murray St, Sydney NSW　電: 61-2-9298 3777　時: 9:30am -5:00pm

費: 成人 AUD25、學生 AUD15　網: http://www.anmm.gov.au/

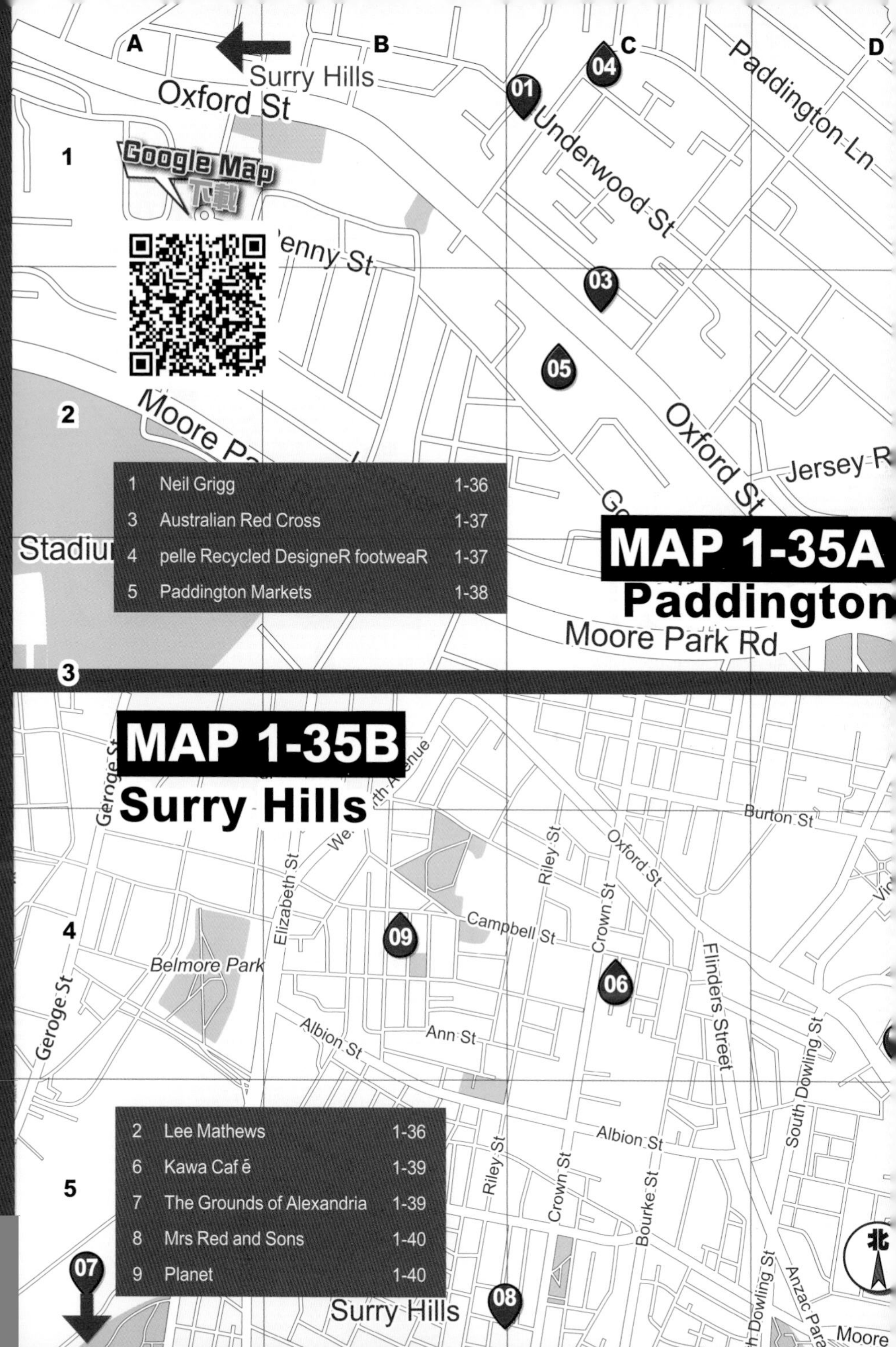

A
B
C
D
Surry Hills
Oxford St
Paddington Ln
Underwood St
Google Map
下載
Penny St
Oxford St
Jersey R
Moore Pa
Stadiu
1 Neil Grigg 1-36
3 Australian Red Cross 1-37
4 pelle Recycled DesigneR footweaR 1-37
5 Paddington Markets 1-38
MAP 1-35A
Paddington
Moore Park Rd
MAP 1-35B
Surry Hills
Geroge St
Burton St
Riley St
Oxford St
Elizabeth St
Campbell St
Crown St
Belmore Park
Flinders Street
Albion St
Ann St
South Dowling St
Albion St
Riley St
Crown St
Bourke St
2 Lee Mathews 1-36
6 Kawa Caf é 1-39
7 The Grounds of Alexandria 1-39
8 Mrs Red and Sons 1-40
9 Planet 1-40
Surry Hills
Anzac Para
Moore
北
01
03
04
05
06
07
08
09
1
2
3
4
5

清簡潔白的店面，更能突出那些鮮艷奪目的頭飾。

Neil的工作坊就在店鋪後面，採訪當日他正埋頭苦幹設計新的髮飾。

「髮」上添花
Neil Grigg 01

Map 1-35A C1

在Circular Quay車站乘380或333號巴士，於Oxford Street下車

這兒的頭飾、帽子都是由設計師Neil親手製造，連髮飾上的每條羽毛、每塊花瓣都親自上色及風乾，製作非常認真，最重要是獨一無二，絕不撞款。他的設計風格色彩鮮艷，最愛以羽毛、蝴蝶及花朵作主題。客人又可訂做頭飾，Neil還會先跟客人討論設計及用料，務求做到盡善盡美。

蝴蝶蕾絲髮箍

地：40 William Street,Paddington, Sydney, New South Wales
電：61-2-9361 5865
時：10:00am-6:00pm；周六 10:00am-5:00pm；周日休息
網：www.neilgriggmillinery.com

人人襯得起 02
Lee Mathews

Map 1-35B D4

在Circular Quay車站乘380或333號巴士，於Oxford Street Near Glenmore Rd下車

店內裝潢與Lee Mathews風格貫徹，簡單有型

說起時裝，簡單有時比起繁複的設計更耐看，更乾淨討好。Lee Mathews就深明這個道理，十多年前就在悉尼北部海灘開始這個小店，憑著簡約時尚的風格終於打響名堂，登上 Australian Fashion Shows、Mercedes-Benz Fashion Festival等的天橋上。

沒有誇張的顏色和印花，採用純色的天然布料如絲、棉、麻和羊毛等，透氣舒適。在剪裁上的小細節處精巧出色，拼湊出大方俐落的衣服，即使每天穿亦不會嫌悶。

地：18 Glenmore Rd, Paddington, NSW 2021
電：61-2-9331 1699
網：www.leemathews.com.au
時：10:00am-5:30pm；周日 11:00am-5:00pm

愛心夜冷店 03
Australian Red Cross

在Circular Quay車站乘380或333號巴士，於Oxford Street下車

香港有救世軍家品店，澳洲亦有Australian Red Cross Shops，即由紅十字會開設的二手店。雖然店員都是義工，但卻非常賣力，令店面乾淨整齊，最重要的是價錢都非常便宜。不要以為店內的東西都是破舊不堪才如此「賤價」出售，反而多是倉底貨、次貨，屬於全新，甚至有原裝包裝，真的要慢慢淘！以人為本的紅十字會關心全球，更會把店內售賣二手物品的收入作國際救助用途，讓人在花錢同時感受到非一般的意義！

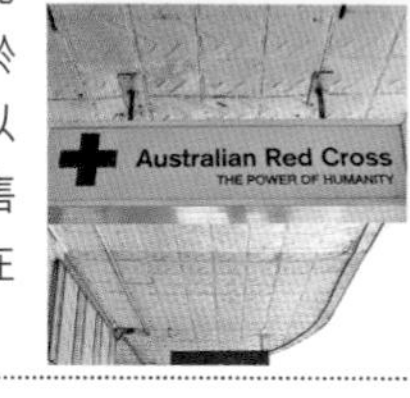

牆身有介紹紅十字會的理念及義務工作，希望大家消費之餘幫助一下貧苦大眾

地：390 Oxford Street, Paddington, Sydney, New South Wales
電：61-2-9326 0005 時：10:00am-6:00pm（周一至六）；11:00am-5:00pm（周日）
網：www.redcross.org.au

店內鞋款比正價低了一截，吸引了大批愛鞋的女士來尋寶。

執環保筍貨
pelle Recycled 04 DesigneR footweaR

在Circular Quay車站乘380或333號巴士，於Oxford Street下車

這是一間充滿使命感的二手名牌鞋店，店主Monica比較像收藏家多於生意人。愛鞋如命的她，對古著及二手女裝鞋情有獨鍾，加上喜歡研究造鞋過程，於是便開店公諸同好。她經常回收罕有及保值的鞋款，如經典船踭鞋、platform鞋等。店內所有貨品都保養得非常好，部分甚至不像是二手貨，可見Monica很認真去選貨和作保養復修。

地：90 William Street, Paddington, Sydney, New South Wales
電：61-2-9331 8100
時：10:00am-5:00pm；周日及周一休息
網：www.pelleshoes.com.au

每到周六這裡都會人頭湧湧，好不熱鬧。

設計新勢力

Map 1-35A C2

Paddington Markets 05

在Circular Quay車站乘380或333號巴士，於Oxford Street下車

很多藝術家和設計師，都經歷過一段奮鬥史才闖出名堂。因此，一個可以用來展示才華的地方，對寂寂無名的人來說非常重要，Paddington Markets便是當地藝術家的搖籃地。眾多設計師進駐Oxford Street的店舖前，也曾在這裡打滾過，如著名的Collette Dinnigan、Lisa Ho及Von Troska等。

每到周末，Paddington Uniting Church外的Paddington Markets便聚集了200多個攤檔，眾多年輕設計師紛紛搭棚擺檔，將心血結晶公諸同好。遊客可在這兒找尋充滿創意的藝術品、男女服飾、攝影繪畫或是裝飾家品等。而大部分設計師也身兼售貨員，故他們會落力地向顧客介紹作品的意念。

除了服飾外，也有不少畫家在市場內賣畫，遇到心頭好不妨嘗試「講價」。

自家設計的童裝布鞋，十分可愛。

公益事業值得支持！

Paddington Markets主辦單位會將租金等收益捐助Paddington Uniting Church，作社會服務等慈善用途，因此在光顧場內租戶的同時，等於間接做了善事，非常有意義。

地：395 Oxford Street, Paddington, Sydney, New South Wales 電：61-2-9331 2923 時：10:00am-4:00pm（周六）

網：www.paddingtonmarkets.com.au

藝術咖啡店

Kawa Cafe 06

在Circular Quay車站乘301或302號巴士，於Crown Street下車

Kawa Latte

在Surry Hills內，大部分店鋪都很有風格，Kawa Cafē亦不例外。店內除了普通座位外，還有一個小小的閣樓，白色的牆身掛上一幅1.5米高的抽象畫，襯上不同的吊燈，令整個環境充滿藝術感。

店內提供沙律、三文治和自家製蛋糕，也有各種批和餅乾，招牌雞肉三文治，未食已令人口水流；大廚Sophie所煮的早餐更是地道人的至愛。雖然他們的咖啡款式不多，但勝在夠香夠濃，所以一定要試試。

充滿藝術氣色的閣樓上只有兩張枱，想坐這邊就要碰碰運氣了。

Map 1-35B C4

店外亦設有座位，早上坐在這裡喝咖啡看報紙，情調一流。

地：348 Crown Street, Darlinghurst, Sydney, New South Wales
電：61-2-9331 6811
時：7:30am-4:30pm

田園市集餐廳 07

Map 1-35B A5

The Grounds of Alexandria

乘305或348號巴士於Collins St下車，步行5分鐘

The Grounds of Alexandria是由舊倉庫和工廠建築改建而成的中世紀鄉村莊園，它不止是一間普通的餐廳，更是cafe、花園、市集及小型動物農場。市集內售賣各種新鮮生果、堅果、甜品、手工果醬等；花園種滿不同的植物；而農場內飼養了小豬及綿羊。這裡的經營方式獨樹一幟，加上環境別緻，及健康有機的飲食風格，所以非常人氣，記得要預早來排隊入座。

地：7A, 2 Huntley St, Alexandria, New South Wales
電：61-02 9699 2225
時：7:00am-7:00pm
網：https://thegrounds.com.au

中西合壁禮物店

Map 1-35B B5

Mrs Red and Sons 08

在Circular Quay車站乘301或302號巴士，於Crown Street下車

於1994年 由Wasan及Amorn創 立 的 Mrs Red and Sons是一間專門出售精品的商店。這兒的貨品來自世界各地，如日本、中國、意大利及西班牙等，大部分都非常精美，當中有不少都是以蝴蝶作主題，如蝴蝶形心口針及蝴蝶水杯等，造型典雅。此外，店內也有出售餐具及花瓶等，配合鮮明的紅色包裝，不失為送禮佳品。

蝴蝶型心口針

由紐西蘭設計師設計的紅色珊瑚石頸鏈。

充滿中國風的店面，店主原來是移居澳洲的中國人。

地：427 Crown Street, Surry Hills, Sydney, New South Wales

電：61-2-9310 4860

時：11:00am-5:00pm；周日及周一休息

網：www.mrsred.com

家居環保學

Planet 09

Map 1-35B B4

在Circular Quay車站乘301或302號巴士，於Crown Street下車

Planet是一家提倡使用天然原料的家居用品公司，其產品大部分都是以人手製作，家俬都以澳洲出產的實木製造，手工非常精細，設計則以簡約風格為主。雖然要把巨型家俬搬回香港有點難度，但店內也不乏充滿格調的裝飾品，如蠟燭及枱燈等，買來作手信會是個不錯的選擇。

由人手繪畫及縫合的絲質掛布，風格雅致清新。

地：114 Commonwealth Street, Surry Hills, Sydney, New South Wales

電：61-2-92115959　網：www.planetfurniture.com.au

時：10:00am-5:00pm；周日及周一休息

由舊工廠改建的Design酒店Old Clare Hotel。

住宅與商場的綜合體 10

One Central Park

Map 1-6

悉尼中央火車站步行10分鐘

悉尼的Chippendale位於Surry Hills旁，鄰近悉尼大學，是傳統的大學區及工業區，較少吸引的景點。不過自One Central Park正式開幕，Chippendale瞬即成為悉尼的焦點。One Central Park是所住宅與商場的綜合體，外形超級科幻，其「垂直綠化公寓」不但是澳洲首創，更是世界之最，令One Central Park奪得世界高層都市建築學會的「全球最佳高層建築」頭銜。大廈外牆種滿250多種澳洲植物和花卉，從底層到最頂層，讓大樓成為新世紀的綠色之樹。大樓最頂有一組組由鏡片組合成的陽光捕捉器，反射陽光到達下方的各個空中花園。而到了晚上，這些鏡片結合藝術家Yann Kersalē設計的LED燈光裝置，成為空中閃耀的「星光」。

除了One Central Park，附近的Kensington Street亦被刻意打造，過去的舊工廠相繼為改裝為酒店、食肆、酒吧及藝廊，令Chippendale成為品味一族喜愛流連的地方，亦成為悉尼晚上最新最火的蒲店。

地：Central Park Mall 28 Broadway, Chippendale

網：http://www.centralparksydney.com/

MAP 1-42
Bondi

Google Map 下載

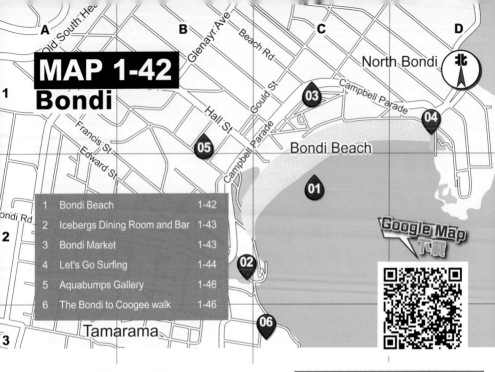

澳洲最著名海灘
Bondi Beach 01

Map 1-42 C2

澳洲的靚海灘特別多，黃金海岸一帶更是得天獨厚，不過全球最著名的，卻首選悉尼的邦迪海灘。邦迪海灘長達1公里，除了海灘，周邊更有大量餐飲娛樂及住宿配套，簡直就是一個海濱小鎮。邦迪海灘是澳洲著名的衝浪運動中心，也是救生員重要的訓練基地，國家地理頻道以這裡救生員日常生活的題材拍攝了真人Show《六舊腹肌拯救隊》(Bondi Rescue)，至今已推出第17季，可見邦迪的魅力。

地：Bondi Beach, NSW

太平洋超級景觀 02

Map 1-42 B2

Icebergs Dining Room + Bar

在Circular Quay 車站乘380 或333 號巴士，於Campbell Pde near Notts Av下車

坐落於South Bondi的懸崖上，面對南太平洋的Icebergs，景觀堪稱悉尼之最。從餐廳所見是一望無際的大海和漂亮的邦廸海灘，令人心曠神怡。餐廳憑著超級靚景和大廚Robert Marchetti的優秀廚藝，成為了悉尼的人氣海鮮餐廳，更在《Sydney Good Food Guide 2008》(有點像歐洲的米芝蓮飲食指南)內獲得2星評級大獎。這裡的菜式主要以地中海手法烹調，加上大廚的個人創意改良，配合新鮮的材料，令菜式與別不同。當中以意式海鮮拼盤(Brodetto all' Anconetana)做得最出色，是必食之選。

意式海鮮拼盤Brodetto all' Anconetana: Fish Stew Ancona Style

海鮮夠新鮮，湯汁味道有點像龍蝦湯，濃味中帶鮮甜，材料又夠入味，食完也忍不住連湯汁都一飲而盡。

餐廳的室內設計以白色為主，特大的落地玻璃讓客人可以盡情欣賞無敵海景。

地：1 Notts Avenue, Bondi Beach, New South Wales
電：61-2-9365 9000　網：www.idrb.com
時：12:00nn-12:00mn（周五）；
12:00nn-11:00mn（周三、四）
12:00nn-10:00pm（周日）；周一、二休息

Map 1-42 C1

古董擺設都非常獨特，但如何帶回香港就是另一個問題了

對自家種植的作物有興趣的話，就記得要周六9:00am-1:00pm來到

本地設計的產品夠獨特又有紀念價值，比起送鎖匙扣，公仔更實用

學校裡的周末市集

Bondi Market 03

在Circular Quay車站乘380或333號巴士，於Campbell Parade下車

每逢周末，Bondi Beach Public School都會搖身一變，成為了一個非常熱鬧的Sunday Market，從古著、首飾、家品、手工藝品，到本地薑的自家設計都有，而且去到其他地方未必再買得回，獨一無二非常適合當手信。另外星期六同樣地點亦會舉行Bondi Farmers Market，是入手自家種植有機食品及新鮮蔬果的好時機。

地：Bondi Beach Public School,
Warners Avenue, Bondi Beach, NSW
電：61-2-9315 7011
時：周日 10:00am-4:00pm
網：www.bondimarkets.com.au

當大浪從後「來襲」時，老師會叫學生們拼命爬，務求在被海沒之前能站起來。

Map 1-42 D1

去滑浪吧！04
Let's Go Surfing

在Circular Quay車站乘380或333號巴士，於Campbell Parade下車

澳洲四面環海，美麗的海灘多不勝數，加上澳洲人天性好動，水上活動自然成為重要的娛樂，而刺激好玩的滑浪，當然是必然之選。距離悉尼市約半小時車程的邦迪海灘（Bondi Beach），是世界知名的海灘。這裡著名的滑浪學校Let's Go Surfing就曾為不少人實現了海上馳騁的夢想。

Let's go Surfing是這兒唯一被Surf School Association of Australia認可的專業滑浪學校，教學經驗達10年，導師們都是專業滑浪高手。滑浪班有小組及個人，無論初學者或進階人士都照顧得到。遊客可參加2小時的體驗班，報名費用已包括了滑水衣、滑浪板、防曬霜及保險，並提供更衣室、淋浴及財物保管服務。想在Bondi Beach的海面上嘗試衝浪滋味，記住到此拜師。

Let's Go Surfing的師生們都準備十足，挑戰Bondi Beach的海浪！

其中一位有25年滑浪經驗的導師Dave Hannagan，因為熱愛Bondi Beach而留在這裡，其綽號為「Big Wave Dave」。

學校除了開班授徒外，也提供租借滑浪工具的服務，另外亦出售滑浪板及防曬霜等。

記者感言
首次來到醉人的Bondi Beach，看見一個個充滿陽光氣息的滑浪者在追浪，不期然有股立即脫鞋子，往海裡跑的衝動。

採訪期間，Dave正為學生們示範基本「Push Up」動作。

課堂收費表

課程	對象	時間	收費
Bondi Surf Experience	適合想嘗試第一次滑浪者	2小時（1堂）	AUD 110
Surf Easy Course	適合已有數次滑浪經驗者	2小時（3堂）	AUD 285
Surf Easy Plus	適合想挑戰比較大浪的滑浪者	2小時（5堂）	AUD 450

*淡季為4月1日至8月31日，平日為9月 1 日至11月30日，旺季為12月1日至3月31日。
*小組課程最多6人一組，而報名年齡最低為12歲。
*除了Bondi，也可選Maroubra或Byron Bay上堂，學費比Bondi便宜。

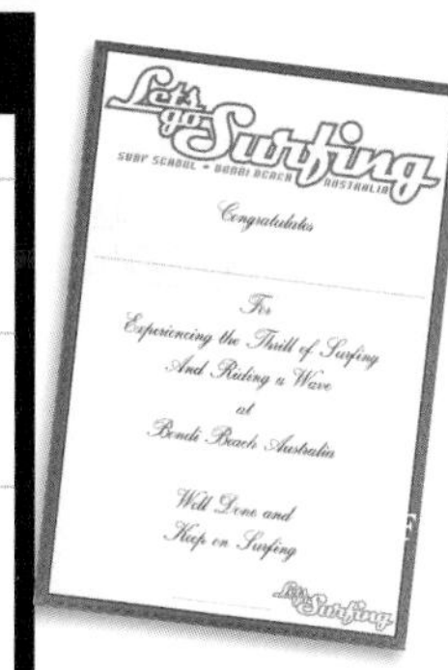

當課程完成後，便可以獲得Let's Go Surfing的證書一張。

地：128 Ramsgate Avenue Bondi Beach, NSW
電：61-2-9365 1800

時：9:00am-5:00pm
網：www.letsgosurfing.com.au

衝浪客天堂 05 Map 1-42 B1

Aquabumps Gallery

邦迪海灘是衝浪勝地，水動力藝術館就是透過相機記錄這天堂不同的面貌。攝影師Eugene Tan本身都是衝浪發燒友，由1999年開始，他便遊走邦迪四周，把這裡不同的人物與景致收錄在相機中，不但每天在網上更新，更開設藝術館展出作品，與及代客把靚相製作成不同的家品，透過影像向全世界展示邦迪的魅力。

地：64 Hall St, Bondi Beach NSW 電：61-2 9130-7788
時：10:00am- 6:00pm 網：http://www.aquabumps.com

海上風光 06 Map 1-42 C3

The Bondi to Coogee walk

在Circular Quay車站乘380或333號巴士，於Campbell Pde Near Hall St下車

以邦迪海灘為起點的海濱步道，把悉尼東岸幾個美麗的海灘，包括邦迪、Tamarama、Bronte、Clovelly、Coogee及Maroubra連接起來。每段路徑都有不同長短、不同難度，亦展現出不同地貌。要行足全程或要花整整一天，但亦可按個人的體力及時間彈性安排行程。

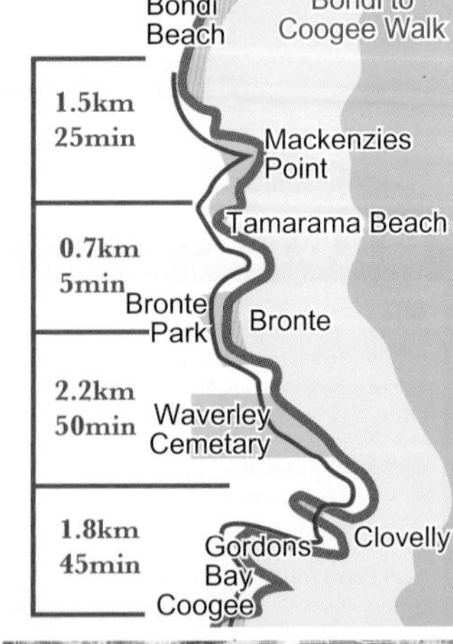

Tamarama至Bronte全程只有0.7公里，最多15分鐘便完成。

Bondi 至Tamarama全程1.2公里，半小時可以完成。

Bronte至Clovelly全程2.2公里，有不少上落斜，對體能挑戰較大。

地：Bondi Beach, NSW

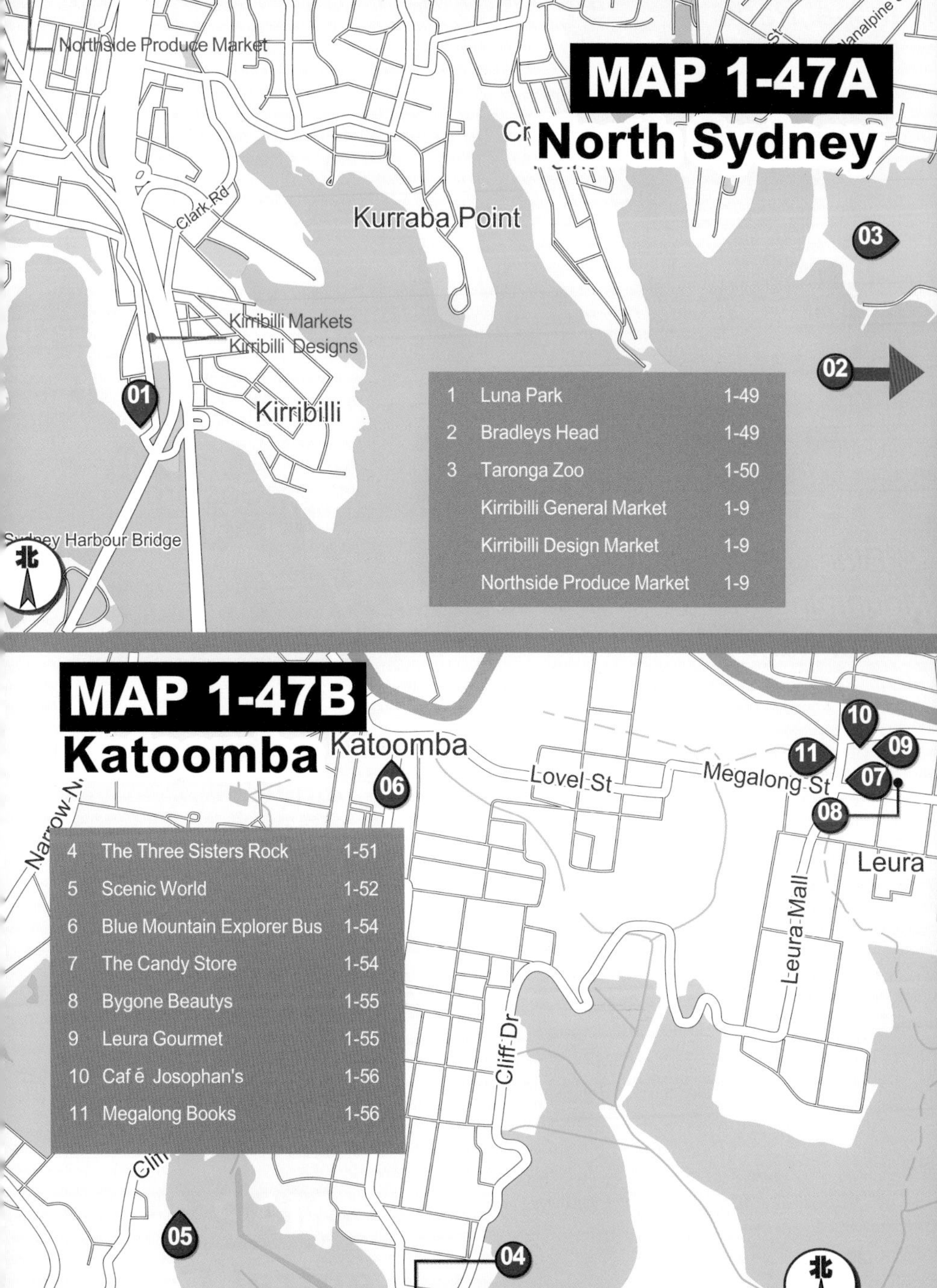
MAP 1-47A
North Sydney
Northside Produce Market
Clark Rd
Kurraba Point
Kirribilli Markets
Kirribilli Designs
Kirribilli
Sydney Harbour Bridge
01
02
03
北
1 Luna Park 1-49
2 Bradleys Head 1-49
3 Taronga Zoo 1-50
Kirribilli General Market 1-9
Kirribilli Design Market 1-9
Northside Produce Market 1-9
MAP 1-47B
Katoomba
Katoomba
Lovel St
Megalong St
Leura
Leura Mall
Cliff Dr
04
05
06
07
08
09
10
11
北
4 The Three Sisters Rock 1-51
5 Scenic World 1-52
6 Blue Mountain Explorer Bus 1-54
7 The Candy Store 1-54
8 Bygone Beautys 1-55
9 Leura Gourmet 1-55
10 Café Josophan's 1-56
11 Megalong Books 1-56

Wollemi National Park
A
B
C
D
New
12 Holidays Afloat 1-57
13 The Cowrie 1-57
14 Australia Reptile Park 1-58
15 Glenworth Valley 1-59
16 The Entrance Pelican Feeding 1-59
17 Hangglide OZ 1-60
18 Just Cruisin' Harley-Davidson Motorcycle Tour 1-61
19 Symbio Wildlife Park 1-61
21 Mantra Ettalong Beach 1-62
22 Manly Pacific Sydney Hotel 1-63
1
2
3
4
5
Central Coast
Gosford
Blue Mountains National Park
Katoomba
Sydney
Wollongong
Bowral
北
MAP 1-48
Central Coast

阿爺級主題公園
LUNA PARK 01

Map 1-47A A2

於Circular Quay乘小輪直達

月亮公園位於悉尼米爾遜角(Milsons Point)、在1935年開業，曾經是澳洲最受歡迎的主題公園。雖然以今天的標準衡量會覺得公園的機動遊戲太少亦不夠刺激，不過地方細細其實幾好行，加上免收入場費，遊人亦不是超多，更加送悉尼港的靚景，已有足夠理由進場癲番一餐。

地：1 Olympic Drive, Milsons Point, NSW
電：61-2-9922 6644　網：http://www.lunaparksydney.com/
時：周五及日 10:00am-6:00pm，周六至 8:00pm，其餘日子不開放
費：全日任玩套票 (DAY PASS) 成人 AUD44-75，小童 AUD34-65

摩天輪上欣賞悉尼港靚景，別有一番風味。

雖然公園已有80多歲，不過機動遊戲絕不會太out！

放鬆好地方
Bradleys Head 02

Map 1-47A D2

乘坐238號巴士，於Bradleys Head Rd opp Ashton Park站下車，步行約13分鐘

Bradleys Head是從悉尼港北岸突出的岬角，位於Harbour National Park內。Bradleys Head在澳洲皇家海軍（HMAS）的歷史上有非常重要的作用，全澳洲唯一一間海軍紀念碑就是立在這裡。這裡除了有紀念碑和燈塔，還有圓頂露天劇場，是非常受到當地人歡迎的地方。劇場有著景觀絕佳的瞭望台，可以看到歌劇院和海港大橋。除了賞景，也能在這裡的野餐區野餐，亦可以漫步到石頭碼頭釣魚，十分愜意。

地：Bradleys Head Rd, Mosman NSW 2088　電：1300-072-757(National Parks Contact Centre)
網：https://www.nationalparks.nsw.gov.au/things-to-do/lookouts/bradleys-head-booraghee-amphitheatre

Map 1-47A D2

過百歲動物園 Taronga Zoo 03

於Circular Quay乘小輪直達

塔龍加動物園於1916年開幕，至今已有超過百年歷史。動物園佔地面30公頃，擁有超過400個品種，約2,400種動物，包括袋鼠、樹熊、鴨嘴獸、澳洲野狗、有「塔斯曼尼亞惡魔」之稱的袋獾，是澳洲擁有最多本土和外來動物種類的動物園。

必遊景點

Sky Safari

塔龍加動物園擁有悉尼維一的空中纜車——「天行者」(Sky Safari)，在半空中，不但能鳥瞰整個動物園，更把整個悉尼港盡收眼底。

樹熊合照

每天上午10:30至11:30，下午1:30至2:30，都設有親親樹熊時間，遊客可與超kawaii動物零距離接觸(只限觸摸，不能擁抱)，拍照紀念。

QBE飛鳥表演

每天兩場的飛鳥表演在正午12:00和下午3:00舉行，一眾花枝招展的美麗雀鳥，在訓練員的領導下使用渾身解數娛賓。

叢林歷奇

塔龍加動物園地方廣闊，有大片叢林和綠化地帶，所以每天上午11:30都會安排保育員帶領遊客進行「澳式叢林遊覽」(Aussie Bush Talk)，在野外近距離接觸不同動物如袋鼠和鴯鶓，更會即場講解牠們的特性與保育知識。

海獅表演

每天上午11:00和下午2:00，動物園都會安排兩場海獅表演，遊客可近距離欣賞這些精靈可愛的海洋動物做出高難度動作，絕對不可錯過。

地: Bradleys Head Rd, Mosman NSW
電: 61-2-9969 2777　時: 9:30am-5:00pm
費: 網上票價：成人 AUD$45.9、4-15 歲小童 AUD27
網: https://taronga.org.au/taronga-zoo

Map
1-47B B5
從近看三姊妹峰，愈是淺色的部分，
便是近來被侵蝕得最多的部分。
姐姐Meehni（高922米）、
二姐Wimlah（高918米）、
細妹Gunnedoo（高906米）

藍山上的自然奇觀
The Three Sisters Rock 04

乘搭CityRail的Blue Mountain線，於Katoomba站下車，轉乘Explorer Bus於Echo Point站下車

藍山國家公園（Blue Mountains National Park）區內的三姊妹峰（The Three Sisters Rock）是新南威爾斯州的必遊景點。3座巨石坐落於鄰近Katoomba市旁的Jamison Valley內，而Echo Point是觀賞她們的最佳位置，遊客記住帶備相機到此捕捉壯麗奇觀。

Echo Point那邊有一條步行徑，可直達The Three Sisters Rock及Jamison Valley谷底，行畢全程約需1.5小時，若然不想走回程路，可乘坐觀光纜車回到山上，從另一個角度欣賞巨石的美麗景色。

SCENIC WORLD

ECHO POINT

Blue Mountains Visitor Information Centres, Katoomba Echo Point

三姊妹的出現

浪漫版

話說古時某部落有三姊妹叫Meehni、Wimlah和Gunnedoo，她們都愛上其他部落的男子，但無奈兩族之間禁止通婚，為此更引發戰爭。當時有位巫師為保護她們，便將她們變成大石，可惜巫師在戰事中陣亡，無人能解除法術，從此便屹立在藍山上。

現實版

白石的形成是拜日積月累的侵蝕所賜。因此區的岩石硬度較低，經過不斷風化和雨化，石頭慢慢脫落和腐化，而且情況會持續，總有一天她們會完全消失。遊客在數年後重臨此地，景觀也會變得截然不同。

藍山國家公園是澳洲的世界遺產。它有廣大的尤加利樹林，由於空氣中懸浮著該樹發出的油脂微粒，經過陽光折射，令叢林上空經常瀰漫淡藍色的煙霞。

地：Echo Point Road, Katoomba, NSW
電：61-1300 653 408
時：9:00am-5:00pm（25/12 休息）
網：www.visitbluemountains.com.au

四種欣賞藍山的方法 Scenic World 05

Map 1-47B A5

乘搭CityRail的Blue Mountains線，於Katoomba站下車，轉乘Explorer Bus於Scenic World站下車

藍山國家公園一帶，已被列入世界遺產的景區，是與大自然作親密接觸的好地方。而位於Jamison Valley懸崖之上的Scenic World車站，遊客可選擇4種不同欣賞藍山風景的交通途徑，如乘Scenic Skyway、Scenic Cableway、Scenic Railway及Scenic Walkway。這4條路線各有特色，旅客可根據自己的旅程安排，而選擇以那種方式去欣賞周邊景色。不過無論你乘吊車抑或徒步，這兒的美景都肯定叫你刻骨銘心。

Scenic Railway
驚險刺激的Scenic Railway每隔10分鐘便會開出一班。

遊客可以透過透明地板看到腳下景色，畏高者記得不要向下望。

Scenic Cableway
Scenic Cableway最多可以乘載84人，帶他們在10分鐘內登上Jamison-Valley。

Secnic Walkway
在Scenic Walkway內，除了可以欣賞到自然景色外，也可以見到19世紀時的礦洞。

Scenic World

地：Corner Violet Street & Cliff Drive, Katoomba, NSW
電：61-2-4780 0200
時：9:00am-5:00pm
費：Discovery Pass（來回 Cableway、Railway、Walkaway 及 Skyway）成人 AUD 50/ 4 至 13 歲小童 AUD 25
網：www.scenicworld.com.au
註：所有觀光交通工具最後開出時間為 4:50pm

Scenic Skyway
在山頂Scenic World車站，乘Scenic Skyway吊車，能近距離觀賞三姊妹峰外，其最大賣點是其車廂地板能在半空時突變成透明，能看到腳下景色。

行程精華遊

如果想試齊4條路線，但又不走回頭路，以下的建議行程，可為你省回不少時間。

Scenic World 山頂車站 → Scenic Railway

Scenic Railway 長度：415米

強項：乘坐如採礦用的列車，以近90゜角的傾斜度，體驗以前工人採礦的路線。

必睇景點：雨林、19世紀所建的礦洞及以往工人生活的遺跡

好處：可試試由近乎90゜下山的刺激感覺

Scenic Railway 總站下車 → Scenic Walk

Scenic Walkway 長度：2千米

強項：用步行方式，漫遊侏儸紀時代的雨林，欣賞沿途花鳥樹木，並了解山谷的歷史

必睇景點：煤礦展覽、Marrangaroo Spring、Rainforest Room

好處：沿步道行，慢慢細味雨林風光

Scenic Walk 的 Scenic Cableway 山下的終站 → Scenic World 山頂車站

Scenic Cableway 長度：545米

強項：乘澳洲最斜纜車，欣賞 Jamison Valley 和懸崖風景

必睇景點：Jamison Valley 雨林地帶

好處：從低至高處，欣賞不同壯麗景致，並轉乘 Scenic Skyway 往 Echo Point

Scenic World 山頂車站 → Scenic Skyway 東站

Scenic Skyway 長度：720公里

強項：吊車底部在270米高空變成透明，遊客可360゜鳥瞰四周景色

必睇景點：The Three Sisters Rock、Katoomba 大瀑布、Mount Solitary 及 Jamison Valley

好處：欣賞瀑布景色及最後在 Echo Point 觀賞 The Three Sister Rock

一票遊藍山 06

Map 1-47B B3

Blue Mountain Explorer Bus

乘搭CityRail的Blue Mountain線，於Katoomba站下車

藍山國家公園距離悉尼約90分鐘車程，這裡的名勝特多，只要你買藍山觀光巴士（Blue Mountains Explorer Bus）車票，便可在一日內無限次乘搭巴士，遊盡藍山。

每天穿梭藍山各區共有29個站，途中會經過觀賞The Three Sisters Rock的Echo Point、擁有多間特色小店的蘿拉（Leura）小鎮及乘搭觀光纜車的Scenic World等重要景點。沿途車長會向遊客講解各景點的特色和歷史，乘客可隨意上落車，非常方便。

觀光車的顏色十分鮮明，第一班車每天9:45am於Katoomba車站開出。

Blue Mountains Explorer Bus Booking Office

- 地：283 Main Street, Katoomba, NSW
- 電：61-2-4782 1866
- 時：9:15am 至最後一班車 4:15pm 出發
- 網：www.explorerbus.com.au
- 費：全日票 AUD 49（成人），小童免費
- 註：1. 每班車相距約30分鐘，整個行程約1小時；2. 若然遊客於藍山區逗留多於一天，更可免費將車票有效期延長，最多為7日

Map 1-47B D3

雖然店鋪沒有浮誇的裝潢，但排山倒海式的糖果陣，未食已極為吸引。

示愛標語朱古力

Simpson 罐裝象皮糖

有關蘿拉小鎮

蘿拉小鎮是藍山國家公園的另一個景點，保留著濃厚的村鎮風情。鎮內短短一條Leura Mall，是餐廳、藝廊、精品店的結集地，街道兩旁種滿樹木及花卉，令人恍如走進童話故事中。

糖果店內的孩子 07

The Candy Store

乘搭CityRail的Blue Mountains線，於Leura站下車

The Candy Store是位於藍山上蘿拉（Leura）小鎮的老舊糖果店，用糖果博物館來形容它會更為貼切。甫進店內，便會被鋪天蓋地的糖果包圍，果汁糖、拖肥糖、鳥結糖、牛奶糖等，超過2,000種來自世界各地的繽紛糖果，令人目不暇給，彷彿走進了童話國。

可愛袋鼠和鱷魚朱古力

- 地：Shop 6, 178 Leura Mall, NSW
- 電：61-2-4782 4090
- 時：9:30am-5:00pm
- 網：www.candystore.com.au

匯聚古董茶壺 08
Bygone Beautys

Map 1-47B D3

乘搭CityRail的Blue Mountains線，於Leura站下車

這個滿布茶壺的空間，是名副其實的「茶室」。

很多人都有收藏的習慣，位於Leura小鎮的Bygone Beautys，店主Ron及Maurice便花費了30年功夫，在世界各地搜羅了超過3,000個古董茶壺，並把它們全 放在店內的展覽廳公諸同好，壯觀的程度令他們成為遊客必到景點。

這裡的茶壺件件大有來頭、個個都有自己的歷史故事，到訪時記得叫Ron給你講解茶壺背後來歷。除了展覽廳外，這裡亦設有小小的茶室，客人被無數古董包圍，坐下來歎一口純正的英式紅茶，甚有英國貴族的感覺。

地：20-22 Grose St, Leura , NSW
電：61-2-4784 3117
時：10:00am-5:30pm，周二休息
網：www.bygonebeautys.com.au

美食配靚景 09
Leura Gourmet

Map 1-47B D3

乘搭CityRail的Blue Mountains線，於Leura站下車

Leura Gourmet位於Leura Mall的中央位置，面積比商場內其他食肆較寬敞。雖然遠在市郊，很難要求有極精緻的出品，難得的是這裡除了意粉及三文治的簡餐，同時也有牛排、羊排及烤魚等菜式提供，而小店出品的蛋糕及甜品都令人有驚喜。不過要數食肆最吸引之處，一定是面向藍山的無敵美景。食肆更設有小攤，出售當地或澳洲本土的食品，讓你把澳洲滋味帶回家。

地：159 Leura Mall, NSW 電：61-2-4784 1438 時：8:00am-5:00pm

來自意法的味道 10
Café Josophan's

乘搭CityRail的Blue Mountains線，於Leura站下車

Cafē Josophan's是Leura內 著名的咖啡店，除了賣新鮮的早、午餐和咖啡外，最受歡迎的是全人手製的朱古力。這裡的朱古力總是每天新鮮登場，加上選用來自法國和意大利的上乘材料，質素絕對有保證。在2006及2008年 的Sydney Royal Cheese & Dairy Produce Show上，Josophan's的朱古力更奪得全場大獎，獲得業界認同。

Map 1-47B D3

辛辣口味朱古力
入口微辣，但不愠不火，沒有搶去朱古力的甜味，吃完還想要再來一個。

店內環境十分舒適，經常滿座。

地：132 Leura Mall, NSW
電：61-2-4784 2031
時：9:00am-5:00pm
網：www.josophans.com.au

藍山書屋
Megalong Books 11

Map 1-47B D3

店內放著悠揚的輕音樂，散發著陣陣的書香味。

乘搭CityRail的Blue Mountains線，於Leura站下車

還記得電影《Notting Hill》男主角Hugh Grant那間小書店嗎？Leura小鎮上，亦有一間受歡迎的書店—Megalong Books，他們出售多種類型的書籍，特別是兒童書藉，是家長最愛 帶 小朋友流連的地方。店內有很多關於藍山歷史的圖書，介紹這裡的叢林和花卉等。想加深對藍山的認識，就別錯過了。

愛麗絲夢遊仙境立體書

地：183 Leura Mall, NSW
電：61-2-4784 1302
時：9:00am-5:00pm（一至六），10:00am-5:00pm（周日）
網：www.megalongbooks.com

住遊艇扮富豪
Holidays Afloat 12

Map 1-48 C3

乘搭CityRail的Central Coast and Newcastle 線，於Hawkesbury River站下車，轉乘的士或步行20分鐘

位於中央海岸（Central Coast）的遊艇公司Holidays Afloat，為顧客提供多種度假遊艇，讓遊客到附近的Hawkesbury River及Ku-ring-gai Chase國家公園一帶遊湖垂釣。船上的設備一應俱全，而最吸引是可以自己駕駛遊艇，故可時而在河上釣魚、時而走上沙灘曬太陽，極之寫意。這一帶風平浪靜，絕不怕會暈船浪。

地：87 Brooklyn Road, Brooklyn, NSW

電：61-2-9985 5555　網：www.holidaysafloat.com.au

時：周一至四及六 8:30am-3:00pm、周五 1:00pm-9:00am、周日休息

費：AUD 400 起（不同大小的船隻可容納不同人數，由 2 人至 10 人不等）

註：1. 8:30am 上船，4:00pm 下船
2. 不同日子及日數收費有所不同，詳細收費可參考網址

這艘為Lady Madonna的遊艇是他們最豪華的一艘，船上共有8個床位。

Central Coast必到餐廳
The Cowrie 13

Map 1-48 D2

忌廉鱈魚煮青口Blue eye cod a la marinere, saffron dijon cream, pancetta, mussels and parisienne potatoes

乘搭CityRail的Central Coast and Newcastle 線，於Gosford站下車，轉乘67號巴士於Terrigal Esplanade下車，再轉的士約5分鐘

別看大廚Adam Woods滿身紋身的造型十分粗獷，當他下廚時所有步驟都會做得一絲不苟。

位於漂亮的Terrigal Beach附近的The Cowrie，是Central Coast一帶十分著名的餐廳，過去30年來獲得過無數獎項。這裡的室外正對著壯麗的海景，日落時分更倍添浪漫氣氛。而他們最著名的是各式海鮮菜式，煮法新穎材料新鮮外，店內所有意粉、酥餅和醬汁都由大廚親自製作，每晚更提供採用時令材料的Degustation Menu，展示大廚個人的創意。

地：109 Scenic Highway, Terrigal, NSW　電：61-2-4384 3016

時：12:00nn-10:00pm，周日至 5:00pm，周一及二休息

網：www.thecowrie.com.au

工作人員餵飼已有四十多歲的大烏龜Hugo時，它突然站起來，嚇得大家以為它想把工作人員吃掉。

另類動物奇兵 14

Map 1-48 C2

Australian Reptile Park

乘搭CityRail的Central Coast and Newcastle 線，於Gosford站下車，轉乘的士約20分鐘

除了袋鼠和樹熊外，其實澳洲還有很多特別的野生動物。在Australian Reptile Park遊客便可全看到牠們，如鴨嘴獸（platypus)、袋熊（wombats)、袋獾（Tasmanian devils)、澳洲犬（dingoes）和短吻鱷（alligator）等。

如維園般大的公園內，先會經過叫人驚心動魄的爬蟲館，沿著步道你會看到各種動物，並會有表演和教學節目。此外，園內最特別是袋鼠野餐區，你可邊燒烤，邊有袋鼠在你身旁穿插，感覺非常特別。前來要記住帶備食物，跟動物一起吃午餐。

這裡是全國唯一獲准進行抽取毒蛇毒液的動物園，毒液都是用來作研究解藥之用。

園內每天都會有餵鱷魚的表演，吸引不少遊人圍觀。

有圖為證，園內的野餐地方，你會經常看到袋鼠，跟遊客打成一片。

地：Somersby, Gosford, NSW

電：61-2-4340 1022

時：9:00am-5:00pm（25/12 休息）

網：www.reptilepark.com.au

費：AUD 47.99（成人）；AUD 30.99（3至15歲小童）

馳騁山谷中 15 Map 1-48 C2
Glenworth Valley

乘搭CityRail的Central Coast and Newcastle 線，於Gosford站下車，轉乘的士約20分鐘

遊客在Glenworth Valley可以一嘗騎馬的滋味，這裡有面積超過3,000公畝共50公里長的步道、200匹大大小小的馬，遊客可以選擇自己策騎遊歷或參加約2個半小時的騎馬團，全程由導師引領，穿過森林溪澗、叢林草地，享受大自然環境和騎馬的樂趣。這兒也有獨木舟和四驅車等野外活動，非常刺激過癮。

騎著馬穿過溪澗時，馬兒會顯得格外興奮，因此記得要捉緊韁繩。

四驅車也是這裡非常受歡迎的活動之一，比騎馬更驚險刺激。

地：69 Cooks Road, Peats Ridge, NSW 電：61-2-4375 1222
時：9:30am-5:00pm 網：www.glenworth.com.au

跟塘鵝下午茶
The Entrance Pelican Feeding 16 Map 1-48 D2

乘搭CityRail的Central Coast and Newcastle 線，於Gosford站下車，轉乘21或23號巴士於The Entrance下車

說起3點半，或者是很多人的下午茶時間。但在The Entrance，這卻是附近一帶的塘鵝(Pelican)用餐時間。一年365日，每到下午3點半，便有義工團體帶著一大籮魚仔到The Entrance的Pelican Plaza岸邊，餵飼早已靜候多時的可愛塘鵝。牠們樣子傻氣十足，每天定會準時列隊出席，並整齊地站在岸邊，注視著義工手上的魚兒，場面既搞笑又壯觀。

當義工拋出手上的魚兒時，饞嘴的塘鵝便會立刻張開大嘴巴。

地：Shop 211b, The Entrance Road, The Entrance, NSW
電：61-2-4333 5377 時：3:30pm-4:00pm
網：www.theentrance.org

Map 1-48 C5

勇敢飛出去吧！Hangglide OZ

17

澳洲的高空刺激活動多不勝數，如跳傘、笨豬跳等，都是享受速度的玩意，往往一瞬即逝。想在半空中寫意漫遊，從高角度欣賞澳洲的絕美景色，懸掛式滑翔機（hang-glide）會是一個最佳選擇。

距離悉尼1個半小時車程的卧龍崗（Wollongong），有間Hangglide OZ學校已舉辦滑翔機活動超過20年。其首席導師Tony Armstrong更是前澳洲的滑翔機花式冠軍，由他作導航夠晒安全更保證體驗到空中翱翔的樂趣。

飛行三步曲

起飛前，Tony會先觀察當日天氣，再決定起飛和降落地點，參加者可以選擇兩個飛行地點，分別是在Stanwell Park內的Bald Hill及在Wollongong的Hill 60，但多數都會視乎風向而定。

看風勢

起飛前

機身結構看似十分簡單，但Tony會先跟學員講解飛行程序及安全措施，確保大家玩得開心安全。當你試過像小鳥般在天空上任意飛，真的不想重返地面。

飛出去

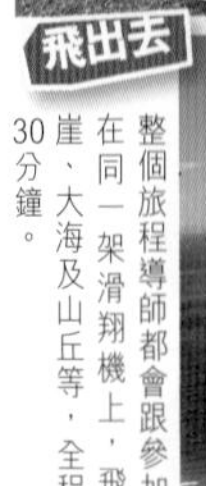

整個旅程導師都會跟參加者掛在同一架滑翔機上，飛過懸崖、大海及山丘等，全程約為30分鐘。

首席導師Tony的手臂上有一個中文名紋身，大家去到時不妨大叫他「麥世英」。

地：Bald Hill Reserve, Stanwell Tops NSW　電：61-0417 939 200　網：www.hangglideoz.com.au

時：視乎天氣而定，參加者可預先選擇在早上、下午或黃昏進行。　費：AUD 299　註：最低參加年齡為 14 歲

Map 1-48 C5

超高調遊澳洲 Just Cruisin' Harley-Davidson Motorcycle Tour 18

在(Illawarra)海岸，經營多年電單車觀光團的Just Cruising Tour，便將哈利電單車(Harley-Davidson Motorcycle)文化與旅遊業融合，以電單車接載遊客的觀光體驗團。全程乘坐轟轟作響的戰車穿街過巷，周末更會駛進悉尼市內，相比坐普通觀光巴士參觀，這個方式簡直型爆。

除了二輪哈利電單車外，遊客亦可選擇有Side Car的三輪車，據説每台約值港幣2百萬。

地：PO Box 117, Helensburgh NSW, 2508（郵寄用途）
電：61-2-4294 2598 網：www.justcruisintours.com.au
時：隨客人喜歡，Just Cruising Tour 會盡量配合
費：每小時 AUD 120（單人）；AUD 220（雙人）
註：如旅程時間長會有折扣，詳情可參考網址

Map 1-48 C5

與樹熊合照 19 Symbio Wildlife Park

乘火車至Helensburgh站後轉乘15號巴士於Symbio Wildlife Park站下車即達

位於悉尼以南約45分鐘車程，坐擁16英畝的動物園，園內每日上午10點半至下午3點之間，每隔15分鐘至半小時均有動物解説活動，包括樹熊、袋鼠、澳洲野犬Dingo、刺蝟、狐獴及爬蟲類動物的講解。很多人來到澳洲都想抱一抱樹熊，但為了保護牠們，目前除了昆士蘭州、西澳和南澳部分動物園之外，其他地區均禁止抱樹熊，只能走近旁邊觸摸和合照，這一點大家要注意了。

袋熊Wombat也是眾人探望的焦點對象。

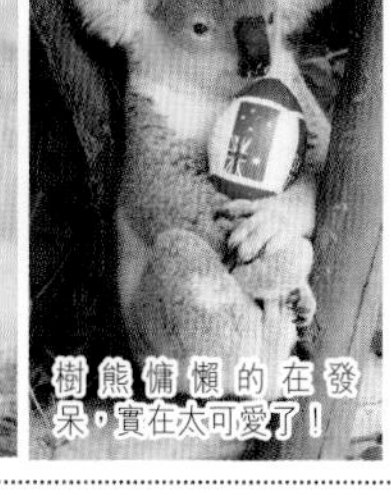

樹熊慵懶的在發呆，實在太可愛了！

地：7-11 Lawrence Hargrave Dr, Helensburgh NSW
電：61-2-4294 124 時：9:30am-5:00pm；聖誕節休息
費：成人 AUD42、3-15 歲小童 AUD27 網：https://symbiozoo.com.au

型格酒店 20

Map 1-25 C3

Fraser Suites Sydney

乘火車於Town Hall站下車，步行約5分鐘

Frasers Hospitality集團旗下首間悉尼酒店，由英國著名建築公司Foster and Partners負責興建。這幢42層共201個單位的酒店，裝潢時尚具氣派，玻璃外觀充滿紐約曼克頓的建築風格。酒店單位由studio bedroom、1間睡房、2間睡房以至複式頂樓單位均有。酒店接近Town Hall Station，無論乘搭火車、單軌電車或巴士也很方便。

1間睡房的單位，內有客飯廳、廚房，空間感十足，布置極具品味。

Mezzanine Lounge的室內設計充滿時尚格調，每天為住客供應早餐。

地：488 Kent Street, Sydney, New South Wales
電：61-2-8823 8888　費：雙人房 AUD270/ 晚起
網：sydney.frasershospitality.com

Map 1-48 C2

盡覽無敵海景酒店 21

Mantra Ettalong Beach

乘火車於Woy Woy站下車，轉乘57號巴士於Ocean View Road 近Memorial Avenue下車，步行約3分鐘

這間酒店位於Ettalong Beach海岸，共有236間豪華客房，坐擁一望無際的海景，提供了一個悠閒度假環境予家庭、情侶或公幹的住客。酒店的康樂設施齊備，包括保健中心、水療中心、會所、游泳池等。每間客房均附設露台（部分更是海景露台）、小廚房和水療浴缸。

Mantra Ettalong Beach坐落新南威爾斯中央海岸，最吸引之處是可飽覽無敵海景。

地：53-54 The Esplanade, Ettalong Beach, New South Wales
電：61-7-5665 4450
網：www.mantraettalongbeach.com.au
費：雙人房 AUD209/ 晚起

海邊度假酒店
Manly Pacific Sydney Hotel 22

Map
1-48 C3

於Wynyard火車站附近的Carrington Street巴士站轉乘L90號巴士，於Brookvale的Pittwater Road下車，再轉乘的士約10分鐘

酒店地下的Charlie Bar，裝潢新派有格調，半開放式門口通往Manly Beach。

海景客房完成翻新工程，無論環境、設備及舒適度均大大提升。

這酒店位於澳洲最著名的海灘之一Manly Beach的對面，從悉尼商業區以Jetcat渡輪前往，僅需15分鐘。酒店共有213間客房，包括72間剛重新裝修的海景客房及10間內設兩間睡房的大型套房，房內的寢具及設備皆煥然一新。酒店設施齊備，有室內游泳池、健身室、桑拿浴室、水療中心，以及可眺望海灘兼供應創新健康菜式的Zali's Restaurant；還有3間新酒吧，務求讓客人盡享悠閒度假氣氛。

偌大玻璃窗設計，讓客人一邊用膳，一邊觀賞藍天碧海的美麗景致。

地：55 North Steyne, Manly, Sydney, New South Wales

電：61-2-9977 7666

網：www.novotelmanlypacific.com.au

費：雙人房 AUD303/ 晚起

Sable是酒店的cocktail lounge，燈光柔和，座椅舒適，是三五知己把酒言歡的好地方。

坎　培　拉

Canberra

作為一國之都，坎培拉（Canberra）實在是相當低調，其鋒芒甚至遠遜於悉尼和墨爾本。與其他國家的首都相比，坎培拉絕對是別樹一格，這兒沒有高樓大廈，約有一半是生態保護區，更有美不勝收的郊區和湖畔，來這兒度假，不但可以一開眼界，也有洗滌心情之效。

MAP 2-1
坎培拉廣域圖

2	Australian War Memorial	2-6
3	Royal Australian Mint	2-8
4	Mount Ainslie Lookout	2-8
7	Jamala Wildlife Lodge	2-10
13	Telstra Tower	2-18

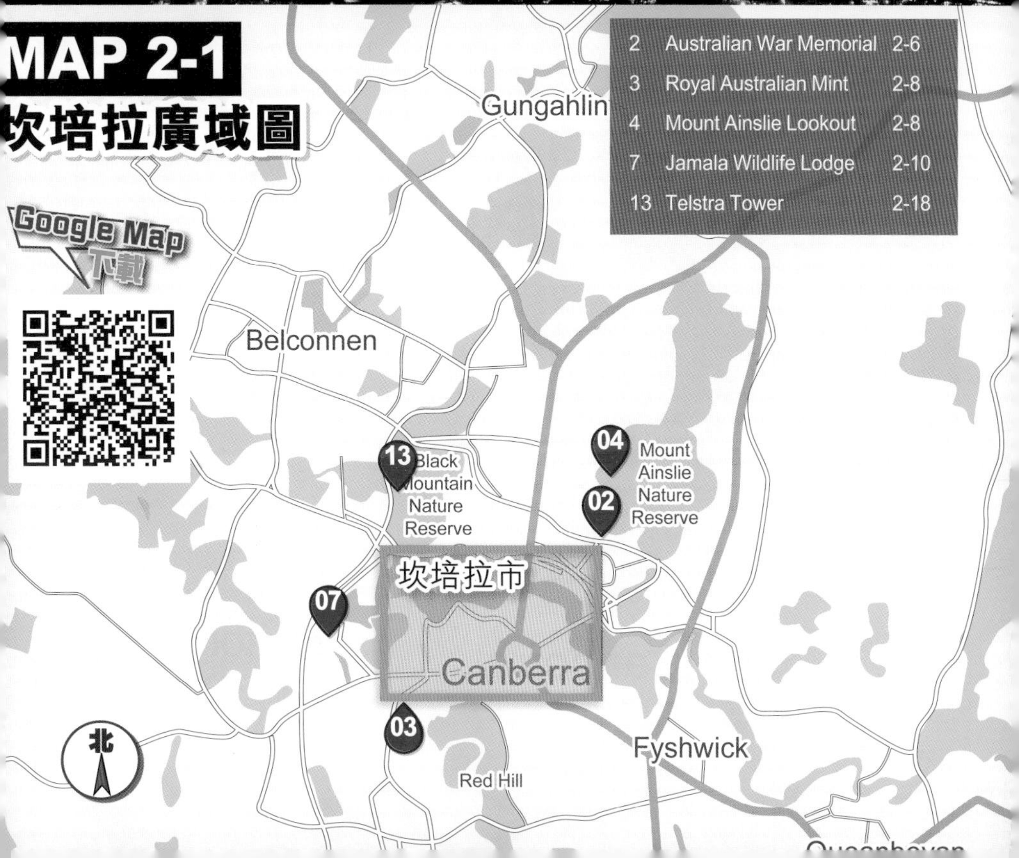

MAP 2-2
坎培拉市
A
B
C
D
1
2
3
4
5
The Australian National University
London Circuit
Canberra
Reid
Parkes Way
Constitution Avenue
Parkes
Acton Park
State Cir
Kings Avenue
Barton
Canberra
Adelaide Ave
北
1 Australia's Parliament House 2-4
5 Lake Burley Griffin Cruises 2-9
6 The Chairman & Yip 2-9
8 National Museum of Australia 2-12
9 Floriade 2-14
10 National Library of Australia 2-15
11 Questacon 2-16
14 Peppers Gallery Hotel Canberra 2-18

氣候

季節	平均溫度
春 (9月1日-11月30日)	7°C-20°C
夏 (12月1日-2月28日)	12°C-27°C
秋 (3月1日-5月31日)	6°C-16°C
冬 (6月1日-8月31日)	0°C-12°C

前往坎培拉交通

內陸機

Qantas Airways與Virgin Blue均有內陸機前往坎培拉。

悉尼→坎培拉	50分鐘
墨爾本→坎培拉	1小時5分鐘
布里斯本→坎培拉	1小時40分鐘
阿得萊德→坎培拉	1小時40分鐘

坎培拉國際機場位於市中心東部7公里之外，乘的士約需AUD 20。乘客亦可乘坐機場Action巴士11 & 11A往來機場及市中心，車程約15分鐘。

車費：成人AUD4.8、小童AUD2.4

網址：www.qantas.com.au
www.virginblue.com.au

巴士

長途巴士公司Greyhound Australia每天都有提供由墨爾本和悉尼前往坎培拉的巴士服務，須時如下：

悉尼→坎培拉	4小時30分鐘
墨爾本→坎培拉	8小時45分鐘

網址：www.greyhound.com.au

自駕遊

由澳洲其他主要城市駕車往坎培拉，須時如下：

悉尼→坎培拉	2420公里（3小時）
布里斯本→坎培拉	1707公里（13小時）

坎培拉市內交通

巴士

Action

坎培拉的巴士路線相當發達，Action巴士公司有數十條路線，幾乎去勻坎培拉每個角落。但要注意部分路線班次較疏落，不想延誤時間，最好先上網查清楚路線圖及班次時間表。遊客也可以前往巴士中轉站獲取巴士路線地圖和時間表。

車費：單程AUD 5.0 (90分鐘任用)
日票AUD 10

常用巴士路線

巴士路線	途經景點
3	Parliament House、National Museum
5	City Centre
9	Anzac Parade、Australian War Memorial

網址：www.action.act.gov.au

實用網址

www.visitcanberra.com.au

超豪國會大樓 01 Australia's Parliament House

Map 2-2 B5

乘2或3號巴士於Parliament House站下車

作為澳洲的首都，坎培拉擁有一個非常豪華莊嚴的國會大樓，建築費耗資高達AUD 11億。意大利設計師Romaldo Giurgola從329個競賽單位中脫穎而出，成功奪得興建國會大樓的合約。在1988年5月9日更由伊利沙伯女皇二世親自揭幕。整幢大樓甚具氣派，光是前園已用了9萬多塊花崗岩砌成。主大堂的牆身和地下都由多種不同的大理石鋪成，當中更有來自比利時海床下、具3億年歷史的黑色石灰岩，細看更會發現有古代海洋生物的化石。遊客除了可自由參觀大樓內的宴會大廳、眾議院會議廳、議員大廳和參議院會議廳外，也可參加9:00am開始、每半小時一趟的免費導賞團，由專人講解大樓的歷史和結構。

遊客服務中心就設在入口大堂外，非常方便。

走廊上有很多關於澳洲歷史的展品，這張便是舊坎培拉的街道設計圖。

在天台上飄揚的澳洲國旗，原來足有一架雙層巴士般大。

從另一角度看大樓

其實從Mount Ainsile上，可看到近乎整個坎培拉市中心。由於全市設有建築物的高度限制，加上由War Memorial至Parliament House之間的一條直線都不可有建築物，因此在這「對到正」的山頭上，可以遙遠地欣賞到Parliament House（綠圈者）的雄偉外觀。

室內天花板採用玻璃設計，採納天然光。

這幅油畫是著名畫家Arthur Boyd的經典作品，宴會大廳內的壁毯就是模仿這幅油畫製成。

宴會大廳Great Hall可舉行容納750人的晚宴，前方的巨型壁毯是由13名工人，花了兩年半時間完成，遊客可觸摸壁毯下的樣本。

Australia's Parliament House

1樓	戶外廣場、大堂、國會商店、遊客資料中心
2樓	眾議院會議廳、參議院會議廳、議員大廳、宴會大廳
天台	澳洲國旗觀賞區

地: Parliament House, Capital Hill,Canberra, Australian Capital Territory

電: 61-2-6277 7111 **網**: www.aph.gov.au **費**: 免費

時: 非會議日 9:00am-5:00pm；
會議日周一、二 9:00am-6:00pm；
周三、四 8:30pm-6:00pm；聖誕節休息
導賞團於每日 10:00 am, 11:30 am, 1:30 pm 及 3:00 pm 開始

坎培拉
回憶戰士之地
Australian War Memorial 02

乘10、910號巴士於War Memorial站下車，步行約3分鐘

澳洲戰爭紀念館（Australian War Memorial）是為了紀念自第一次世界大戰以來，為國捐軀的超過100,000名士兵而興建。入口前面就是Australian War Memorial的重心地點Commemorative Area，兩旁有著烈士的名字，黑色石碑上插上了一朵朵鮮紅色的花，路過時看到無數性命在當時被奪去，心情難免沉重。大樓內的博物館展示了不同戰事的歷史和記錄，當中更有大型模型重現當時的景象；並有展覽室展出士兵用過的武器，沿途更可看到很多戰事的影像，參觀人士亦可嘗試坐上戰機，體驗空軍的滋味。

這個名為Pool of Reflection的水池，寓意將將士們的祝福反射到天上。

場內展品有不少是戰爭中用過的東西，當中包括將軍和士兵的制服。

什麼是ANZAC？

ANZAC的英文全寫是Australian and New Zealand Army Corps，是一支由澳洲和新西蘭組成的聯軍，曾參予第一次世界大戰的多場戰役，現今泛指參加過戰爭的澳紐軍人。當年聯軍登陸加里波利的日期為4月25日，現已被定為法定假日ANZAC Day（澳紐軍人紀念日）。

The Hall of Memory於1958年完成，牆上的600萬塊玉石全是從意大利進口。

這裡有一個空軍展覽館Aircraft Hall，內有不少當年使用的戰機型號模型。

展館必睇區域

1. Commemorative Area（Ground Level）
紀念為國戰死的十多萬戰士的場地，非常寧靜莊嚴。

2. Aircraft Hall（Ground Level）
擺放著很多關於空軍發展的物品，也有多媒體的軍事影像播出。

3. ANZAC Hall（Ground Level）
展出關於第一次世界大戰的物品、相片、文獻和模型。

4. Discovery Zone（Lower Level）
內有多個供遊客試玩的裝置，包括模擬的潛水艇內艙。

Discovery Zone是一個互動展館，參觀人士可試玩潛水艇裝備和當時戰場上的通訊系統。

Roll of Honour有著逾10萬個為澳洲捐軀的烈士的名字，不少老年人都會到這裡憑弔親人。

在Conflicts 1945 to today展館內，有這個多媒體裝置，會每20分鐘表演一次，在影像、聲音和模型配合下，重現當年戰機登陸的情況。

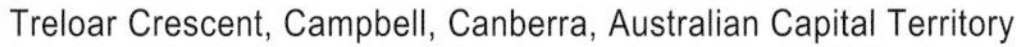

地：Treloar Crescent, Campbell, Canberra, Australian Capital Territory　電：61-2-6243 4211
時：10:00am-4:00pm　網：www.awm.gov.au　費：免費

皇家澳洲鑄幣廠
Royal Australian Mint 03

乘1、2號巴士（周一至五）或932號巴士（周末）於Denison St after Strickland Cr站下車即達

造幣廠50多年來生產了超過15億元流通硬幣。

啓用於1965年，是澳洲流通硬幣的獨家供應商。走進鑄幣廠令人眼前一亮，金光閃閃的錢幣掛滿天花板，館內陳列了各年份的硬幣，現場還有鑄幣機器供體驗，花3元澳幣即可自製出一元紀念幣；過程就像蓋印章一樣簡單，把模具壓下去，一枚熱騰騰的錢幣即誕生出來。館內最吸引的莫過於紀念品區，針對澳洲特有的動物，館方分別設計了一系列的紀念硬幣。另最值得入手的就是農曆生肖幣，由AUD12.5的五角銅幣至AUD750的金幣都有。

2019年出品的豬年生肖銅幣。

- 地：Denison Street, Deakin, Canberra ACT 2600
- 電：61-2-6202-6999　費：免費
- 時：周一至五 8:30am-5:00pm、周末及假日 10:00am-4:00pm；聖誕節及耶穌受難日休息
- 網：www.ramint.gov.au

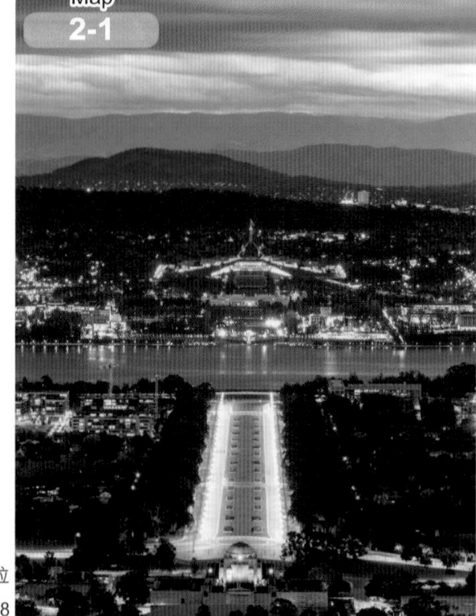

一覽坎培拉全景
Mount Ainslie 04

乘在巴士54號於War Memorial Fairbairn Av站下車，步行約30-45分鐘便可登頂

Mount Ainslie是坎培拉最受歡迎的景點之一，在瞭望台上可以俯瞰坎培拉美景，從戰爭紀念館到國會山都一覽無遺，尤其是在日出和日落時分風景，在陽光的照耀下，景色顯得更為漂亮。Mount Ainslie總高842米，道路寬敞，是一座容易爬的山。從戰爭紀念館北面起程的話，大概30-45分鐘就能登頂。如果不想爬山，也可以選擇直接坐的士上山。

- 地：20 Mount Ainslie Dr, Australian Capital Territory 2609

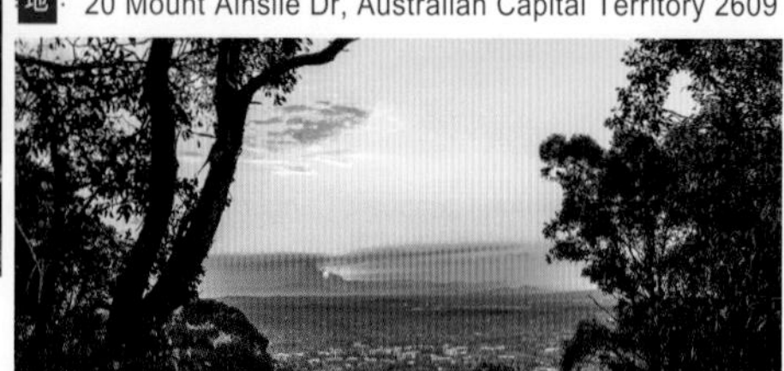

打卡首選 吸睛觀光船 05

Lake Burley Griffin Cruises

乘1-4、6或80號巴士於Parkes Pl John Gorton Building站下車，步行約7分鐘至Queen Elizabeth碼頭

位於坎培拉市中心的人工湖Lake Burley Griffin，由於交通方便，一向是當地居民及遊客的消閒熱選。圍繞著湖岸有許多公家機構如美術館、博物館、圖書館等均近在咫尺。乘Gull號或小天鵝號（EL Cygnet）由碼頭出發，途經湖畔各政府大樓、Captain Cook紀念噴泉等，一邊聆聽鐘樓鳴聲、一邊欣賞坎培拉明媚的風光。平日船程約1小時，周日的Sunday Morning Tea Cruise包茶，船程更長達2小時。

地：Queen Elizabeth Terrace, Parkes ACT 2600, Australia

電：61-4-1941 8846

時：每日 10:30am、1:30pm、3:00pm（每年 9 月中旬至 5 月下旬運行）；冬季 5 月中旬只限 10:30am 一班船

費：平日成人 AUD25、6-12 歲小童 AUD10、5 歲或以下免費；周四及周日成人 AUD35、6-12 歲小童 AUD16

網：www.lakecruises.com.au

卡通有趣的Gull號觀光船，為電動環保設計，每艘船只能載30人。

Map
2-2 C5

香菇燒鴨絲薄餅
Roasted duck & pancakes
食法像片皮鴨，餅皮夠薄之餘，烤鴨與香菇也炒得十分惹味。

政要也是座上客

The Chairman & Yip 06

乘3號巴士於National Cct Press Club下車，步行約3分鐘

The Chairman & Yip的老闆是香港人，15年前於坎培拉開設餐廳。大廚也是從香港聘請過來，主打融合澳洲本地食材和港式廚藝的fusion菜。招牌菜「Duck Pancake」，15年來一直大受歡迎。每逢國會大樓舉行會議的日子，便會有不少政客前來光顧，因此由昔日僅得50個座位的小餐廳，發展為現今可容納150人的餐館。

地：Burbury Hotel- 1 Burbury Cl, Barton ACT 2600

電：61-2-6162 1220

時：12:00nn-2:30pm、6:00pm-10:30pm（二至五）；5:30pm-10:30pm（六）；周日及周一休息

網：http://chairmangroup.com.au/chairmanyip/

Map 2-1

與野生動物同眠 07
Jamala Wildlife Lodge

乘81、981號巴士於Lady Denman Dr National Zoo & Aquarium站下車即達

酒店隱藏在National Zoo & Aquarium Canberra動物園內，共分為3大主題房型，包括有Giraffe Treehouse（長頸鹿樹屋）、UShaka Lodge（鯊魚屋）及Jungle Bungalows（叢林小屋），共只得18間客房。酒店最大特色是能與動物們相當地靠近，更巧妙地運用了地利之便，將部分動物棲息地規劃入旅館的安全範圍，例如「鯊魚屋」客廳內的大水槽，剛好連接著水族館。住客從客房內能觀看動物的起居生活，人與獸之間只相隔了一面玻璃窗。密切注意！當你進餐的時候可能會有野獸在你旁邊徘徊、虎視眈眈！洗白白的時候可能會有獵豹來圍觀。更有趣的是你可以在「樹屋」陽台請長頸鹿吃零食，體驗最近距離的接觸，十分療癒。

全屋落地玻璃，窗外熊出沒注意！

你和野生動物們只相隔了一層玻璃。

浴室內隨時會有野獸陪你洗白白！

住客們的呃Like圖是這樣的。

UShaka Lodge（鯊魚屋）客房。

同場加映，和獅子一起吃早餐。

National Zoo & Aquarium Canberra動物園總共飼養二百多隻動物及數以千計的魚類和鳥類，分別來自非洲、歐洲、亞洲及澳洲本土。至於住宿費一晚索價千多元以上澳幣，十分昂貴。由於該動物園由家族經營，沒有政府補助津貼，因此酒店的收益會作為動物園繁殖計劃的基金；事實上，住宿費已包括所有餐飲及一連串導賞活動，五星級價錢，超五星享受，算值回票價。

樹屋的住客可直接在露台餵食長頸鹿。

入住酒店還提供一連串導賞活動。

這裡不僅是五星級酒店，也是動物們的窩居。

住宿一晚的行程

時間	活動	內容
1:30pm	Early Arrivals	最早入住時間為1點半，最遲也不要超過3點半，否則會錯過緊接的活動
2:20pm	Afternoon Safari	由專業領隊帶領你進入特別路線逛動物園
4:00-6:00pm	自由活動	可繼續遊覽動物園或接載回酒店
6:30pm	Pre-dinner Drinks	享用餐前飲料
7:15pm	晚餐	在洞穴餐廳享用非洲風味晚餐
9:00-10:00pm	返回客房	專車接載回酒店
翌日7:00-8:00am	早餐	翌晨享用早餐
8:00am	Morning Safari	可繼續遊覽動物園
11:00am	Check-out	退房後可繼續遊覽動物園

地：National Zoo & Aquarium, 999 Lady Denman Drive, Canberra ACT 2611, Australia　電：61-2-6287 8444

時：動物園 9:30am-5:00pm；酒店 Check-in 1:30pm、Check-out 11:00am　網：www.jamalawildlifelodge.com.au

費：雙人房 AUD1,550 起；動物園門票 AUD52、4-15 歲小童 AUD30；住客免費

全面認識澳洲
National Museum of Australia

Map 2-2 B3

乘3號巴士於National Museum of Australia下車

博物館位於Acton Peninsula，未入內已被它的獨特外觀所吸引，其不規則的形狀和鮮艷的顏色，代表館內有著多元化的收藏品和資訊。室內設有多個展館，擺放著超過20萬件由古至今關於澳洲的物品，當中包括澳洲原住民的照片和日用品、澳洲本土動物標本、悉尼奧運影片及展品等，其中澳洲馬王Par Lap的心臟標本和旋轉式多銀幕戲院Circa更是遊客必睇項目。這裡自2001年開館以來，已吸引逾500萬名入場者，館長Craddock Morton形容這裡為呈現澳洲古今及未來的地方。

First Australians

館內展示大量關於原住民的資料，收藏原住民Bark Painting的數量，更是全球之冠。

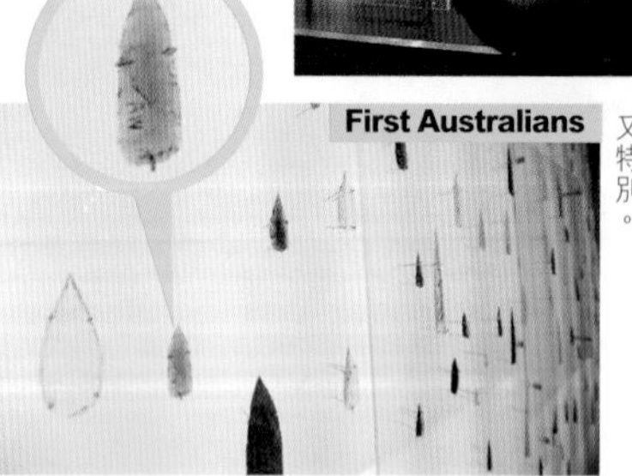
First Australians

這件藝術品的概念來自原住民工具，外形參考古時的利器，一粒粒晶石高貴又特別。

The Garden of Australian Dream

這兒是一般舉行大型戶外表演的主要場地。

National Museum of Australia各展館簡介

Eternity

內有多位出色澳洲人的故事，展出關於他們的文字記載和相關物品。

First Australians

追溯50,000年前原住民的生活和痕跡，展出具豐富歷史價值的展品。

Horizons

展示1788年歐洲人登陸後澳洲發展的歷史，包括當年的貿易和移民事跡。

Nation

展場內都是澳洲建國後的重要事件和人民生活記載，其中當然少不了2000年悉尼奧運。

National Museum of Australia是由墨爾本設計　師Ashton Raggatt McDougall和Robert Peck von Hartel Trethowan主理的建築，這個環形設計有點像過山車。

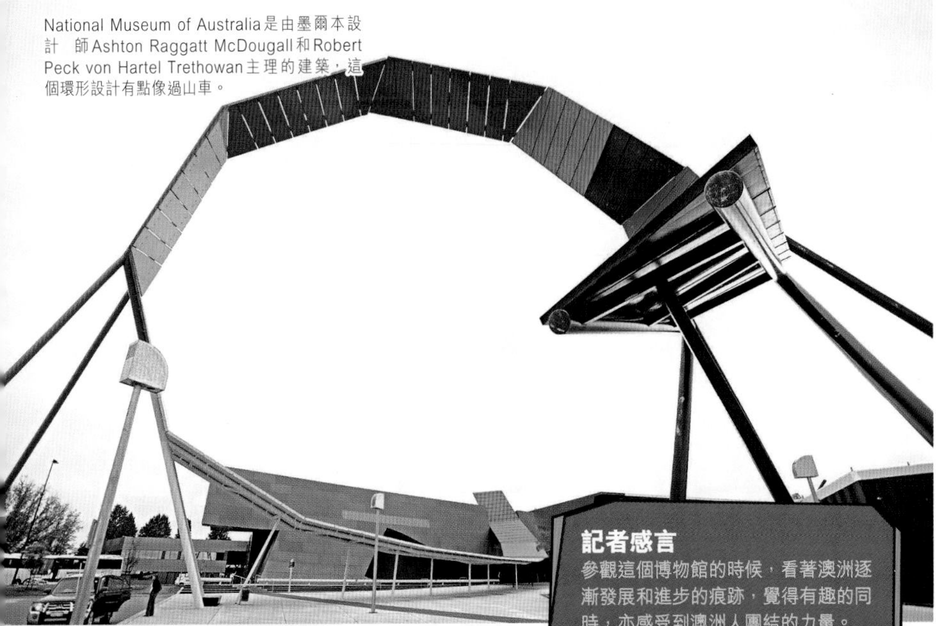

記者感言

參觀這個博物館的時候，看著澳洲逐漸發展和進步的痕跡，覺得有趣的同時，亦感受到澳洲人團結的力量。

澳洲著名汽車Holden的首個型號樣本，都可以在這裡看到。

Nation

這個詞語教室介紹多種澳洲獨有方言，包括經常聽到的Gday（Good Day）、Mate和No Worries等。

在Circa影院內，約有40個銀幕播放著多段關於澳洲土地、國家及人民的影片。

這隻貌似獵犬的標本，是已經絕種的Tasmanian Tiger，據說其祖先在3,000年前已出現。

地：Lawson Crescent, Acton Peninsula, Canberra, Australian Capital Territory

電：61-2-6208 5000 / 1800 026132　費：免費

時：9:00am-5:00pm；聖誕節休息

網：www.nma.gov.au

不同種類和顏色的鬱金香，構成一幅由大自然組成的巨型圖畫。

年度最大花節 Floriade 09

Map 2-2 C2

乘2或3號巴士於 Commonwealth Park下車

每年春天時分，在坎培拉的Commonwealth Park都會舉行全南半球最盛大的花展Floriade，為期整整1個月。這個為慶祝坎培拉75歲生辰的盛事於1988年首次舉行，在超過10,000平方米的土地上，種有逾100萬朵鮮花，包括鬱金香、蝴蝶花、黃水仙及雛菊等。工作人員從秋天開始種植，展期正是花朵盛開時。此外，在他們的精心部署下，不同花卉會在花展中接連開花，因此遊客每次進場都會有新鮮感。場內亦設有餐廳、市集和各種展館，並會舉行大型晚會和表演，每年都吸引數以十萬計人士進場。

Floriade的鮮花會開足1個月，全賴一班義工的悉心料理。

地：Commonwealth Park, off Commonwealth Avenue, Acton, Canberra, Australian Capital Territory

電：61-1-300852 780

時：每年 9 月中至 10 月中

網：www.floriadeaustralia.com

在Enlighten Festival，圖書館外牆燈飾亦有所改變

澳洲最大的圖書館 10 Map 2-2 C3
National Library of Australia

乘在巴士830號於King Edward Tce National Library站下車，步行約3分鐘

National Library of Australia位於格里芬湖畔，是一座羅馬式的現代建築。館內非常安靜，很有文化氛圍，遊客可以在這裡靜下心來慢慢閱覽資料。圖書館的收藏包括各種形式的資料，有書、期刊、網站和手抄本，也包括了圖畫、照片、地圖、音樂、口述歷史錄音、手稿和實物資料。

如果不是當地人想在圖書館參閱資料的話，可以現場申請臨時卡來使用圖書館服務。這裡收藏着很多珍貴的文獻和書籍，有許多記載澳洲建國的文獻，如果想仔細了解澳洲這個國家由來，這個圖書館就是最好的提供資料的地方。

圖書館其中一個地圖收藏品
〈Exact delineation of the Straits of Magellan, and the Newly Found Strait of Le Maire〉

圖書館有時候邀請不同嘉賓來分享知識。

館內還有書店和咖啡廳。

地：Parkes Place, Parkes, Canberra, ACT 2600
電：61-2-6262 1111
時：周一至周四 10:00am-8:00pm、周五至周六 10:00am-8:00pm、周日及公眾假期休息。
網：https://www.nla.gov.au/

Brian Swap螢幕內的迷宮，上下左右跟現實相反，考驗人類腦部跟身體的協調。

趣味科學課 Questacon 11

Map 2-2 C4

乘2號巴士於King Edward Terrace下車，步行2分鐘

Questacon有點像香港的科學館，館內有多個關於不同科學和自然原理的展館。大部分展品和裝置都可以讓入場人士以親身體驗的方式，去認識各種科學原理。展館包括以顏色、聲音和光線讓人了解波長（wavelength）的學習廳；也有介紹天氣、自然環境和動物生態的展館，所有展品都既好玩又富教育性。此外，地下的演講廳每日均會定時舉行科學示範或表演，幽默的主持人更會邀請觀眾上台玩遊戲。

這個介紹發聲原理的表演，主持人會教大家以日常用品自製樂器。

玩這個垂直的滑梯，可以感受到在1-2秒間Free Fall的快感。

這個房間是模擬地震室，開始時更會有收音機廣播附近發生地震，感覺十分逼真。

地：King Edward Terrace, Canberra, Australian Capital Territory

電：61-2-6270 2800

費：（成人）AUD 24.5，（4至16歲小童）AUD 18.9

時：9:00am-5:00pm（聖誕日休息）

網：www.questacon.edu.au

這個精美的模型，是墨西哥Tenochtitlan Temple的縮小版。

走入迷你世界 12 Cockington Green Garden

在鏡頭的捕捉下，這些微縮世界有如真實的建築物一樣。

乘51或52號巴士於Cockington Green Garden下車

澳洲人普遍都有布置花園的習慣，但要像Cockington Green Garden的創辦人Doug和Sarah般醉心園藝，就不是人人都可以做到。自1972年到訪過英國一個迷你世界花園展之後，他們便對那些精緻的模型和漂亮的花園念念不忘，更於數年後在坎培拉建立了自己的迷你世界。這裡每年種有超過30,000朵不同種類的花朵，為園內增添不少色彩。而這裡最矚目的就是數十個精緻的建築物模型，分別代表著30個國家的建築，細看下更發現有不少機關，可見他們的心思。

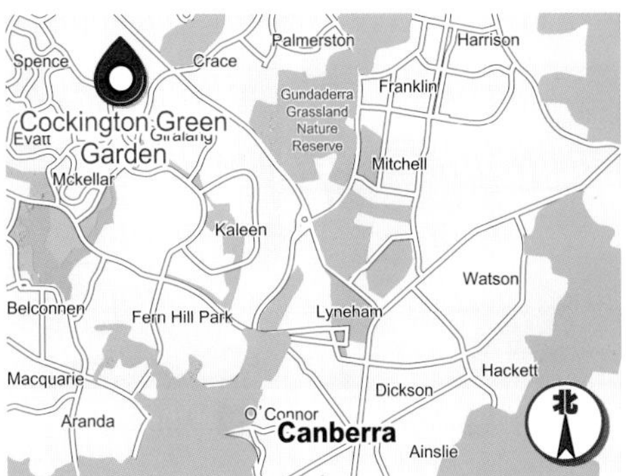

園主在模型內都滲入了自己的幽默感，這個足球場上就正發生「裸跑」事件。

花園內的各式花卉都是由Doug每天悉心種植，一年四季都會有不同的景象。

地：11 Gold Creek Road, Nicholls, Canberra, Australian Capital Territory

電：61-2-6230 2273

時：9:30am-5:00pm；平安夜及聖誕節休息

費：（成人）AUD 25，（4至16歲小童）AUD 15.5，（60歲或以上長者）AUD 18.5

網：www.cockingtongreen.com.au

Map 2-1

在陽光下可以眺望到更遠的景色

坎培拉最佳景觀 Telstra Tower 13

市內沒有巴士到Black Mountain，可以從市區乘的士前往，約7分鐘

塔高192米的Telstra Tower建在800多米的黑山（Black Mountain）上，絕對可以把整個坎培拉收入眼底。雖然內部設施不算豐富，但更能夠抱著單純的心欣賞美景，忘卻一切煩惱。

地：Telstra Tower, Black Mountain Drive, Acton, Canberra. Australian Capital Territory

電：61-2-6262 8351　網：www.telstratower.com.au

**** 現正進行維修，暫停開放 ****

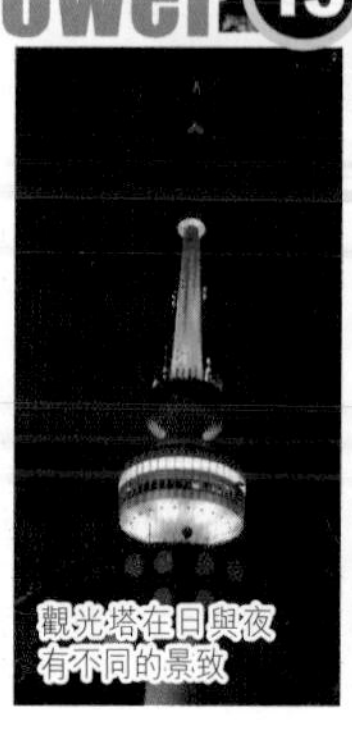
觀光塔在日與夜有不同的景致

潮人之選 Peppers Gallery Hotel Canberra 14

Map 2-2 B2

就連浴室的設計都十分統一，四方形的運用十分巧妙。

乘3號巴士於Edinburgh Avenue下車，步行1分鐘

酒店黑漆漆的外觀已相當有型，80間套房都經由設計師精心布局，室內裝潢與所有配備均走時尚路線。酒店隸屬於著名澳洲集團Mantra Group，除了酒店遍佈澳洲五大區，在新西蘭及峇里亦有分支，所以水準有一定的保證。

房間的色調黑白相間，更設有B&O電視音響，整個布局充滿生活品味。

地：15 Edinburgh Avenue, Canberra, Australian Capital Territory　電：61-2-6175 2222　費：AUD 219 起

網：wwwpeppers.com.au/gallery　設：B&O 電視、DVD、寬頻上網、MP3、SPA

黃金海岸及布里斯本

Gold Coast & Brisbane

同位於昆士蘭州的黃金海岸和布里斯本，前者擁有無敵特長海岸，是享譽全球的滑浪勝地；後者則是擁有寧靜優美河岸，是省內繁華的象徵。快來體驗這一動一靜的城市，上天下海刺激活動玩不停，保證你會感受到前所未有的歡樂氣氛。

布里斯本機場快線 Airtrain

由機場連接至布里斯本市區的機場快線叫作Airtrain，並提供由機場至黃金海岸的服務。乘客只要在國際線的入境大堂3樓，沿指示牌行走便可輕易抵達月台。Airtrain的收費如下：

機場至布里斯本市中心

票種	成人	小童(5-14)
單程	AUD 20.9(7天前網上購票AUD 17.77)	免費
來回	AUD 39.8(7天前網上購票AUD 20.9)	免費

機場至黃金海岸

* 網上訂購可獲折扣

車站	成人單程	網上購票	小童單程(5-14)
Ormeau	AUD 33.5	AUD 28.48	AUD 6.3
Coomera	AUD 33.5	AUD 28.48	AUD 6.3
Helensvale	AUD 37.5	AUD 31.88	AUD 8.3
Nerang	AUD 37.5	AUD 31.88	AUD 7.6
Robina	AUD 37.5	AUD 31.88	AUD 7.6
Varsity Lakes	AUD 42	AUD 35.7	AUD 10.5

網址： www.airtrain.com.au

布里斯本巴士 Coachtrans/ Con-x-ion

提供由機場接駁至布里斯本及黃金海岸市中心及酒店的服務。在機場國際線及國內線大樓內都有服務櫃枱為遊客安排，收費如下：

票種	單程	
	成人	小童
機場至黃金海岸	AUD 50	AUD 25
機場至布里斯本	AUD25	AUD 15

詳情可以參考網址： www.coachtrans.com.au

的士

國際線大樓的的士站位於2樓入境大堂外，而國內線大樓的的士站就在地下中門的外面。由機場乘的士到布里斯本市中心約20分鐘，收費約AUD 40，從機場上車要額外收取AUD 3.3的附加費。

租車

機場1樓有多個租車公司的櫃位，打算租車或已在網上預約的遊客，可向這裡的職員查詢。以下是澳洲兩家主要租車公司的資料：

Avis Australia_ 電話：61-7-3860 4200　網址：www.avis.com.au

Hertz Australia_ 電話：61-7-3860 4522　網址：www.hertz.com.au

布里斯本市內及黃金海岸交通

布里斯本火車 Queensland Rail

以布里斯本作中心的Queensland Rail，行駛路線覆蓋面積甚廣，南至Gold Coast，北至Sunshine Coast，非常方便。在布里斯本市中心、Fortitude Valley及Roma Street等都設有車站，並且跟機場快線（Airtrain）相連接，遊客可以輕鬆由機場直達布里斯本及黃金海岸的市中心。（註：黃金海岸市內並沒有支線。）

詳情可參考網址：www.queenslandrail.com.au

布里斯本巴士 Brisbane buses

布里斯本市內有多條巴士線，行駛於整個市區，主要接駁各火車站，讓乘客可以更接近目的地。主要巴士車站有King George Square Station、Queen Street Bus Station及South Brisbane Station等。而黃金海岸市內並沒有公共巴士，因為市中心十分集中且面積不算大，一般都以步行為主。但是酒店及較遠的景點都會提供來回市中心的穿梭巴士服務，有些更是免費。而在Queensland Rail的Nerang站則有接駁巴士連接到Surfers Paradise。

網址：www.translink.com.au

布里斯本渡輪 Ferries & CityCat

布里斯本的市中心主要在Brisbane River兩岸，因此渡輪是其中一種主要的交通工具。一般渡輪所走的路程較遠，而CityCat所走的路程較近，主要碼頭有South Bank、North Quay及Eagle Street Pier等。

網址： www.translink.com.au

G:Link

G:link是一條行走黃金海岸的輕便鐵路，由Gold Coast University Hospital至Broadbeach South， 貫通區內3大沙灘——衝浪者天堂(Surfers Paradise)、布羅德海灘(Broadbeach)、梅茵海灘(Main Beach)，與及著名景點，非常方便。

Go card

昆士蘭州內有一種類似八達通的交通付款工具，叫作「Go Card」。它可以在火車、巴士及渡輪上使用。只要預先在車站的增值器或售票處增值，然後在上車前和下車後將Go Card放在機器前「嘟一嘟」，便會扣減旅程費用，而使用Go Card付款，更可獲得不同的票價優惠。

網址：http://translink.com.au/tickets-and-fares/go-card

成人 Go Card
（15歲或以上人士）
按金：AUD 10

小童 Go Card
（4至14歲人仕）
按金：AUD 5

黃金海岸及布里斯本實用資料

布里斯本、黃金海岸公共交通路線圖

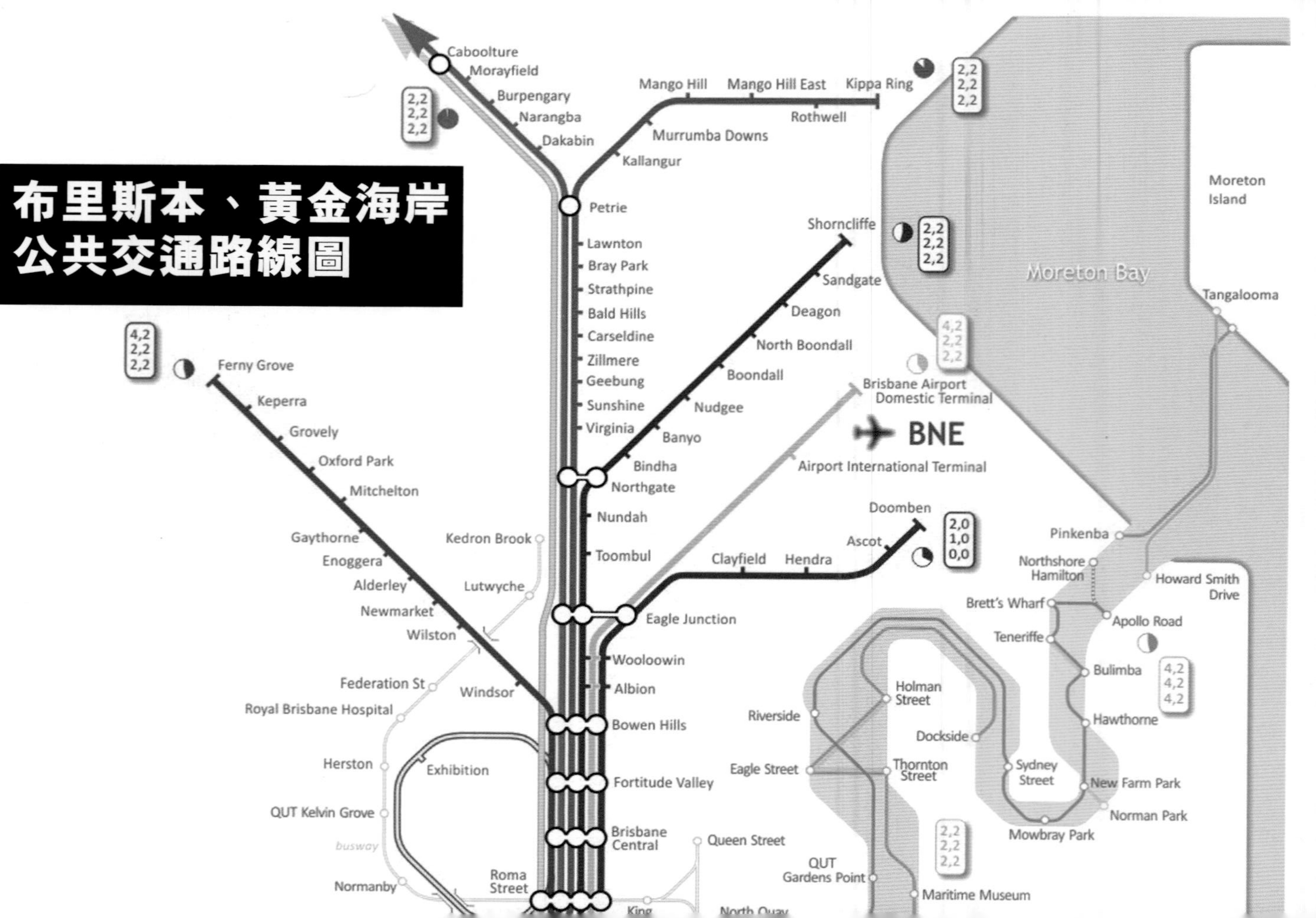

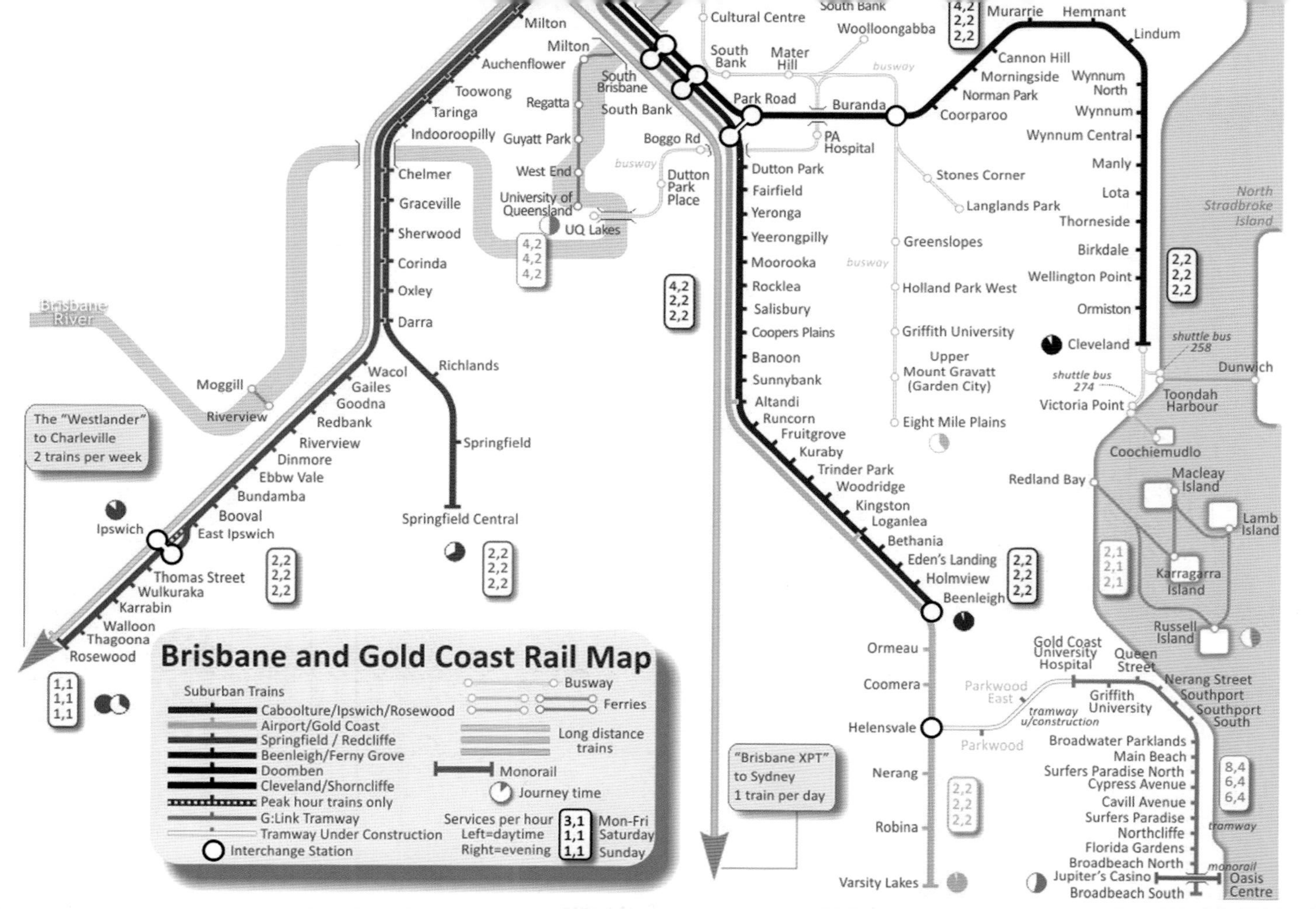
Brisbane and Gold Coast Rail Map
Suburban Trains
Caboolture/Ipswich/Rosewood
Airport/Gold Coast
Springfield / Redcliffe
Beenleigh/Ferny Grove
Doomben
Cleveland/Shorncliffe
Peak hour trains only
G:Link Tramway
Tramway Under Construction
Interchange Station
Busway
Ferries
Long distance trains
Monorail
Journey time
Services per hour
Left=daytime
Right=evening
3,1 Mon-Fri
1,1 Saturday
1,1 Sunday
The "Westlander" to Charleville 2 trains per week
"Brisbane XPT" to Sydney 1 train per day
Brisbane River
Milton
Auchenflower
Toowong
Taringa
Indooroopilly
Chelmer
Graceville
Sherwood
Corinda
Oxley
Darra
Wacol
Gailes
Goodna
Redbank
Riverview
Dinmore
Ebbw Vale
Bundamba
Booval
East Ipswich
Ipswich
Thomas Street
Wulkuraka
Karrabin
Walloon
Thagoona
Rosewood
Richlands
Springfield
Springfield Central
Moggill
Riverview
South Brisbane
South Bank
Regatta
Guyatt Park
West End
University of Queensland
UQ Lakes
Boggo Rd
Dutton Park Place
busway
Cultural Centre
South Bank
Mater Hill
Woolloongabba
Park Road
Buranda
PA Hospital
Dutton Park
Fairfield
Yeronga
Yeerongpilly
Moorooka
Rocklea
Salisbury
Coopers Plains
Banoon
Sunnybank
Altandi
Runcorn
Fruitgrove
Kuraby
Trinder Park
Woodridge
Kingston
Loganlea
Bethania
Eden's Landing
Holmview
Beenleigh
Stones Corner
Langlands Park
Greenslopes
Holland Park West
Griffith University
Upper Mount Gravatt (Garden City)
Eight Mile Plains
Coorparoo
Norman Park
Morningside
Cannon Hill
Murarrie
Hemmant
Lindum
Wynnum North
Wynnum
Wynnum Central
Manly
Lota
Thorneside
Birkdale
Wellington Point
Ormiston
Cleveland
shuttle bus 258
shuttle bus 274
Victoria Point
Toondah Harbour
Dunwich
North Stradbroke Island
Coochiemudlo
Redland Bay
Macleay Island
Lamb Island
Karragarra Island
Russell Island
Ormeau
Coomera
Helensvale
Nerang
Robina
Varsity Lakes
Parkwood East
Parkwood
tramway u/construction
Gold Coast University Hospital
Griffith University
Queen Street
Nerang Street Southport
Southport South
Broadwater Parklands
Main Beach
Surfers Paradise North
Cypress Avenue
Cavill Avenue
Surfers Paradise
Northcliffe
Florida Gardens
Broadbeach North
Jupiter's Casino
Broadbeach South
tramway
monorail
Oasis Centre
4,2 2,2 2,2
4,2 4,2 4,2
2,2 2,2 2,2
2,1 2,1 2,1
8,4 6,4 6,4
1,1 1,1 1,1

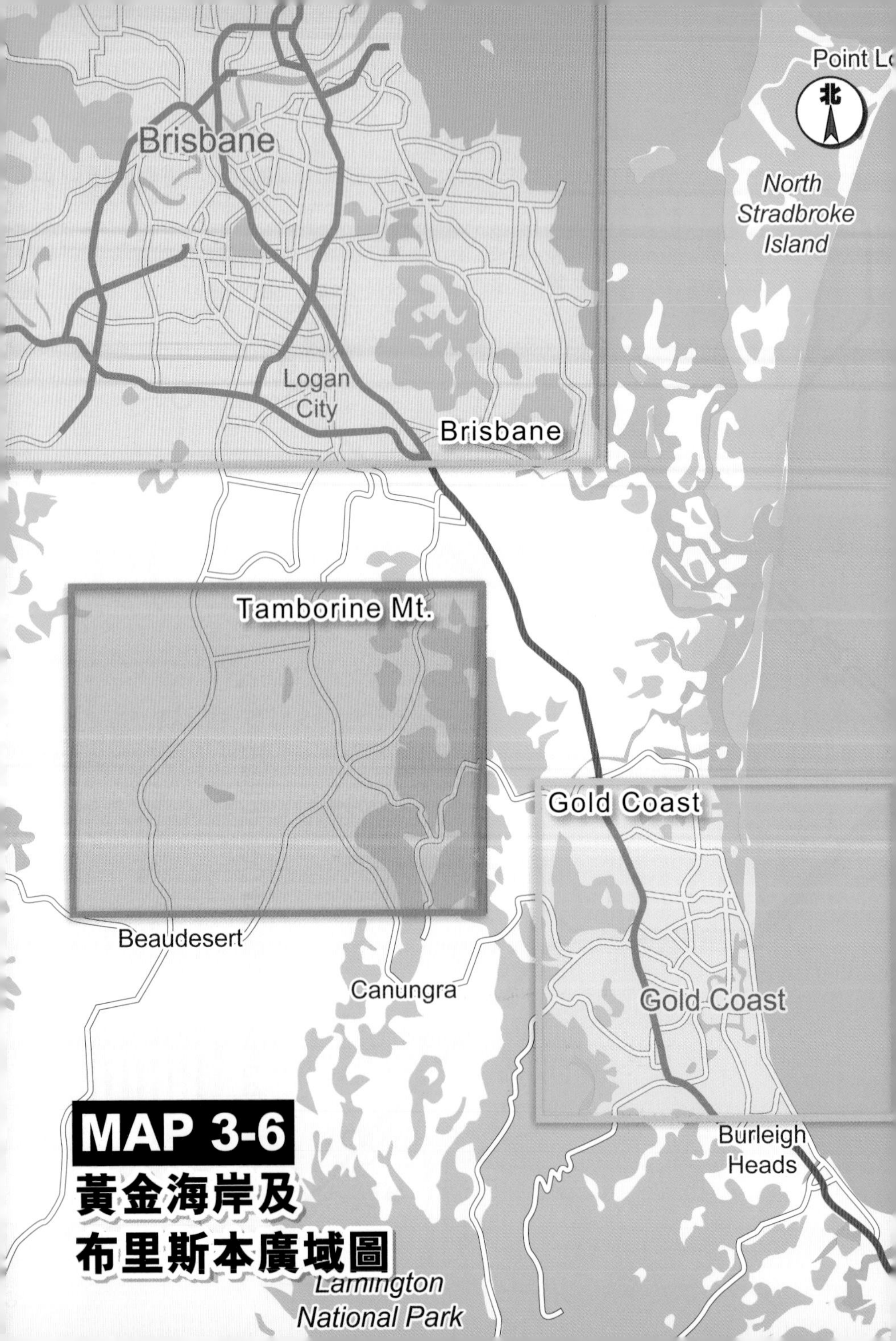
Point Lo
北
North
Stradbroke
Island
Brisbane
Logan
City
Brisbane
Tamborine Mt.
Gold Coast
Beaudesert
Canungra
Gold Coast
Burleigh
Heads
MAP 3-6
黃金海岸及
布里斯本廣域圖
Lamington
National Park

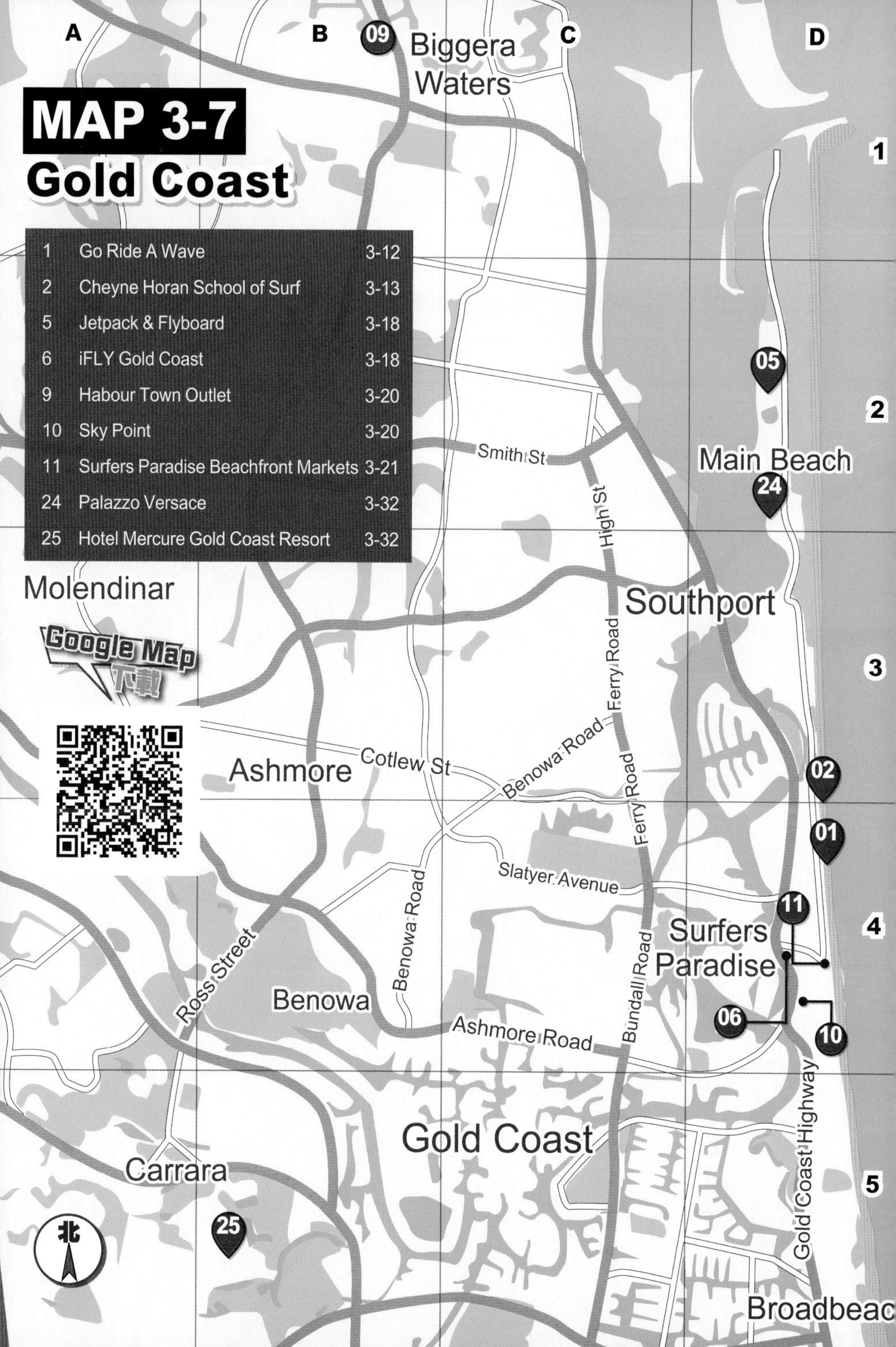

MAP 3-7
Gold Coast
1 Go Ride A Wave 3-12
2 Cheyne Horan School of Surf 3-13
5 Jetpack & Flyboard 3-18
6 iFLY Gold Coast 3-18
9 Habour Town Outlet 3-20
10 Sky Point 3-20
11 Surfers Paradise Beachfront Markets 3-21
24 Palazzo Versace 3-32
25 Hotel Mercure Gold Coast Resort 3-32
Google Map 下載
A
B
C
D
1
2
3
4
5
Biggera Waters
Main Beach
Molendinar
Southport
Ashmore
Benowa
Surfers Paradise
Gold Coast
Carrara
Broadbeac
Smith St
High St
Ferry Road
Benowa Road
Cotlew St
Slatyer Avenue
Ross Street
Ashmore Road
Bundall Road
Gold Coast Highway
北

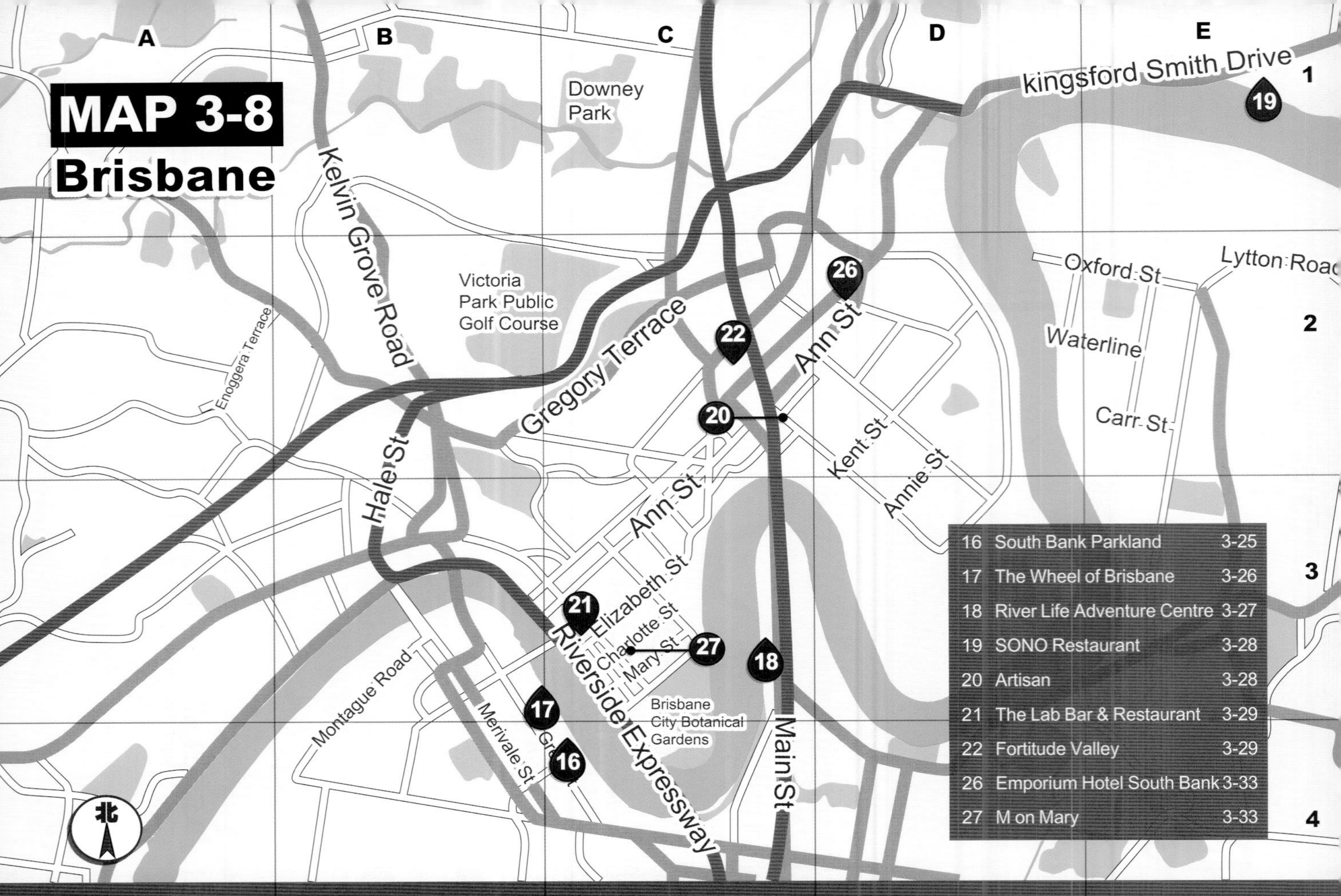
MAP 3-8
Brisbane
A
B
C
D
E
1
2
3
4
Kingsford Smith Drive
Downey Park
Kelvin Grove Road
Victoria Park Public Golf Course
Enoggera Terrace
Gregory Terrace
Oxford St
Lytton Road
Waterline
Carr St
Ann St
Kent St
Annie St
Hale St
Elizabeth St
Charlotte St
Mary St
Riverside Expressway
Montague Road
Merivale St
Brisbane City Botanical Gardens
Main St
北
16 South Bank Parkland 3-25
17 The Wheel of Brisbane 3-26
18 River Life Adventure Centre 3-27
19 SONO Restaurant 3-28
20 Artisan 3-28
21 The Lab Bar & Restaurant 3-29
22 Fortitude Valley 3-29
26 Emporium Hotel South Bank 3-33
27 M on Mary 3-33

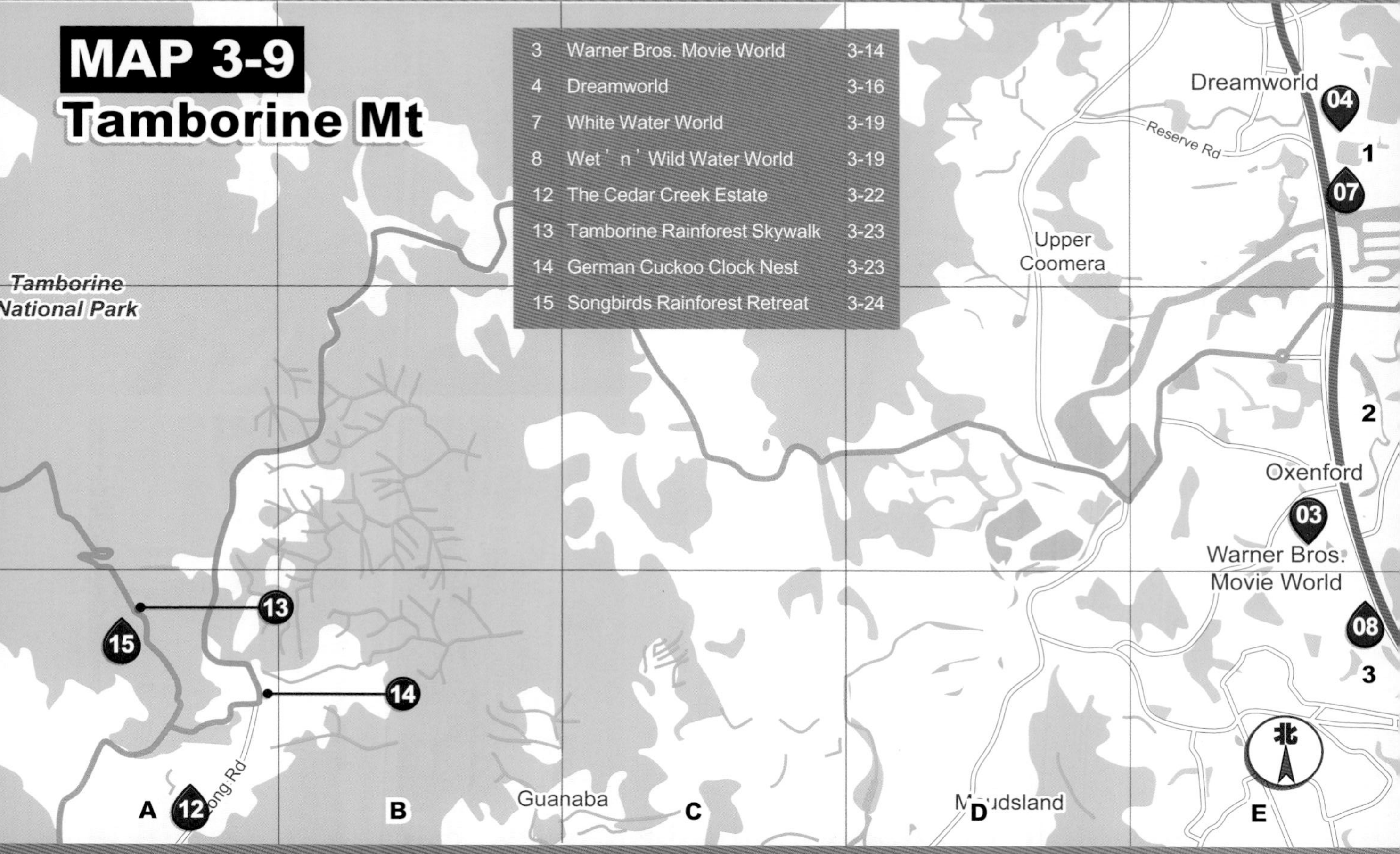
MAP 3-9
Tamborine Mt
3 Warner Bros. Movie World 3-14
4 Dreamworld 3-16
7 White Water World 3-19
8 Wet ' n ' Wild Water World 3-19
12 The Cedar Creek Estate 3-22
13 Tamborine Rainforest Skywalk 3-23
14 German Cuckoo Clock Nest 3-23
15 Songbirds Rainforest Retreat 3-24
Tamborine National Park
Dreamworld
04
Reserve Rd
07
Upper Coomera
Oxenford
03
Warner Bros. Movie World
08
13
15
14
12
Guanaba
Maudsland
北
A
B
C
D
E
1
2
3

黃金海岸
滑浪初體驗

香港的海灘面積小、海浪細，就算在滑浪見稱的大浪灣，也可能等足一整天都滑不到兩、三次，因此真正可以學習滑浪的機會並不多，那去到黃金海岸時怎辦好呢？不用擔心，這裡既然是滑浪勝地，當然有不少滑浪學校傳授大家絕技。以初學者來説，一般都可以在兩個小時內成功滑出他們的第一次，事不宜遲，立刻就來上一課！

STEP 1 口傳心訣

導師會先講解基本的滑浪動作及知識，包括如何划水到海裡、身體接觸滑浪板的位置、如何起跳及保持平衡等技巧。之後導師會由俯身、起跳到站立，將整套動作示範一次，讓大家有一個初步的概念。

1 導師會拿出一塊滑浪板，講解它的結構。比較尖、微微向上的是前方，而滑浪者多是站在滑浪板中央，偏向板尾的位置。

2 之後，利用這種搖擺不定的滑板車上，模擬站在水面的感覺。

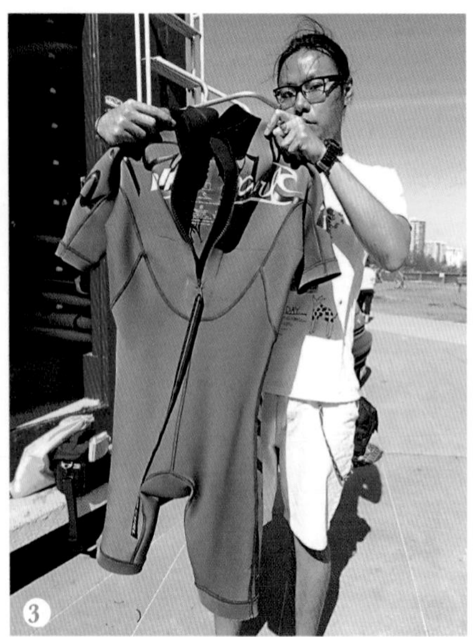

3 再穿上用來保暖的Wet Suit（灰色），建議選擇較緊身的，因為會比較保暖。

STEP 2 訓練不同基本步

經講解後，便帶同滑浪板在沙灘訓練。導師會要求學員把剛才所示範的動作重複做5至7次，然後仔細地糾正每一個動作細節，讓學員熟習起跳及站立的感覺。當訓練足夠時，便會問你：「Are You Ready？」，點頭示意便可正式滑浪。

1. Push Up：雙手抓住滑浪板中央前方，雙腳以腳趾支撐，再把整個人抬起。這是在划水出海，迎面遇上海浪時，用來保持平衡的。

2. 訓練雙腳站起時，前腳放在板的中央重心腳放在偏向板尾的位置。

3. 當站起來後，雙手舉高，雖然看來有點搞笑，但對初學者來説較容易保持平衡。

STEP 3 處女下海

當你嘗試首次滑浪，導師會帶你划到離岸約十多米的淺水地區，當海浪湧到，他便會把你連滑浪板一起調轉頭，面向海灘方向，再順著海浪用力向前推，當聽到教練大喝一聲「Jump！」，學員便做出起跳及站立的動作。雖然頭兩次可能會失敗，但試過數次後便可以順利滑行到岸上，心情極之興奮！

落水前先要繫上和滑浪板相接的腳帶，這樣跌進水中也可以輕易捉回滑浪板。

教練會帶領學員出海，學員以剛才學的Push up的動作，對抗迎面而來海浪。

當大浪湧來，教練會把學員與滑板一起推回朝向海灘的方向，並大叫一聲Jump。學員便跳起及試著站立。

當海浪將至時，立刻跳起、站立和舉起雙手，整套動作要夠連貫，保持平衡的竅門是雙眼望向遠方，以身體感受每個動作。

成功！

終於成功滑出第一次！順利畢業，成為黃金海岸其中一個滑浪者。

滑浪知多啲

挑選合適的滑浪板

滑浪板主要分為軟板（Softboard）及硬板（Hardboard）。市面上的滑浪板有數十種，其物料、大小及厚度都適合不同人士，故要小心選擇。

揀厚度

這3塊板都是Softboard，材料像硬身的發泡膠，玩的時候比較浮水，而且比較安全。從左邊數起，厚度逐塊減少，因此浮力亦逐塊減少。建議初學者用厚一點的板。

揀長度

一般初學者，都會選用左邊的長板，因為浮力大，比較容易控制。而比較矮小的女性，就建議用中間短小一點的板。至於右邊的一塊比較短身，約長8呎，滑浪時速度較高，適合已有基本技術的用家。

揀質料

這一塊就是硬身的滑浪板，浮力低但速度高，適合有經驗的玩家。

學校推介

滑浪好容易 Go Ride A Wave 01

乘G:Link輕鐵至Surfer Paradise站下車即達

Go Ride A Wave是黃金海岸Coolangatta地區一帶最出名的滑浪學校，每天在Surfers Paradise上開班授課。他們專門培訓初學者和小朋友，設有滑板車給學生作模擬練習，並會提供所有裝備給學生，遊客便可以輕鬆地體驗滑浪的樂趣。

地：Paradise Center, Shop/26A Cavill Ave, Surfers Paradise QLD

電：61-1300-132441 時：9:00am-5:00pm

費：（2小時，小組）AUD 79

網：https://gorideawave.com.au/walkin-on-water/

海灘推介

黃金海岸的海岸線極長，故被劃分成不同的海灘區域，要選擇在哪裡開始滑浪，也的確讓人頭痛。但是當地的滑浪者，通常都會去以下這兩個滑浪的熱門地段。

Greenmount Beach

位於黃金海岸南面，風浪持續平穩，加上景色優美，是初學者練習的好地方。

Surfers Paradise

世界著名的海灘，亦是滑浪勝地，廣闊又夠直的海岸上，風浪夠大，適合想挑戰高速滑浪的好手。而Surfers Paradise Beachfront每周三、五、日晚5:00pm-10:00pm，更設有night market。

注意！ 滑浪雖然好玩刺激，但當然要注意安全，在海灘記得留意以下兩點：

注意風勢

一般最適合滑浪的風向是離岸風（offshore wind），即由岸上吹往海上的風，故海浪會比較大。不過若風力太猛，海浪太大，便不適合下水了，切勿逞英雄冒險。

注意位置

在海灘上，藍旗以外才可以滑浪，而兩支紅黃旗內是游泳區，只有這裡才有救生員候命。

冠軍級人馬

Cheyne Horan School of Surf

Map 3-7 D3

乘G:Link輕鐵至Surfer Paradise站下車即達

Cheyne Horan School of Surf是由世界滑浪冠軍Cheyne Horan所開辦，並擔任總教練。由於黃金海岸是熱門的遊客區，大部分參加者都不會逗留太久，故Cheyne悉心設計出易學的滑浪入門班，更保證學生在2小時的課程後，能夠站在水面上，加上位置就在最熱鬧的Surfers Paradise，極之方便。

完成2小時的課程後，可得到證書。

雖然Cheyne Horan不是經常在學校，但他的同事都是一級滑浪好手。

地：Surfers Paradise Surf Life Saving Club, Corner Hanlan Street & The Esplanade, Surfers Paradise , Queensland

電：61-1800 22 7873

時：10:00am- 日落

費：（2 小時，小組）AUD 55 起

網：www.cheynehoran.com.au

讓你心跳加速的過山車，驚險程度滿分。

人人都是明星 Warner Bros. Movie World 03

黃金海岸及布里斯本各主要城市都有巴士直達

轉眼間，一直以「人人都是明星」為口號的華納兄弟電影世界已開業十多年，為無數人帶來歡樂。來到這個以華納電影為主題的樂園，你不但可以跟賓尼兔、必必鳥、蝙蝠俠等卡通及電影人物近距離接觸，更有機會親身體驗多項驚險的機動遊戲。無論天真無邪的小朋友，抑或喜歡官能刺激的成年人，來到黃金海岸都應該去華納電影世界玩個痛快。

Theme Park Combo Pass　四合一套票

想一次過玩齊 Movie World、Sea World、Paradise Country 及 Wet'n'Wild 四大主題公園，可考慮買四合一套票，可無限次進入四大公園，比逐次購票划算得多。網上優惠價：AUD199，另有其他主題樂園套票供選擇。

網址：https://themeparks.com.au/

地：Pacific Motorway, Oxenford, Gold Coast, Queensland 4210

電：61-133386　**網**：www.movieworld.com.au

時：9:30am-5:00pm
(4 月 25 日澳紐軍人紀念日及 12 月 25 日休息)

費：網上優惠價：
(成人)AUD 119；(3-13 歲兒童)AUD 109；
3 歲以下兒童免費

註：進入華納兄弟電影世界後，謹記在入口處索取當天的演出時間表

Map 3-9 E2

必玩機動遊戲

蝙蝠俠激速之旅（Batwing）

想體驗蝙蝠俠由香港國金直衝而下的感覺，就要試試這部以 4.5 級離心力極速垂直衝向 60 米高的塔峰，再突然由高空急墮而下的跳樓機。

超人脫險飛車（Superman Escape）

以超人為主題的過山車，以每小時 100 公里急速行駛，讓你感受 760 米垂直攀升、失重降落的滋味，保證要你喊破喉嚨。

叔比狗幽靈快車（Scooby-Doo Spooky Coaster）

試過室外的過山車後，不妨試試這個同樣驚險好玩的室內飛車。利用激光、聲效、動畫，以及空間的立體效果，讓乘客跟叔比狗一同走進冒險旅程。

惡人世界
DC ComicsSuper-Villains Unleashed

Warner Bros. Movie World園內

在漫畫世界，惡人一向比英雄有魅力，特別是2016年推出了由DC漫畫超級壞蛋組成的《自殺突擊隊》(Suicide Squad)後，更令小丑及小丑女等惡人的人氣蓋過一眾超級英雄，所以Warner Bros Movie World亦拿拿臨請來一班超級惡人助陣，開闢DC Comics Super-Villains Unleashed園區，也是世界上首個以惡人為主題的樂園。園區內除了有膾炙人口的惡人人偶，也設有各類「誘發」邪念的遊戲——讓遊客與超級壞蛋一起破壞城市，甚至打劫銀行，一嘗做惡人的滋味。此外，園區亦增設機動遊戲Doomsday Destroyer，近似加強版的海盜船，360度搖晃挑戰你的體能極限。

除了Villains Unleashed，公園亦增設全球首座VR過山車Arkham Asylum(蝙蝠俠裡的著名精神病院名稱)，乘客戴上VR眼鏡坐在過山車上飛馳，虛擬與真實危險合而為一，膽量有限者請勿嘗試。

Doomsday Destroyer

Arkham Asylum 過山車

Map
3-9 E1

經典夢幻世界 Dreamworld 03

在布里斯班與黃金海岸之間，臨近庫莫火車站 (Coomera Railway Station)，提供穿梭巴士服務。詳情可參考網址：www.surfside.com.au

十多年前跟團去澳洲旅行，除了世界自然奇景大堡礁外，叫筆者留下最深刻印象的就是Dreamworld。這個澳洲最大的主題公園，不但有驚險刺激的冒險遊戲，最令人難忘還有互動教育式的野生動物園區。與其他動物園不同，在這裡你可以抱著樹熊、攬著袋鼠拍照；也可一邊撫摸山羊，一邊餵牠們飲奶；更可以近距離接觸孟加拉虎，單是與澳洲的土生動物嬉戲，已足夠讓你消磨整個下午。

8大主題區

主街	夢幻世界鐵路 (中央站)、IMAX立體電影院、鱷魚潭
海洋遊樂場	大漩渦、魔鬼魚、珊瑚潛水者、遙控船、兒童遊戲中心
機動遊戲	過山車、海綿仔水上遊戲、野刺果熱帶雨林大衝撞、超能量大海灘
孟加拉虎島、驚悚之塔和河鎮	孟加拉虎島、驚悚之塔、史特船長號蒸汽船
Wiggles世界	歡樂活動中心、Wiggles的農莊朋友
澳洲野生動物體驗區	澳奇溪農場表演、戴因樹熱帶雨林、樹熊國度
史力加主題區	史力加家族的童話世界，有趣的拍攝場景及小朋友的機動遊戲
Lego Store	出售限量套裝產品，更有實物原大的積木模型，成為打卡熱點

6大必玩項目

澳洲野生動物體驗區

擁有800多種澳洲土生動物，包括樹熊、袋鼠、澳洲野犬、蛇等。樹熊放養區更是全澳洲第2大，並允許遊客抱著樹熊合照。

孟加拉虎島（Superman Escape）

世上擁有互動式老虎設施的兩個公園之一，島上住著稀有的金色和白色孟加拉虎。

機動遊戲

雲集了逾30種機動遊戲，當中包括世上最快的機動遊戲──驚悚之塔；也有南半球最高的龍卷風過山車。

史力加主題區 (Sherk's Faire Faire Away)

大家熟悉的史力加家族也會出現在主題區內，同場加映有趣的拍攝場景及小型機動遊戲。

Wiggles世界的卡通人物，深受當地小朋友歡迎。

地：Dreamworld Parkway, Coomera, Queensland

電：61-7-5588 1111

時：10:00am-5:00pm（12 月 25 日及 4 月 25 日澳紐軍人紀念日休息）

網：www.dreamworld.com.au

費：網上訂票價成人 AUD119，4-13 歲小童 AUD109

水上超人 05

Jetpack & Flyboard Hire Adventures Gold Coast

乘G:link 輕鐵於Main Beach 站下車，步行10分鐘

當你覺得滑板、衝浪等水上活動已經無法滿足，不如試試水上噴射飛行(Water Jetpack)及水上飛板(Flyboard)來的刺激快感。Jetpack玩家需揹上裝置，利用噴射高壓氣體產生動力，讓人離地飛行達水面之上十多米。而Flyboard在足部穿上板鞋的的噴射裝置。由水上電單車將玩家帶到海中心，先需要面朝天，漂浮在海上，再依教練指示，轉身，將身體保持筆直，任水壓令人升起，十足十Iron Man一樣。

地：Seaworld Drive, Main Beach, Gold Coast
電：1300 538 538 / 61-4-3453 8722
費：AUD135
（入門級為 30 分鐘，包括訓練以及一次長達 10 分鐘的飛行體驗）
網：www.jetpackadventures.com.au
註：預約前，請先細閱有關健康、年齡及游泳能力的限制。

Flyboard 小貼士

1. 想要更快掌握，記得放鬆身體。
2. Flyboard非常視乎平衡力，最高可以升上五米左右。
3. 由於要將身體浸在水中有一段時間，所以必須做足保暖措施。
4. 因為需要大量體力，特別是臂力，所以必須做足熱身運動，特別是手腳伸展活動。
5. 遠離快艇，以免不小心碰撞受傷。
6. 如配帶眼鏡人士，可轉帶隱形眼鏡。

一飛沖天去 06

Map 3-7 D3

iFLY Indoor Skydiving

乘G:link輕鐵於 Surfers Paradise站下車即達

在黃金海岸不但玩到落水，甚至玩到識飛。在iFLY 室內飛行中心裡，客人都可以透過強大的氣流一飛沖天。徒手飛行看似困難，其實非常易上手。只要掌握平衡，連小朋友都可以一嘗飛行的滋味。飛行體驗有不同的選擇，收費AUD73.8起，由簡單地在玻璃管裡學飛，至到高達幾層樓，模擬在4千米的天空下墜，感覺超級刺激，是必定要一試的體驗。

地：3084 Surfers Paradise Boulevard, Surfers Paradise, Queensland 4217
電：61-1300 435 966
時：周一至五 9:30am-6:30pm、周六、日 9:00am 起
網：www.iflyworld.com.au/locations/gold-coast

開足四季 07

White Water World

在布里斯班與黃金海岸之間，臨近庫莫火車站（Coomera Railway Station），提供穿梭巴士服務

澳洲是黃金海岸一帶受歡迎的天堂，即使不會滑浪，一場來到怎樣也要濕下身！White Water World是一年四季都開放的水上樂園，毗鄰Dreamworld，園內設施包羅萬有，好像大喇叭Little Rippers、超級天梯Super Tubes Hydrocoaster，更設有滑浪學校，保證玩得盡興。

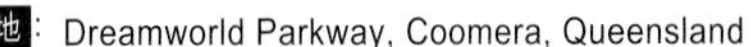

地：Dreamworld Parkway, Coomera, Queensland
電：61-7-5588 1111
時：周一至五 10:00am-4:00pm、周六及日至 5:00pm；
**** 只在夏季營業，請往官網查證開放時間。**
網：www.whitewaterworld.com.au
費：網上訂票價成人 AUD95，3-13 歲小童 AUD85
註：詳情可參考網址：www.surfside.com.au

澳洲最大

Wet 'n' WildWater World

市內所有主要旅遊巴均可到Wet 'n' Wild Water World

澳洲人最鍾意同陽光玩遊戲，大堡礁、黃金海岸、Bondi Beach固然值得一遊，當地的水上樂園同樣不容錯過。Wet 'n' Wild水上世界是澳洲最大的水上主題樂園，擁有多條巨型大滑梯、滑水道、人工瀑布等。雖然玩法萬變不離其宗，但在燦爛的澳洲陽光下享受水上活動的樂趣，感受卻是與別不同。

地：Pacific Motorway, Oxenford, Gold Coast, Queensland
電：61-7-5573 2255 時：10:00am-5:00pm
網：www.wetnwild.com.au
費：(成人)AUD 99；(3-13 歲兒童) AUD 89；3 歲以下兒童免費
註：建議購買 Warner Bros. Movie World、Wet 'n' WildWater World 及 Sea World 三合一套票，分三天進入三大主題樂園，售價 AUD179

特平散貨場 09
Harbour Town Outlet Shopping Centre

Map 3-7 B1

在Helensvale火車站，乘709號巴士於Harbour Town站下車，或乘每日兩班的免費接駁車（網上預約留位）

距離Surfers Paradise只有15分鐘車程的Harbour Town Outlet Shopping Centre，內有超過120間本地及國際品牌的Outlet，當中包括adidas、Nike、Calvin Klein Jeans、Polo Ralph Lauren、Tommy Hilfiger及David Jones等，有些貨品更比原價低2-3成，隨時可以執到筍貨。此外，這裡亦有全Gold Coast最大、擁有14間影院的Reading Cinema及30多間餐廳食肆，起碼可以在這裡消磨半天時間。

眾多時裝、鞋店及家品店都在這裡進行清貨，是購物狂的天堂。

地：147-189 Brisbane Road, Biggera Waters, Queensland
電：61-7-5529 1734　網：www.harbourtowngoldcoast.com.au
時：9:00am-5:30pm（一至三、五、六），9:00am-7:00pm（周四），10:00am-5:00pm（周日）；4 月 25 日澳紐軍人紀念日、耶穌受難日及 12 月 25 日休息

Skypoint離地平線足有235米，是黃金海岸內看得最遠的地點。

Map 3-7 D4

Seventy7在日間也會營業，提供不同的咖啡和蛋糕，是歎下午茶的好地方。

唯一海濱觀景台
Skypoint 10

乘G:Link輕鐵至Surfer Paradise站下車即達

Skypoint位於Surfers Paradise旁邊的Q1大樓，是澳洲唯一建在海邊的觀景台。大樓的特快電梯能43秒將遊客送上77層樓般高的觀景台。這裡設有望遠鏡，晴天時能飽覽黃金海岸的美景，甚至可以看到布里斯本。裡面更有一間充滿型格的酒吧——Seventy7，逢周五、六晚上都會有DJ在現場大玩House和Soul Music，好不熱鬧。

地：Surfers Paradise Boulevard, Surfers Paradise, Queensland
電：61-7-5582 2700
時：7:30am-9:00pm（周日至四），7:30am-10:00pm（周五、六）
網：www.skypoint.com.au
費：觀景台（成人）AUD 29，（5 至 14 歲小童）AUD 21，Skypoint Climb AUD84(日間)、AUD109(夜晚)
註：周五、六 8:00pm 後只限 18 歲以上人士入場，需穿著 Smart Causal 服飾。

熱鬧海濱夜市 Surfers Paradise Beachfront Market ⑪

乘G:Link輕鐵至Surfer Paradise站下車即達

黃金海岸是個不夜城，而在Sufers Paradise就有一個極有名氣的Beachfront Market，雖然營業時間由晚上10點縮短至9點，但仍然無損人氣，加上周邊餐廳、酒吧林立，非常適合飯後散步閒逛。

海濱夜市連綿超過半公里，由過百個攤位組成，售賣的種類由澳洲特產、時裝首飾、家品、化妝品到手工藝術品不等，各種貨品琳瑯滿目。此外，夜市不時會舉辦現場的音樂表演，把整個氣氛鬧得熱烘烘。

設在海邊的音樂表演令現場氣氛升溫。

不少攤位售賣自家製的手工藝品，極具澳洲色彩。

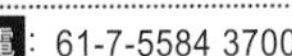

地: The Foreshore, Surfers Paradise, Queensland　電: 61-7-5584 3700　時: 4:00pm-9:00pm（周三、五、日）
網: www.facebook.com/SurfersParadiseBeachfrontMarkets

親切的店員會為客人推介自家釀製的酒，齋飲唔買都咁開心，其中以玫瑰酒最受歡迎。

酒與螢火蟲 12 3-9 A3

The Cedar Creek Estate

在Nerang火車站乘的士約40分鐘

澳洲幾乎每個州都有出產葡萄酒，酒莊數目更是多不勝數。想突圍而出除了酒的質素外，酒莊也要有新「噱頭」來吸引遊客。在佔地22英畝的The Cedar Creek Estate酒莊，遊客除可試飲葡萄酒外，在莊園後面蓋一個人造山洞，洞內飼養過千隻螢火蟲，每天開放給人欣賞。

洞內分為兩個房間，導遊會先帶大家到較暗的角落，好讓眼睛習慣昏暗光線，然後每人身後要帶上一個夜光牌，讓遊客在漆黑的洞內，仍可一個跟一個地走。你可在天花和牆上，看到幼蟲泛著藍白色的微光，甚至能見到牠們在蠕動，十分有趣。

這個「老樹盤根」的山洞口內，便是看螢火蟲的地方，而旁邊的樹林內，就住有很多的蜥蜴。

牆上的螢火蟲不可受一般光線照射，但若想看真一點的話，可以叫工作人員用他們的紅色電筒將環境稍微照亮。

關於這裡的螢火蟲

這種名為Glow-Worm的螢火蟲學名為Arachnocampa，只可以在澳洲和新西蘭找到，牠們都生活在非常潮濕和陰暗的環境。這個山洞除了作參觀用途，也是澳洲唯一的螢火蟲養殖場，每年都有數百隻被放回國家公園內。

在看螢火蟲之前，工作人員會先播放一段約15分鐘的短片，解釋螢火蟲的生態和他們的工作。

地：104-144 Hartley Road, Mount Tamborine, Queensland

電：61-7-5545 1666 / 61-7-5545 2722

時：10:00am-4:00pm(周五及六另設 Twilight Tours 4:00pm-6:30pm)；耶穌受難日及聖誕節休息

網：www.cedarcreekestate.com.au

費：門票成人 AUD19、小童 AUD14

雨林上漫步
Tamborine Rainforest Skywalk

Map 3-9 A3

在Nerang火車站乘的士約40分鐘

由不銹鋼建成的高空長廊，大部分步道都是凌空，最高處離地35米，遊客們可以接近樹頂的高度欣賞林間的生態，例如岩石潮水潭、溪流美景、蝴蝶觀景點等。走畢全程只消一小時，能以另一個角度欣賞雨林，實在是非常難得。

地：333 Geissmann Drive, North Tamborine, Queensland
電：61-7-5545 2222
時：9:30am-5:00pm
費：成人 AUD19.5，6-16 歲小童 AUD9.5
網：www.rainforestskywalk.com.au

不笨的時鐘
German Cuckoo Clock Nest

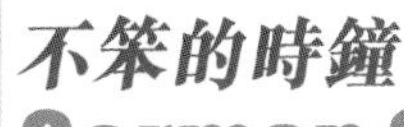

Map 3-9 A3

在Nerang火車站乘的士約40分鐘

由一對德國夫婦Lothar和Sigrid開設的German Cuckoo Clock Nest，專門出售由德國黑森林（Black Forest）入口的布穀鳥時鐘（Cuckoo Clock），店內各式各樣的時鐘共超過200種，大部分都是由老師傅人手製作，最老的已有300年歷史，但仍然運作正常。此外，這裡亦有一系列融合了新舊技術和設計的時鐘出售，買來珍藏自用最好不過。

德國製音樂掛牆鐘

店內數以百計的時鐘是由Lothar將它們按款式、功能和大小整齊地排列好。

地：143 Long Road, Tamborine Mountain, Queensland
電：61-7-5545 1334
時：10:00am-4:00pm，聖誕節休息
網：www.cuckooclocknest.com.au

大廚非常著重菜色的細節，看得出每道菜的賣相都十分講究。

森林內的庭園

Songbirds Rainforest Retreat 15

Map 3-9 A3

Songbirds在2006年奪得昆士蘭州的最佳餐廳（Restaurant of the Year）獎。

在Nerang火車站乘的士約40分鐘

Tamborine Mountain一帶風景怡人，擁有廣闊的樹林，空氣也較香港好上百倍。在山上小鎮旁，一幅50英畝的樹林內，隱藏一間充滿東南亞風情的餐廳Songbirds。這間曾奪得十多個業界獎項的Songbirds，在昆士蘭已經極之出名。這裡的大廚Daran Glasgow主張多採用新鮮的有機材料，配合簡約的烹調手法，完好地保留食物的鮮味，又能顧及客人的健康。

餐廳室外的部份就在樹林旁邊，春秋季節時坐在這裡非常舒適。

柑橘汁豬柳
Citrus soy glazed pork fillet

番茄南瓜伴鹿臂肉
pumpkin, beetroot and tomatoes.
鹿肉的味道有點像羊肉，但脂肪較少、質感較韌，而蔬菜則全來自他們的有機農莊，十分新鮮。

特大的戶外露台，讓住客可以足不出戶跟大自然作親密接觸。

地：Lot 10, Tamborine Mountain Road, North Tamborine, Queensland

電：61-7-5545 2563　時：餐廳 9:00am-6:00pm

網：www.songbirds.com.au

Map
3-8 C4

這個名為Street Beach的沙灘，設在公園內確是十分突破，雖然無風無浪卻依然有救生員看守，十分安全。

玩足一日的公共公園 16
South Bank Parkland

乘火車於South Bank站下車，步行3分鐘

每個大城市都有個代表性的公園，如倫敦的Hyde Park、紐約的Central Park，而布里斯本的必然是South Bank Parkland。這兒除能欣賞優美的園林景致外，遊客還可在裡面踩單車、玩滾軸溜冰等。公園的中心是個人工沙灘，也是澳洲唯一位於市中心的沙灘。這裡水清沙幼，就在Brisbane River旁邊，遊客嬉水後可立刻倒臥在草地曬太陽，一次過能有兩種享受，叫人非常難忘。

公園內設有公共渡輪碼頭，連接布里斯本內其他地方，交通方便。

這個名為Arbour的走廊，由443條弧形鋼條組成，並以紫紅杜鵑和攀藤點綴，長約1公里，其流線形的設計甚具型格，曾奪得不少獎項。

逢周五、六、日這裡都會有市集出現，周五更會營業至晚上10時。

地: Grey Street & Little Stanley Street, South Bank, Brisbane, Queensland

電: 61-7-3156 6366 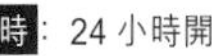 時: 24 小時開放  網: www.visitsouthbank.com.au

Map 3-8 B3

The Wheel of Brisbane是昆士蘭州內最新的摩天輪。

睇盡布里斯本 The Wheel of Brisbane ⑰

乘火車於South Bank站下車，步行3分鐘

為慶祝布里斯本世界博覽20周年紀念和昆士蘭州150歲生辰，South Bank Parkland的北面入口（即前世博的舉行地點）興建了The Wheel of Brisbane，摩天輪高約60米，共有42個可載6個成人的觀景艙。當摩天輪轉至最高點時，能360˚看到布里斯本市的美麗景色，包括Brisbane River、South Bank Parkland等。乘客可在摩天輪上逗留15分鐘，晚上更會亮起LED燈，成為市內拍照留念的最佳背景之一。

記者感言
這個摩天輪誕生之前，從未看過布里斯本的全貌。現坐在觀光包廂內才發現這城市是如斯的繁華。

在天氣晴朗的日子，走上摩天輪上俯瞰市內一帶的景色就最好不過。

觀景艙內設有冷暖氣系統，運轉時亦非常安靜，值得一讚。

The Wheel of Brisbane設有過千顆LED燈，每到晚上便照亮了South Bank一帶的天空。

地：Cultural Forecourt, Russell Street, South Bank, Brisbane, Queensland
電：61-7-3844 3464
網：www.thewheelofbrisbane.com.au
註：於網上訂票可獲9折優惠
時：10:00am-11:00pm(周五、六)；10:00am-10:00pm(周日至四)
費：（成人）AUD 19.95；（4至11歲小童）AUD 15.2(網上票價)

Brisbane River上雖然有不少渡輪行駛，但導師會讓參加者在航道以外學習，故很安全。

另類運動場
River Life Adventure Centre 18

Map 3-8 C3

於Woolloongabba巴士站乘475號巴士，在Mt Olivet Hospital站下車，步行5分鐘

幾乎每個澳洲人都有運動的習慣。在Brisbane River旁邊的River Life Adventure Centre，便有多種香港較為少見的活動，歡迎遊客報名參加。其中划獨木舟（kayaking）是他們的主打活動，最特別是參加者能在繁忙的Brisbane River內划艇，感覺有如在維港內撐艇仔，十分有趣。他們會提供所需用具，你只要穿著輕便服飾便可參加。沿途導師會教授各種基本招式，而且容易上手，之後你便可隨意在河上活動。此外，他們也有開設游繩（ab-seiling）和攀石班，場地就在有過萬年歷史的Kangaroo Point Cliffs上，非常緊張刺激。

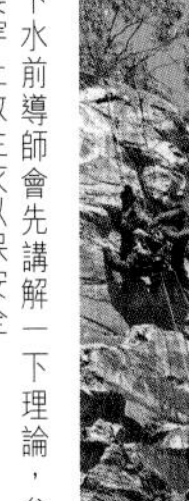

下水前導師會先講解一下理論，參加者要穿上救生衣以保安全。

你亦可以嘗試在20秒之內，從20米高的Kangaroo Point Cliffs游繩下來。

River Life Adventure Centre亦有租單車、滾軸溜冰鞋等服務。

地：Naval Stores, Kangaroo Point, Brisbane, Queensland

電：61-7-3891 5766

時：獨木舟場次 1:00pm、周六及日 8:30am 或 11:00am

網：www.riverlife.com.au

費：（獨木舟）AUD 65；（游繩）AUD 65；（攀石）AUD 79/2hrs

註：所有活動都需要提前以電話或於網上預約。

全幅落地玻璃可以欣賞城市的美景，環境氣氛一流

Small Sashimi Platter

至鮮日本餐 19 Map 3-8 E1
SONO Restaurant Portside Wharf

於Doomben火車站乘303號巴士，在Remora Road和Seymour Street交界下車，步行5分鐘

又長又彎的Brisbane River是該市的象徵，而位於河邊的Sono Japan Portside就讓人輕易欣賞到河岸的美景。餐廳貫徹日本「自然」及「融和」的理念，以和風佈局配合全落地玻璃設計，一張張矮桌卻坐得非常自在。餐廳用上最新鮮的食材，有傳統菜式如刺身、壽司等，亦有加入創意的一系列Fusion菜，另外大廚會根據不同的合時食材改變，所以即使價格有點貴，亦晚晚滿座！

Ebi Avocado Yaki

地：39 Hercules Street, Hamilton, Brisbane, Queensland
電：61-7-3268 6655 網：www.sonorestaurant.com.au
時：午餐：周五至日 12:00nn-2:30pm；
晚餐：周二至日 5:30pm-9:30pm、周五及六至 10:00pm
周一及公眾假期休息

這個小型展覽廳是不少本地設計師發表作品的場地。這裡也經常舉行講座和藝術班，是見識澳洲新一代創作的好去處。

推廣本地設計
Artisan 20 Map 3-8 C2

乘火車於Fortitude Valley站下車，步行約6分鐘

由Madeleine設計和手製的繡花蕾絲型頸鏈

Madeleine Brown 系列首飾

位於Fortitude Valley的Artisan，是由昆士蘭州政府資助的藝術機構，主旨是協助推動和發展本地的設計。這裡分為兩個部分，在正門前有個小型展覽廳，不定時舉行藝術展覽，包括畫展、手工藝展及產品設計等，多是出自本地年輕設計師之作，為他們提供一個公開創作的平台。另一部分則是寄賣店，出售首飾、玻璃製品、皮具、家品和燈飾等，分別來自300多位設計師的手筆，絕對獨一無二。

地：45 King Street, Bowen Hills 電：61-7-3215 0808 網：www.artisan.org.au
時：10:00am-5:00pm（二至五），10:00am-4:00pm（周六）；周日、一休息

就是 Fine Dining
The Lab Bar & Restaurant 21

Map 3-8 C3

於Central火車站乘300號巴士，在Adelaide Street和George Street交界下車，步行約3分鐘

位於布里斯本市中心的The Lab Bar & Restaurant，是Conrad酒店內的餐廳，賣的是精緻新派澳洲菜。這裡環境優雅，一貫大酒店的餐廳格局，加上服務生招呼殷勤，令人感到賓至如歸。食物方面，無論質素和賣相都很不錯，而侍應能為客人提供意見，選配合適的餐酒，令整頓晚餐更加完美。

餐廳曾在2007年奪得了昆士蘭州餐飲業頒發的「Best Restaurant (Accommodation)」獎項。

燉牛肉意大利雲吞 Braised Beef Ravioli 雲吞伴以香濃的牛肉湯汁，非常入味。

地：Conrad Treasury Hotel, 130 William Street, Brisbane　電：61-7-3306 8647　費：AUD 50 起

時：（一至五）早餐 6:30am-10:30am、晚餐 6:00pm-10:00pm；
（六、日）早餐 7:00am-10:30am，下午茶 1:00pm-3:30pm，晚餐 6:00pm-10:00pm

網：https://www.treasurybrisbane.com.au/restaurants/lab-restaurant-bar

熱鬧新蒲點
Fortitude Valley 22

Map 3-8 C2

乘火車於Fortitude Valley站下車

每到週末4:00pm，很多本地設計師都會在Brunswick Street擺檔，出售自家創作。

在Brunswick Street Mall內，可以找到不同的時裝首飾店，愛購物的不可不到。

距離市中心約1公里、被當地人簡稱為「The Valley」的Fortitude Valley，19世紀時是一個黃賭毒樣樣齊的地區，感覺有如惡人谷。但現在的Fortitude Valley已是潮人集中地，到處布滿時裝店、時尚餐廳、酒吧和Disco等，連熱鬧的唐人街也在此。白天可逛本地設計師的潮鋪，晚上可到餐廳、酒吧和Clubbing，夜夜笙歌。當中Cloudland是首選，樓高三層的酒吧有露天空間數星星，布置華麗，甚多型男索女。而The Church Night Club 由教堂改建，很受香港及韓國青年歡迎。

地：Fortitude Valley, Brisbane, Queensland

這些可愛的寬吻海豚，
會游到極淺水的地方食魚，十分為食。

獨佔海豚的小島
Tangalooma Island Resort 23

Map 3-31

乘火車於Bunour站下車，轉乘的士約3分鐘至Tangalooma Launches碼頭轉船前往；也可以要求Resort的穿梭巴士到酒店接載。

相信到澳洲，接觸野生動物是指定動作。在布里斯本只要乘75分鐘高速雙桅船，便可到達98%被列為國家公園的摩頓島（Moreton Island），而島上唯一的度假村Tangalooma Island Resort更為遊客提供走近大自然的機會，而焦點項目便是夜間餵飼海豚。每到入黑時分，便會有大概10條野生的寬吻海豚，游到碼頭旁的海灘淺水處，等待工作人員和住客的晚餐。

最神奇是牠們都懂得列隊，整齊地在自己的隊伍內等待，十分聰明。每位客人都可以分到2至3條鮮魚，然後慢慢放進水中，海豚便會一口將它吃掉，非常可愛，工作人員亦會為大家拍照留念。此外，島上還有很多戶外活動，包括在沙丘上滑沙、在海灘和樹林內玩四驅車等，也有浮潛、觀鯨（只限6至10月）、獨木舟和降傘可以選擇；加上度假村內200多個房間都是背山面海，風景極之優美，故不妨在島上住兩三晚玩個夠本。

海豚也點名

工作人員每天都會記下每隻海豚的出席紀錄，以作研究和統計之用，這個小黑板可以看到哪一隻最乖，每天都會到。

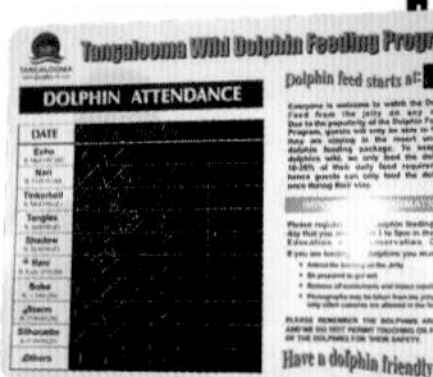

每晚餵海豚的食物，只佔牠們所需的10至20%，目的是讓牠們保存覓食求生的技巧。

海豚們想有魚食，就必須回到屬於自己的隊伍，錯了的話工作人員便不會餵牠們，十分嚴格。

記者感言

從未試過親手觸摸可愛的海豚，牠們在我手上吃掉魚仔的一刻，相信永遠不會忘記。

這裡也有收費的四驅車活動，參加者可以在沙灘上奔馳，跟友人們競賽。

Caboolture
Redcliffe
Tangalooma Isaland Resort
Brisbane
北

日間可以在70米高的沙丘上，以滑沙板俯衝下來，極之刺激好玩。

地：Holt Street Wharf, Pinkenba, Brisbane, Queensland

電：61-7-3637 2000

網：www.tangalooma.com

費：Dolphin Viewing Day Cruise 費用 AUD145

註：訂房時要註明是餵海豚的住客，抵達後需要先在碼頭旁的 Marine Research and Education Centre 登記

全球第一間Versace酒店
Palazzo Versace 24

Map 3-7 D2

乘G:link輕鐵於Main Beach 站下車

Palazzo Versace是舉世知名國際時裝品牌Gianni Versace S.p.A的全球第一間酒店，共有205間豪華客房，以及72棟擁有2至3間睡房的獨立公寓，部分公寓更設有私人游泳池。每間客房均有以Versace水晶作點綴的私人酒吧，並指定採用Versace家具、裝飾品、咖啡機及茶具，當然少不了一瓶Versace香水在浴室裡。

客房裝修設計豪華，床上用品全是Versace出品，還有5款枕頭可供住客選擇。

客房內的私人酒吧以Versace水晶作點綴，酒具也採用同一品牌，盡顯貴氣。

地：Sea World Drive, Main Beach, Queensland
電：61-7-5509 8000
網：www.palazzoversace.com
費：（Superior Room）AUD 389 起；（Imperial Suite）AUD 2,859 起

寧靜園林酒店 25
Hotel Mercure Gold Coast Resort

Map 3-7 B5

乘火車至Nerang站，轉乘的士約20分鐘

酒店建築富殖民地色彩，每棟樓高3層，共有280間客房，環繞綠草如茵的高爾夫球道及園林，因此部分客房享有高爾夫球或游泳池景色。

酒店被一片翠綠的園林及高爾夫球道環抱著，令人心曠神怡。

每間客房均設有露台或庭院，部分更擁有游泳池景觀。

地：64 Palm Meadows Drive, Carrara, Queensland
電：61-7-5555 7700 / 1800333333
網：www.mercuregold-coastresort.com.au
費：（Resort Room）AUD 170 起

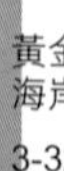

Cocktail Bar位於酒店大堂，傢俬由專人設計，充滿高雅格調。

客房寬敞舒適有品味，難怪獲昆士蘭旅遊局選為「最佳豪華住宿」。

飽覽布里斯本河景 26
Emporium Hotel South Bank

Southbank火車站步行1分鐘

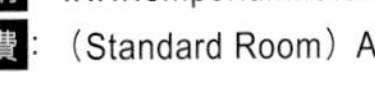

位於布里斯本心臟的精品酒店 Emporium Hotel，步行 5 分鐘可達布里斯本河，步行 1 分鐘可達南岸車站 ，無論在布里斯本市或黃金海岸周邊玩樂都超級方便。酒店房間寬敞，部分房型可飽覽河景及城市景色。就算訂不到河景套房，住客亦可在天台的無邊際泳池一邊暢泳一邊欣賞布里斯本全景。

地：267 Grey Street, South Brisbane QLD
電：61-7-3556 3333
網：www.emporiumhotel.com.au
費：（Standard Room）AUD 362 起

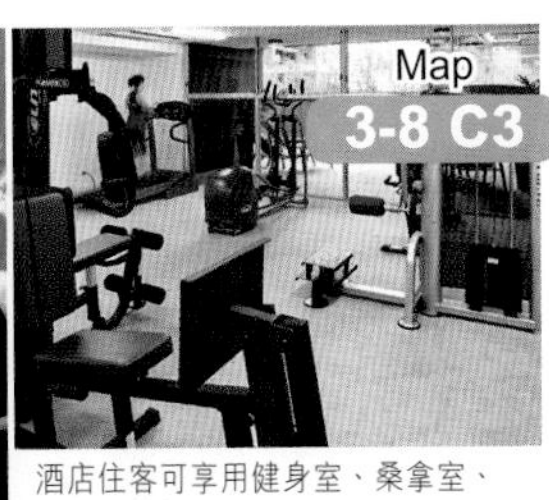

酒店住客可享用健身室、桑拿室、游泳池等設施。

最新服務公寓式酒店
Mantra on Mary 27

在Central火車站轉乘346號巴士，於Edward Street和Elizabeth Street附近下車，步行約7分鐘

Mantra on Mary乃布里斯本最新的服務公寓式酒店，樓高43層，共有200個單位，每個單位附設1間或3間睡房。單位地方寬敞，有客廳及開放式廚房，並有微波爐、洗碗碟機、洗衣及乾衣機等設備。酒店位於商業中心，交通四通八達，鄰近景點包括Queen Street Mall、Treasury Casino、Queensland Art Gallery、Kangaroo Point Cliffs等。

酒店單位分為1間或3間睡房，3間睡房設有2個浴室及水療浴缸，家具電器一應俱全。

地：70 Mary Street, Brisbane, Queensland
電：61-7-3503 8000
網：www.mantra.com.au/queensland/brisbane-and-surrounds/brisbane/accommodation/hotels/mantra-on-mary
費：（1bedroom）AUD220；（3 bedrooms） AUD 450

墨爾本

Melbourne

來到維多利亞州首府的墨爾本，會被新舊建築藝術氣息所包圍。你可逛過百年歷史的Royal Arcade，可以到文化搖籃Central Place歎杯香濃咖啡，或去凝聚人民和藝術的Federation Square參觀。在墨爾本的旅途上，你可隨心所欲，快快樂樂做自己。

MAP 4-1
墨爾本廣域圖
37 Brighton Bathing Boxes 4-46
38 Legoland 4-47
39 Peninsula Hot Springs 4-47
40 Puffing Billy Railway 4-48
41 Surfworld Museum 4-50
42 Tiger Moth World Adventure Park 4-50
43 Great Ocean Road 4-51
Google Map
下載
Ballarat
Melbourne
Melbourne
Healesville
St Kilda
Port Phillip
Geelong
Waurn Ponds
Torquay
French Island
Phillip Island
Lorne
Port Campbell
Princetown
Great Otway National Park
北
A
B
C
D
E
1
2
3
4

墨爾本機場交通

墨爾本機場巴士 Skybus

機場巴士每日24小時穿梭機場及市中心的Southern Cross Station，6:00 am至9:30pm每10至15分鐘1班，其餘時間約30至60分鐘1班。抵達Southern Cross Station後，乘客可以轉乘Skybus Hotel Shuttle前往各大小酒店旅館，回程時只須要求酒店職員預約即可。Skybus的收費如下：

票種	成人票	小童票	長者票
單程	AUD 22	AUD 4	AUD 18
來回	AUD 34	AUD 6	AUD 30

* 上述為正價，於官網購票可省 AUD1.5-6

網址：www.skybus.com.au

的士

的士站設於國際線及國內線大樓的地下，跟著機場內的指示便可輕易找到。由機場乘的士到市中心約AUD 45。而在機場內乘的士離開，乘客需付AUD 2.7的泊車附加費。

巴士

公共巴士連接機場至市中心各地點，班次可向機場詢問處職員查詢。

網址：www.melbourneairport.com.au/to_from_airport/

巴士公司資料

Ballarat Area

電話：61-3-5333 4181　網址：www.airportshuttlebus.com.au

Bendigo Area

電話：61-3-5439 4044　網址：www.bendigoairportservice.com.au

Dandenong Area

電話：61-3-9782 6766　網址：www.airportbusdandenong.com.au

租車

機場1樓有多個租車公司的櫃位，打算租車或已在網上預約的遊客，可向這裡的職員查詢。以下為兩家主要國際性租車公司的資料：

Europcar
電話：61-3- 9241 6800
網址：www.europcar.com

Avis Australia
電話：61-3-9338 1800
網址：www.avis.com.au

Hertz Australia
電話：61-2-9338 4044
網址：www.hertz.com.au

墨爾本市內交通

巴士

墨爾本內有百多條巴士線，由20多間巴士公司營運，主要行駛於火車及電車服務較少的區域，只要使用Myki便可以乘搭任何路線。

網址：www.ptv.vic.gov.au

墨爾本觀光電車 City Circle Tram

觀光電車(35號)是免費任搭，只要在路線上的任何電車站上車便可。觀光電車主要行經市中心地區，包括Dockalnds、Parliament House及Princess Theatre等。

網址：www.yarratrams.com.au

時間：周日至三10:00am-6:00pm，
周四至六10:00am-9:00pm，
每12分鐘一班

墨爾本電車及火車 Tram & Train

墨爾本市內的電車及火車都是以Myki付款，電車行經的地區包括市中心及周邊一帶，火車(Vline)更會駛至郊外地區。

網址：www.ptv.vic.gov.au

的士

在墨爾本可隨處找到的士，你亦可電召以下熱線：

Silver Top Taxi

電話：131 008

網址：www.silvertop.com.au

13 Cabs

電話：132 227

網址：www.13cabs.com.au

Arrow Taxis

電話：132 211

Myki

myki一般票價為AUD6，另可選擇myki Money及myki Pass，前者分為2小時票(AUD4.6)及全日票(AUD9.2)，可以在2小時內無限乘坐火車、電車和巴士。至於myki Pass用法跟香港的八達通差不多，單程車票正價為AUD6，如果停留時間較長可考慮購買7天或以上的myki Pass。

墨爾本的交通無論是火車、電車、巴士等，都是以區域(Zone)計算，包括免費電車區、Zone 1、Zone 2以及郊區部分。整個交通網絡主要分為12個區域，而遊客到訪的主要地區，分別是市中心的Zone1，例如CBD及St. Kilda等；另外Zone2就是較遠地區如Box Hill或Dandenong 等。

7天myki Pass

票種	Zone1+2	Zone2
成人	AUD 46	AUD 31
小童 / 長者	AUD 23	AUD 15.5

網址：http://ptv.vic.gov.au/tickets/myki/

截至 2023 年 5 月資料

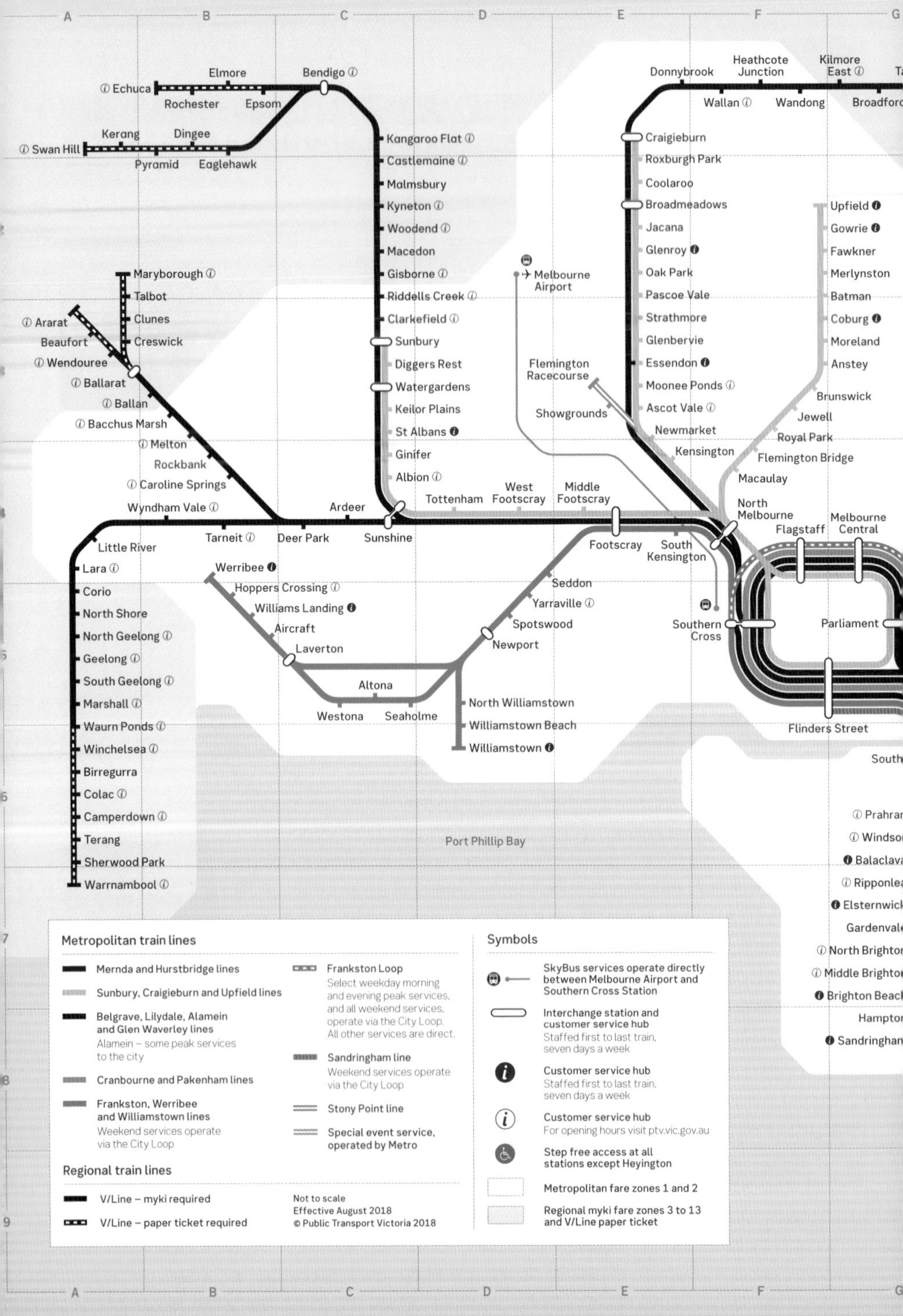

A
B
C
D
E
F
G
Echuca
Elmore
Rochester
Epsom
Bendigo
Swan Hill
Kerang
Dingee
Pyramid
Eaglehawk
Kangaroo Flat
Castlemaine
Malmsbury
Kyneton
Woodend
Macedon
Gisborne
Riddells Creek
Clarkefield
Sunbury
Diggers Rest
Watergardens
Keilor Plains
St Albans
Ginifer
Albion
Maryborough
Talbot
Clunes
Creswick
Ararat
Beaufort
Wendouree
Ballarat
Ballan
Bacchus Marsh
Melton
Rockbank
Caroline Springs
Wyndham Vale
Ardeer
Tottenham
West Footscray
Middle Footscray
Little River
Tarneit
Deer Park
Sunshine
Lara
Corio
North Shore
North Geelong
Geelong
South Geelong
Marshall
Waurn Ponds
Winchelsea
Birregurra
Colac
Camperdown
Terang
Sherwood Park
Warrnambool
Werribee
Hoppers Crossing
Williams Landing
Aircraft
Laverton
Altona
Westona
Seaholme
North Williamstown
Williamstown Beach
Williamstown
Footscray
Seddon
Yarraville
Spotswood
Newport
Port Phillip Bay
Donnybrook
Heathcote Junction
Kilmore East
Wallan
Wandong
Broadford
Craigieburn
Roxburgh Park
Coolaroo
Broadmeadows
Jacana
Glenroy
Oak Park
Pascoe Vale
Strathmore
Glenbervie
Essendon
Moonee Ponds
Ascot Vale
Newmarket
Kensington
Melbourne Airport
Flemington Racecourse
Showgrounds
Upfield
Gowrie
Fawkner
Merlynston
Batman
Coburg
Moreland
Anstey
Brunswick
Jewell
Royal Park
Flemington Bridge
Macaulay
North Melbourne
Flagstaff
Melbourne Central
South Kensington
Southern Cross
Parliament
Flinders Street
Prahran
Windsor
Balaclava
Ripponlea
Elsternwick
Gardenvale
North Brighton
Middle Brighton
Brighton Beach
Hampton
Sandringham
Metropolitan train lines
Mernda and Hurstbridge lines
Sunbury, Craigieburn and Upfield lines
Belgrave, Lilydale, Alamein and Glen Waverley lines
Alamein – some peak services to the city
Cranbourne and Pakenham lines
Frankston, Werribee and Williamstown lines
Weekend services operate via the City Loop
Frankston Loop
Select weekday morning and evening peak services, and all weekend services, operate via the City Loop. All other services are direct.
Sandringham line
Weekend services operate via the City Loop
Stony Point line
Special event service, operated by Metro
Regional train lines
V/Line – myki required
V/Line – paper ticket required
Not to scale
Effective August 2018
© Public Transport Victoria 2018
Symbols
SkyBus services operate directly between Melbourne Airport and Southern Cross Station
Interchange station and customer service hub
Staffed first to last train, seven days a week
Customer service hub
Staffed first to last train, seven days a week
Customer service hub
For opening hours visit ptv.vic.gov.au
Step free access at all stations except Heyington
Metropolitan fare zones 1 and 2
Regional myki fare zones 3 to 13 and V/Line paper ticket

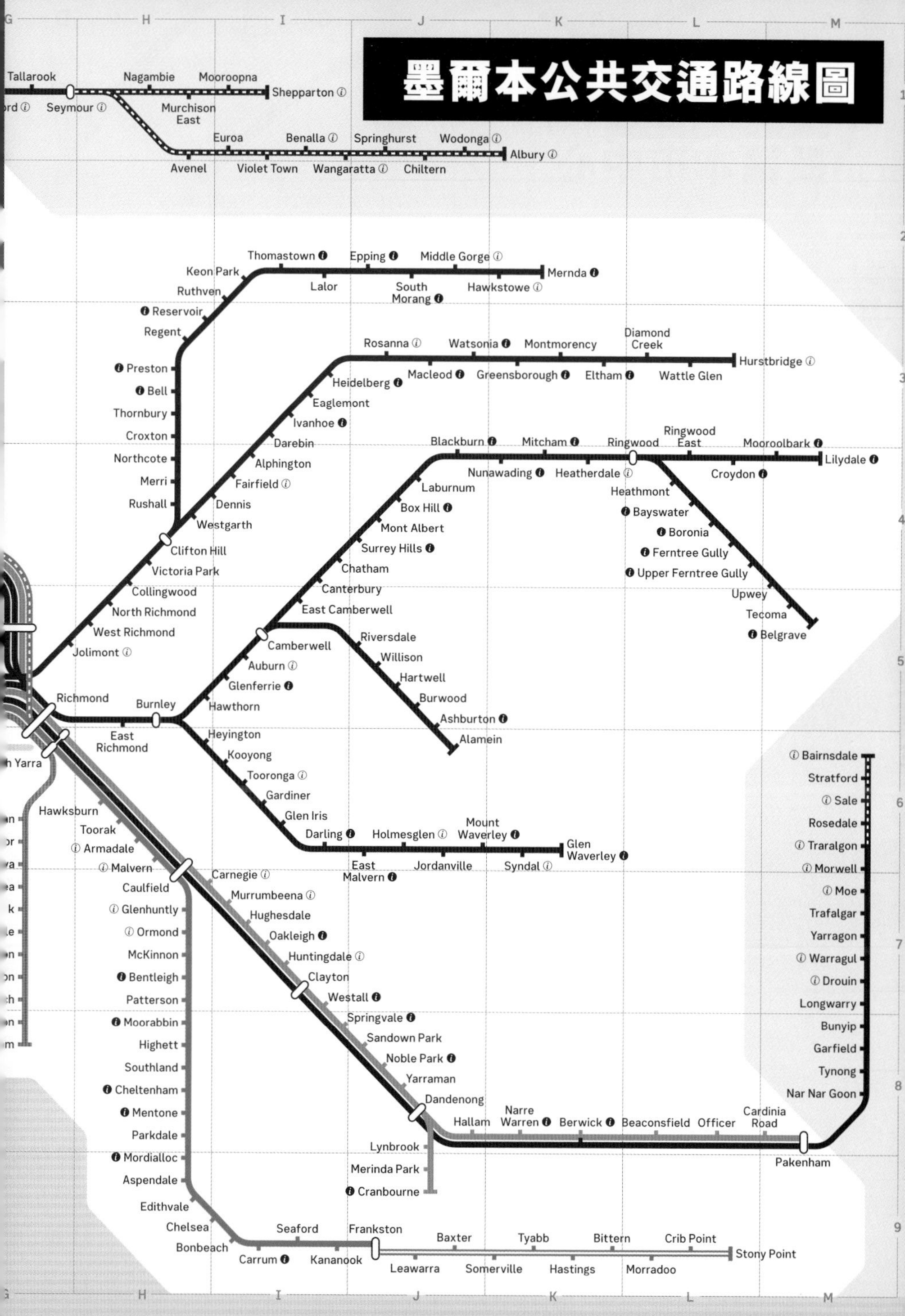
墨爾本公共交通路線圖
Tallarook
Seymour
Nagambie
Mooroopna
Shepparton
Murchison East
Euroa
Benalla
Springhurst
Wodonga
Albury
Avenel
Violet Town
Wangaratta
Chiltern
Thomastown
Epping
Middle Gorge
Mernda
Keon Park
Lalor
South Morang
Hawkstowe
Ruthven
Reservoir
Regent
Preston
Bell
Thornbury
Croxton
Northcote
Merri
Rushall
Rosanna
Watsonia
Montmorency
Diamond Creek
Hurstbridge
Heidelberg
Macleod
Greensborough
Eltham
Wattle Glen
Eaglemont
Ivanhoe
Darebin
Alphington
Fairfield
Dennis
Westgarth
Clifton Hill
Victoria Park
Collingwood
North Richmond
West Richmond
Jolimont
Blackburn
Mitcham
Ringwood
Ringwood East
Mooroolbark
Lilydale
Nunawading
Heatherdale
Croydon
Laburnum
Box Hill
Mont Albert
Surrey Hills
Chatham
Canterbury
East Camberwell
Heathmont
Bayswater
Boronia
Ferntree Gully
Upper Ferntree Gully
Upwey
Tecoma
Belgrave
Camberwell
Riversdale
Willison
Hartwell
Burwood
Ashburton
Alamein
Auburn
Glenferrie
Hawthorn
Richmond
Burnley
East Richmond
Heyington
Kooyong
Tooronga
Gardiner
Glen Iris
Darling
Holmesglen
Mount Waverley
Glen Waverley
East Malvern
Jordanville
Syndal
Hawksburn
Toorak
Armadale
Malvern
Caulfield
Carnegie
Murrumbeena
Hughesdale
Oakleigh
Huntingdale
Clayton
Westall
Springvale
Sandown Park
Noble Park
Yarraman
Dandenong
Hallam
Narre Warren
Berwick
Beaconsfield
Officer
Cardinia Road
Pakenham
Lynbrook
Merinda Park
Cranbourne
Glenhuntly
Ormond
McKinnon
Bentleigh
Patterson
Moorabbin
Highett
Southland
Cheltenham
Mentone
Parkdale
Mordialloc
Aspendale
Edithvale
Chelsea
Bonbeach
Carrum
Seaford
Kananook
Frankston
Leawarra
Baxter
Somerville
Tyabb
Hastings
Bittern
Morradoo
Crib Point
Stony Point
Bairnsdale
Stratford
Sale
Rosedale
Traralgon
Morwell
Moe
Trafalgar
Yarragon
Warragul
Drouin
Longwarry
Bunyip
Garfield
Tynong
Nar Nar Goon

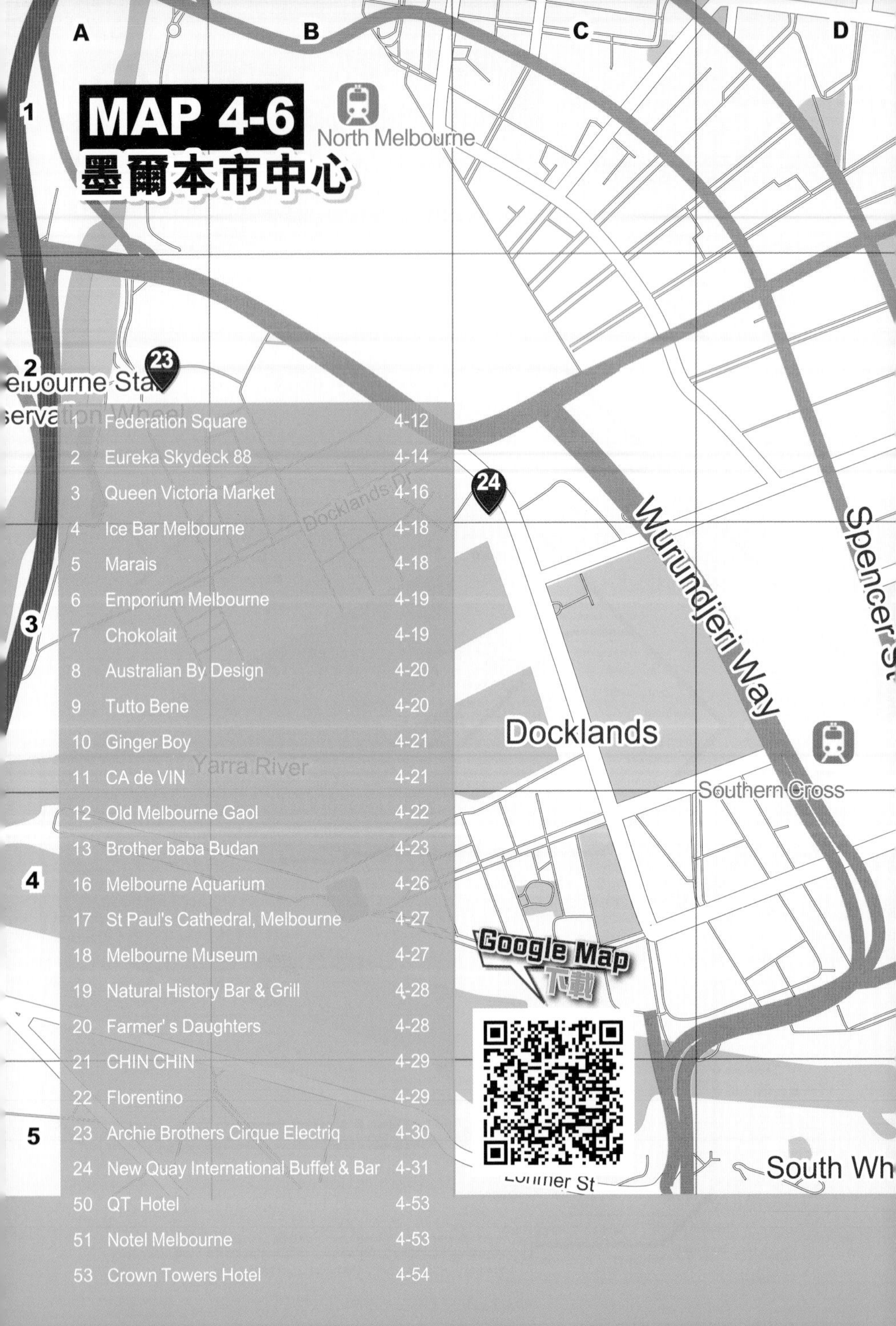
MAP 4-6
墨爾本市中心
North Melbourne
Melbourne Star Observation Wheel
Docklands Dr
Yarra River
Wurundjeri Way
Spencer St
Docklands
Southern Cross
Google Map 下載
Lorimer St
South Wh
A
B
C
D
1
2
3
4
5
23
24

E
F
G
H
Royal Exhibition Building
Victoria St
18
1
03
12
Spring St
Melbourne Central
Russell St
La Trobe St
10
2
22
06、07
Flagstaff
Lonsdale St
50
05
Parliament
Exhibition St
13
20
11
King St
William St
Bourke St
46
08
3
21
17
Collins St
19
51
Federation Sqau
Flinders Street
04
01
4
16
09
Yarra River
02
National Gallery
of Victoria
53
北
5

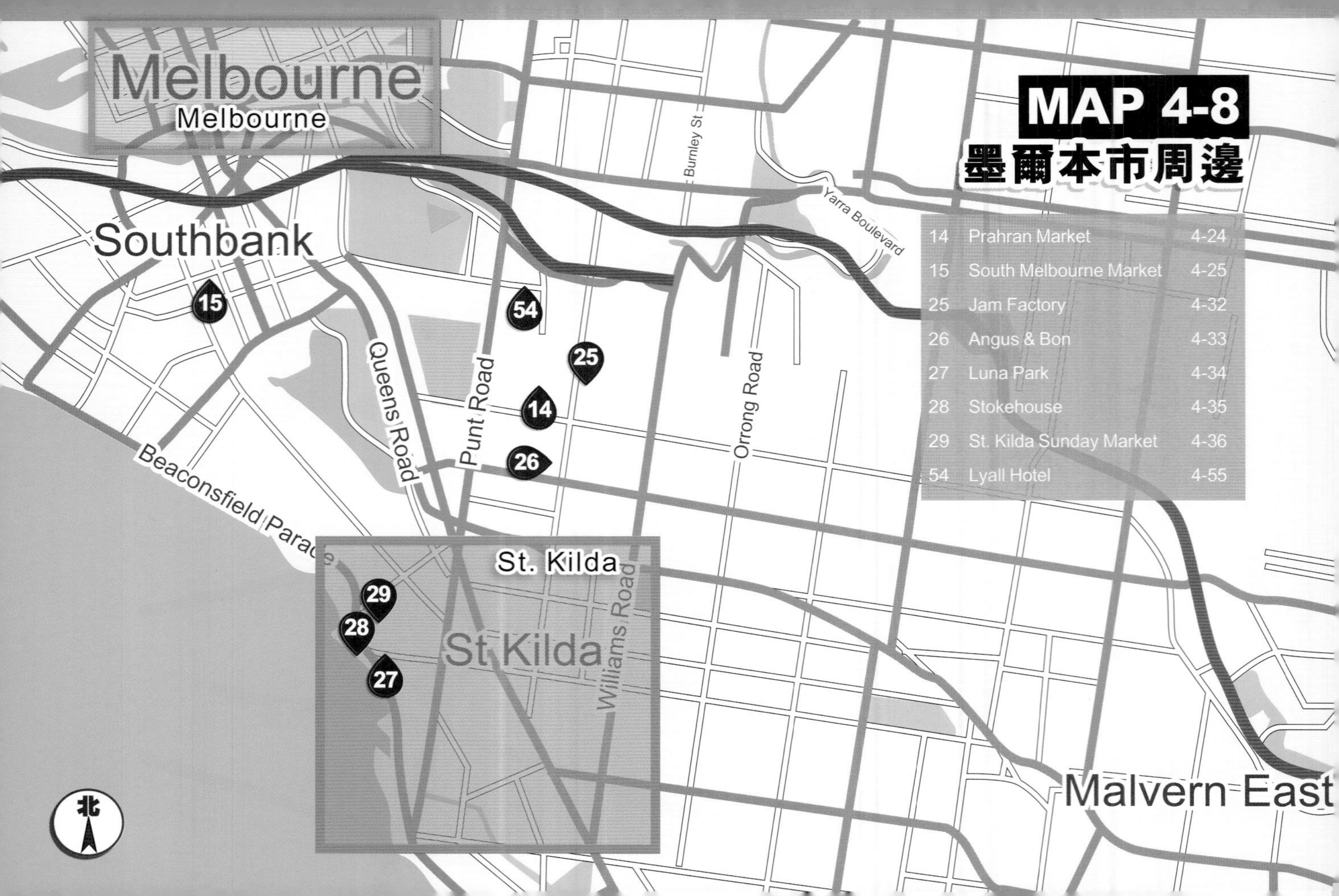

MAP 4-8
墨爾本市周邊
14 Prahran Market 4-24
15 South Melbourne Market 4-25
25 Jam Factory 4-32
26 Angus & Bon 4-33
27 Luna Park 4-34
28 Stokehouse 4-35
29 St. Kilda Sunday Market 4-36
54 Lyall Hotel 4-55
Melbourne
Melbourne
Southbank
Burnley St
Yarra Boulevard
Queens Road
Punt Road
Orrong Road
Beaconsfield Parade
St. Kilda
St Kilda
Williams Road
Malvern East
北

MAP 4-9 Phillip Island

30	The Nobbies Centre and Penguin Parade	4-38	33	Holmwood Guesthouse	4-43	36	A Maze'N Things	4-45
31	Koala Conservation Centre	4-40	34	Panny's Phillip Island Chocolate Factory	4-44	55	Silverwater Resort	4-55
32	Phillip Island Grand Prix Circuit	4-42	35	Rusty Water Brewery	4-44			

Atrium

這個名為Atrium的前衛建築物由玻璃、鋼和鋅所組成，網狀的結構令大樓更具時代感。大樓內設有演講廳和畫廊。

Map 4-6 H3

文化藝術薈萃 Federation Square 01

乘1、3、70或72號電車，於Flinders Street火車站下車

整個Federation Square的設計來自英國的Lab Architecture Studio，共花約4年時間建成，佔地38,000平方米。

自2002年啟用之後，Federation Square已經成為該市最著名的地標，也是本地文化衍生之所。據當地人説，幾乎每日都會舉辦藝術活動，這也是他們平日最佳的聚腳點。Federation Square分為多個部分，如大型遊客資訊中心、20多個畫廊、展覽廳等。此外，廣場有餐廳、咖啡室、酒吧和精品店，基本上整天留在這裡都不愁沒節目。在廣闊的戶外廣場，經常舉行大型音樂會、演講和慶祝活動等，吸引成千上萬的市民和遊客參與，極為熱鬧。若想吸收這城市的文化藝術氣息，Federation Square絕對是不二之選。

地：Corner Flinders & Swanston Street, Melbourne, Victoria

電：61-3-9655 1900　網：www.fedsquare.com　費：免費

時：The Ian Potter Centre：NGV Australia 10:00am-5:00pm；ACMI 10:00am-5:00pm

註：露天廣場全日24小時開放，但各場館的開放時間則各有不同，詳情可以參閱網址。

可以容納10,000人的戶外廣場，是很多大型活動的舉行場所，而當中大部分的都可免費參加。

在主廣場旁邊的Australia Centre for the Moving Image（ACMI），可以欣賞到電視、電影及其他媒體的影像作品。

NGV Australia

The Ian Potter Centre: NGV Australia經常都有不同年代的澳洲畫家展覽，是世界上第一個以澳洲藝術作焦點的展覽館。

Federation Square各展館簡介

露天廣場

每逢有大型戶外表演及活動，可聚集大批民眾一齊參與。

Australia Centre for the Moving Image

專門播放各種媒體影像和短片。

The Ian Potter Centre：NGV Australia

主要展出本地藝術作品的展覽館。

National Design Centre

主要零售及展覽國際設計產品。

Atrium

有不同的個人藝廊及演講廳。

Federation Square平面圖

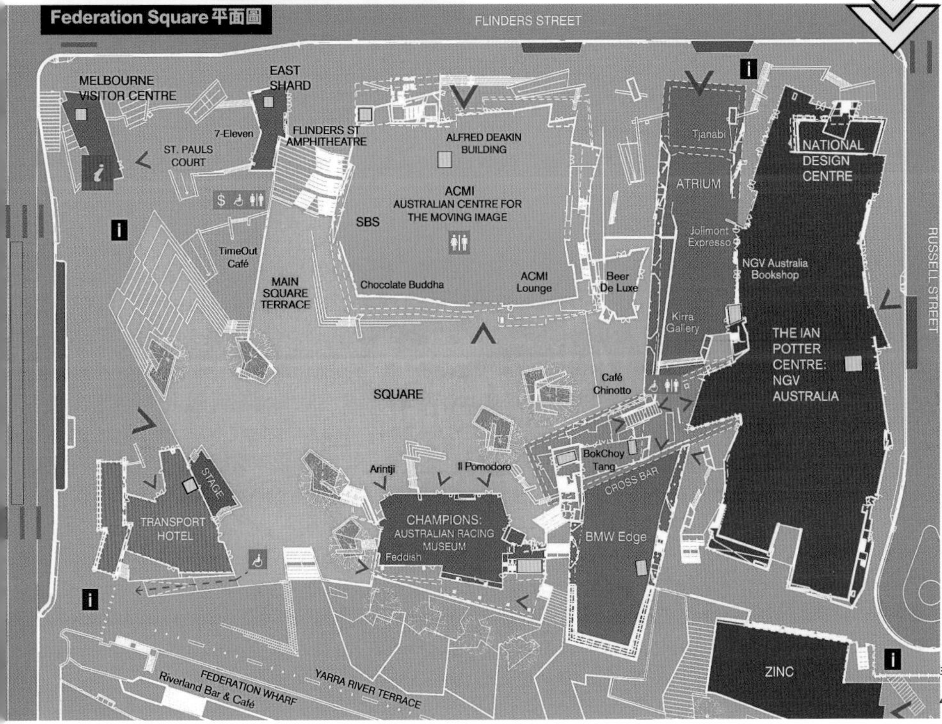

FLINDERS STREET
MELBOURNE VISITOR CENTRE
EAST SHARD
7-Eleven
ST. PAULS COURT
FLINDERS ST AMPHITHEATRE
ALFRED DEAKIN BUILDING
ACMI AUSTRALIAN CENTRE FOR THE MOVING IMAGE
SBS
TimeOut Café
MAIN SQUARE TERRACE
Chocolate Buddha
ACMI Lounge
Beer De Luxe
Tjanabi
ATRIUM
Jolimont Expresso
NGV Australia Bookshop
Kirra Galleria
NATIONAL DESIGN CENTRE
THE IAN POTTER CENTRE: NGV AUSTRALIA
RUSSELL STREET
SQUARE
Café Chinotto
BokChoy Tang
CROSS BAR
Arintji
Il Pomodoro
STAGE
TRANSPORT HOTEL
CHAMPIONS: AUSTRALIAN RACING MUSEUM
Feddish
BMW Edge
ZINC
FEDERATION WHARF
Riverland Bar & Café
YARRA RIVER TERRACE

橫街窄巷見藝術

Hidden Secrets Tours

其實只要你留意細看墨爾本市內每個角落，都找得到藝術家創作痕跡。由街頭的塗鴉藝術、有趣生鬼的裝置藝術，至街頭真人騷，皆令這個城市充滿生命力。這些街頭藝術，有的背負歷史故事，有的充滿幽默感。這些一點一滴的作品會不定時、不定地點公開「展覽」，你要沿途多點留心、並帶點冒險精神，走進當地人稱為「Laneway」的小路，才體現墨爾本的真性情。

不過如果想知道更多有關城市塗鴉點滴，可參加名為Hidden Secrets Tours的市內導賞團，導賞員會在2小時內，帶大家穿梭於各大小街道，找尋最新、最有趣的藝術作品，本地薑導遊更會沿途逐一講解各地點和藝術品的歷史，讓大家了解到它們背後的故事。

這裡的街頭藝術家，就連垃圾桶都不放過。

位於Dockland New Quay Promenade之上的大型雕塑，由雕塑家Adrian Mauriks創作，提醒大家注意身邊的自然事物。

地：集合地點：Federation Square內的Time Out Gate門前 **電**：61-3-9663 3358 **時**：9:00am-5:00pm

網：www.hiddensecretstours.com **費**：Melbourne Lanes and Arcades Tour AUD129(3小時起)

註：同時舉辦時裝及有趣小店等導賞團

找尋城市藝術點滴

最具想像力

樹上乳牛

於1999年由John Kelly創作的雕塑，目的為向藝術家William Dobell致敬。原因是二次大戰時Dobell負責製造類似的大型假牛來欺騙日本戰機人員，讓他們誤以為是軍機機場，而John便將曾看過水災後牛隻被困在樹上的畫面重現，幻想Dobell的假牛遇上水災。

地點：Habour Esplanade, Dockland

最無謂

巨型荷包

這個巨型錢包是當地市建局的作品，久而久之成了一個著名的地標，不少當地人都喜歡約人在此會合，就有如香港的「時代廣場大電視」，若有墨爾本人同你講「Meet at the purse」，便知道要去哪裡等他了。

地點：Bourke Street Mall和Elizabeth Street交界

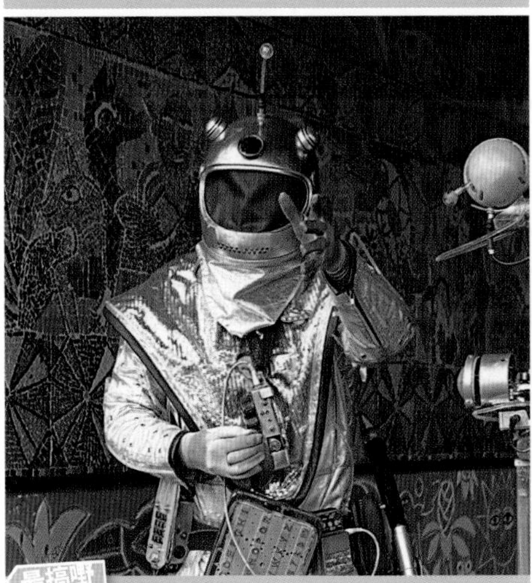

最搞嘢

電子奇人

這位貌似太空人的仁兄，真正身份其實是一個音樂家，更貼切的說法是音樂發明家。因為他身上的每一件東西，幾乎都可以發聲，拉的按的或踏的都是樂器，更是由他手製，一個人玩出豐富的電子音樂，有點像日本的明和電機。

地點：Flinders Street火車站門外

最跟風

後街畫廊

這幅紅磚牆本來只是一間咖啡室的後巷，自從1位藝術家把一幅仿印象派的自畫像掛到牆上，便惹來一班志同道合的人紛紛響應，自此畫像愈掛愈多，形成這有型的畫面。

地點：Pushka Café 旁 的Presgrave Place（從Little Collins Street行入Howey Place之內）

南半球之最 02 Eureka Skydeck 88

Map 4-6 G4

乘55號電車於Casino East站下車，步行約5分鐘

興建於墨爾本市區的Eureka Skydeck 88，現為南半球最高的觀景台，較Sydney Tower還要高數十米，它更是世界上最高的住宅樓宇，高300米共92層。位於88樓的觀景台，從地面乘搭極速升降機，40秒內便可到達，非常厲害。站在觀景台上，除可飽覽墨爾本的景色外，還設有30個定點望遠鏡，指向不同的景點地標，如Federation Square、聖保羅大教堂和Queen Victoria Market等。

此外，這裡最吸引是一個名為The Edge的觀景房間，全由玻璃製造，能容納12個人，當遊客進入房內，房間便會在88樓高空向外推展3米，地板更會突然變成透明，感覺就像懸浮半空，極之刺激，來到墨爾本一定要試試。

Eureka在市內鶴立雞群，最頂10層的玻璃更全部鍍上24K金，非常浮誇搶眼。

The Edge 連環快拍睇

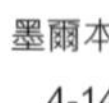

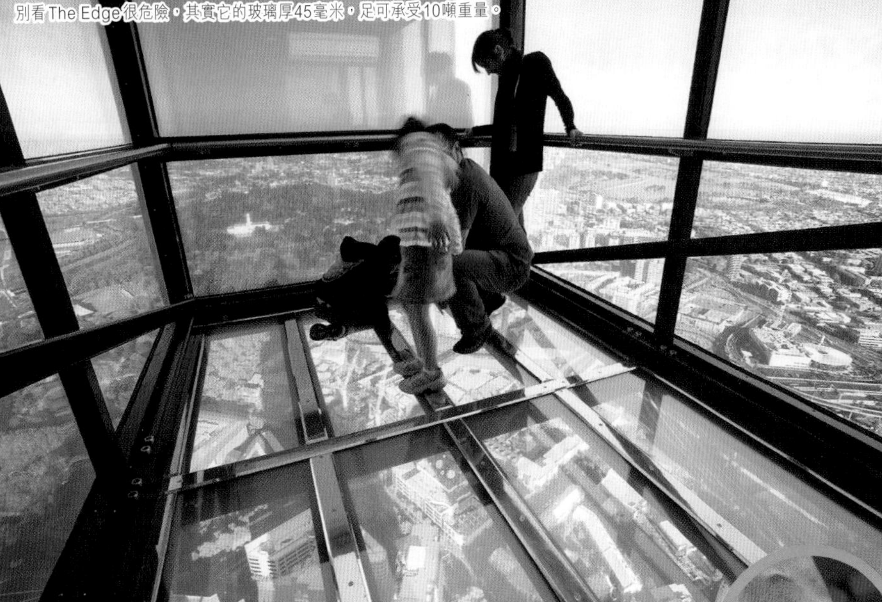

別看The Edge很危險，其實它的玻璃厚45毫米，足可承受10噸重量。

在地下大堂，設有一個巨型互動輕觸式顯示屏，介紹墨爾本的歷史和建築，這玩意有點像電影《鐵金剛》內的高科技產品。

完成歷時5分鐘的The Edge體驗之後，可以得到這條印有「I survived The Edge」的手帶。

觀景台的地板都設有LED顯示路標，指示出景點的名字及確實方位。

從觀景台望出去是一望無際的景色，不愧是南半球最高。

地：7 Riverside Quay, Southbank, Melbourne, Victoria

電：61-3-9693 8888

時：10:00am-10:00pm；10:00am-5:30pm（12月25日及12月31日）

網：www.eurekaskydeck.com.au

費：Skydeck 網上票價：
（成人）AUD 28，
(4-16歲小童）AUD 18.5
Skydeck+The Edge 網上票價：
（成人）AUD 43，
(4-16歲小童）AUD 27

墨爾本
歷史的見證
Queen Victoria Market 

Map 4-6 E1

乘57號電車於Queen Victoria Market站下車，步行約1分鐘

在墨爾本市內，隨處都可以見到最新、最前衛的建築物，但當地亦保留了許多富有歷史價值的建築，雖然新舊匯聚，卻不會顯得格格不入，反而令整個城市散發著獨特的氣息。

芸芸舊建築中，最具代表性和歷史價值的Queen Victoria Market，是當地人常到的市場。過去逾140年，它一直由當地市政府營運，現在已是南半球內最大的開放式市場。這裡總共有1,000多個檔攤，出售的貨物種類有蔬果、鮮魚、肉類、乾貨、成衣、工藝品及酒類等，幾乎每個家庭所需要的都找得到。細問之下，發覺不少商販已經是第二代，甚至是第三代承傳，可見這裡不僅是一個市場，也是孕育著墨爾本成長的其中一個元素。

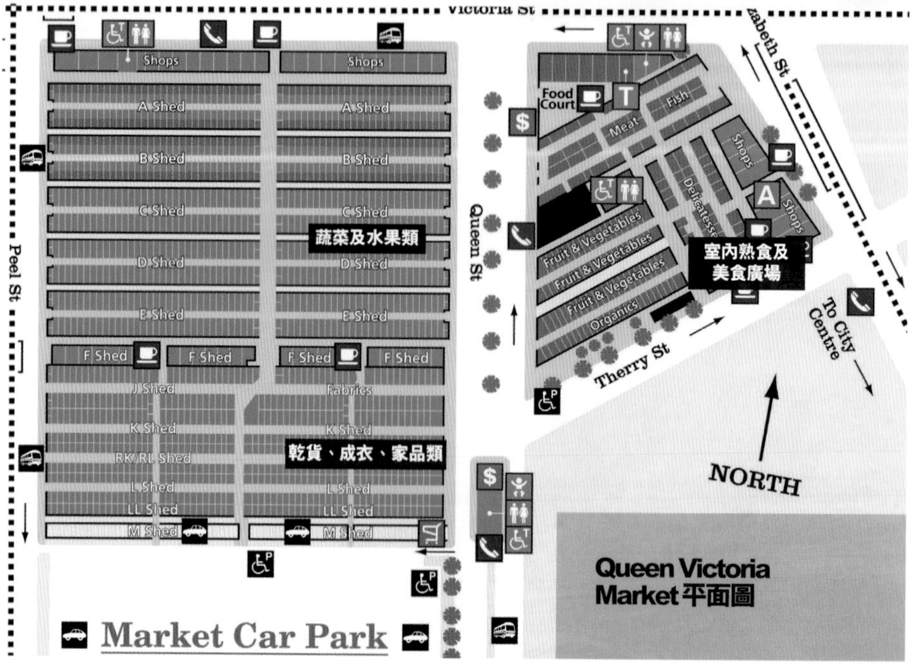

Queen Victoria Market平面圖

場內有琳瑯滿目的特色小食，各式Tapas由AUD5起。

逛到疲倦時，可到Food Court吃個下午茶，休息一下。

Queen Victoria Market Tour

整個市場面積足有7公頃，有半個九龍公園般大。Queen Victoria Market每日都會舉行數個1至2小時的導遊團，帶大家在市場內到處搵食，以及教大家如何買到最好的東西。

Queen Vic Market Ultimate Foodie Tour
內容：帶你走遍市場的大小熟食店，沿途試食試飲。
收費：AUD69起
集合時間：9:00am 及 11:00am（二、四、六）

註：
1. 須致電或以電郵預約，電郵：qvmtours@melbourne.vic.gov.au
2. 集合地點：69 Victoria Street, Queen Victoria Market
http://www.qvm.com.au/tours/

地：513 Elizabeth Street, Melbourne, Victoria 電：61-3-9320 5822
時：6:00am-3:00pm（周二、四、五），6:00am-4:00pm（周六），9:00am-4:00pm（周日）；一、三及公眾假期休息
網：www.qvm.com.au

墨爾本最Cool的酒吧

Ice Bar Melbourne 04

Map 4-6 H3

乘1、3、70或72號電車，於Flinders Street火車站下車

從大街走進酒吧內，便會發現這裡仿如南極冰天雪地。酒吧內由一枱一櫈以至每隻杯子都是用真冰人手雕成，全部獨一無二。室內溫度控制在攝氏零度以下，即使穿著小背心來也不怕，因為店方會提供斗蓬、手套及雪靴給客人禦寒。

用冰凍的杯子品嘗你的飲品。

雖然是酒吧但也歡迎小朋友光臨

地：The Atrium, Fed Square, Melbourne
電：61-3-9663-3877
時：周日至一 2:00pm-8:00pm、周四及六至 1:00pm-10:00pm；周二、三休息
網：www.icebarmelbourne.com
費：入場費成人 AUD45、小童 AUD22 包一杯飲料

雲集最強時裝

Marais 05

Map 4-6 G4

由Parliament火車站步行5分鐘

縱觀整個澳洲，最重視生活藝術的必定是墨爾本人。他們都非常注重打扮，對時裝很講究。而總公司源自法國巴黎的Marais便選擇了在這城市開店，專門代理各大歐美時裝品牌。這裡大部分服飾都來自意大利和法國，當中不乏響噹噹的名字，包括Viktor & Rolf、Yves Saint Laurent、Surface 2 Air及BALENCIA-GA等，全都是「時裝精」的最愛。

地：73-77 Bourke Street, Melbourne　電：61 3 8658 9555　網：www.marais.com.au
時：10:00am-6:00pm，周五至 8:00pm，周日 12:00nn-5:00pm

日本時裝連鎖店Uniqlo在澳洲的第一間旗艦店

墨爾本至潮地標 06 Emporium Melbourne

乘57或59號電車於Bourke Street和Elizabeth Street交界下車，步行約6分鐘

Emporium Melbourne耗資12億澳元，花上7年時間由百年歷史的百貨公司Myer改建而成。商場樓高四層，有多達225個進駐商戶，包括澳洲著名的時裝品牌Scanlan Theodore、Zimmermann及Rachel Gilbert等。商場更設有南半球最大的電競館Fortress Melbourne，機迷們可以大顯身手。

地：287 Lonsdale Street, Melbourne, Victoria 電：61-3-8609 8221
時：10:00am-7:00pm（周六至三）；10:00am-9:00pm（周四、五）
網：www.emporiummelbourne.com.au

從小巷到大商場 Chokolait 07

Map 4-6 G2

乘57或59號電車於Bourke Street和Elizabeth Street交界下車，步行約6分鐘

Chokolait全靠店主Ross及Marianna夫婦二人用心經營，堅持採用來自比利時的材料，並且全手工製作，不偷工減料。朱古力造型精美，包裝高檔，每粒細緻得像藝術品，即使送禮亦得體大方。

多年的努力令Chokolait由巷仔小店移師大商場Emporium，受歡迎程度也有增無減。

地：Store 342, Level 3,Emporium 287 Lonsdale Street, Melbourne, Victoria
電：61-3-9662 4235 網：www.chokolait.com.au
時：10:00am-5:00pm（周一至五）；11:30am-4:30pm（周六日）

絕非用朱古力粉沖調的Hot Chokolait

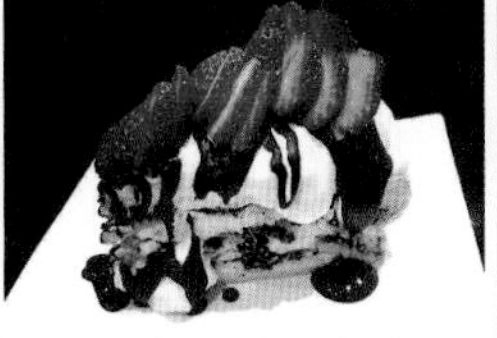

Chocolate Pavlova

原住民的藝術 08 Australian By Design

Map 4-6 G3

乘57或59號電車於Collins Street和Elizabeth Street交界下車，步行約1分鐘

在Australian By Design內，雖然沒有古董原住民藝術品出售(因為大部分都在博物館內)，但卻有很多本地藝術家和設計師，模仿原著民畫風來設計的作品，充滿澳洲本土的特色。此外，這裡有很多象徵澳洲的手製精品出售，如玻璃製的樹熊、袋鼠，澳洲鴕鳥鴯鶓(Emu)銅製品等，用來做手信確是不錯。

Australian By Design跟多個不同的單位合作，搜羅了大量充滿原住民藝術色彩的精品。

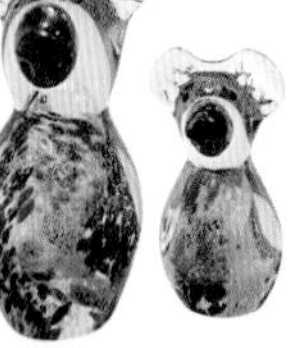

原居民藝術風格手製花瓶(右)
玻璃樹熊擺設(左)

地：Room 303e, Level 3, The Block Arcade, 282 Collins Street, Melbourne, Victoria

電：61-3-9663 9883

時：11:00am-4:00pm(一至四)，周五至 5:00pm；周六日休息

網：www.australianbydesign.com.au

展現意大利本色 Tutto Bene 09

Map 4-6 G4

乘1、3或5號電車於Arts Centre站下車，步行約5分鐘

在墨爾本想到意大利餐廳用膳，首選Southgate的Tutto Bene。店名意大利文解作「一切都很好」，而餐廳大廚Simon Humble多年來不斷到意大利學藝，將最好的菜式帶回墨爾本，而他最拿手的意大利飯(risotto)為他帶來無數殊榮，更成為客人的必點菜式。此外，這兒的意大利雪糕(gelato)亦非常著名，口味包括蜜桃、黑提子、栗子及tiramisu等，入口滑溜香濃，是最佳飯後甜品。

Simon Humble曾經贏得「World Intercontinental Risotto Competition」銀獎殊榮。

藍蟹番茄意大利飯 Blue Swimmer Crab with Tomato Sauce Risotto
質感黏稠的意大利飯，帶著蟹肉的甜味，飯粒很有咬口。

這裡的意大利雪糕，在2008 Sydney Royal Show的7個競賽類別中，共得到1金5銀的獎項。

地：Mid Level, Southgate, Southbank, Melbourne, Victoria

電：61-3-9696 3334　網：www.tuttobene.com.au

時：周三 5.30pm - 12:00mn，
周四至六 12:00nn - 3:00pm，5.30pm - 12:00mn，
周日 12:00nn - 3:00pm；周一、二休息

生蠔天婦羅 Tempura Oysters
外皮炸得香脆，生蠔多汁鮮甜。

重組街頭美食
Ginger Boy ⑩

Map 4-6 H2

乘火車於Parliament Station站下車，步行約5分鐘

Ginger Boy的大廚Chris Donnellan是廉價美食的支持者，本著「什麼都要試食」的精神，他將非常欣賞的東南亞小食融入西方廚藝中，造成一道道具東方色彩的精美菜式，極受澳洲人歡迎，更被《2009 The Age Good Food Guide》評為1星級餐廳。

地：27-29 Crossley Street, Melbourne, Victoria　電：61-3-9662 4200

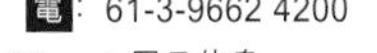
時：周二至六 12:00nn-11:00pm、周一 5:00pm-11:00pm；周日休息

網：www.gingerboy.com.au　費：AUD 40-55

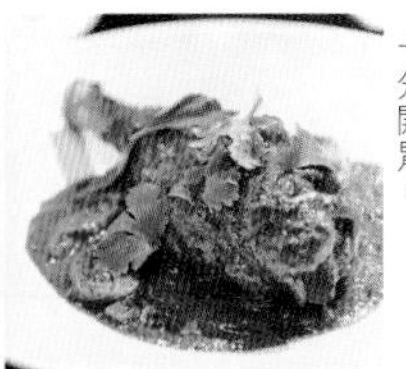
Mussaman 咖喱羊髀
Mussaman curry of lamb shank
羊髀嫩滑沒有羶味，配合香辣的咖喱十分開胃。

Ginger Boy的室內設計甚具型格，全黑的牆身加上滿天燈泡，有如一條時光隧道。

Map 4-6 G2

鮮蝦香草意大利薄餅 Gamberi
濃濃的芝士配以爽口鮮蝦，是這裡的招牌菜式之一。

酸辣汁本地青口
Mussels with Sweet, Chilli & Lime

天氣好的時候，會打開上面的帳篷，感覺更加開揚。

後巷裡的廚房
CA de VIN ⑪

乘57或59號電車於Bourke Street和Elizabeth Street交界下車，步行約2分鐘

CA de VIN位於墨爾本前中央郵局（General Post Office, GPO）旁邊的小巷子內，是這條隱密的小食街中，名氣最響最大的一間餐廳。

這裡所做的是意大利及地中海菜式，款式多之餘更份量十足。他們所做的意大利薄餅非常出色，木盤上放著薄薄的餅底，香濃的芝士灑上客人所選的餡料，入口極之鬆軟，另外也要試試他們的Carbonara及自家製的土耳其麵包。

地：GPO Melbourne, 350 Bourke Street, Melbourne, Victoria
電：61-3-9654 3639　網：www.cadevin.com　費：AUD 20-30
時：12:00nn-9:00pm，周五、六至 9:30pm

Map 4-6 G1

導遊打扮成吊頸佬的模樣，手持蠟燭，鬼聲鬼氣的帶你暢遊監獄。若然喜歡探險，來到墨爾本，就千萬不要錯過這個夜探監獄團。

夜闖監獄 Old Melbourne Gaol ⑫

乘火車至Melbourne Central站下車，步行約5分鐘

即使探監，也不會在夜闌人靜的時分進行，更何況參觀荒廢了的陰森監獄？然而，這個老墨爾本監獄團卻在晚上7時半才開始，驚險及神秘感自然加倍提升！主辦單位還嫌未夠驚嚇，帶你暢遊監獄的領隊，都是一身吊頸佬打扮的「劊子手」；陰沉的神情配合命令式的語氣，約1小時的旅程就算沒有讓你嚇破膽，也絕對叫人難以忘懷。

老墨爾本監獄

興建於19世紀，被譽為當年最先進及最嚴苛的監獄，已廢棄了逾80年。當年的囚犯都要擠在不足50呎、伸手不見五指的斗室內，白天則在戶外幹活12小時。現時，3層高的監獄內仍放滿各種刑具，令人不寒而慄。

展覽室放置了模仿當年囚犯下場的人形，比鬼屋還要恐怖。

3層高的監獄，由堅硬無比的石頭建成，再配合微弱的燈光，十分陰森。

你夠膽跟曾處決無數犯人的刑具合照嗎？

地：377, Russell Street, Melbourne, Victoria 電：61-3-8663 7228

時：9:30am-5:00pm（12 月 25 日及耶穌受難日休息）

網：www.oldmelbournegaol.com.au

費：（成人）AUD33、（5 至 15 歲小童）AUD20；Ghost Tour AUD38
HANGMAN'S NIGHT TOUR AUD 38

Map 4-6 F2

空中飛椅是店主的得意之作，但萬萬想不到成為店舖的生招牌。放心，全部椅子用鋼纜鎖好的。

澳洲的咖啡英雄 13

Brother baba Budan

乘火車到Melbourne Central站下車，步行約10分鐘

Baba Budan是傳說中把咖啡豆由也門偷運往印度的奇人，他的「豐功偉業」，甚至被酷愛咖啡的墨爾本人稱為英雄。這咖啡店以英雄的名字命名，水準當然不會失禮。這裡咖啡的種類繁多，絕非大路連鎖店可比。挑選的都是全世界最優質的咖啡豆，其中來自中南美及印度的品種更被稱為「鎮店之寶」。所以墨爾本市雖有過千間咖啡店，但在傳媒嚴苛的品評下，仍能脫穎而出。

咖啡店除了水準超班外，還有一個抵死的綽頭——空中飛椅。據說這奇特的製置藝術沒有甚麼高深含意，純粹是店主忽發奇想，不料卻成了該店的招牌。

除了好味的咖啡外，同場送上精緻的latte art!

地：359 Little Bourke Street, Melbourne, Victoria

電：61-9606-0449

時：7:00am-5:00pm，周日 8:00am-5:00pm

美食市場 Map 4-8

Prahran Market ⑭

乘火車至Prahran站下車，步行約6分鐘或乘72號電車於 Prahran Market Commercial Road下車

Prahran Market是墨爾本歷史最悠久的三大市場，由1864年開始營業至今，亦是本地人購買新鮮美食的首選。市場分蔬菜、肉類及家具三個區域，有售賣150種乾果的Sweet & Nut Shop、40種不同風乾肉及熟火腿的Pete n Rosie's Deli等。這裡更經常舉辦活動，當中最有名的就是由The Cheese Shop Deli發起的芝士節(Say Cheese Festival)，好玩好食之餘更獲益良多。

Market Lane Prahran有適合素食人士的蘑菇漢堡。

蔬果區域的建築像個大貨倉，樓底有四至五層樓高。

售賣40款不同品種咖啡的Jasper's Coffee。

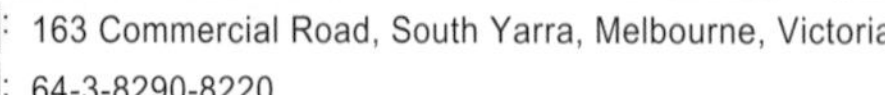

地：163 Commercial Road, South Yarra, Melbourne, Victoria

電：64-3-8290-8220

時：周二、四至六 7:00am-5:00pm；周日 10:00am-3:00pm

網：www.prahranmarket.com.au

Map 4-8

由市中心乘電車前往也不過25分鐘，交通還算方便。

市場豪飲蠔食 15
South Melbourne Market

乘96號電車於South Melbourne站下車即達

墨爾本3大市場之一，逾150年歷史。由於地點較隔涉的關係，觀光客相對少，感覺更為地道。Market內最老字號的海鮮店Aptus Seafood，有堆積如山的海鮮，新鮮即開的生蠔，價錢比香港平一大截，一打生蠔只需AUD20，還可以自由配搭，一次過試勻當地的生蠔品種；例如口感Creamy的St. Helena、鮮甜的Coffin Bay，Backman Bay也是場內首選。市場的另一大特色是設有The Neff Market Kitchen烹飪班，邀請不同的澳洲名廚教大家烹調，為市場增添一股吸引力。

場內最老字號的海鮮店Aptus，時令的海鮮平靚正。

地：Corner of Coventry & Cecil Streets, South Melbourne, Victoria
電：61-3-9209 6295
時：周三、五至日 8:00am-4:00pm，周五至 5:00pm
網：https://southmelbournemarket.com.au

全球數一數二水族帝國

Melbourne Aquarium 16

墨爾本電車35、70、75號於The SEA LIFE Melbourne Aquarium車站下車，或於弗林德斯火車站(Flinders St Station) /南十字星火車站(Southern Cross Station)步行10分鐘

墨爾本海洋生物水族館位於美麗的亞拉河畔，是維多利亞州首屈一指的觀光勝地。這裡生活著數以千計的水生動物，包括澳大利亞體型最大的鹹水鱷、全球種類最豐富的海馬和葉龍群，以及威風端莊的王企鵝和巴布亞企鵝。

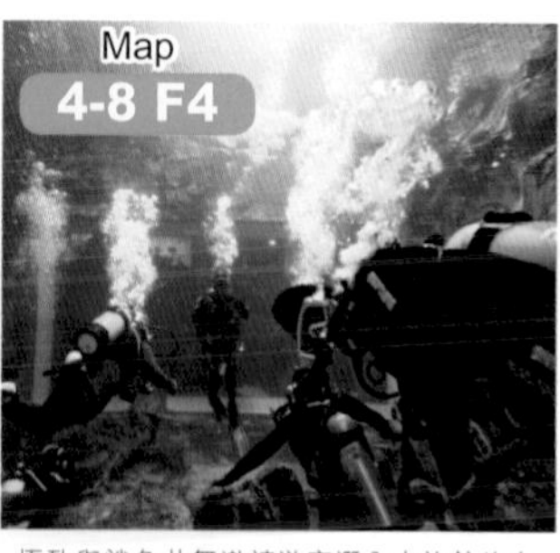

極致與鯊魚共舞邀請遊客潛入水族館的大魚缸與鯊魚親密接觸。

美人魚花園 (Mermaid Garden)

在容量220萬升的魚缸前，欣賞瑰麗繽紛的海底世界，在玻璃隧道內觀看巨大的刺魟、魁偉的鯊魚及五彩斑斕的魚兒游曳，構成了一幅驚人的全景式水下風光。

水族館必遊景區

鱷魚巢 (Croc Lair)

模擬北領地的風景，零距離接觸全世界個頭最大的鹹水鱷魚——平賈拉(Pinjarra)！

雨林冒險 (Rainforest Adventure)

除了海上生物，在雨林探險展館內，遊客可體驗澳洲北方熱帶地區潮濕蔥翠雨林環境，邂逅難得一見的神奇動物，包括怪異的昆蟲、肺魚、淡水龜、雨林蛙等。

炫光海灣 (Bay of Rays)

作為全世界唯一一處姥鯊展館，水族館開辟出了一片廣闊的水底空間，讓遊客得以探索菲利普港灣(Port Phillip Bay)深處的奧秘！

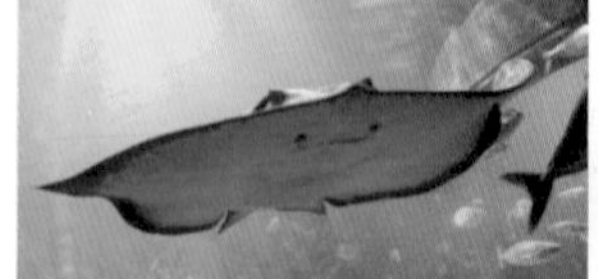

企鵝樂園 (Penguin Playground)

氣派十足的王企鵝和頑皮的巴布亞企鵝在冰雪覆蓋的地面上肆意滑行，展現一個獨一無二的奇特世界，遊客還可在水下觀景區近距離觀察這些活潑的小精靈。

除一般的參觀，遊客亦可選購「企鵝王國之旅」護照，展開一場45分鐘與南極帝企鵝和巴布亞企鵝面對面及餵食的體驗。(每位平日AUD199，假日AUD290)

地：King Street & Flinders St, Melbourne, 3000 VIC　電：61-180026-576
時：周一至五 10:00am-5:00pm、周六日及假日 9:30am-5:00pm
費：網上訂票價成人 AUD42.3，3-12 歲小童 AUD22.4，長者 AUD26
網：http://www.theblockarcade.com.au/

歷史悠久的英式教堂 17
St Paul's Cathedral

Map 4-6 G3

乘火車於Flinders Street站下車，步行約1分鐘

St Paul's Cathedral位於市中心，是墨爾本的地標性建築之一。教堂建於1891年，是本市最早的英式教堂，它以青石砌成，牆上有著精細的紋路，十分漂亮華麗。遊客穿過厚重木門後，會看到彩繪玻璃窗、釉燒地磚、木製座椅、紅色的拱頂以及巨大的管風琴，在朦朧的燈光下猶如時光倒流回到了古老的歐洲，給人感覺莊嚴肅穆。教堂平日在5:10pm都有唱詩班詠唱讚美詩，剛巧碰上的話不妨也坐下來，聽聽他們對上帝的讚美，淨化一下自己的心靈。

如果想拍教堂內部照片，就要在入口處的禮品店購買拍照許可證，但純參觀是免費的！

巨大的管風琴會在合唱和聖體聖事進行伴奏。

地：Flinders St, Melbourne VIC 3000
電：61-3-9653-4333　網：https://cathedral.org.au/
時：周一至周五 10:00am-6:00pm、周六 10:00am-4:00pm

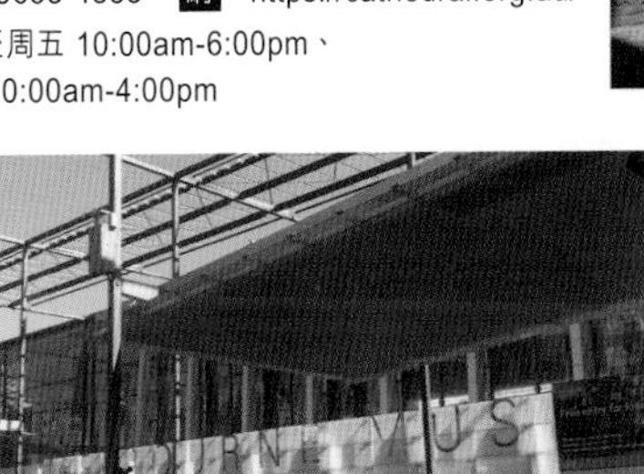

還有恐龍化石，恐龍迷不可錯過！

博物館迷必去 18
Melbourne Museum

Map 4-6 H1

乘86號或96號電車於Melbourne Museum站下車，步行約1分鐘

墨爾本博物館位於卡爾頓花園之內，毗鄰皇家展覽館。博物館一共有三層，1F是自然科學，主要介紹動植物；2F是生物進化；3F是現代物理化學的發展、精神學科的普及和澳洲歷史。由於門票便宜，兒童進場免費，加上有很多活動和展區適合不同年齡層的訪客，所以是適合一家大細參觀的地方。

地：11 Nicholson St Australia VIC Carlton 3053
電：61-1311023　時：9:00am-5:00pm
網：https://museumsvictoria.com.au/melbournemuseum/
費：成人 AUD 15、兒童 (3-16 歲) 免費

AUD20套餐包括啤酒、漢堡包及薯條。

博物館式主題餐廳 19

Map 4-6 F3

Natural History Bar & Grill

乘11、12、48、109號電車於William Street/Collins Street站下車步行1分

以New York的同名博物館為主題，主打紐約式扒房美食，經典菜式包括T骨扒、漢堡、燒雞及海鮮等，由星級大廚Morgan McGlone操刀，嚴選澳洲本地食材，確保吃到時令新鮮食物。餐廳最大的亮點是室內裝置了長達15米的展示櫃，擺放著精細的動物標本，其氣派令人有置身於博物館的錯覺感。

地：401 Collins St, Melbourne, VIC 3000
電：61-3-9982 1811
網：https://naturalhistorybarandgrill.com.au
時：餐廳：周二至五 12:00nn-12:00mn
周六 5:00pm 開店；
Cafe：周一至五 7:00am-3:00pm

座位後方是長達15米的展覽櫥窗。

擁有自家農場的餐廳

Map 4-6 H2

Farmer's daughters 20

乘火車於Parliament站下車，步行約4分鐘

Farmer's daughters一共有3層，地下是比較休閒的Deli；1F是比較正式的餐廳；3F是露天酒吧Rooftop。他們所使用的食材全在自家農場Gippslan提供，採購回來的農產品會在開放式篝火廚房中，以木炭和木柴為燃料來料理，以帶出每種食材的鄉村風味。Deli是基本上是全天營業，提供菜單讓食客點選自己想吃的；1F餐廳只提供無菜單的set dinner，可以選4或7個菜品，主廚則根據當日食材來安排料理；Rooftop以品酒為主，酒吧會提供的最高品質精釀啤酒、葡萄酒和烈酒，配以時令和本地食材的下酒菜。

菜單因隨著當季時令農產品而有所改變，務求讓食客享用到最新鮮的美味。

露天酒吧十分受歡迎，周五至日只接受walk-in客。

地：95 Exhibition Street, Melbourne, VIC, 3000
電：61-3-9116 8682
時：Deli 11:30am-till late；Restaueant 5:30pm-till late；Rooftop 4:00pm- till late
網：https://www.farmersdaughters.com.au/

泰式創意料理店 Chin Chin 21

Map 4-6 H3

乘火車於Flinders Street站下車，步行約7分鐘

Chin Chin在Grand Hyatt Melbourne旁邊的小巷子裡，以融合其他亞洲菜元素的創新泰菜和好喝的調酒Bar作賣點，深受當地人和遊客歡迎。店內的食物都十分不錯，他們的泰式涼拌青木瓜，青木瓜淋上泰式醬料，口感清脆酸甜，十分開胃。另外大推豬肉黃咖哩，濃濃的泰式香料配上椰奶滑順口感，加上很多蔬菜，美味之餘亦十分健康！

餐廳人氣爆棚，經常客滿，來之前最好先預約。

地：125 Flinders Lane, Melbourne VIC 3000 電：61-3-8663 2000 時：11:00am-till late

網：https://www.chinchin.melbourne/

Grossi Florentino將兩樓層分層三個用餐空間，滿足不同消費族群和聚餐場合。

Map 4-6 H2

兩帽意式餐廳 Grossi Florentino 22

乘火車於Parliament站下車，步行約3分鐘

大家聽過廚師帽餐廳嗎？這是澳洲特有評鑑餐廳制度，帽子越多代表評價越高，而Grossi Florentino就是兩帽餐廳。Grossi Florentino一共有兩層，分為三個部分，有酒吧Cellar、休閒餐廳Grill和正式餐廳Florentino。如果預算足夠，可以試試他們最有名的Florentino。餐廳利用油畫、燈飾、座椅營造古典歐洲高級餐廳的氛圍，餐點會提供3-5道菜的選擇，侍應會根據食客的喜好和專業知識提供點餐建議。Florentino整體氣氛高雅，餐點美味，是個非常適合約會和慶祝紀念日的餐廳。

地：80 Bourke Street, Melbourne, VIC 3000 電：61-3-9662-1811 網：https://www.florentino.com.au/florentino

時：Cellar 周一至周六 8:00am-10:00pm；Grill 周一至周六 12:00noon-2:30pm、6:00pm-10:00pm；
Florention 周一至周五 12:00noon-2:30pm、周一至周六 6:00pm-10:00pm

以馬戲團為設計主題的酒吧。

有大家熟悉的懷舊電玩遊戲。

大細路的娛樂天堂 23 Map 4-6 A2

Archie Brothers Cirque Electriq

乘35、70、86號電車於The District Docklands (D11)站下車步行5分鐘

鄰近Melbourne Star摩天輪的Archie Brothers，是一個小型的室內遊樂場。園內有6條保齡球道及67台遊戲機，除了一些例牌的XD Theatre、3D虛擬實境等設備，還有大家熟悉的懷舊電玩遊戲，例如食鬼遊戲、碰碰車、旋轉木馬等，帶你重溫那些年的樂趣。場內設有酒吧供應各式熱狗、漢堡、薄餅和炸雞，還有人氣雞尾酒Salted Caramel Cirpresso，杯上裝飾著澎湃的爆谷和朱古力，非常誘惑。這裡日間歡迎任何年齡人士入場，晚上8時後只招待成人。

場內提供各類美式快餐。

Salted Caramel Cirpresso，爆谷與伏特加的完美融合。

充滿Party氣氛的雞尾酒。

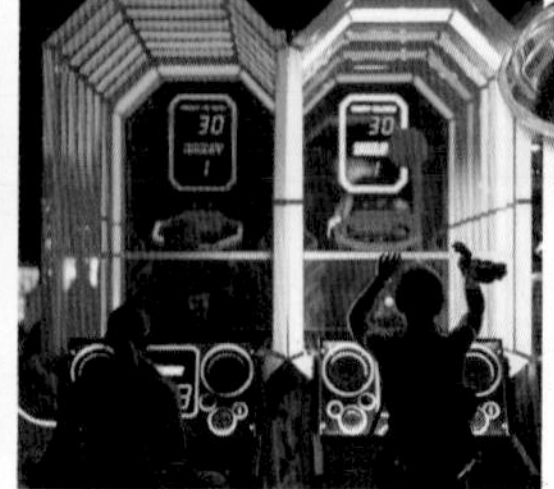

地：The District, 440 Docklands Drive, Docklands, Victoria

電：61-1300 888 386

時：周一至四 12:00nn-10:00pm、周五及六至 12:00mn、周日至 10:00pm

網：www.archiebrothers.com.au

Map 4-6 C2

靚海景自助餐 New Quay International Buffet & Bar 24

North Melbourne或South Cross火車站步行10分鐘

位於Docklands Central Pier對岸，以特大落地玻璃設計，客人能看到碼頭景觀，應該會食慾大增。餐廳提供多達70款世界各地的風味的美食，包括不同冷盤、湯、壽司、刺身、熱盤等，當中最搶手必定要數海鮮了，佔盡地理優勢，海鮮自然新鮮。另外自助餐的甜品也是另一焦點，因為款式非常之多，令你每樣都想試。雖然在香港有更加「平靚正」的自助餐選擇，但要在墨爾本找一家海景餐廳，要有如此價錢服務又要飽肚？恐怕有點難！

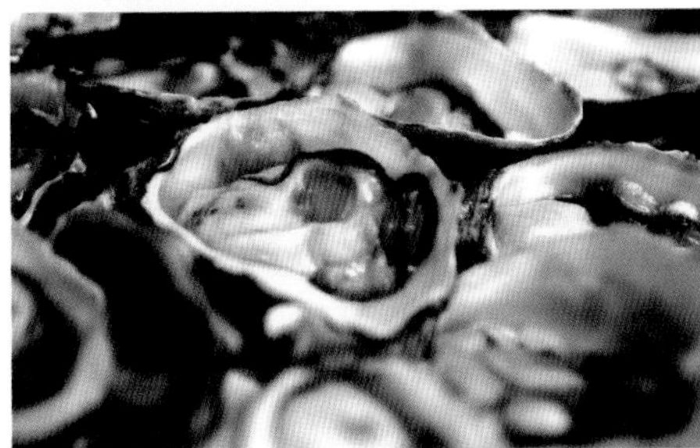

地：4-6 New Quay Promenade, Docklands, Melbourne, Victoria　電：61-3-9670 3889

時：Lunch 12:00nn-3:00pm（周六日）；Dinner 6:00pm-10:00pm（周三至日）；周一、二休息

Map 4-8

果醬購物中心 Jam Factory 25

乘78或79號電車於Chapel Street和Wilson Street交界下車，步行約1分鐘

位於熱門購物區Chapel Street的Jam Factory，已有150年歷史，是這區著名的大型購物商場。原址是啤酒廠，幾經轉折成為果醬工場，之後又因果醬業蕭條，工場倒閉而改建為購物中心。於1979年正式開張，花費2千萬澳幣發展的Jam Factory，室內面積雖不算大，但勝在五臟俱全，裡面設有餐廳、咖啡室、唱片店、書店及家品店等，既有得買又有得食。2樓更設有大型戲院，食飽飯不妨看場電影，輕鬆一下。此外，這裡亦有一間中式按摩店，在Chapel Street血拼完，可以充充電，然後再繼續掃貨。

在大堂中央的大鐘分針上，掛著一個男人，第一眼看到還以為是真的。

地：500 Chapel Street, South Yarra, Melbourne, Victoria

電：61-3-9860 8500

時：10:00am-12:00mn；聖誕節休息

網：http://thejamfactory.com.au

精選食肆

1. Boost Juice Bar
澳洲超人氣果汁店，生果品種數之不盡，全部新鮮現榨。

地址：Shop 3

營業時間：8:00am-7:00pm

電話：61-3-9827 0857

2.Nandos
著名的葡式烤雞餐廳，於1987年在南非創立，以超級惹味的香料征服全世界。

營業時間：11:00am-10:00pm

電話：61-3-9826 3133

3. SODA ROCK
典型美式快餐店，店內的古董點唱機及貓王人像，打造懷舊氛圍。

營業時間：11:00am-10:00pm；

電話：61-3-9827 3500

4. Roll'd
澳洲的越南美食超有水準，雖然名為Roll，除了越南米捲，牛肉檬也是必吃之選。

營業時間：11:00am-8:30pm

電話：61-3-9804 8581

舊郵局變身扒房
Angus & Bon 26

Map 4-8

乘78號電車於Chatham St/Chapel St站下車步行2分鐘

2018年的新力軍Angus & Bon，是一間走紐約風格的扒房餐廳，坐落於已有90年歷史的Prahran舊郵局原址。雖然店名叫Angus，但店內的招牌牛扒並非安格斯牛，而是澳洲牧場產的草飼牛、和牛等優質肉扒類，其餘尚有豬腩、羊扒及海鮮之選。

地：168 Greville Street, Prahran, Victoria

：61-3-9533 9593

網：www.angusandbon.com.au

闔府統請

Luna Park 27

Map 4-8

墨爾本電車16或96號在Luna Park/The Esplanade (St Kilda)站(Stop138) 下車即達

月亮公園是澳洲「土生土長」的主題樂園，墨爾本的月亮公園開業於1912年，比悉尼的月亮公園更年長。雖然月亮公園已有超過100歲高齡，不過絕對是「老當益壯，與時並進」。主題樂園必備的機動遊戲如過山車、海盜船、跳樓機等都有供應。較刺激的有「法老的詛咒」(Pharaoh's Curse)，乘客坐在360度的離心機連續轉多個圈，保證個心不只「離一離」咁簡單。整體而言月亮公園的機動遊戲較適合小朋友，所以也是一家同遊的好去處。

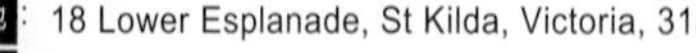

地: 18 Lower Esplanade, St Kilda, Victoria, 3182　電: 61-3 95 255 033　網: https://lunapark.com.au
時: 周二至三及日至一 11:00am-8:00pm、周四至六營業至 11:00pm
費: 單次遊戲票 AUD15， 0-3 歲 AUD5；任玩票 AUD120

名店重生 Stokehouse 28

Map 4-8

乘11或42號電車於Collins St.站下車即達

Stokehouse 是墨爾本著名的食肆，原本坐落於St. Kilda Beach 旁，食盡無敵靚景，可惜在2014年初因火災而損毀。經過一年多的努力，餐廳終於完成重建工程，食客們又可以再在陽光海灘中享受星級大廚炮製的美食。

餐廳主要融合亞洲、中東和歐洲風格的菜式，08年更獲《The Age Good Food Guide》評為2星級餐廳。這裡的煎鴨胸甚為出色，鴨肉質感軟滑，配上美洲南瓜、葡萄乾和石榴汁，吃起來味道清新。

煙香拿魚沙律
Seared Tuna Nicoise with Spring Beans, Tomato, White Anchovy & Anchoiade Mayonnaise

香煎鴨胸 軟綿鴨肉，汁豐肉嫩，值得推介。

地：30 Jacka Boulevard, St Kilda, VIC, 3182
電：61-3-9525 5555 時：12:00nn-12:00mn
網：www.stokehouse.com.au

本地畫家Jay Walker所繪畫的油畫，充滿抽象風格，而他亦設計Tee Shirt圖案，他身上所穿的tee便是出自自己手筆。

藝術品市集
The Esplanade St. Kilda Sunday Market

29 Map 4-8

乘16號電車於Luna Park站下車

自1970年起，每到周日，St. Kilda海灘旁邊的The Esplanade大道便聚滿了本地藝術家，成為他們發表和售賣作品的根據地。現時約有超過200個檔攤，檔主多數都是來自維多利亞州的工匠和藝術家，出售他們最新及最引以為傲的手製作品。曾經奪得奧斯卡最佳短片大獎的導演Adam Elliot都在這裡待過5年，售賣其自家設計的Tee Shirt。這裡的藝術小檔有木雕、現代畫、玻璃製品及循環再造的裝飾品等，幾乎每件都是由人手製作，因此不難在這裡買到獨一無二的手信。

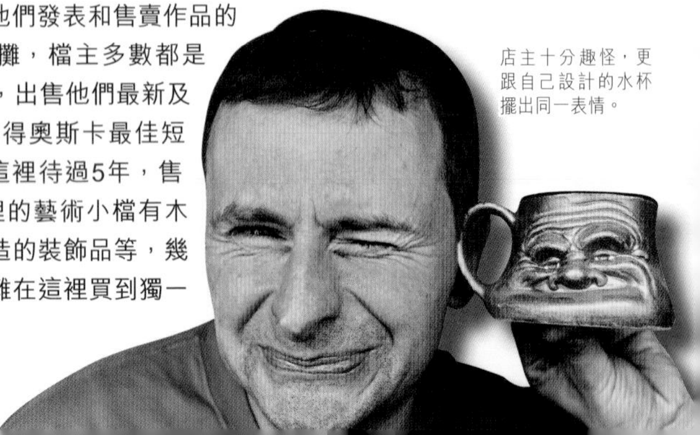

店主十分趣怪，更跟自己設計的水杯擺出同一表情。

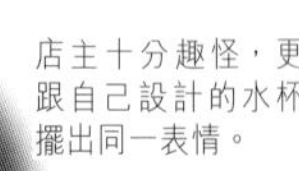

或者店主們都有藝術家脾氣，所以檔攤的營業時間都不太定時。

這位木雕工藝家，以原塊澳洲尤加利樹木頭，造成大大小小的儲物箱。

木頭儲物箱

在市集的盡頭，便是著名的遊樂場Luna Park。

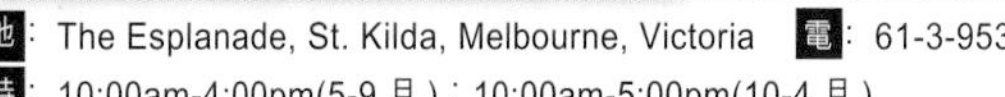

地：The Esplanade, St. Kilda, Melbourne, Victoria 電：61-3-9534 0066
時：10:00am-4:00pm(5-9 月)；10:00am-5:00pm(10-4 月)
網：http://www.stkildaesplanademarket.com.au/

在The Nobbies Centre下的Seal Rocks上，差不多有20,000隻海豹悠閒地在游泳。

親親海洋世界 30

Map 4-9

The Nobbies Centre and Penguin Parade

記者感言
非常欣賞這個企鵝保護區的概念，既可讓遊客看到牠們可愛的模樣，也不影響牠們的生態平衡。

乘坐V/Line coach巴士由墨爾本往Cowes，再轉乘的士前往

在Phillip Island上，由Phillip Island Nature Parks營運的The Nobbies Centre和Penguin Parade，是島上最受歡迎的景點。遊客既可接近野生海洋動物，又學到生態知識。位於島上東南面的The Nobbies Centre，坐落在Bass Strait海峽的懸崖上，崖下是澳洲最大海豹族群的聚居地，遊客可透過熒光幕，即時看到牠們可愛的樣子。

除了肥嘟嘟的海豹外，距離The Nobbies Centre 5分鐘車程的Penguin Parade海岸，更有全世界最小的企鵝Little Penguins出巡。每天黃昏時分，數以百計的小企鵝都會從岸邊走回巢穴休息。為了保育和讓遊客一睹風采，這一帶已發展成保護區，在企鵝所行走路線上加建木欄，讓遊客既能近距離觀察企鵝，又不會打擾牠們的作息。

中心外設有行人徑，遊客可一直往下走，更接近海豹的聚居地。

The Nobbies Centre內設有咖啡室，可以在這裡看到日落景色。

有關 Phillip Island

距離墨爾本市約2小時車程的Phillip Island，有多種玩意，除可看到野生動物外，還有刺激的活動，又有新奇有趣的博物館，適合一家大細齊來遊玩。

想不到能這麼近距離，觀察到小企鵝的一舉一動。

Little Penguins 小知識

隨著不同的月份，走到岸上的小企鵝數目都有不同，10月至1月期間，是牠們的產卵和孵化期，數目是一年中最多的，可達1,000隻。而在6、7月期間，成長的企鵝都會忙於築巢和覓食，數目可能只有300至400隻。

小企鵝巡遊每年吸引超過65萬人來參觀，而遊客主要是坐在觀景台，等待小企鵝的來臨。

透過螢光幕和控制器，控制攝影機將畫面放大和縮小，即時「偷窺」到海豹們的樣子。

Penguin Parade內設有資訊中心，介紹小企鵝的生態，讓遊客更了解牠們的習性。

地：1320 Ventnor Road, Summerlands, Victoria 3922 (Nobbies Centre) 1019 Ventnor Road, Summerlands, Victoria 3922 (Penguin Parade)

電：61-3-5951 280 **網**：www.penguins.org.au

時：每天從 10:00am 或 11:00am 起開放，下午日落前一小時停止入場，四季不同，詳情可致電查詢或參閱官方網站（The Nobbies Centre）；Penguin Parade 開始的時間會隨入夜的時間改變，詳情可致電查詢

費：免費（The Nobbies Centre）；成人 AUD 27.7；4 至 15 歲小童 AUD 13.7（Penguin Parade）

註：Penguin Parade 亦設有其他種類的門票，收費請參考網頁。在 Penguin Parade 的觀賞範圍內不可拍照，以保護小企鵝敏感的眼睛

保育小樹熊 Koala Conservation Centre 31

Map 4-9

乘坐V/Line coach巴士由墨爾本往Cowes，再轉乘的士前往

在澳洲想看到樹熊並不困難，不過多數都飼養在動物園裡，較難欣賞到野生樹熊的真面目。不過只要來到同樣由Phillip Island Nature Parks所營運的Koala Conservation Centre，便能看到樹熊在原始棲息地的生活模樣。

整個園區共分為兩個部分，從正門往內走，先會到達叢林區域，這裡的樹頂上都會住著樹熊，因為上面的樹葉比較好吃，但礙於樹身較高，遊客較難看得清楚。走遠一點，會到達木板步路區域，遊客走在距離地面數米的木板上，便可輕易見到牠們有的在睡覺、有的在吃樹葉，樣子十分可愛。幸運的話，還有機會遇上較活潑的樹熊走在路上，跟大家打招呼。

平時在動物園極少看到四腳觸地的樹熊！

難得樹熊醒了走到木板路上，興奮的攝影師都不禁走到面前跟牠「對峙」。

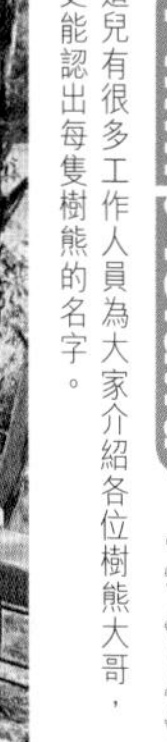

這兒有很多工作人員為大家介紹各位樹熊大哥，更能認出每隻樹熊的名字。

園內還有沙袋鼠（Wallaby）、袋貂（Possum）和約有100種雀鳥棲息，在這個觀鳥台可利用望遠鏡賞鳥。

這些圍牆沿著整個園區而建，以防樹熊們「逃走」。

四合一套票

想一次過玩盡Penguin Parade、Antarctic Journey、Koala Conservation Centre及Churchill Island Heritage Farm，買套票就最好不過！

門票 成人 AUD 58 起，小童(4-15)AUD29 起

網站：www.penguins.org.au

樹上睡寶寶

樹熊在澳洲土著語意思是「不用喝水」，因為牠們主要食含大量水份的尤加利樹葉，水份和養份都可以從中吸收。牠們初次被發現是在1798年，後來遭到大量捕殺，數量一度只剩下1,000多隻，但現在牠們已經被列為受保護動物。而樹熊的新陳代謝很慢，平均1天都要睡20小時，所以給人一種懶惰的印象。

園內有遊客資訊中心，展示關於樹熊生態和保育的知識。

地：Phillip Island Tourist Road, Phillip Island, Victoria

電：61-3-5951 2800　網：www.penguins.org.au

時：10:00am-5:00pm；12 月 25 日 2:00pm-5:00pm；12 月 26 日至 1 月底 10:00am-6:00pm

費：成人 AUD 13.7，4 至 15 歲小童 AUD 6.85

挑戰專業賽道 Phillip Island Grand Prix Circuit 32

Map 4-9

乘坐V/Line coach巴士由墨爾本往Cowes，再轉乘967號巴士，於Wimbledon Heights下車，轉乘的士約8分鐘

駕著紅色賽車在賽道上飛馳，感覺極之刺激暢快。

別以為Phillip Island只有野生動物，這兒也有非常刺激的小型賽車(Go Kart)。Phillip Island Grand Prix Circuit是澳洲非常著名的賽車場地，每年都會舉行很多大大小小的賽事，其中更包括電單車界盛事MotoGP和Superbike World Championship，吸引過萬觀眾到島上欣賞。

這裡平日會開放給大眾進場玩小型賽車，賽道上分別有高速的直路、急窄的彎位和高低不平的小山丘，十分刺激。他們所採用的車輛從瑞士入口，控制時非常扎實，速度高之餘又很安全，現場更有工作人員作指導和計時，十足專業比賽一樣。

Phillip Island Grand Prix Circuit內亦設有賽車博物館，在這裡可看到賽車史的發展和多部古董賽車。

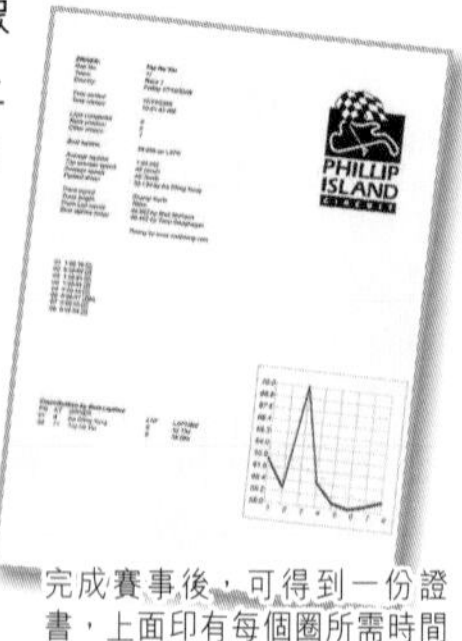

完成賽事後，可得到一份證書，上面印有每個圈所需時間和最佳圈速，十分專業。

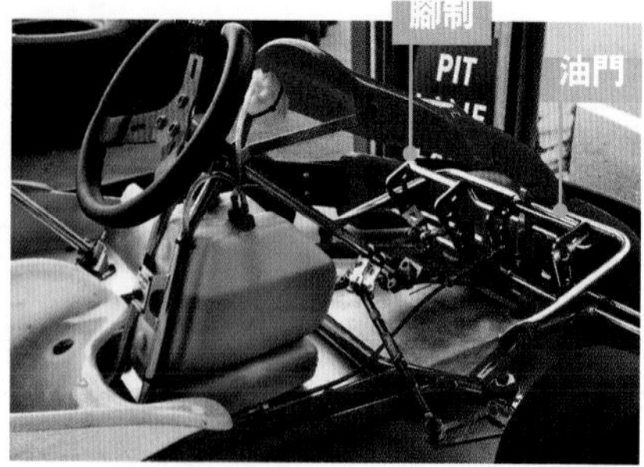

這裡的Go Kart都沒有設置波段，右邊的是油門，左邊的是腳掣，操控十分容易。

地: Back Beach Road, Phillip Island, Victoria
電: 61-3-5952 2710
時: 9:00am-6:00pm
網: www.phillipislandcircuit.com.au
費: (10分鐘)AUD 35，(30分鐘)AUD 80

Jane Austen主題客房，酒紅色的牆身跟英式家具十分搭配。

尋找大文豪的足跡 33 Holmwood Guesthouse

Map 4-9

乘坐V/Line coach巴士由墨爾本往Cowes，沿Chapel Street步行至Steele Street街口，約7分鐘，或可選乘的士，約2分鐘

雖說Holmwood Guesthouse是一間民宿，不過其充滿閒適的田園風，實在叫人為它著迷。來自荷蘭的Serena和Eric自94年買下民宿後，便把只有3間房的民宿改建，變成既有格調又舒適的住處。主樓內的3間房間各有主題，布置都很考究。其中一間全紅設計的房間以著名女作家Jane Austen作主題，房間優雅之餘，更擺放了她的著作。雖然你未必會住在這兒，但建議一定要來吃件餅、喝杯茶，因為曾當大廚的Eric所炮製的美食，用料新鮮又好吃，而且店面小小，有種溫暖感。順帶一提，這兒距離Cowes市中心只有300米路程，附近亦有海灘和網球場，方便住客到處去。

這裡有兩間獨立的小屋，適合喜歡更多私人空間的住客。

Serena和Eric自多年前來澳洲旅行後便愛上這地方，並決定在此定居。

Eric每天都會到市場選購最新鮮的材料，為住客準備早餐和晚餐。Serena更會將自己的畫作放在民宿內，十分溫馨。

地：37 Chapel Street, Cowes, Phillip Island, Victoria

電：61-3-5952 3082 費：AUD 250 起

網：www.holmwoodguesthouse.com.au

Panny's企鵝型朱古力

埃德娜．埃弗烈治夫人(Dame Edna Everage)的朱古力砌圖，由萬二塊朱古力鑲嵌而成。

看得到的朱古力 34 Map 4-9

Panny's Phillip Island Chocolate Factory

乘坐V/Line coach巴士由墨爾本往Cowes，再轉乘V15號巴士，於Forrest Avenue及Phillip Island Rd交界下車，步行約7分鐘

Panny's Chocolate Factory，其老闆Panny已有22年造朱古力的經驗，一直鑽研成分和技巧，致力造出最優質的朱古力。這裡的朱古力豆都來自比利時，成分方面保留最傳統的處方，製造過程全以人手監控，由煮朱古力豆到包裝都一手包辦，客人更可參觀整個生產過程及了解其工序。據Panny說他們最多只會做6個星期的存貨，以保證味道夠新鮮，而且不會分銷到其他地方。

熱門手信之一的朱古力高跟鞋。

亮點之一的室內展品「朱古力村莊」。

地：930 Phillip Island Road, Newhaven, Phillip Island, Victoria
電：61-3-5956 6600
時：10:00am-5:00pm(4月至9月)；10:00am-6:00pm(10月至3月)
網：www.phillipislandchocolatefactory.com.au
費：成人AUD18，4-15歲小童AUD12，4歲以下免費

新鮮啤酒自家製

Rusty Water Brewery Restaurant & Bar 35 Map 4-9

乘坐V/Line coach巴士由墨爾本往Cowes，再轉乘的士前往

如果計劃在Philip Island留宿，Rusty Water Brewery Restaurant & Bar絕對是與知己晚餐吹水的最佳選擇。食肆堅持以最新鮮的在地食材，炮製最可口的美食。店家還不怕麻煩，自釀多款手工啤酒，味道絕不大路。逢周五晚，食肆都有拉闊音樂表演，靚歌、美酒、美食加靚景，怎不令人陶醉？

地：1821 Phillip Island Rd, Cowes, Victoria 3922
電：61 3 5952 1666
時：周二、三 4:30pm-8:00pm；周四至六 11:30am-9:00pm；周日 11:30am-8:00pm
網：http://www.rustywaterbrewery.com.au

令人變成小矮人的照相館，可以一試變成姚明的感覺。

進入奇幻世界 A Maze'N Things 36

Map 4-9

乘坐V/Line coach巴士由墨爾本往Cowes，再轉乘的士前往

在Phillip Island上，有一個叫人迷失、疑惑，但又令人會心微笑的地方，就是A Maze'N Things樂園。這裡布滿古靈精怪裝置，有著多種令人產生錯覺的玩意。由於創辦人Geoff和Sandy都非常喜愛趣怪玩意，便在91年興建了這間古怪屋。經過多年的加建和更新，現已成為維多利亞州內，同類型樂園的佼佼者，05年更奪得了Victorian Tourism Awards大獎。這裡有著千奇百怪的房間，包括令人看上去矮了一半的神奇照相館、找不到出口的玻璃迷宮、體驗free falling的垂直滑梯，以及使人失去平衡的時光隧道等。現場所見，有些大人較小孩玩得更投入，故絕對是享受家庭樂的好去處。

這裡設有1個室外的大型迷宮，據Geoff説曾有人被困2小時後，想發難打破木板離去。

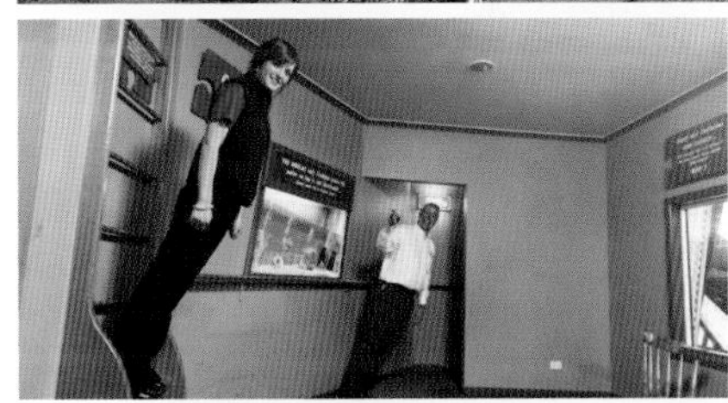
進入這個房間，可以輕易使出Michael Jackson 45度傾斜的絕技！

筆者親身經歷：鼻子撞上了玻璃，很痛，但是笑到停不了。

地：1805 Phillip Island Road, Cowes, Phillip Island, Victoria

電：61-3-5952 2283　時：10:00am-5:00pm

網：www.amazenthings.com.au

費：成人 AUD 39，4 至 15 歲小童 AUD 26

Map 4-1 D2

逾百年歷史的海灘小屋，是墨爾本周邊地區的Icon地標。

海灘彩虹小屋 37 Brighton Bathing Boxes

由墨爾本Flinder Street乘火車於Middle Brighton站下車，步行約15分鐘

說到墨爾本周邊地區最吸引的景點，莫過於Brighton Beach海灘上的彩虹小屋(Bathing Boxes)。這裡面向Port Phillip Bay，距離墨爾本市區僅約半小時車程，中午來這邊打卡後，黃昏再順路去St Kilda Pier觀看企鵝歸巢也很方便。

Bathing Boxes最早建於1862年，當時只作公眾的更衣室，現在有部分單位出售給私人用途，由於面積只有6.5 x 6.5 x 8呎，屋主只能用作更衣或倉庫使用。一整排的彩虹小屋共有80餘間，每一間都有自己的特色圖案，例如袋鼠圖、螃蟹圖等，十分搶眼！其中最具人氣的一間，就是畫上澳洲國旗的2號深藍小屋，周末人潮更是不間斷，分分鐘要排隊等影相！

最具人氣的一間Bathing Boxes海灘小屋。

如火柴盒般的Bathing Boxes沿海灘一整排展開，五彩繽紛。

地：Beach Road, Esplanade, Brighton, Victoria

南半球首家 Map 4-1 D2

LEGOLAND® Discovery Centre Melbourne 38

乘火車至Oakleigh站，轉乘900號巴士到Chadstone下車

澳洲墨爾本最近在Chadstone Shopping Centre開設南半球首家樂高積木探索中心，佔地約2,800平方米，內裏設有多個互動遊樂區，更增設機動遊戲區及小型4D電影院，包括用150萬塊Lego搭建而成的城市Miniland、騎上戰車手持武器拯救公主的Kingdom Quest等。注意探索中心把每個月的第四個星期四訂為「Adults Night」，是專屬給大人的場次，一般時間18歲以上成人需和小孩一同入內。

地: Level 2, Chadstone Shopping Centre, 1341 Dandenong Rd, Chadstone, Victoria, 3148　費: AUD27.6
時: 周一至三 10:00am-5:00pm，周四至日 9:30am-6:00pm　網: https://melbourne.legolanddiscoverycentre.com.au/

升級版溫泉 39 Map 4-1 D3

Peninsula Hot Springs

獲獎無數的溫泉館，曾獲2017年The World Luxury Spa Awards。

全館水溫由36°-43°C，邊浸溫泉、邊欣賞無邊際的山景。

乘火車於Frankston站下車，轉乘788號巴士於Rye站下車再坐的士約10分鐘到達

坐落於Mornington的Peninsula Hot Springs，泉水來自地底637米以下的天然溫泉，經重新修葺後已於2018年9月啓用，升級版的溫泉館繼續走日式風格，全館共建有25個溫泉池，包括洞穴池、木桶浴池、套房湯屋等等；增建項目的亮點是全澳獨有的「冰洞」Ice Cave（常溫為-4℃），不時會有人工飄雪效果，從天花板落下，十分有氣氛。戶外Bath House更以梯田式設計，浸在池中可以觀賞舞台表演。

地: Springs lane, Fingal 3939, Mornington Peninsula, Victoria
電: 61-3-5950 8777　時: 7:00am-10:00pm

這輛型號C42的蒸汽火車馬力強大，已有約100年歷史。

記者感言
坐在這台上個世紀的火車，沿途景色令我心曠神怡，完全忘卻都市的繁囂生活。

全澳最古老蒸汽火車 40
Puffing Billy Railway

Map 4-1 E2

乘火車在Belgrave站下車，步行約3分鐘

想試試重回古老的火車之旅，位於維多利亞州內Belgrave地區的蒸汽火車便是最佳選擇。Puffing Billy鐵路建於上世紀初，已有過百年歷史，它亦是澳洲仍然運行的最古老蒸汽火車路線。當年Puffing Billy鐵路是用於開發州內偏遠地區的交通工具，但50年代時候，因山路崩塌堵塞路軌，而一度停駛。

司機就是用這個控制器，將儲滿的蒸汽放出，推動火車前進。

當火車馬力全開的時候，頭頂和兩旁都會噴出大量蒸汽，非常壯觀。

這裡大部分的員工都是Puffing Billy保護協會的義工，十分值得敬佩。

重新再出發

在62至65年，有關方面成功繞過倒塌處，這條古老鐵路得以重開，成為由Belgrave至Gembrook地區的觀光路線。在這29公里長的軌道上，沿途會經過風光明媚的樹林Sherbrooke Forest、擁有漂亮小橋流水的Trestle Bridge和Emerald的宜人農莊地區。Puffing Billy每年更會舉行人和火車的競賽，吸引3,000多人參加，為了讓參賽者有勝出的機會，他們會以馬力較小的火車出賽，因此平均都會有5、6百人打敗這古老的蒸汽火車。

這裡的蒸汽火車都以煤炭作燃料，沿途工作人員會不停為火車加炭，放進火爐中燃燒，以產生蒸汽。

小朋友們都會坐上窗框上，把雙腳伸到外面，十分可愛。

司機跟工作人員都是這裡的老臣子，為延續古老的鐵路不遺餘力。

地: 1 Old Monbulk Road, Belgrave, Victoria

電: 61-3-9757 0700

時: 每天有多班火車來往 Belgrave 及 Lakeside、Menzies Creek 和 Gembrook 之間。另有不同服務組合，以及聖誕特別班車；首班車開出時間約為 9:15am

費: 來回票價約由 AUD21.5 至 196.5 起

網: www.puffingbilly.com.au

Map
4-1 C3

這些屬於60年代的展品，讓參觀者一睹當年的衝浪文化。

全球最大衝浪博物館 41
Surfworld Museum

從Greenlong V-line火車站，乘搭往Jan Juc的巴士，於Beach Road下車

位於澳洲衝浪勝地Torquay的Surfworld Museum，於1993年12月開幕，是世上最大的衝浪博物館。館內分為5個展覽室，展示逾500件衝浪相關物品。當中包括由1919年改良後的衝浪板、衝浪裝束、宣傳海報及本土衝浪高手的圖文介紹及影片等，還有海洋模擬機，模擬海浪湧上沙灘時，如何形成巨浪的原理。

博物館內其中一個展示室，以藝術、音樂、衣著及洞察力等方面，展示衝浪者生活。

地：Surf City Plaza, Beach Road, Torquay Victoria
電：61-3-5261 4606 費：成人 AUD 12；小童 AUD 8
時：9:00am-5:00pm；12 月 25 日休息
網：www.australiannationalsurfingmuseum.com

激玩古董花式戰機 42
Tiger Moth World Adventure Park

Map
4-1 C3

從墨爾本開車走Dual Highway，約1個半小時

坐在無頂古董飛機在天際翱翔，感覺特別刺激！

到澳洲尋刺激玩意，挑戰自己膽量，不妨玩這個主題公園的花式飛行活動。有多刺激？機師會以這架手動單引擎無頂古董飛機載你飛到空中，然後做出各種打圈、旋轉、俯衝，甚至短暫停下螺旋槳讓飛機像失控似的左搖右擺等花式動作，讓你在空中飽嘗驚險滋味。

飛機以90°直衝上雲霄，再以360°轉體，膽子小一點也不行。

地：325 Blackgate Road, Torquay, Victoria
電：61-3-5261 5100
費：入場費（成人）AUD 12.5；
（小童）AUD 10
（花式飛行）每位 AUD 325 起
時：9:30am-5:00pm (只有周六至日營業)
網：www.tigermothworld.com

海岸大觀
Great Ocean Road 43

Map 4-1 A4

大洋路是墨爾本的旅遊熱點，駕車沿途可欣賞壯麗的海岸岩石奇景。

從墨爾本SouthernCross火車站乘搭V-line火車至Geelong，再轉乘巴士往大洋路的Torquay、Anglesea、Lorne、Apollo Bay等地。

大洋路(Great Ocean Road)位於墨爾本西部，全長300多米，以壯麗的海岸景觀聞名遐邇。在大洋路上的沉船灣岸(Shipwreck Coast)，目下盡是各種奇形怪狀的岩石，當中被稱為阿德湖峽谷的Lord Ard Gorge，多年來吞噬了很多艘漂洋大船。沿路下去，還可一睹形狀酷似倫敦橋(London Bridge)的斷石，以及被侵蝕得只剩下一片的「剃刀石」。

地：Great Ocean Road, Melbourne, Victoria
註：從墨爾本開車走 Princes Highway，於 Geelong 銜接大洋路

Bay of Islands Coastal Park 

Map 4-52

這是長32公里的海岸保護區，有幾處不同的觀景台(Lookout)，讓人可以觀賞海岸線上大大小小的小島。

The Grotto 

Map 4-52

The Grotto是一個天然沉洞，由雨水慢慢把石灰岩侵蝕而成，連通著大海，非常壯觀。遊客可以順著棧道一路往下走到這個別有洞天的景點。

London Bridge & The Arch 46

Map 4-52

大洋路上最著名的景點之一，由於海浪和風不斷侵蝕，形成雙拱門的模樣，連接著陸地，可是在1990年與，連接陸地的部分倒塌下，形成現時看到的樣子，而更為驚險的是，當時橋上有兩名遊客，幸好最後安然無恙。

Loch Ard Gorge 47

Loch Ard Gorge是由一艘1878年在此地發生海難的帆船而命名，一共有8個觀景台和幾條徒步路線。海水從兩側高大懸崖所形成的閘門湧入，匯成一汪深藍碧透的翡翠池。此景點最令人為之佇足的就是左右的岩石會依照不同角度而時而緊密、時而分離，所以背後流傳不少浪漫故事。

The Twelve Apostles 48

Map 4-52

大洋路上的奇石景色中，以十二門徒石（The Twelve Apostles）最具代表性，也是澳洲的地標之一。這些奇石有逾2,000萬年歷史，最高的一塊門徒石約有65米，據當地人説，這裡很多岩石因不斷遭海水、雨水侵蝕已倒下來了，可見大自然的威力有多大。

Gibson Steps 49

Gibson Steps共有86級懸崖石階，人們可以沿著這個石階下到海灘，近距離地接觸十二門徒石，跟在上面看又有不一樣的感覺。

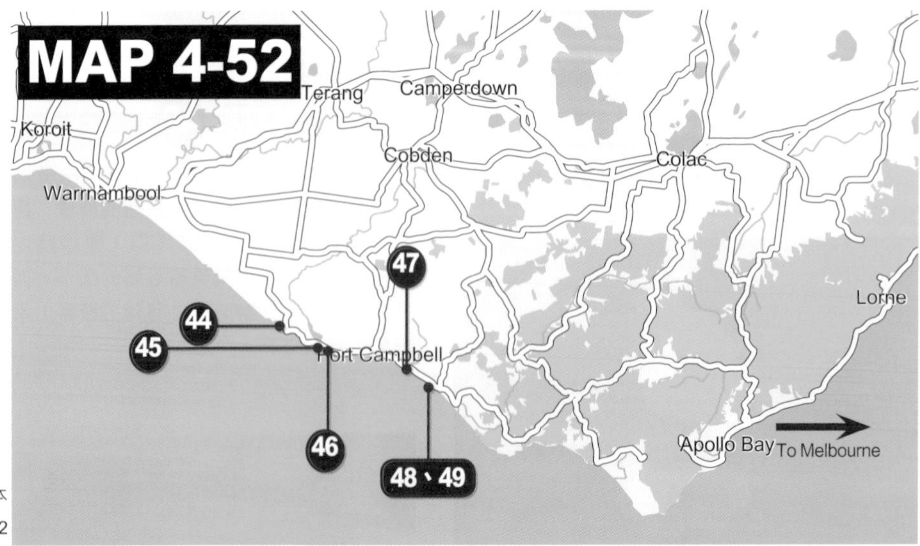

工業風型格酒店

QT Hotel

Map 4-6 G2

Melbourne Central火車站步行10分鐘

墨爾本每年都有新酒店落成，不過QT Hotel矚目之處，除了是由專出型格靚酒店的QT集團出品，亦因為酒店由數高11層的舊戲院改建。酒店行工業風格，大量使用鋼材及石材，呈現冷峻的效果。主餐廳Pascale Bar & Grill由QT餐飲總監親自設計菜單，而酒吧Hot Sauce更云集全城型男索女。最特別是應徵QT酒店的侍應，其中一部分竟是考Catwalk，就算招呼客人形態都要優雅，務求令酒店由硬件到軟件都型到爆燈！

Hot Sauce酒吧

Pascale餐廳

地：133 Russell St, Melbourne VIC 3000 Australia
電：61 3 8636 8800　費：雙人房約 AUD306 起
網：https://www.qthotelsandresorts.com/

豪華地露營 51

Notel Melbourne

Map 4-6 F3

Flinders Street 火車站步行10分鐘

墨爾本酒店業競爭激烈，業界各出奇謀。Notel特別引入6部豪華露營車，締造更豪華的露宿環境。露營車全出自美國名牌Airsteams，銀色車身全長31呎，非常有7-80年代科幻片特色，雖然是70年代出品並已退役，但經改裝後仍非常舒適。論方便程度未必及得上傳統的酒店房，但勝在住得招積，住一兩晚Post上FB或IG認真威威！

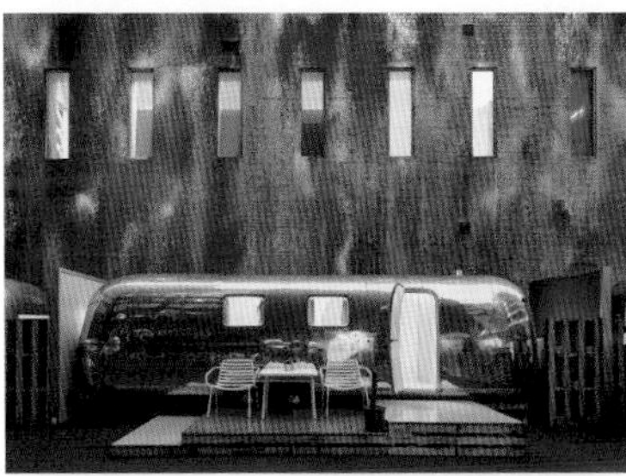

地：388 Flinders Ln, Melbourne VIC 3000 Australia
電：61 428 952 559　費：約 AUD299 起
網：http://notelmelbourne.com.au/

藝術酒店 The Motley

Map 4-6 E5

乘坐48或75號電車於Waltham St/Bridge Rd下車即達

The Motley位於墨爾本Bridge Rd，雖然不算市中心，但享受寧靜之餘，乘電車不用15分鐘便可達市中心，位置非常適中。酒店由超過百年的裁縫工場改建活化，不但保留了原有的紅磚外牆，內裡亦展出部分古董舊物及當代藝術品。最特別是房間利用裁縫的主題，加入不同布料的紋理，打卡呃LIKE一流，完全突顯酒店主題：「designed for your comfort, and your Instagram feed」。

地：205 Bridge Road, Richmond VIC Australia 費：AUD 259 起
電：61-3-9046 2300 網：https://themotleyhotel.com.au/

娛樂住宿兼備 53 Crown Towers Hotel

Map 4-6 E5

乘55號電車於Casino East站下車，步行1分鐘

Crown Towers Hotel 滙集娛樂及酒店設施於一身。大樓內有澳洲最大的賭博及娛樂場地、世界級酒店、水療中心、健身室、網球場、高爾夫球場、戲院、游泳池、各大品牌名店、逾70間食肆及900個座位的展覽廳。酒店客房共有482間，由特大的標準客房以至別墅都有，保證讓你體驗到世界級的度假、娛樂享受。

Deluxe Suite設有大理石浴室、水療浴缸、衣帽間、42吋大電視、無線上網等。房價每晚AUD 875

Crown Towers Hotel的水療中心提供中式及西式的水療護理服務。

地：8 Whiteman Street, Southbank, Melbourne, Victoria
電：61-3-9292 6666
費：(Deluxe King) AUD 379 起
網：www.crowntowers.com.au

酒店每層樓均設有圖書室，環境清幽雅致。

酒店客房由540平方呎的1 Bedroom Deluxe Suite至1,507平方呎的Platinum Suite，主要採用木製家俬。

荷里活名人入住 Lyall Hotel 54

Map 4-8

乘火車到South Yarra站下車，步行約4分鐘

墨爾本唯一私人擁有及經營的5星級酒店，以私人會所環境及提供貼心個人服務作賣點，共有40多間客房。每間客房備有客廳、廚房、豪華浴室及露台，還提供美食吧、24小時送餐服務、多款枕頭選擇及免費無線上網等。Platinum Suite私隱度高，不少荷里活名人如Gwen Stefani、Pamela Anderson及Paris Hilton都曾入住。

地：14 Murphy Street, South Yarra, Melbourne, Victoria　電：61-3-9868 8222　網：www.thelyall.com
費：（1 Bedroom Deluxe Suite）AUD 205 起

Map 4-9

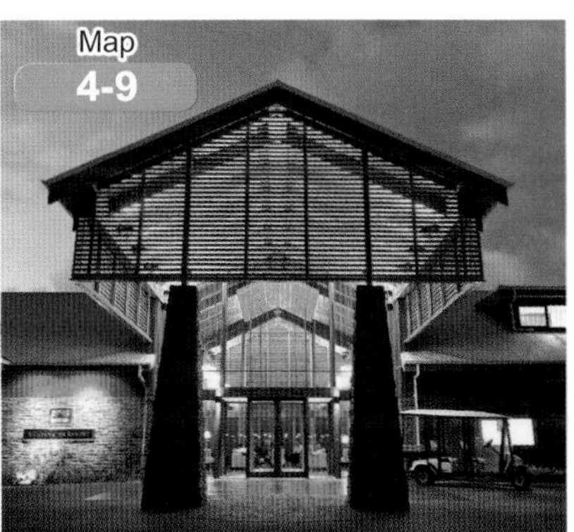

環境寬敞舒適，大型客房更設有開放式廚房及客廳。

海岸景致一覽無遺 Silverwater Resort 55

在Cowes乘896號巴士於San Remo的郵局下車，轉乘的士約3分鐘

外貌新穎兼具時代感的Silverwater Resort，鄰近Phillip Island，被美麗的海灘、高爾夫球場及Phillip Island的大自然景致環繞著。跟維多利亞州其他度假酒店不同，這間酒店分為多幢公寓大樓，共有204間時尚酒店式套房。這裡一帶食肆林立，尤以優質海鮮、牛肉、奶製品及來自有機農場的蔬菜聞名，保證讓你大快朵頤。

酒店外形設計獨特，並設有1至3間睡房的套房可供選擇。

地：Corner Philip Island Tourist Road & Potters Hill Road, San Remo, Victoria
電：61-3-5671 9300　網：www.silverwaterresort.com.au
費：（Resort Room）AUD 329 起

開恩茲
Cairns
刺激冒險之旅

開恩茲（Cairns）是昆士蘭州的著名度假勝地，這兒的天然景色相當迷人，陽光海灘、樹影婆娑，加上位處熱帶，因此又有「熱帶首都」的美譽。大堡礁碼頭、綠島、費茲洛伊島及庫蘭達等，都是開恩茲的主要景點；另外又可從開恩茲前往大堡礁等地，令開恩茲成為遊覽澳洲東岸的必經之地。

季節	平均溫度
春 (9月1日 -11月30日)	23°C-27°C
夏 (12月1日 -2月28日)	27°C-31°C
秋 (3月1日 -5月31日)	23°C-25°C
冬 (6月1日 -8月31日)	19°C-23°C

前往開恩茲交通

內陸機

Qantas Airways、Jetstar與Virgin Blue均有內陸機，由其他城市前往開恩茲。

悉尼→開恩茲	3小時
墨爾本→開恩茲	3小時25分鐘
布里斯本→開恩茲	2小時20分鐘

網址：www.qantas.com.au
www.virginblue.com.au
www.jetstar.com

遊客可以乘Sun Plam Transport Group往返開恩茲機場及市中心。
車費：單程AUD 15、來回AUD 28。

網址：www.sunplamtransport.com.au

巴士

長途巴士公司Greyhound Australia每天都有提供來往開恩茲的巴士服務，須時如下：

布里斯本→開恩茲	約28小時
悉尼→布里斯本→開恩茲	約45小時（在布里斯本過一晚）

網址：www.greyhound.com.au

火車

主要有2條鐵路來往布里斯本及開恩茲，包括Sunlander與Tilt Train，前者約32小時，後者約25小時。

網址：www.railaustralia.com

自駕遊

由澳洲其他主要城市駕車往開恩茲，須時如下：

悉尼→開恩茲	2420公里（30小時）
布里斯本→開恩茲	1707公里（20小時）

開恩茲市內交通

巴士

Sunbus

Sunbus是開恩茲市內的巴士，主要行駛於市中心地區和附近住宅區、沙灘等。

網址：www.sunbus.com.au

Coral Reef Coaches

Coral Reef Coaches提供來回開恩茲和Mossman的服務，途中會經過棕櫚灣（Palm Cove）和通格拉斯港（Port Douglas）。

網址：www.coralreefcoaches.com.au

實用網址

www.queensland.com.hk
www.queenslandholiday.com.au

開恩茲公共交通路線圖

Palm Cove
Palm Cove Cedar Rd 110
Clifton Beach
Kewarra Beach
Kewarra Beach Cottesloe Dr 111
Trinity Beach
Yorkeys Knob
James Cook University 122 123
Sunbus Depot Dunne Rd 113
Smithfield
Smithfield Shopping Centre 112 120
Holloways Beach
Barron Gorge
Caravonica
Machans Beach
Kamerunga
Redlynch
Redlynch Michaelangelo Dr 121 122
Whitfield
Brinsmead
Manoora
Kanimbla
Cairns City bus station Cairns Central 110 121

Key

Bus route

110	Palm Cove to Cairns Central Shopping Centre
111	Kewarra Beach to Cairns Central Shopping Centre
112	Yorkeys Knob to Smithfield Shopping Centre
113	Smithfield to Cairns Central Shopping Centre
120	Smithfield to Cairns Central Shopping Centre
121	Redlynch to Cairns Central Shopping Centre
122	Redlynch to James Cook University (JCU)
123	JCU to Cairns Central Shopping Centre
130	Raintrees to Cairns Central Shopping Centre
131	Raintrees to Cairns Central Shopping Centre
133	Earlville to Cairns City bus station
140	Edmonton to Cairns Central Shopping Centre
141	Coconut Village to Cairns Central Shopping Centre
142	Edmonton to Cairns Central Shopping Centre
143/W	Mt Sheridan Plaza to Cairns Central Shopping Centre
150	Gordonvale to Cairns Central Shopping Centre
150E	Gordonvale to Cairns Central Shopping Centre

A Cairns Central Shopping Centre Spence St departures bus stop

T Cairns Central Shopping Centre arrivals bus stop (terminus)

- Airport
- Cairns City bus station
- Bus terminus
- Caravan park
- Educational institution
- Fare zone boundary
- Ferry terminal
- Hospital
- Retirement community
- School
- Shopping centre
- Skyrail line and station
- Train line and station

City inset map - routes to terminus

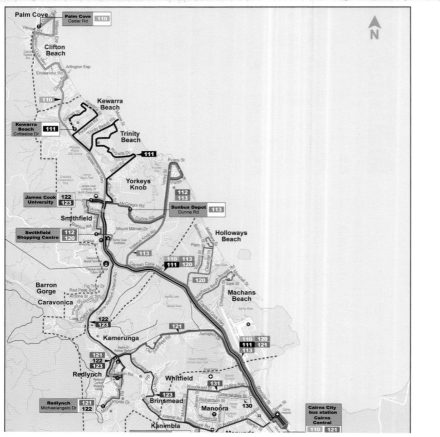

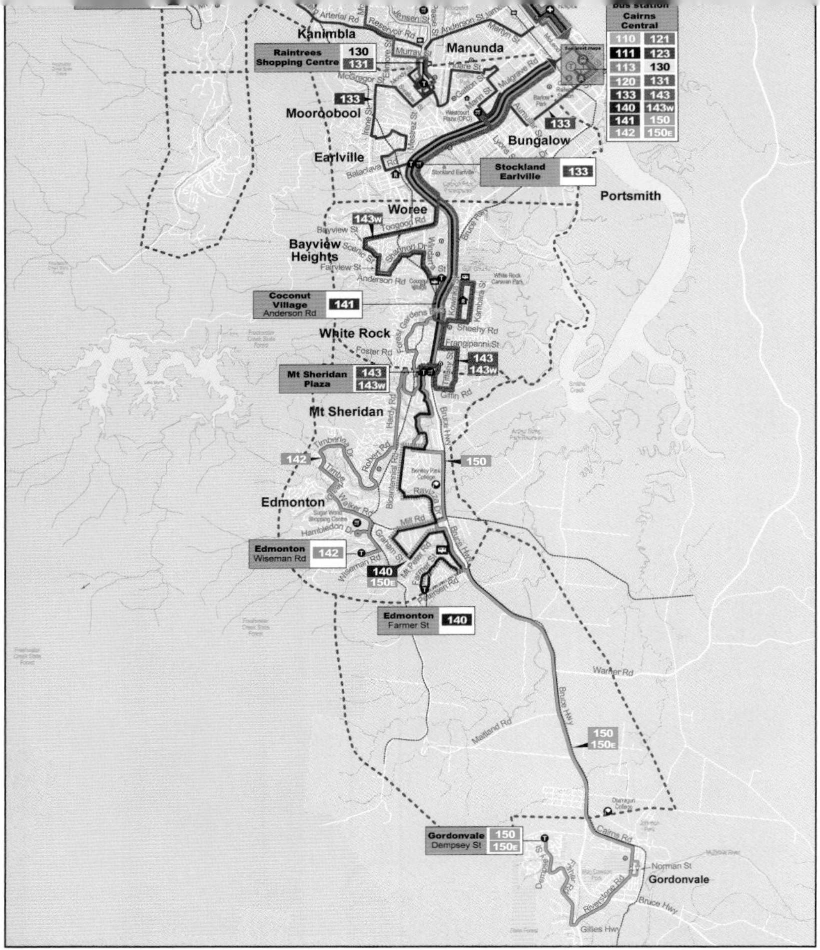

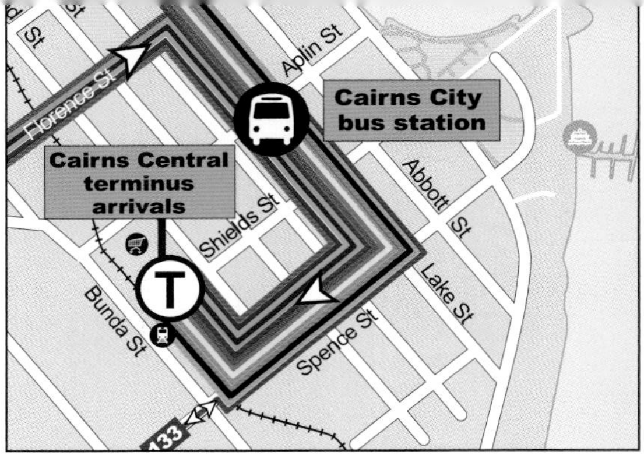

Cairns Central

110	121
111	123
113	130
120	131
133	143
140	143W
141	150
142	150E

Kanimbla
Manunda
Raintrees Shopping Centre 130 131
133
Mooroobool
Bungalow
Earlville
Stockland Earlville 133
Portsmith
Woree
143W
Bayview Heights
Coconut Village Anderson Rd 141
White Rock
143 143W
Mt Sheridan Plaza 143 143W
Mt Sheridan
142
150
Edmonton
Edmonton Wiseman Rd 142
140 150E
Edmonton Farmer St 140
Bruce Hwy
150 150E
Gordonvale Dempsey St 150 150E
Gordonvale

Cairns City bus station
Cairns Central terminus arrivals
Florence St
Shields St
Bunda St
Spence St
Lake St
Abbott St
Aplin St
133

City inset map - routes from Spence St

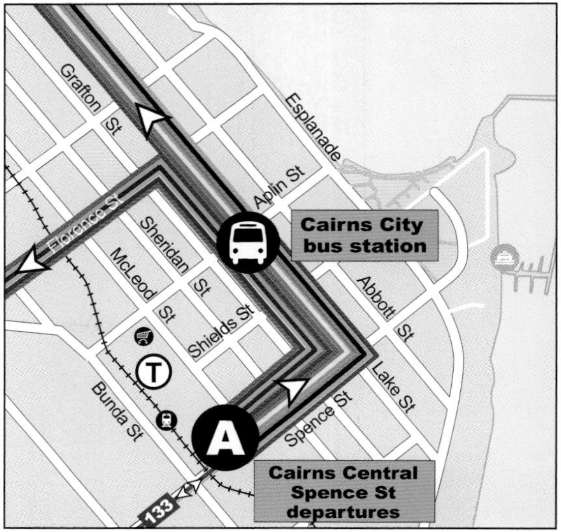

Cairns City bus station
Cairns Central Spence St departures
Grafton St
Esplanade
Aplin St
Florence St
Sheridan St
McLeod St
Shields St
Bunda St
Spence St
Lake St
Abbott St
133

MAP 5-4 開恩茲廣域圖

Google Map 下載

Ree

man
ge

08、13
Port Douglas
09
Craiglie
Oak Beach
大堡礁
Great Barrier Reef
ly
dge
Kuranda West Forest Reserve
Palm Cove
Kuranda
11
北
Koah
Cairns
Cairns

8	Salsa Bar & Grill	5-13
9	The Wildlife Habitat	5-14
11	AJ Hackett Cairns	5-15
13	Peppers Beach Club	5-16

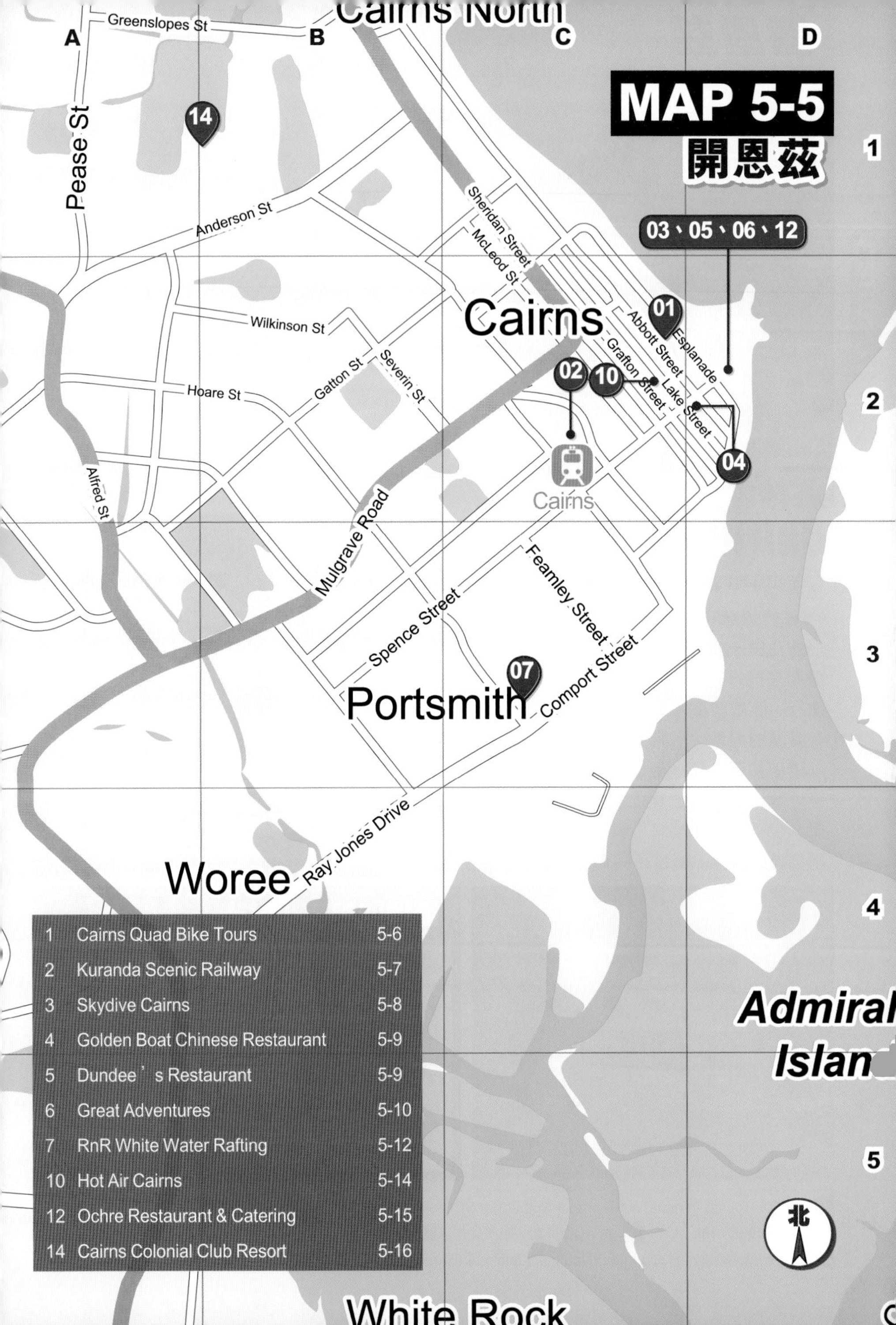
MAP 5-5
開恩茲
Cairns North
A
B
C
D
1
2
3
4
5
Greenslopes St
Pease St
Anderson St
Sheridan Street
McLeod St
Wilkinson St
Hoare St
Gatton St
Severin St
Alfred St
Mulgrave Road
Abbott Street
Esplanade
Grafton Street
Lake Street
Spence Street
Feamley Street
Comport Street
Ray Jones Drive
Cairns
Portsmith
Woree
White Rock
Admiral
Islan
03、05、06、12
01
02
04
07
10
14
北
1 Cairns Quad Bike Tours 5-6
2 Kuranda Scenic Railway 5-7
3 Skydive Cairns 5-8
4 Golden Boat Chinese Restaurant 5-9
5 Dundee’s Restaurant 5-9
6 Great Adventures 5-10
7 RnR White Water Rafting 5-12
10 Hot Air Cairns 5-14
12 Ochre Restaurant & Catering 5-15
14 Cairns Colonial Club Resort 5-16

障礙場地忽高忽低，加上地面塵土飛揚，玩起來極度刺激。

叢林內衝刺 01 Map 5-5 C2

Cairns Quad Bike Tours

由Cairns Central Station步行約7分鐘

在澳洲城市以外的地區，到處都有刺激好玩的戶外活動，如果想嘗試在叢林間飛馳的話，越野四驅車是很好的選擇。活動在Yorkeys Knob地區內進行，該處離開恩茲市中心只有十多分鐘車程，擁有廣闊的場地，包括平原、草叢、樹林和溪澗，可以讓參加者盡情地奔馳。此外，他們亦設有一些障礙場地，玩起來更具挑戰性。四驅車旅程有多項選擇，包括全日、半日，甚至一、兩小時，全程會有兩位導師同行，適合不同駕駛經驗的朋友參加。

操控四驅車小貼士

基本上四驅車十分容易操作，但要注意轉彎時扭軚動作不要太大，否則可能會失去平衡翻車。應該將身體輕輕傾向所轉的方向，輔助轉彎。當慢慢適應後，便可以嘗試高速走過斜坡等地方，保證大呼過癮！

地: Cairns Tourist Information Centre, 8 Rutherford St Yorkeys Knob Beach Cairns
電: 61-7-4055 7158　費: 由 AUD80 起，視乎參加活動的長短
網: https://www.cairnsdiscounttours.com.au/tours/cairns-quad-bike-tours/

Map 5-5 C2

整條鐵路大速份路程都建在山上，很難想像百多年前那些工人是怎樣將它完成的。

穿越樹林瀑布 Kuranda Scenic Railway 02

駕：在開恩茲北面沿Captain Cook Highway，在Smithfield轉入Kennedy Highway，在Kuranda出口離開即達

Kuranda Scenic Railway是百多年前為了開採金礦和木材而興建的鐵路，全程分3段建造，總長度約34公里（由開恩茲至Kuranda）。路程中可以見到優美的自然環境，包括樹林、山澗和多年前開墾的隧道等。當中最吸引是會經過Barron Falls大瀑布，可以欣賞到從265米落下的瀑布，雨季時份尤其壯觀，而司機更會貼心地在此停下來，讓遊客落車影相留念。Kuranda Scenic Railway在2006年更重新推出從前的Gold Class及Royale Class貴賓車廂，車內所有座位都面向窗口，沿途更有工作人員悉心照顧，不時奉上點心和香檳，感覺就像達官貴人一樣。

「黃金車廂」(Gold Class)的座位十分舒適，一邊飲香檳一邊睇風景，確是一流的享受。

這架火車的車頭畫滿鮮艷的圖畫，當停下來時不少人都要跟它拍照。

地：Cairns Station, Queensland

電：61-7-4036 9333

時：每天 2:00pm 和 3:30pm 於 Kuranda 站開出 /
每天 8:30am 和 9:30am 由開恩茲站開出

費：Heritage Class
(單程)(成人) AUD 50、(4 至 14 歲小童) AUD 25
(來回)(成人) AUD 76、(4 至 14 歲小童) AUD 38

網：www.ksr.com.au

其實只有頭幾秒會驚，之後記得要把握時機睇風景和影張靚相。

Map 5-5 C2

萬幾呎飛落去
Skydive Cairns 03

由Cairns Central Station步行約10分鐘

要數最刺激的戶外活動，高空跳傘一定榜上有名。Skydive Australia是澳洲跳傘活動專門店，在全國都有據點。他們有許多非常專業的導師與參加者一同進行雙人跳傘（Tandem Skydiving），不少更有數千次的跳傘經驗，保證既安全又刺激。報名後，參加者需要先換上所有裝備，包括跳傘專用的「蛤乸衣」（或長褲）、保護眼鏡和可以跟導師扣上的安全背心。聽一輪講解後便可以出發，乘小型飛機到半空，最高可以上到15,000英呎，自由落下的時間達60秒之久。

Skydive飛行及降落點都在大堡礁附近，參加者可以親眼鳥瞰大堡礁，絕對畢生難忘。

出發前，導師會先向參加者講解一些基本動作，例如落地時要舉起雙腳。

記者感言

「那是一個不可能完成的任務！」就算現在心內也難掩興奮之情，久久不能忘懷跳出機外的一刹。我發現原來自己的膽子可不小。

地：11 Spence Street, Cairns City, QLD 4870（報名處）
時：跳傘時間 5:45am,6:45am,7:45am,9:00am
費：雙人跳傘 AUD359，代拍照及視頻需另外付費
網：https://www.skydive.com.au/locations/cairns/

回味中式美食
Golden Boat Chinese Restaurant 04

Map 5-5 D2

由Cairns Central Station步行約7分鐘

澳洲的景點多不勝數，可能玩上一兩個星期也不足夠，當人在他鄉，總會有想食中餐的時候，而這間金舫海鮮酒家（Golden Boat Chinese Restaurant）便是開恩茲市內最出名的中餐廳之一。這裡的午市點心全由自己的師傅炮製，款式超過100種。晚上主要食傳統的中餐，以海鮮最為出色，其中他們的清蒸和薑葱炒昆士蘭泥蟹是必食推介。

薑葱炒昆士蘭泥蟹（時價）

原來澳洲很流行「yum-cha」(即飲茶)，不少當地人都愛在金舫來個一盅兩件。

地：34 Lake Street, Cairns, Queensland　電：61-7-4031 8833
時：11:00am-2:30pm、5:30pm-8:30pm，周六日至 9:00pm，周一、二休息
網：www.goldenboat.com.au
駕：於市中心沿 Spence Street 向東北駛，於 Lake Street 右轉即達。

Map 5-5 D2

澳洲風味鱷魚餐廳
Dundee's Restaurant on the Waterfront 05

由Cairns Central Station 步行約10分鐘

所謂澳洲菜，其實是融合了各國美食風味而形成的菜式，而以「鱷魚先生」作招徠的澳洲菜餐廳Dundee's Restaurant 主打海鮮、牛排及各種中西混合的美食，當中更有澳洲獨有的「野味」——袋鼠、鴯鶓、水牛及鱷魚肉。雖然未必人人敢嚐，但餐廳位於碼頭旁邊，格調優雅舒適，即使只喝一杯Cocktail都非常滿足。

地：Cairns Harbour Lights, 1 Marlin Parade, Cairns, Queensland
電：61-7-4051-0399　網：www.dundees.com.au
時：午市 11:30am-3:00pm、晚市 5:00pm-9:45pm
駕：於市中心沿 Spence Street 向東北行駛，於 Marlin Parade 右轉即達（可免費停泊於 Cairns Harbour Lights Hotels）

這個浮台設於大堡礁較出的地方，珊瑚礁的數量極之豐富。

記者感言
原來這裡比聽聞的更要漂亮，沉醉在眼前蔚藍的海洋和珊瑚群，使我忘卻了日常生活的壓力。

不可不到大堡礁 06
Great Adventures

Map 5-5 D2

由Cairns Central Station步行約12分鐘

若然未去過大堡礁（Great Barrier Reef）窺探這個神奇的海洋世界，旅程未免會有點失色。這個約有3,500萬英畝的廣闊水域，是世界上最大的珊瑚礁和海洋生態環境，有超過450種珊瑚、1,500種魚類和4,000種以上的軟體動物，更不時會有鯊魚、海豚和鯨魚出現，加上海水清澈見底，是觀賞海底世界的最佳地點。而Great Adventures便在大堡礁上設有大型的活動浮台，為參加者提供多種活動，以更近的距離接觸海洋生物。遊客可以在此嘗試浮潛、深潛（帶備氧氣樽）、水底電單車和水底漫步，也可以乘搭直昇機在上空欣賞大堡礁，或選擇在玻璃船內以低角度觀賞。Great Adventures每天10:30am都有高速船在開恩茲市中心出發，前往大堡礁上的浮台。

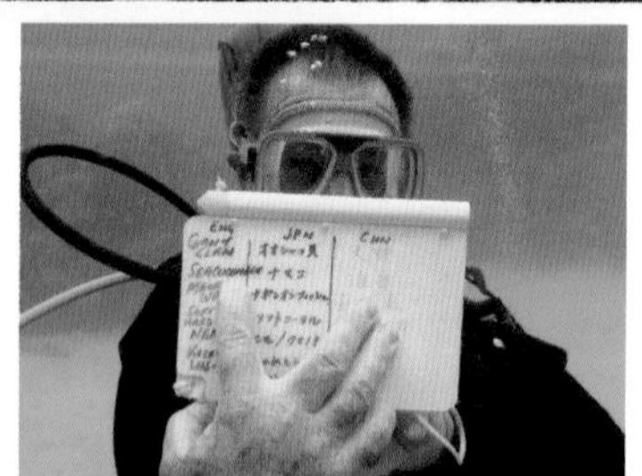

在水底的時候，教練會將見到的海洋生物的名字在牌上指出來，更有中文，非常貼心。

大堡礁內也有不少大型的魚類，蘇眉便是其中之一。

水底電單車十分容易控制，肩膀以上都不會濕水，非常適合不諳泳術又想接觸大堡礁的人士。

在直昇機上俯瞰大堡礁，別有一番風味。

在珊瑚內，經常都可以見到「海底奇兵」中的Nemo。

當抵達浮台後，遊客可以自由活動，也可以先來一個自助午餐，但注意不要吃得太過飽。

裝備全部都是免費，遊客可以拿起潛水鏡就跳入水玩浮潛。

各種活動收費表

活動	成人	4至14歲小童
深潛（不用執照）Scuba Diving	AUD 184	/
指導浮潛 Guided Snorkel Tour	AUD 76	AUD 40
水中漫步 Seawalker	AUD 194	AUD 194
10分鐘直昇機導賞 Helicopter Scenic Flights	AUD 205	AUD 205

*普通浮潛是免費的

*有潛水執照可以選擇自行潛水，價錢為AUD 118

地：Cairns Reef Fleet Terminal, 1 Spence Street, Cairns, Queensland

電：61-7-4044 9944　網：www.greatadventures.com.au

時：3 小時浮潛 + 海鮮團
每天 10:30am 由開恩茲開出，5:30pm 回到開恩茲，

費：團費成人 AUD274、小童 AUD149

駕：由開恩茲市中心沿 Spence Street 往東北方向， 一直走到盡頭即達

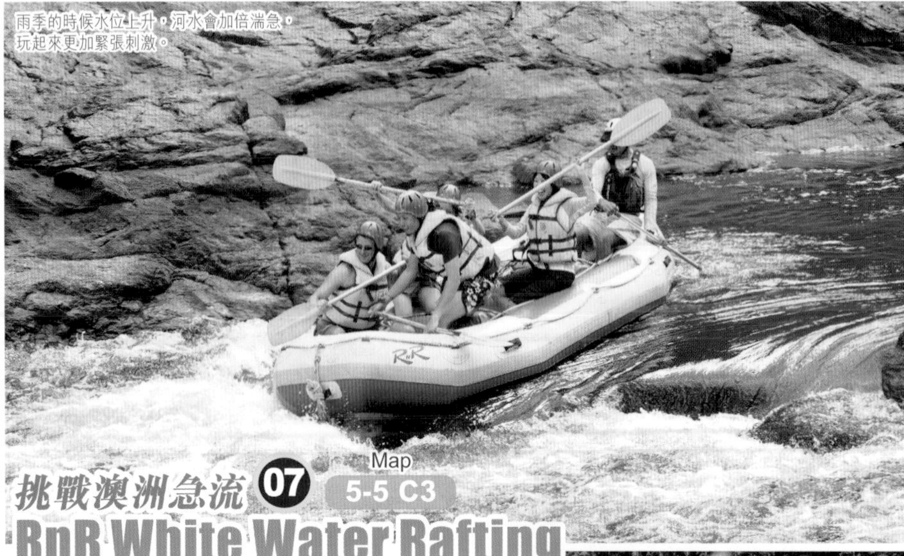
雨季的時候水位上升，河水會加倍湍急，玩起來更加緊張刺激。

挑戰澳洲急流 07 Map 5-5 C3
RnR White Water Rafting

提供穿梭巴士接送

開恩茲有廣闊的熱帶雨林，當中更有數條充滿挑戰性的河道，是玩激流划艇的好地方。RnR White Water Rafting在開恩茲經營激流活動已有20年，這裡的教練都富有經驗，熟悉河道上的每個位置，除了帶參加者到各個好玩刺激點，體驗澎湃的急流外，沿途也會講解樹林的生態環境，既有娛樂性，也具資訊性。基本上人人都可以參加激流活動，因為所有人都會穿上救生衣，即使不會游泳都不用怕。而開始前教練會先教大家一些基本動作，如向前划（forward）和向後划（backward）及收起船槳等，練習數次後便正式出發，非常容易。他們的行程分為半日或一日團，地點會在Barron River或Tully River分別會玩大概2.5小時和5小時，參加者可視乎體力而定，因為遇上逆風時，划艇會很費力。

當橡皮艇堵在急流和石頭之間，所有人都要出力將艇拯救出來。

一路上，教練會在較平靜的河道上給大定休息，而這亦是他大講有味笑話的時候。

全體人員成功闖過急勁的河道後，不禁振臂高呼。

地：52 Fearnley Street, Cairns, Queensland
電：61-7-4041 9444　時：6:00am-8:00pm
費：（Tully River）AUD 225 起；（Barron River）AUD 153 起
網：www.raft.com.au　註：參加者需年滿 13 歲

Map 5-4

名人最捧場
Salsa Bar & Grill 08

可乘搭來回開恩茲和Port Douglas的巴士，詳情請參考網址：www.portdouglasbus.com

來到距離開恩茲1個多小時車程的Port Douglas，第一時間當然是找個好地方醫肚，而Salsa Bar & Grill可說是這裡最出名的餐廳，基本上每個名人來到Port Douglas都會到此光顧，並在餐碟上簽名留念。雖然有很多名人捧場，但價錢卻很大眾化，而且食物很有水準。這兒供應的是新派澳洲菜，材料新鮮，賣相也很講究，而沒有門的半開放式設計，亦令環境十分開揚，晚上更會有陣陣海風吹來。晚飯後很多人都會來這裡的酒吧消遣，直至深夜時分都非常熱鬧。

煙三文魚芝士春卷配冷麵
Smoked Salmon & Goatscheese Spring Roll on Soba Noodle with Beetroot Glaze

無數名人的簽名就放在天花之上，細看下發現Paul McCartney都曾經是座上客。

室外部分都設在帳篷下，坐在這邊的感覺十分舒適。

美國總統911留筆

美國發生911事件當晚，前總統克林頓正在此用餐，當他簽下這隻碟的時候仍未知道發生了911，後來他接到電話，便立刻返回美國。

地：26 Wharf Street, Port Douglas, Queensland
電：61-7-4099 4922 時：12:00nn-11:00pm
網：www.salsaportdouglas.com.au 費：AUD 35-50
駕：在開恩茲沿 Captain Cook Highway 往北走，約 1 個小時後，右轉入 Port Douglas Road，之後經 Davidson Street 左轉入 Macrossan Street，之後在 Wharf Street 左轉即達。

與小鳥食早餐 09
The Rainforest Habitat

Map 5-4

想多一點新意的話，可以到The Wildlife Habitat嘗試與多種雀鳥一同食早餐。這裡其實是一個動物園，園內飼養了多種澳洲動物，如袋鼠、澳洲大鱷魚和各式鸚鵡等，而他們每天都在一個大型鳥園內設有自助式早餐，雖然食物只屬一般貨色，但能夠一邊聽牠們唱歌，一邊欣賞鸚鵡調情，也是一種特別的體驗。

地：Port Douglas Road, Port Douglas, Queensland
電：61-7-4099 323　網：www.wildlifehabitat.com.au
時：（動物園）8:00am-5:00pm，（早餐）8:00am-10:30am
費：入場券：（成人） AUD 43，（4 至 14 歲小童） AUD 26
早餐連入場券：（成人） AUD 77，
（4 至 14 歲小童） AUD 50
駕：在開恩茲北面沿 Captain Cook Highway，
約 1 小時後右轉入 Port Douglas Road 即達。
註：入場券有效期為 3 日。

園內有過百種鳥類，這隻Red-tailed Black-Cockatoo十分乖巧，只要向牠伸出手，牠便會站到你的肩膀上。

Map 5-5 D2

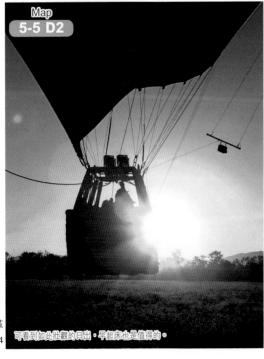

可看到如此壯觀的日出，早起床也是值得的。

高空睇日出
Hot Air Cairns 10

提供巴士到參加者所住酒店接送前往

想欣賞醉人的日出，又不想在山上或海邊同人逼，不妨參加由Hot Air Cairns舉行的熱氣球之旅，高角度欣賞日出的美景。他們是這一帶最有名的熱氣球公司之一，擁有7個不同大小和款式的氣球，沿途會飛過廣闊的田野，留心看更可以見到剛起床的袋鼠在蹦蹦跳。旅程完結後會安排豐富的早餐和香檳慶祝成功降落，但記得不要大清早就喝醉。

地：1 Spence Street, Cairns
電：61-7-4039 9900　費：AUD 260（大小同價）
時：一般每天 5:30am 出發，但要視乎天氣而定
網：www.hotair.com.au
註：多穿一點衣服，因為清晨時分比較寒冷。

笨豬都要跳 11 AJ Hackett Cairns

Map 5-4

提供穿梭巴士來回市內酒店

由Bungy Jump狂人AJ Hackett所創立的Bungy Jump公司遍佈全球9個國家，開恩茲這一個Bungy Jump場地便是其中之一。這裡有世界上第一個專門為Bungy Jump而建的高塔，足有164呎高，而塔底更設有一個水池，保證參加者可以乾著跳，濕著回來。而且這裡的工作人員都充滿經驗，所有安全措施都做得很好，參加者毋須擔心。

地：Lot 2, McGregor Road, Smithfield, Queensland
電：61-7-4057 7188　費：AUD 149
時：10:00am-5:00pm，聖誕節休息
網：www.ajhackett.com.au/cairns

其實整個過程不足10秒，但行上塔頂那5分鐘，也少不免會非常緊張。

原住民風味 12 Ochre Restaurant & Catering

Map 5-5 D2

由Cairns Central Station步行約5分鐘

蜜糖南瓜湯

黑豆炒原隻藍蟹
藍蟹肉非常鮮甜，香濃的黑豆汁配上伊麵十分惹味。

提到開恩茲市區最值得光顧的餐廳，Ochre Restaurant & Catering絕對是其中一間。由大廚Craig Squire於1994年開設，主要提供具有原住民風味的澳洲本土菜色，包括地道的袋鼠肉和鴯鶓肉（Emu），加上選用原住民的水果和梅子作配菜和醬汁，令本土風味更加突出。而室內的設計靈感來自澳洲的內陸地區，土紅色的牆身和木製的家居，與一幅幅原住民畫作十分配合。

地：Harbour Lights, 6 1, Marlin Parade, Cairns　電：61-7-4051 0100
時：午市 11:30am-3:00pm、晚市 5:30pm-9:00pm，周日休息　網：www.ochrerestaurant.com.au
駕：在市中心沿 Spence Street 左轉入 Sheridan Street，駛至 Shields Street 即達。

人間天堂 13 Map 5-4

Peppers Beach Club

於開恩茲市中心乘Coral Reef Coaches，在Port Douglas下車

人間天堂又豈止馬爾代夫？在開恩茲的Peppers Beach Club留宿期間，也差點以為自己置身在無憂無慮的天國。酒店於2006年開業，設施全部都很簇新，打開窗戶後，映入眼簾的都是椰林樹影與蔚藍色的天空。你也可以透過酒店的安排，參加大堡礁、熱帶雨林、浮潛、深海獵奇等活動，玩盡開恩茲的著名景點。

全白的房間設計與及木板地面，有型又舒適。

這裡設有一個人工小沙灘，上面幼滑的白沙是專登由黃金海岸運來的。

地：20-22 Davidson Street, Port Douglas, Queensland
電：61-7-4087 1000　費：AUD 362 起
網：www.peppers.com.au
設：DVD、寬頻上網、風筒、熨斗、游泳池、GYM、SPA

Map 5-5 B1

泳池旁邊種滿樹木，很有在森林內游泳的感覺。

地：18-26 Cannon Street, Cairns, Queensland
電：61-7-4053 8800　網：www.cairnscolonialclub.com.au
費：AUD 155 起
設：寬頻上網、免費泊車、3 個泳池及 Spa、網球場、GYM、遊戲室、風筒、熨斗

服務周全貼心

Cairns Colonial Club Resort 14

於開恩茲機場及各主要景點都有專車接送旅客往返酒店

房間簡單整潔，雙人床旁邊更有一張單人床，適合一家三口入住。

假如你想拋開俗世煩惱，找個寧謐的地方度過一個平靜假期，筆者會建議你入住這家酒店。只要事先跟職員説明，甫踏出禁區，便有專人接送你往返酒店，完全不用為乘搭哪種交通工具而煩惱。酒店位置便利，距離市中心僅2.5公里，前往開恩茲各主要景點都很方便。至於環境，不但以舒適取勝，設備亦很齊全，相當抵住。

塔斯曼尼亞 Tasmania

塔斯曼尼亞（Tasmania）位於澳洲最南邊島嶼，首府為荷伯特（Hobart），人口只有486,000，環境清幽寧靜。塔斯曼尼亞有三分之一土地被劃為國家公園、兩成土地被列為世界自然遺產，包括著名的"The Tasmanian Wilderness World Heritage Area"，而島上最常見的就是果園、公園、森林、牧場和海灘。假如你只喜愛熱鬧、刺激或熱衷購物，這個充滿自然氣息的小島，將會為你帶來另一種體驗。

MAP 6-2

塔斯曼尼亞廣域圖

1	Barilla Bay Oysters	6-6
2	Curringa Farm	6-8
4	Mount Field National Park	6-11
10	Ross Bakery Inn	6-15
11	Brickendon Historic and Farm Cottages	6-16
12	Melita Honey Farm	6-18
13	Trowunna Wildlife Park	6-19
14	Marakoopa Cave	6-20
21	Sheffield	6-25
22	Ashgrove Farm Cheese	6-26
24	Seahorse World	6-28
25	Platypus House	6-28
26	Velo Wines	6-29

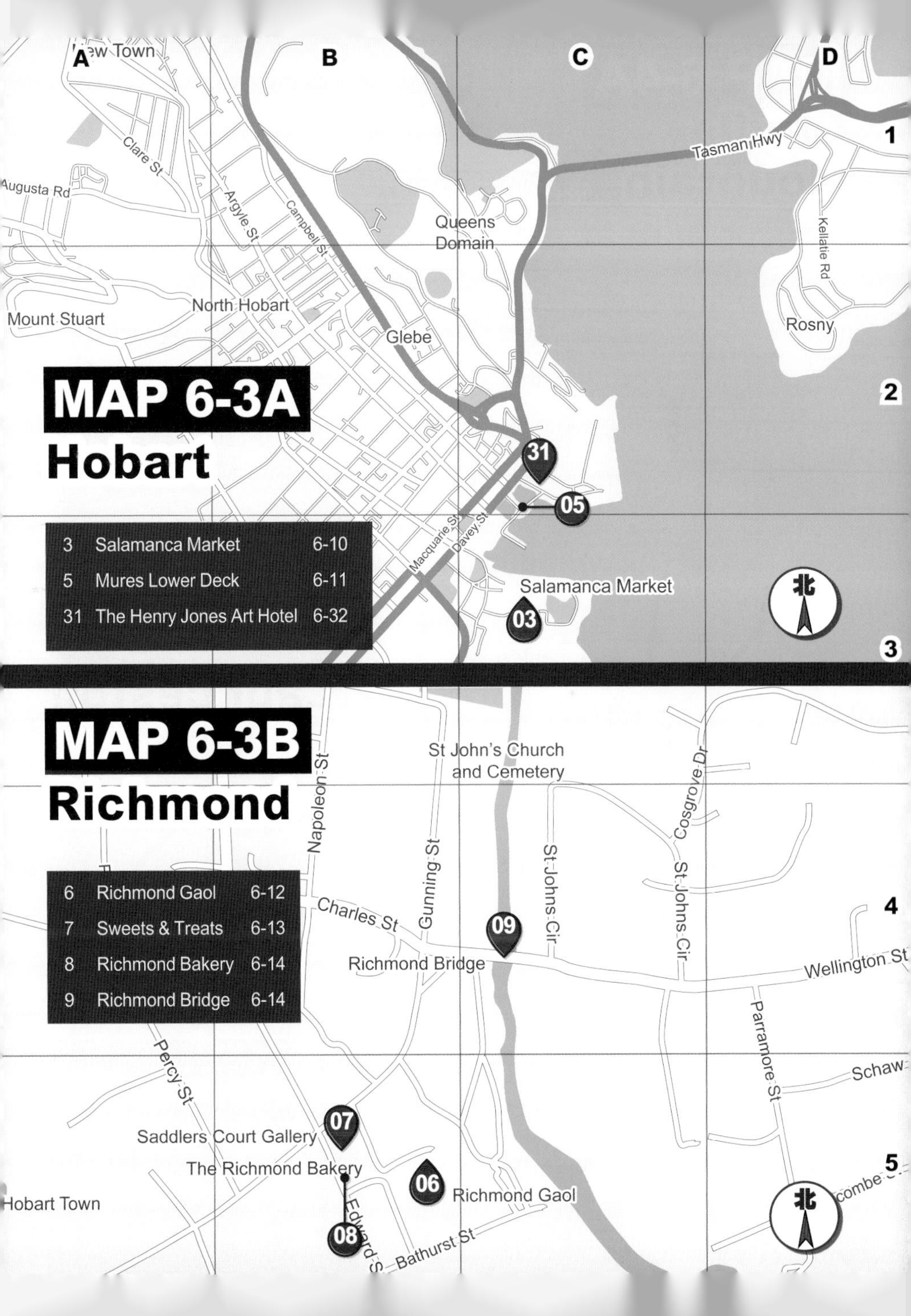

MAP 6-3A
Hobart
3 Salamanca Market 6-10
5 Mures Lower Deck 6-11
31 The Henry Jones Art Hotel 6-32
A
B
C
D
1
2
3
New Town
Clare St
Augusta Rd
Argyle St
Campbell St
Queens Domain
North Hobart
Mount Stuart
Glebe
Tasman Hwy
Kellatie Rd
Rosny
Macquarie St
Davey St
Salamanca Market
31
05
03
MAP 6-3B
Richmond
6 Richmond Gaol 6-12
7 Sweets & Treats 6-13
8 Richmond Bakery 6-14
9 Richmond Bridge 6-14
4
5
Napoleon St
St John's Church and Cemetery
Cosgrove Dr
Gunning St
St Johns Cir
Charles St
Richmond Bridge
Wellington St
Parramore St
Schaw
Percy St
Saddlers Court Gallery
The Richmond Bakery
Richmond Gaol
Hobart Town
Edward St
Bathurst St
09
07
06
08

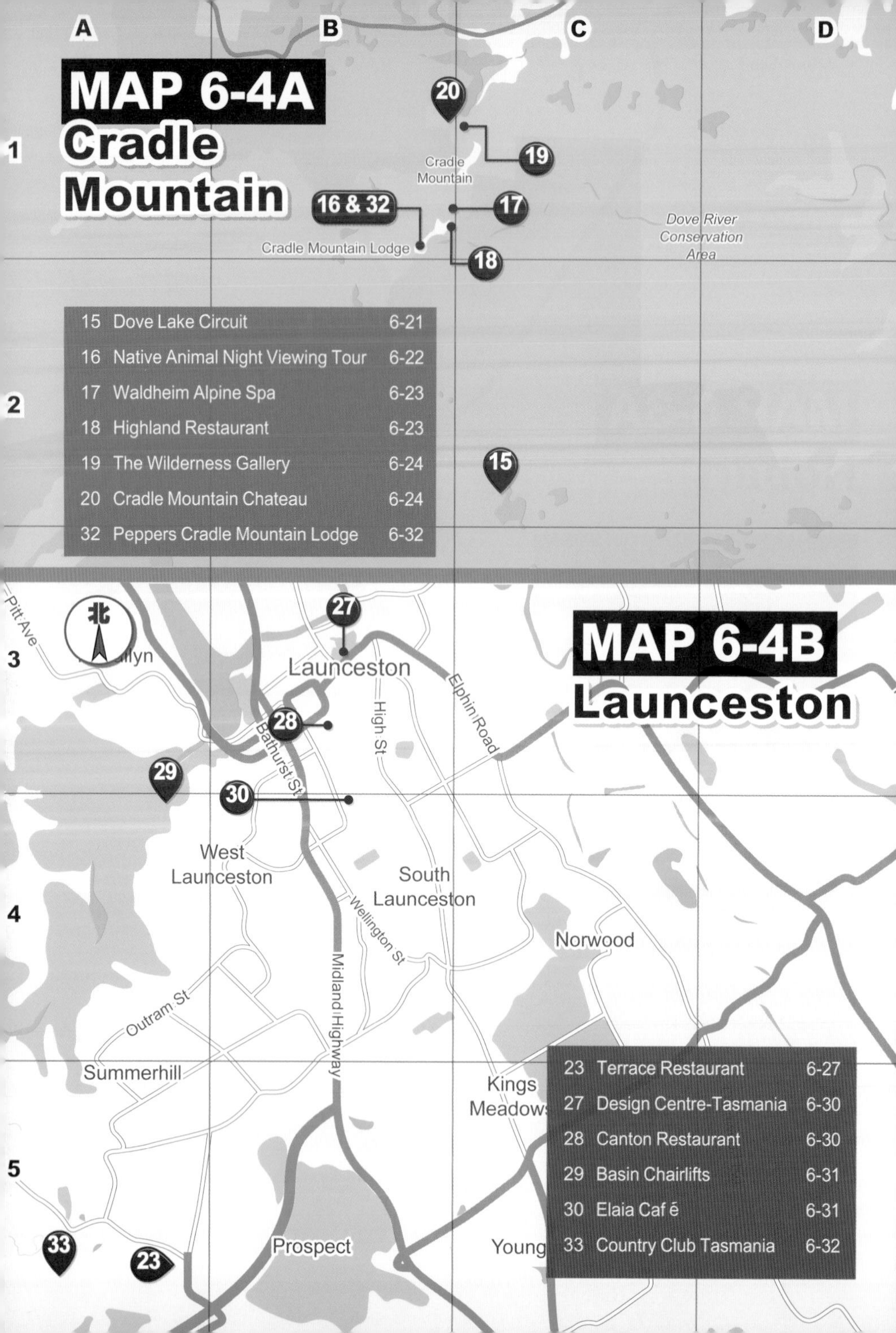
A
B
C
D
1
2
3
4
5
MAP 6-4A
Cradle Mountain
20
19
Cradle Mountain
16 & 32
17
18
Cradle Mountain Lodge
Dove River Conservation Area
15 Dove Lake Circuit 6-21
16 Native Animal Night Viewing Tour 6-22
17 Waldheim Alpine Spa 6-23
18 Highland Restaurant 6-23
19 The Wilderness Gallery 6-24
20 Cradle Mountain Chateau 6-24
32 Peppers Cradle Mountain Lodge 6-32
15
MAP 6-4B
Launceston
Pitt Ave
27
Launceston
Elphin Road
High St
28
Bathurst St
29
30
West Launceston
South Launceston
Wellington St
Norwood
Midland Highway
Outram St
Summerhill
Kings Meadows
23 Terrace Restaurant 6-27
27 Design Centre-Tasmania 6-30
28 Canton Restaurant 6-30
29 Basin Chairlifts 6-31
30 Elaia Caf ě 6-31
33 Country Club Tasmania 6-32
Prospect
Young
33
23

氣候

季節	平均溫度
春 (9月1日-11月30日)	8°C-17°C
夏 (12月1日-2月28日)	12°C-21°C
秋 (3月1日-5月31日)	9°C-17°C
冬 (6月1日-8月31日)	5°C-12°C

前往荷伯特交通

內陸航機

Qantas、Virgin Blue、Jetstar及Tiger Airways在墨爾本、悉尼、阿得萊德、布里斯本等主要城市，都備有航班往返塔斯曼尼亞首府荷伯特及朗瑟斯頓（Launceston）。

網址：www.qantas.com.au
www.virginblue.com.au
www.jetstar.com

乘船

Spirit of Tasmania提供由墨爾本Port Melbourne至塔斯曼尼亞Devonport的航線，船程約11小時，通常於9:00am、7:30pm出發，票價介乎AUD 99-310。

網址：www.spiritoftasmania.com.au

自駕遊

塔斯曼尼亞的公路網絡完善，路牌上寫上「1」屬於National Highway（主要高速公路），其餘路段則以A至C區分：A為主要公路；B屬普通行車馬路；C則是部分路段為泥路。

來往主要城市的距離及時間如下：

荷伯特→朗瑟斯頓	198公里（2小時）
荷伯特→搖藍山	359公里（4小時）

荷伯特市內交通

公共巴士

巴士路線按區域（Urban市區及Non Urban市郊）區分，市區：分為Zone 1、Zone 2及All Zones費用為AUD3.5-7.2，市郊：Zone 1至3費用為AUD3.8-11.2；若使用Green Card另有20%折扣，及享有每日上限收費優惠。

網址：www.metrotas.com.au

旅遊巴士

提供多款路線，分別聯繫塔斯曼尼亞各主要旅遊景點，7日票票價介乎AUD 135-208。

Red Line Coaches
電話：61-3-6336 1446（海外）
1300 360 000（澳洲境內）
網址：www.tasredline.com.au

Tassie Link
電話：61-3-6235300
網址：www.tassielink.com.au

實用網址

www.discovertasmania.com

蠔之體驗 01 Map 6-2 C3

Barilla Bay Oysters

Barilla Bay是全塔斯曼尼亞（Tasmania）最大的蠔場生產商之一，距離主要城市荷伯特（Hobart）機場只須3分鐘車程。蠔場面積達15公頃，每年可出產超過7百萬隻生蠔。蠔場隔壁正是門市及餐廳所在地，這裡全年都有生蠔供應，下機抵埗後，你可立即飛奔前往。每逢周末更會舉辦45分鐘的蠔場導賞團，有專人講解養蠔點滴、遊覽蠔場及提供試蠔體驗。店舖還設有生蠔外送服務，可先行預約請專人替你封箱打包，將美味帶回香港與親友共享。

這裡售賣塔斯曼尼亞最出名的太平洋生蠔，回感creamy。

蠔場附近設門市及餐廳，讓客人可安坐其中歎生蠔。

蠔場位處鹹淡水交界，水質清澈無污染，是孕育生蠔的絕佳場地。

有關養蠔

太平洋生蠔（Pacific Oysters）一般成長期為18-24個月。首3-6個月蠔BB會先放在小型網盤內，待生長成熟後，才放進海中的大型網籠內。蠔的喝水量驚人，每小時可飲用6公升海水。有趣的是，生蠔有時也須離開水面透氣，離開水面7日仍可存活，攝氏10度左右會是最適合生蠔成長的環境。

自學開蠔

工具：
生蠔刀 - 選用專為開蠔而設的生蠔刀，或尖端較鋒利的生果刀亦可
膠手套 - 以防被鋭利的蠔殼𠝹損手

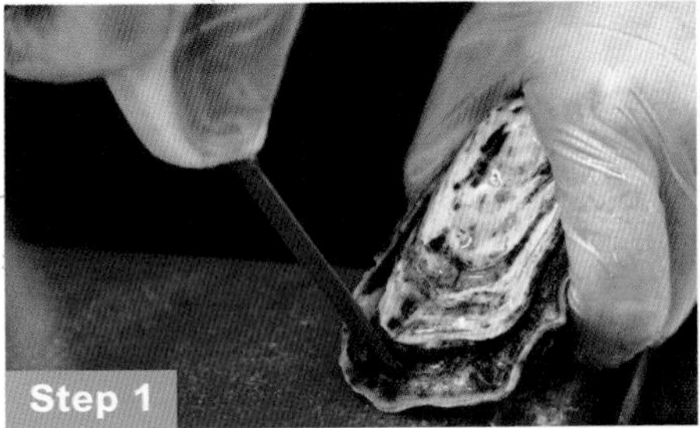

手握生蠔的正確姿勢應是拱起部分向下，平的部分向上。握緊後先以刀尖在蠔殼邊緣的測試開蠔位置。

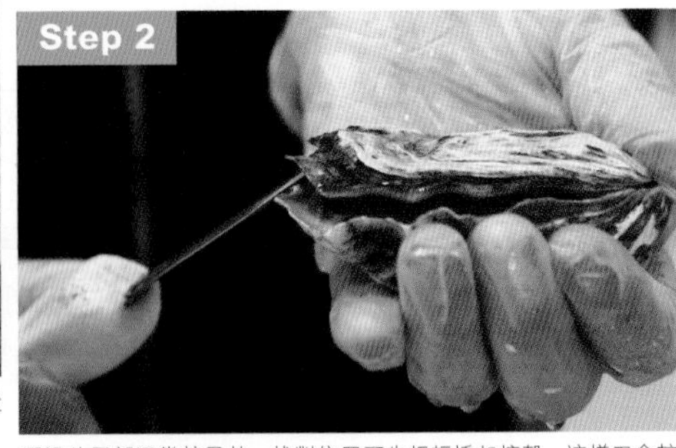

圓滑的尾部通常較柔軟，找對位置可先輕輕撬起蠔殼，這樣刀會較易插入蠔內。

接著是最困難的部分，避免損毀生蠔，應盡量將刀刃向蠔殼推進。將刀鋒沿殼邊繞一圈，兩瓣蠔殼就會輕易分離。

蠔的肌肉仍緊黏著蠔殼，此時應放輕手腕，小心翼翼地將蠔肉拆離。最後以凍開水輕輕沖洗，將殼碎與多餘海水沖走後，即可食用。

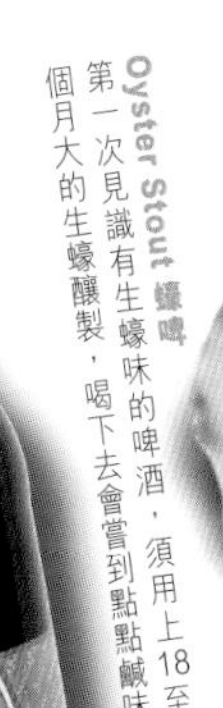

Oyster Stout 蠔啤
第一次見識有生蠔味的啤酒，須用上18至24個月大的生蠔釀製，喝下去會嘗到點點鹹味。

即開即食的生蠔，入口一刻帶有濃烈的海水鹹味，再來是強勁的酸度攻佔著每一串味蕾，餘韻悠長，口感跟平常在餐廳吃到的很不同。

地：1388 Tasman Highway, Cambridge, Tasmania
電：61-3-6248 5458
時：(餐廳) 周一至周日 11:00am-2:30pm，周四至六 5:00pm-7:30pm
(導賞團) 逢周一至五及日 11:00am 開始、周六 2:00pm 開始
網：www.barillabay.com.au
費：導賞團（成人）AUD 39、（小童 10-16 歲）AUD 29、（小童 10 歲以下）免費
駕：離開機場後朝 Addison Dr 及 Back Rd 行駛，再右轉至 A3 Tasman Hwy，見指示牌左轉即達

Tim的農場擁有3,000隻Merino綿羊，主要是為著其羊毛而飼養。

近距離剪羊毛騷
Curringa Farm

02 Map 6-2 C3

Curringa Farm自1828年便紮根於此，現今已傳至第6代傳人Tim Parson。Tim將佔地達300公頃的土地，由原本的家庭農場，變成生態旅遊農莊。農莊內增設3間度假村屋，亦設有多款農場短期體驗。客人不但有機會餵羊、植樹，更可親睹Tim的極速剪羊毛技法。羊毛衫就著得多，真真正正看著一大塊原裝羊毛呈現眼前，還是頭一遭。行程又有趕羊示範及農場導覽，可趁此機會見識莊園內的可愛動物。

農場旁的Lake Meadow，水乾淨得可直接掏上來飲用。

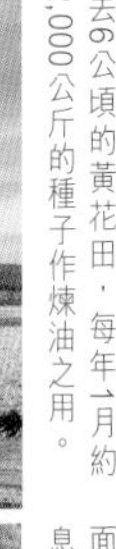

放眼望去6公頃的黃花田，每年1月約可提供2,000公斤的種子作煉油之用。

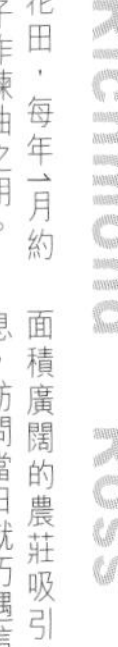

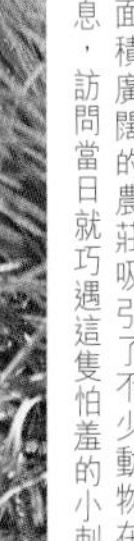

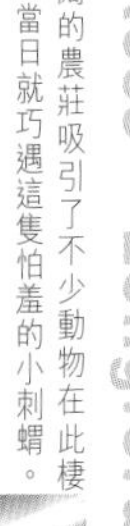

面積廣闊的農莊吸引了不少動物在此棲息，訪問當日就巧遇這隻怕羞的小刺蝟。

剪羊毛示範實況

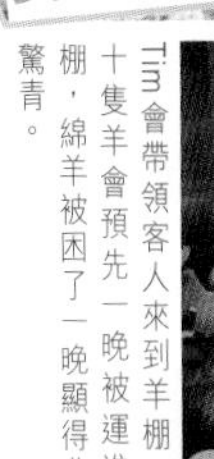

1 Tim會帶領客人來到羊棚，數十隻羊會預先一晚被運進羊棚，綿羊被困了一晚顯得非常驚青。

2 剪毛須由內至外，先從羊肚開始，再到腳及背脊，整個過程須時約7至10分鐘。

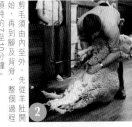

3 一整塊羊毛攤開來可以如此大，且相當厚身，約2寸厚。

4 此時可試摸羊毛，羊毛質地柔軟，觸摸後手會感受到羊脂膏的油潤。

5 剪毛工人將羊毛分類，最高級數的是AAA FM級。

6 看完示範後，可到羊棚外的牧場抱抱可愛小綿羊。

地：5831 Lyell Highway, Hamilton, Tasmania

電：61-3-6286 3333 / 61-3-6286 3332

時：導賞團由 10:00am-4:00pm　**網**：www.curringafarm.com

費：導賞團：（成人）AUD 75-110、（小童）AUD 35-65；住宿：每晚 AUD 250-270(2 人房）

駕：一直沿 Hobart 市內 1 號公路行駛，途經 Brooklyn Hwy，之後駛入 Lyell Hwy 直達

註：1. 須及早預約，可要求莊主於機場接送；2. 導賞團 10 人以上可獲折扣優惠

記者感言

每天對著電腦埋頭苦幹，就是我們只可要求的生活模式嗎？不！到這裡來，摟抱著可愛的綿羊，隨意掬一口清澈的湖水來喝，與家人在青翠草地間嬉戲追逐，這才是生活。

Map
6-3A C3

超過300個攤檔逢星期六雲集Salamanca Square一帶，風雨不改。

周末熱鬧市集 03
Salamanca Market

乘巴士於Castray Esp或48 Sandy Bay Rd下車再步行前往

每逢周六舉行的Salamanca Market，就在首府荷伯特(Hobart)市中心，自1972年起，不論陰天晴天，市集都如期於Salamanca Square開放，超過300個攤檔都擠滿趕來湊熱鬧的人潮。當你慢慢地閒逛時，會發現滿街都是當地出色的產物，如自製的果醬、有機農產品、手製工藝品、新鮮出爐的包點……琳琅滿目應有盡有，沿途還可欣賞街頭表演，到市集逛一圈，你會深深感受到這裡像是塔斯曼尼亞的縮影，給人簡單自然又能自給自足的印象。如來到塔斯曼尼亞的荷伯特，就千萬別錯過這個全市最受歡迎的露天市集。

地：Salamanca Square, Hobart, Tasmania
時：8:30am - 3:00pm（逢周六）
網：www.salamanca.com.au
駕：於荷伯特市中心 Salamanca Pl 直行即達

隨處可見售賣鮮貨的小食檔，一大杯甜美的士多啤梨只售AUD 4。

優質工藝品是市集裡不容錯過的一環，這些可愛的蘑菇耳環吊座正是以市內Huon Valley區的松木所做。

密林瀑布

Mount Field National Park

Map 6-2 B3

04

Mount Field國家公園恍似幾千萬年前的原始國度，高聳入雲的大樹完全遮蔽了天空。走進園內可選擇最精彩的Great Short Walk，在密不見天的叢林內尋幽探秘，觀賞昂藏數百呎的巨樹及各式奇花異草。當然不能錯過園內最赫赫有名的Russell Falls，共分3層的瀑布就像一道壯麗的水簾。離瀑布100米還有另一個Horseshoe Falls，展現了另一種流水美。

地：Lake Dobson Road, National Park, Tasmania
電：61-3-6288 1149
網：www.parks.tas.gov.au/index.aspx?base=3589
費：每輛車（最多 8 人）AUD 41.2、每位 AUD 26（一日國家公園通行程）
駕：由 1 號 Brooker Hwy 朝 A10 Lyell Hwy 行駛，見 B62 Glenora Rd 直行，之後沿 B61 Gordon River Rd 轉入 C609 Lake Dobson Rd 直達，車程約 1 小時 27 分鐘

由起點步行約20分鐘，便會到達著名的Russell Falls。

Map 6-3A C2
海鮮拼盤Fisherman Basket（前）、生蠔Oyster（後）

坐在碼頭邊，以海風送飯更添風味。

即叫即製炸魚薯條

Mures Lower Deck

05

乘Metro巴士於Davey St下車再步行前往

Mures坐落於荷伯特古老的Victoria and Constitution碼頭旁，以售賣最新鮮的塔斯曼尼亞海鮮見稱。集團擁有自己的捕魚團隊，捕獲三文魚、鱒魚、蝦等各式海鮮，因此店內用料全是第一手靚貨。這裡的煙燻魚類全是於自家工場以古法製造，利用塔斯曼尼亞橡木屑為燃料，過程中沒加進任何添加劑，感覺健康。

地：Victoria Dock, Hobart, Tasmania
電：61-3-6231 2121　時：8:00am-9:00pm
網：www.mures.com.au
駕：由市中心 Macquarie St 右轉至 Campbell St 直達

每個房間都設有展板，讓遊客了解監獄過百年的興衰發展。

全澳最古老監獄 Richmond Gaol 06

荷伯特Elizabeth St 設 Richmond Horsedrawn Coaches可直抵Richmond

於1825年建造的Richmond Gaol，是澳洲保存得最完好的監獄遺址。監獄當時主要用來囚禁由英國運來當苦力的囚犯，據說在大文豪狄更斯筆下著名小說《孤雛淚》裡，那位扒手集團頭目Fagin，正是以獄中一個惡貫滿盈的英國犯人Ikey Solomon作藍本。監獄的外觀多年來並無重大改變，即使當年經常發生逃獄事件，監獄的高度跟1840年以後幾乎一樣。監獄內部則展示了當時的牢房、刑具、獄長宿舍及各式文獻，當中用來懲治囚犯的囚室至今仍保存完好，狹小的囚室密不透光，關上門在內裡待上數秒，已足夠嚇得人放聲大叫。

犯錯的罪犯會被送入「思過室」，空間狹小且全不透光，不少罪犯因受不了而變得精神錯亂。

Richmond 小史

Richmond位於荷伯特東北部約26公里，由荷伯特市中心駕車前往約需半小時。這個充滿歷史氣息的古城，一系列髹上不同顏色的典雅小屋分布路上每個角落，大部分都歷史悠久，這裡的教堂、監獄、石橋、郵政局等地標更是其中一些澳洲最古老建築。

鉛球的重量兩隻手也拿不起，罪犯繫在腳上時舉步維艱，真正是「無自由，失自由」。

昔日監獄環境惡劣，小小的監倉每晚會擠進40名囚犯在此過夜，難怪那麼多罪犯受不了要越獄逃生。

地：37 Bathurst Street, Richmond, Tasmania
電：61-3-6260 2127
時：9:00am - 5:00pm；聖誕日休息
網：www.richmondgaol.com
費：（成人）AUD 12；（小童）（6-17 歲）AUD 6
駕：沿 A3 Tasman Hwy 離開 Sorell，左轉至 C351 Brinktop Rd 便可抵達 Richmond

Hobart Richmond Ross Longford Mole Creek

瓶內糖果每100克計算，價格因款式而異。這一片彩紅色調，睇見也開心。

Map 6-3B B5

懷舊糖果屋 07 Sweets & Treats

荷伯特Elizabeth St 設 Richmond Horsedrawn Coaches 可直抵Richmond

小時候總會夢想擁有一所像童話故事裡的糖果屋，Richmond就有一家有21年歷史的糖果店。打開門已可見一排排五彩繽紛的大玻璃瓶，擠滿大大粒的香口珠、各式口味的硬糖，或澳洲名產Fudge；貨架上則堆滿一早包裝好的手造朱古力，以及外形通常是兩色相間的澳洲經典硬糖Liquorice，賣相甜美可人。店舖一角則是懷舊糖果的天堂，孩提時最愛的奶咀糖、爆炸糖、波板糖等數十款選擇就整齊陳列於眼前，讓人重拾時光倒流的快樂。

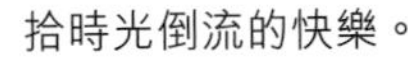

Giant Freckle Letters
小朋友用這些字母朱古力學英文拼字，肯定會進步神速，兼附送一口蛀牙！

Pop Rocks Roller
造型似漆油掃的糖果，要先於「油桶」內黏滿爆炸糖，才放在舌頭上碌來碌去。

The Big Stick
有小妹妹半個身子般高的糖果棒，不知要花多少天才可把它吃完。

地：50 Bridge St, Richmond, Tasmania
電：61-3-6260 2395
時：9:30am - 5:00pm（一至五）；10:00am - 5:30pm（六、日及公眾假期），冬天可能縮短至 10:00am-4:30pm；聖誕節休息
網：www.sweetsandtreats.com.au
駕：沿 A3 Tasman Hwy 離開 Sorell，左轉至 C351 Brinktop Rd 便可抵達 Richmond

Hobart Richmond Ross Longford Mole Creek

Map
6-3B B5

古法製麵包
Richmond Bakery 08

小店設露天座位，在清風飄送的環境下歎件餅，爽！

荷伯特Elizabeth St 設 Richmond Horsedrawn Coaches可直抵Richmond

Richmond Bakery重視健康飲食，店內出品全部沿用瑞士古方，純以人手用心製作。不加防腐劑或其他化學物質，出品仍可軟硬得宜，秘訣在於火候控制，師傅會按款式將包點比平常餅店焗久一點，這樣就可使包點保持形態及變得更易消化。店內以一系列肉批最受歡迎，每天有逾10款香噴噴肉批可供選擇。

鄉村肉批 Cottage Pie
經典肉批，薯蓉下是用秘製醬汁煮過的牛肉，一件已經很飽肚。

紅莓撻 Rasberry Tart
極多紅莓灑在吉士打忌廉上，紅莓的酸度剛好掩蓋了忌廉餡料的甜膩。

地：6/50 Bridge St, Richmond,Tasmania　電：61-3-6260 2628
時：周一至五 6:00am-5:00pm；周六、日及聖誕日由 7:00am 開始
網：www.richmondvillage.com.au
駕：沿 A3 Tasman Hwy 離開 Sorell，左轉至 C351 Brinktop Rd 便可抵達 Richmond

漫步百年石橋
Richmond Bridge 09

Map
6-3B C4

荷伯特Elizabeth St 設 Richmond Horsedrawn Coaches可直抵Richmond

於1823年興建的Richmond Bridge，是全澳洲最古老的人車兩用石橋。一如多項澳洲早年建築，石橋也是由英國移民過來的囚犯所興建，所用的大石是由附近的Butchers山上運來，花了2年時間，於1825年才大功告成。

橋身有6道拱門，正中央則刻有大大隻「AD1823」字樣，是通往Richmond鎮內的必經之路。

地：Bridge Street, Richmond, Tasmania　駕：沿 A3 Tasman Hwy 離開 Sorell，左轉至 C351 Brinktop Rd 便可抵達 Richmond

烤爐超過150年歷史，多年來只以木材作為烘烤燃料，焗出來的麵包也散發著木材清香。

魔女麵包店 Ross Bakery Inn ⑩

Map 6-2 C2

於Hobart Transit Centre乘Redline Coaches可直抵Ross

Ross Bakery Inn是日本動畫迷的必到朝聖地，因為動畫大師宮崎駿的《魔女宅急便》，正是以此作為故事背景。走進店內的廚房重地，便會遇上動畫廚房場景裡的那座古董磚造烤爐。麵包也堅持以古法炮製，製作過程不落化學酵母，只採取天然發酵辦法，口感特別原始天然。你亦可試試其他傳統糕點及肉批，並選坐於麵包店的後花園，歎一件傳統小點及一杯炭燒咖啡，享受一個愜意的下午。

女店員都穿上懷舊侍女制服，而動畫裡的著名小黑貓就放在店內當眼位置。

各式蛋糕餡餅Fudge、Cottage Pie、Meat Pie、Vanilla Slice(由前至後)

後花園景致怡人，再走進去便是擁有近190年歷史的附設旅館。

地：15, Church Street, Ross, Tasmania

電：61-3-6381 5246

時：8:30am-4:30pm，周四至 4:00pm；周一、二休息

網：www.rossbakery.com.au　費：AUD 10

駕：沿 B31 Colebrook Rd 離開 Richmond，於 Muds Wall Rd 右轉至 1 號 Midland Hwy，見 Bridge Rd 向右轉，之後左轉入 Church St 即達，車程約 1 小時 15 分鐘

漫步老農莊 11 Map 6-2 C2 Brickendon Historic and Farm Cottages

擁有過百年歷史的農莊在塔斯曼尼亞多的是，要專程走到地點偏遠的Brickendon入住，為的是農莊內的特色建築群。農舍於1824年由英國移民William Archer建立，面積達620公頃，佇立了十多座穀倉、教堂等建築物。全是1824至1835年期間由英國運來的囚犯建造。現在這些歷史建築已被列為受保護文化遺產，住客大可依照農莊主人提供的地圖，來個自助農舍遊。遊客也可到毗鄰的偌大花園散步，欣賞主人悉心栽種的艷麗花卉。

現時農莊家族史已發展至第7代，農場事務主要由Richard及Louise兩夫婦負責。

教堂於1836年興建，為昔日的囚犯提供宗教教育。其哥德式的設計至今仍吸引不少新人在此舉行婚禮。

農莊混合了歷史建築及現役牧場，徒步其中會看到不少可愛的馬牛羊。

花園內有超過180種花卉在芬芳吐艷。

這把8.78米高的長木梯就是入口接待處的重點裝飾。

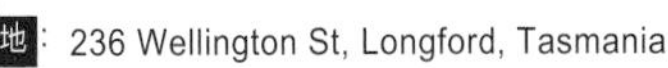

地：236 Wellington St, Longford, Tasmania

電：61-3-6391 1383

時：10-5 月中 9:30am-5:00pm；
5 月中 -9 月份至 4:00pm；周一及聖誕節休息

網：www.brickendon.com.au

費：入場費：成人 AUD15，小童 AUD6

駕：沿 Chiswick Rd 離開 Ross，朝北行於 1 號 Midland Hwy，見 C521 Woolmers Ln 路牌向左轉直達，沿途會見農莊路牌，車程約 47 分鐘

在蜜蜂博物館內，可隔著玻璃櫃觀看蜜蜂採蜜的情況，把手按在玻璃上，更可感受到蜂巢的溫暖。

蜜糖專家 12 Melita Honey Farm

Map 6-2 C2

乘Redline Coaches於Chudleigh下車

塔斯曼尼亞的蜜糖在世界舞台上是一等一有名，由Beerepoot家族開設的Honey Farm蜜糖專門店，就供應超過50種不同味道的蜜糖。店內的蜜糖主要分兩大類，其一是直接從植物上採回來的原味蜜糖，有玫瑰味、薰衣草味等，當然少不了塔斯曼尼亞獨有的Manuka及Leatherwood蜂蜜；另一種則是注入了美食元素的新奇口味，包括刺激的辣椒味，或是矜貴的松露朱古力味等，非常多元化，另外還有蜜糖製作的護膚品及各式與蜜蜂有關的禮品出售。參觀店舖時，可順道遊覽店內的小型蜜蜂博物館，主要介紹採蜜過程，還可以近距離觀察蜂巢。

各式蜜糖

著名的Leatherwood蜜糖不可不試，而加進了核桃和蜜糖製作的黑醋也是新奇的蜂蜜製品。

Boysenberry Honey Ice Cream

這裡的雪糕以100%塔斯曼尼亞天然原料新鮮製造，注入蜜糖後，口感特別香甜軟滑，每天共有6款口味可供選擇。

所有蜂蜜均設試食，顧客可隨意試匀各款口味。

地：39 Sorell Street, Chudleigh, Tasmania
電：61-3-6363 6160
網：www.melitahoneyfarm.com.au
時：10至3月周日至五 9:00am-5:00pm；4至11月周日至四 9:00am-5:00pm，周五至 4:00pm；準確時間請參考網頁
駕：由 Woolmers Ln 離開 Longford，沿 1 號 Bass Hwy 走至 B12 Mole Creek Rd 左轉後直行至 Sorell St，車程約 57 分鐘

Map 6-2 B2

Tasmania Devil脾氣很壞，牠被抱起時，會抓傷人家的手臂，「小惡魔」之名果真名不虛傳！

惡魔集中營 13 Trowunna Wildlife Park

乘Redline Coaches於Trowunna Wildlife Park下車

塔斯曼尼亞如此純潔的淨土竟然是惡魔的出產地？說的是當地最有名的有袋肉食性動物Tasmania Devil。這種全身黑色的小動物，體形細小，身長只有人類手臂的一半，樣子可愛得讓人一見就想抱。不過當牠們受驚時，會發出低沉怒吼，據說是因為這些令人毛骨悚然的嚎叫聲，令從前的農民以為樹林內有惡魔，牠們因而被取名Tasmania Devil。要看牠們，可到當地有名的Devil保育區Trowunna野生動物園，這裡是受傷野生動物或孤兒的收容所，樹熊、袋熊、Quoll等長大或康復後，便會送返大自然。園內每天設有40-60分鐘的導賞團，介紹這些可愛動物，參觀者更有機會撫摸甚至抱牠們呢！

動物園內，有不少可讓人抱的初生動物，像這隻叫Ella的Pademelon袋鼠，只有9個月大，可愛模樣令一眾女遊客禁不住大讚「Kawaii」！

工作人員介紹袋熊時，猛打其背部使人嚇呆，原來袋熊的背部堅硬如鐵石，怎打也不怕，更因此特殊的身體結構，其糞便竟呈四方形呢！

地：1892, Mole Creek Road, Mole Creek, Tasmania
電：61-3-6363 6162　網：www.trowunna.com.au
時：9:00am-5:00pm；聖誕日休息
費：（成人）AUD 26、（小童 3-16 歲）AUD 16、（長者及學生優惠）AUD 22
駕：朝 B12 Mole Creek Rd 前進，見路牌及銅像右轉即達
註：每天設 3 個免費導賞團，分別於 11:00am、1:00pm 及 3:00pm

洞內的鐘乳石是水滴經歷上千萬年凝結成晶的結果，形形色色的石柱，有時呈柱狀、蠟燭狀、扇狀，美不勝收。

工作人員極力保護石洞的環境，為了使其不受破壞，這裡沒有七彩燈效，每走過一區才會開燈，遊客拍照時亦不許用閃光燈。

走到盡頭才發現別有洞天，偌大的石洞造成了天然回音壁，導遊在那裡高歌一曲，令團友見識到何謂真正的「天籟之音」。

導遊提醒各人勿觸摸石晶，皆因手上的油脂會妨礙晶石的生長。

鐘乳洞見螢火蟲 14
Marakoopa Cave

Map 6-2 B2

乘Redline Coaches於Marakoopa Cave下車

上天確實很眷顧塔斯曼尼亞，讓她擁有零污染的天然美景仍不夠，還附送鐘乳洞奇景。鐘乳洞位於Mole Creek Karst國家公園內，整個石洞由石灰岩（Limestone）構成，約有4,000-5,000萬年歷史，至今仍活躍生長。聽說這個密不見天的洞穴於1910年才為世人所知，最先發現此洞穴的竟是一位牧牛小子，他為了尋回走失的牛隻而誤打誤撞闖進來。跟隨45分鐘的導覽團走進去，感到洞內十分清涼，原來只有攝氏9度左右。導覽行程走訪洞內多個重要景點，最印象深刻自然是可以看到螢火蟲，猶如星星一閃一爍，美得令人說不出話來。

地：Mayberry via Mole Creek, Tasmania　網：www.parks.tas.gov.au/natparks/molecreek/index.html
電：61-3-6363 5182　時：11:00am、1:00pm、3:00pm　註：門票須於 600 米外的售票處購買（330 Mayberry Road）
費：每輛車（上限 8 人）AUD41.2、一日國家公園通行程 AUD20.6/ 每位，導賞團 成人 AUD19，小童 AUD9.5
駕：由 Mole Creek Rd 朝西行，一直沿著 Liena Rd 前進，見 Mayberry Rd 左轉即達

走進世上最後一片溫帶雨林

Dove Lake Circuit ⑮

乘Cradle Shuttle Bus抵達Dove Lake

於1982年被列入世界遺產區，其自然風光的吸引力早已不用懷疑。走過多條不同的短途行山徑後，便會發現綠林繁茂的Waldheim雨林，或是群山環抱著的Dove Lake。這個深180米的湖泊，是澳洲最深的湖泊之一。圍著Dove Lake走一圈是最熱門的行山路線，全程約須2小時。6公里長的環湖行，因著變幻莫測的天氣，可看到山頂忽晴忽暗，以及湖面銀光閃閃的奇景。夠耐力者可選擇一日行山長線遊，順道遊歷世上最後一片溫帶雨林The Ballroom Forest。順道到遊客中心觀賞免費展覽，可更了解整個山區。

遊遍Dove Lake有機會親歷山下晴天、山上下雪的奇特景象。

Map 6-4A C2

幽深詭秘的綠林，以發現者Waldheim的名字來命名。這位冒險家一直居於毗鄰森林的小木屋內，遊人可在那裡得知更多早期探險家的生活逸事。

選行全日行山徑，謹記到行山人士登記處（Walker Registration）寫下開始步行及完結的時間，方便工作人員按紀錄調查有沒有人在中途受傷，登記處設於各行山徑起點。

訪客中心的展廳介紹整個山區的生態環境，遊人亦可於中心索取地圖及添置行山裝備。

地：Cradle Mt Lake St Clair National Park, Derwent Bridge, Tasmania　電：61-3-6289 1172

網：www.parks.tas.gov.au/?base=1318　費：每輛車（最多 8 人）AUD 41.2、每位 AUD 20.6（1 日國家公園通行程）

駕：離開 Mayberry Rd 左轉入 Liena Rd，沿 C138 Olivers Rd 及 C136 Cethana Rd 前進，見 C132 Cradle Mountain Rd 向左轉，駛向盡頭便是 Lake Dove Rd，車程約 1 小時 9 分鐘

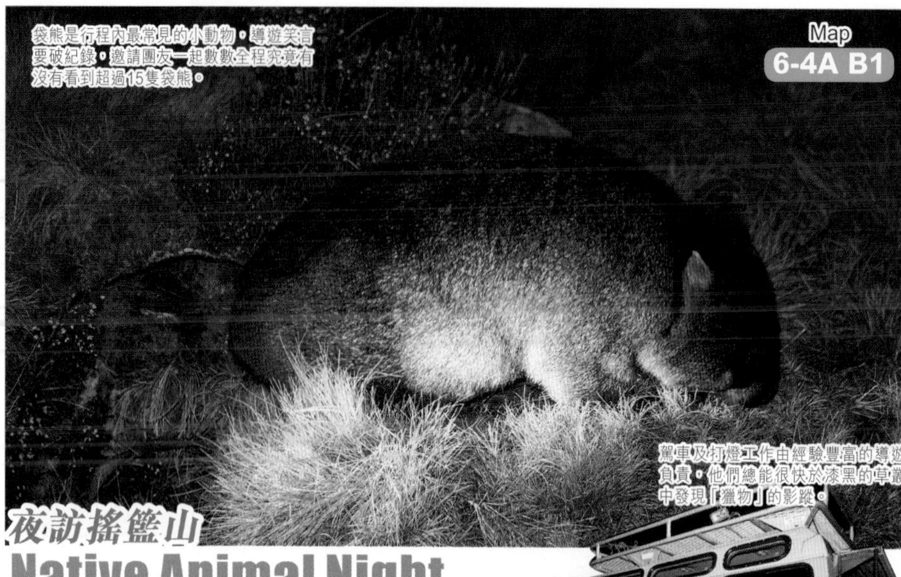

袋熊是行程內最常見的小動物，導遊笑言要破紀錄，邀請團友一起數數全程究竟有沒有看到超過15隻袋熊。

Map 6-4A B1

駕車及打燈工作由經驗豐富的導遊負責，他們總能很快於漆黑的草叢中發現「獵物」的影蹤。

夜訪搖籃山 Native Animal Night Viewing Tour 16

乘Tassielink直抵Cradle Mountain Lodge

搖籃山是塔斯曼尼亞最為人所知的景點之一，山峰中間呈弧形凹陷狀，形如搖籃，因而得名。這裡山明水秀，是不少動物的安身之所。白天我們還可憑肉眼搜索動物的蹤跡，但如果想一睹夜行動物的風采，還得參加Cradle Mountain Lodge主持的Native Animal Night Viewing Tour。在1小時的行程內，參加者先於酒店乘坐導賞團的大型四驅車，向Cradle Mt Lake St Clair國家公園長驅直進，導遊會一邊介紹園內各種夜行生物，一邊以大電筒照射兩旁黑漆漆的曠野，各人的眼睛便隨著光線向四面八方搜尋，好不刺激。每當找到袋熊、Pademelon袋鼠等小動物時，大伙兒都會興奮得湧向車窗那一邊呢！

Pademelon袋鼠是繼袋熊後，另一種於導賞團內常見的動物，體形比常見的袋鼠小，手腳亦較短。

地：Cradle Mountain Lodge, Cradle Mountain National Park, Cradle Mountain, Tasmania

電：61-3-6492 2100

網：www.cradlemountainlodge.com.au

駕：沿 Cradle Mountain Rd 直行見指示路牌左轉，再駕駛約 3 分鐘即達

幸運的話還會見到全身黑亮色的負鼠（Possum），以及全身褐色、背部有小白點的袋鼬（Quoll）等土產動物。

望住靚景歎Spa 17
Waldheim Alpine Spa

Map 6-4A B1

乘Tassielink直抵Cradle Mountain Lodge

Waldheim Alpine Spa附設於高級酒店Cradle Mountain Lodge的一間獨立屋內，房間對準窗外的湖景及園林景致，頗具世外桃源的意境。這裡提供各式水療、按摩及美容療程，Spa內亦設雙人按摩房間，適合情侶共用。住客額外付AUD 25，便可任用店內的按摩池、蒸汽房及桑拿設施。

窗外一流的景致，教人身心舒泰。

店內皇牌用料乃名貴美容品牌Elemis的產品，一支動輒過千元。

地：Cradle Mountain Lodge, Cradle Mountain National Park, Cradle Mountain, Tasmania
電：61-3-6492 2133 **時**：9:00am-8:00pm
網：www.cradlemountainlodge.com.au
費：按摩或美容（60 分鐘）AUD 155 起
駕：沿 Cradle Mountain Rd 直行見指示路牌左轉，再駕駛約 3 分鐘即達

三文魚捲
Baby Salmon Rollmop, Salmon Caviar, Micro Herbs, Champagne Dressing
菜式賣相精美，捲曲三文魚塊時，稍一不慎會把魚塊弄壞，可見師傅的功力。

搖籃山高級食府 18
Highland Restaurant

Map 6-4A B1

乘Tassielink直抵Cradle Mountain Lodge

Highland可說是搖籃山上首屈一指的高級食府，走fine-dining路線，店內主打一系列摩登澳洲菜，全部用上頂級塔斯曼尼亞食材及葡萄酒，環境時尚舒適。店中央特設火爐，以木材為燃料，令一室和暖之餘，亦有助減少空氣污染。店內亦提供為行山人士而設的餐盒訂購服務。

地：4038 Cradle Mountain Rd, Cradle Mountain TAS **電**：61-3-6492 2100 **時**：早餐只限住客，晚餐 6:00pm-8:30pm
網：www.highlandrestaurant.com.au **駕**：沿 Cradle Mountain Rd 直行見指示路牌左轉，再駕駛約 3 分鐘即達

任何人皆可向館長自薦攝影作品，只要題材圍繞大自然且別具個人風格，就有機會獲採納作展覽。

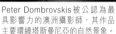

風景攝影藝廊 The Wilderness Gallery 19

Map 6-4A C1

Tassielink直抵Cradle Mountain Chateau

The Wilderness Gallery陳列著多幅來自世界各地的攝影師的風景作品。館內有10個場館，分別擺放10位攝影師的得意之作。其中一個列為永久場館，展示已故著名風景攝影師Peter Dombrovskis的作品及生平錄像，其餘9個場館的展品則定期更換。

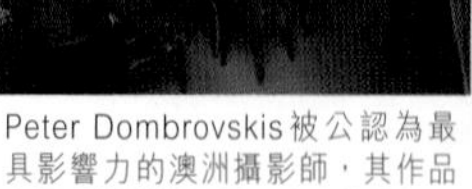

Peter Dombrovskis被公認為最具影響力的澳洲攝影師，其作品主要環繞塔斯曼尼亞的自然景象。

地: Cradle Mountain Road, Cradle Mountain, Tasmania

電: 61-3-6492 1404 費: 免費

時: 9:00am-5:00pm，周一、二及四休息

網: www.wildernessgallery.com.au

駕: 沿 Cradle Mountain Rd 直行見指示路牌左轉，再駕駛約 1 分鐘即達

搖籃山消閒好去處 20 Cradle Mountain Hotel

Tassielink直抵Cradle Mountain Chateau

參觀過The Wilderness Gallery後，可到對面的Cradle Mountain Hotel享受各種消閒活動。那裡設有兩間不同路線的主題餐廳，包括以當地元素為主的The Grey Gum Restaurant，以及走休閒小餐館路線的Quoll's。內裡亦附設日間水療中心Calm Day Spa，用的主要是當地的有機農產品，遊客大可到這裡舒舒服服歎個本土風味spa。

Map 6-4A B1

炸魚薯條
Tempura Battered Fish & Chips AUD 18
Quoll's以午餐最為出色，這款炸魚的外層採用日式天婦羅炸漿，口感比平常吃到的炸魚更鬆脆。

地: Cradle Mountain Road, Cradle Mountain, 3718 Tasmania

電: 61-3-6492 1404 時: 10:00am-5:00pm

網: www.cradlemountainhotel.com.au

駕: 沿 Cradle Mountain Rd 直行見指示路牌左轉，再駕駛約 1 分鐘即達

位於Masonic Lodge的《Stillness + Warmth》正是鎮內首幅壁畫，由John Lendis繪畫，對振興全市鎮有特殊意義。

記者感言

塗鴉長久以來背負著「損毀市容」的惡名，但我在這裡卻看到塗鴉背後的高尚藝術精神。

壁畫市鎮 Sheffield

21 Map 6-2 B1

Tassielink直抵Cradle Mountain Chateau

位於塔斯曼尼亞西北部小鎮Sheffield，人口只有約1,000人，街頭巷尾卻全都繪上了壁畫（Mural）。以壁畫作賣點，背後原來有段血淚史。話說在1980年代中期，全市鎮面臨重大的經濟危機，村民經過多番研討後，決定仿效曾經歷同樣危機的加拿大小鎮Chemainus，以壁畫吸引外國遊客，振興經濟，遂於1985年開始於鎮上繪畫第一幅壁畫，至今鎮上已擁有超過50幅創意畫作。遊客可先到訪客中心索取Mural Walk路線圖，然後再按圖索驥，一次過欣賞鎮內20個主要壁畫景點，以及參觀毗鄰訪客中心的壁畫廣場，為每年一度的國際壁畫節投下心水一票。

地：5 Pioneer Crescent, Sheffield, Tasmania（訪客中心）

電：61-3-6491 1036

時：9:00am-5:00pm；周六、日至3:00pm（訪客中心）

網：www.sheffieldcradleinfo.com.au

駕：沿 Cradle Mountain Rd C132 公路行駛，至 Cethana Rd 向右轉入 C136 公路，駛至 Spring St 左轉入 Sheffield Rd

這幢建築物由上至下都被壁畫覆蓋著，若不是門前豎著路牌，也猜不到它是一座教堂。

Eason陳奕迅於2007年在此拍攝旅遊特輯時，所畫下的真跡，至今仍完好保留在壁畫廣場上。

只要到訪客中心取表格，填妥後放進收集箱，便可為所喜愛的壁畫添多一分勝算，結果將於每年春天公布。

門市出售的芝士種類多達35款，當中有不少自創口味如芥末味芝士等，予人驚喜。

自製「芝」味 Map 6-2 B1

Ashgrove Farm Cheese ㉒

乘Tassielink於Elizabeth Town下車

Ashgrove由Bennett家族經營，曾榮獲多項全國性芝士大賽獎項，是澳洲本土相當具名氣的芝士品牌。為了延續家族生意，主理人Jane Bennett早年更專誠遠赴英國學藝，將當地正宗口味的Gluocester、Lancashire、Cheshire等引入店內。此外，店裡自設芝士工場，沿用傳統手作秘方，於凝乳過程中以人手不停攪動，再經歷一整天的繁複工序，然後按芝士種類放入以嚴格溫度控制的熟成室。由此製成的芝士，口味與質感均顯得與別不同。

芝士選購及儲存小貼士

芝士種類	White Mould Cheese 例：Camembert、Brie	Blue Mould Cheese 例：Blue	Hard and Semi Hard Cheese 例：Cheddar
賞味期限	包裝後2星期內	因應不同熟成程度而定，一般約2-3個月。	包裝後最少6個月
食用前準備	存放於雪櫃的蔬菜儲存格內，較暖的溫度可令芝士變得更成熟可口。	食用前1小時從雪櫃取出，放於室溫中，可更彰顯味道。	
開封後儲存須知	放回雪櫃前須重新封妥，並存放於密封食物盒內，避免濃烈的氣味散布整個雪櫃。		用保鮮紙密封妥當，以防表面長出霉菌。若長出了霉菌，只要切去該部分，便可繼續食用。

地：6173 Bass Highway, Elizabeth Town, Tasmania 電：61-3-6368 1105 時：8:30am-5:00pm
網：www.ashgrovecheese.com.au 駕：朝東南方B14 Sheffield Rd行駛，之後一直沿C156 Bridle Track Rd直行，見Rialton Rd右轉，再左轉入Gannons Hills Rd，最後右轉至Bass Hwy前往

最多餐酒選擇 23 Terrace Restaurant

Map 6-4B A5

乘Tassielink於Launceston下車

塔斯曼尼亞另一大城市朗瑟斯頓（Launceston）內有不少知名度假村，Terrace正是附設於Country Club度假村內的高級食府。餐廳擁有全國Top 5最佳酒窖，存放了約500-600款餐酒，包括產自奧地利、日本、德國，以至冷門的斯洛伐克，因此不少著名酒莊如Penfolds，都會定期跟餐廳合作舉辦Winemakers Dinner。美酒自然配佳餚，餐廳請來資深名廚Sean Keating助陣，Sean擅以精緻歐式賣相，將澳洲菜變得充滿現代感，所用材料全部由附近農場新鮮直送，為名廚精湛的廚藝奠下美味基礎。

生牛肉他他Wilderness Beef Tartare菜式賣相猶如調色碟，8款調味料正是點綴牛肉他他味道的「顏料」，概念創新。

主廚Sean在酒店餐飲界工作長達30年，曾於墨爾本及澳門的6星皇冠酒店任職，經驗豐富。

Domaine A Pinot Noir 2005
店長推薦這款由當地酒莊Domaine A出產的紅酒，口感輕爽順滑，含草莓及紅莓果香，極易入口。

三文魚龍捲風Salmon Tornados
招牌菜取名「龍捲風」，自然要捲住出場，店內所有魚類均養在自設魚缸內，即叫即劏，確保味鮮不會腥。

單是店中的小型酒窖已存放了550支餐酒，選擇甚廣。

地：Country Club Avenue, Prospect Vale, Tasmania
電：61-3-6335 5777　時：6:00pm-9:00pm　費：AUD 70
網：www.countryclubtasmania.com.au/en/dining/terrace-restaurant.html
駕：沿 Bass Hwy 朝南行，約 40 分鐘後見 Westbury Rd 向左轉，繼續朝 Country Club Ave 行駛即達

跟人類不同，雄性海馬負責生育，因而大腹便便。你能分辨圖中海馬是男或女嗎？

親手摸逾百海馬 24
Seahorse World

Map 6-2 C1

乘Tassielink於Launceston下車後，轉乘183巴士直達Beauty Point總站約45分鐘，下車步行約5分鐘

店內還有開放式魚缸，放置了其他海洋生物，歡迎大家拿上手來個近距離接觸。

最初還覺得海馬只會上下移動沒啥看頭，到過Seahorse World後才發覺大錯特錯。在Seahorse World經悉心布置的魚缸內，分別展示了各種七彩繽紛的海馬。再往內走，養殖場早已有逾千海馬在等著你來了解其生長特性，場內亦設有按生長周期作區分的養殖盤，遊客可以一睹小海馬由蝌蚪般大小逐漸成長的過程，逾百成年海馬在盤內任人撫摸，可愛至極。

地：Shed 1a, Inspection Head Wharf, Beauty Point, Tasmania
電：61-3-6383 4111　網：www.seahorseworld.com.au
時：導賞團：(5 月 -11 月)10:00am-4:00pm(最後一團)；
(12 月 -4 月)9:30am-4:15pm(最後一團)
* 導賞團每小時一團，可提前預約中文導賞
費：（成人） AUD 23.5、（小童 16 歲以下）AUD 10，網上購票可享優惠
駕：沿 Bass Hwy 左轉入 A7 West Tamar Highway 就可達 Beauty Point，車程約 1 小時 4 分鐘

可愛刺蝟鴨嘴獸 25
Platypus House

Map 6-2 C1

乘Tassielink於Launceston下車後，轉乘183巴士直達Beauty Point總站約45分鐘，下車步行約5分鐘

澳洲除了袋鼠、樹熊等本土動物明星外，也是鴨嘴獸的成長地。鴨嘴獸有著扁扁的嘴巴、胖胖的身形，一看便知牠是「大食積」，每天要吃上佔體重15-20% 份量的食物才夠飽，單是伙食費每年已可花掉1萬澳元！看過鴨嘴獸後，居於隔壁的3隻小刺蝟就更叫人喜歡。牠們會不停在遊人身邊團團轉，可惜因怕被牠們堅硬的針刺傷而不能親手一抱。

地：200 Flinders Street, Beauty Point, Tasmania　電：61-3-6383 4884
時：9:30am-4:30pm（11-4 月）
10:00am-3:30pm（5-10 月）
聖誕日休息
網：www.platypushouse.com.au
費：AUD 26.5；
4 至 16 歲小童 AUD12
駕：沿 Bass Hwy 左轉入 A7 West Tamar Highway 就可達 Beauty Point，車程約 1 小時 4 分鐘

這裡的刺蝟對人熱情，一見面已會跟著遊人團團轉，不過被抱起的一刻，還是顯得相當害羞呢！

和藹可親的Mary(右)長駐店內，細心地為客人解答有關酒類的各項疑問。

Riesling 2012
AUD 28(每支)
就是這支獲獎Riesling，為酒莊寫下光輝一頁。味道富花香與蘋果的香甜，配生蠔或炸魚薯條最理想。

用心打造的得獎酒莊

Velo Wines 26

Map 6-2 C1

記者感言
我們總在怨，工作令生活變得痛苦萬分，卻原來只要對任何事也熱情投入，生活自然會變得有趣萬分。

塔斯曼尼亞有著優厚的種植葡萄環境，為釀酒事業帶來無限商機，同一片土地上，大酒莊固然不少，家庭式經營的個性酒莊亦自有其生存空間。在Tamar Valley釀酒區內，由Michael及Mary Wilson夫妻倆合力經營的Velo Wines，最近就憑自家釀製的Riesling，贏取了國際知名品酒雜誌《Gourmet Tatler Wine》的年度「塔斯曼尼亞州最佳白酒」。令人最訝異是，夫婦倆均不是來自釀酒世家，Michael是退役奧運單車選手，Mary則是畫家，能擊敗80個品牌贏取榮銜，相信最主要原因就如店內宣傳單張所寫的：Our wine is our passion(我們對釀酒充滿熱情)。

Pinot Gris 2013
老闆娘Mary最愛這支白酒，有如粉紅鑽石的酒身，散發著濃濃的熱情果香氣，一口喝下，口腔充滿了熱帶水果的夏日氣息。

店內現時共有9款酒可選，全由老闆Michael自行釀製。

地：755 West Tamar Highway, Legana, Tasmania 電：61-3-6330 1582
時：10:00am-4:00pm 網：www.velowines.com.au
駕：由Flinders St朝南往Napier St行，之後一直沿A7 West Tamar Hwy行走，全程約34分鐘

全木博物館 27
Design Centre - Tasmania

乘Tassielink於Launceston下車

澳洲人視木製家俬為藝術珍品，他們重視這種原材料的程度，令朗瑟斯頓市內出現了一間以木為主題的博物館。館內有4個場館，分別擺放了多位當地木製家具設計師的作品，這裡的展品全部可讓人觸摸，更可以選購。感受過打磨後的木質感、紋理顏色的配襯，如在館內67件展品中遇上心頭好，便立即訂購回家吧！

展品都屬暫時寄賣的性質，每兩年便會重新檢視一次。

門口放置了48款塔斯曼尼亞木材樣本，遊客可用附設的放大鏡感受木頭紋理間的細微變化。

地：Cnr Tamar and Brisbane Sts, Launceston, Tasmania
電：61-3-6331 5505 / 6331 5506　網：www.designcentre.com.au
時：周三至六 10:00am-3:00pm，周日至 2:00pm；周一、二休息
駕：沿 West Tamar Hwy 朝東南方向直行，左轉入 Brisbane St 後再轉入 Bathhurst St，再沿 Cimitiere St 右轉入 Tamar St 直達

Eason 也捧場 28
Canton Restaurant

乘Tassielink於Launceston下車

吃了多餐烤肉扒，也想「扒番兩啖飯」，這間餐廳正可為我們一解思鄉之情。店主鍾生鍾太皆為廣東華僑，由他們炮製的傳統廣東菜自然合胃口，連Eason陳奕迅到當地拍攝旅遊特輯時，也專誠來捧場呢！

陳皮冬菇扒鴨 店中招牌菜，鴨炆得夠火候，鴨肉嫩滑且非常入味。

地：201 -203 Charles Street, Launceston, Tasmania
電：61-3-6335 5777
時：午餐 12:00nn-2:00pm(周二至五)；
晚餐 5:00pm-9:00pm(周一至日)
網：www.cantonrestaurant.com.au
費：AUD 20
駕：於朗瑟斯頓市中心沿 Charles St 直行即達

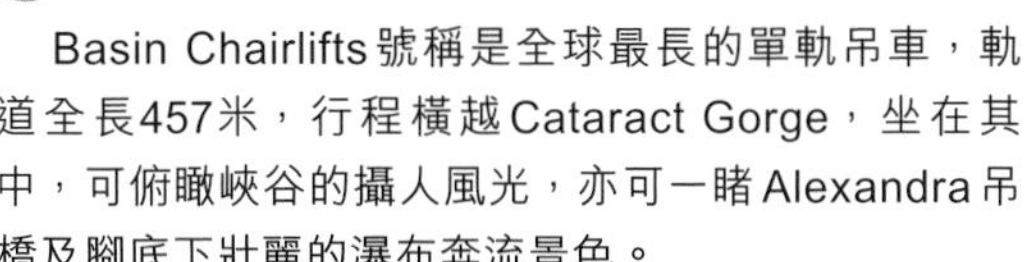

瀑布上空半天吊
Basin Chairlifts 29

Map 6-4B A4

乘Tassielink於Launceston下車

Basin Chairlifts號稱是全球最長的單軌吊車，軌道全長457米，行程橫越Cataract Gorge，坐在其中，可俯瞰峽谷的攝人風光，亦可一睹Alexandra吊橋及腳底下壯麗的瀑布奔流景色。

雙腳無法「腳踏實地」，整架吊車只有簡單的圍欄充當扶手，坐下不久已教人腳軟。

地：Cataract Gorge, Launceston, Tasmania
電：61-3-6331 5915
時：周三至六 10:00am-3:00pm，周日至 2:00pm；周一、二休息；聖誕日休息
網：www.launcestoncataractgorge.com.au
費：（來回票價） 成人 AUD 20、小童 AUD 12，3 歲以下免費
駕：於市中心 Frederick St 右轉至 Stone St，行至 Upper York St 後右轉入 Basin Rd 直達

輕怡咖啡廳
Elaia Cafe 30

Map 6-4B B4

乘Tassielink於Launceston下車

橙味朱古力蛋糕 Jaffe、Cappuccino
Jaffe是經典的澳洲朱古力蛋糕，製作時加進少許橙味酒，令蛋糕更為清香。

Elaia是希臘語「橄欖」之意，正代表店鋪13年前的起源，本來屬優質食品雜貨店，4、5年前銳意大改革，化身為帶地中海風情的小餐館。店內單是蛋糕種類已超過20款，主菜則以輕食為主，更設全日早餐，最啱細食的香港女孩。

地：240 Charles Street, Launceston, Tasmania
電：61-3-6331 3307 時：7:30am-8:00pm
網：www.elaia.com.au
費：（來回票價） 成人 AUD 20、小童 AUD 12，3 歲以下免費
駕：於朗瑟斯頓市中心沿 Charles St 直行即達

獲獎藝術酒店 31 Map 6-3A C2
The Henry Jones Art Hotel

酒店50米外設公共巴士站

Henry Jones Art Hotel一直屢獲殊榮，無論名稱、外觀或是室內裝修都儼如美術館；毗鄰Victoria Dock，幾乎56間房都看到碼頭美景。對藝術有興趣的話，房間內的布置及擺設一定叫你為之瘋狂。

每間房均掛上不同畫作，充滿藝術氣息。

地：25 Hunter Street, Hobart, Tasmania 費：AUD 495 起
電：61-3-6210 7700 網：www.thehenryjones.com
設：King-size 睡床、寬頻上網、LCD、DVD、按摩及美容服務、Spa、免費 Wi-Fi

住客均住在獨立小屋內，私隱度極高。

世外桃源 32
Peppers Cradle Mountain Lodge Map 6-4A B1

距離荷伯特 (Hobart)375公里，駕車前往約4.5小時，酒店提供機場及主要觀光景點接載服務

Cradle Mountain Lodge雖然位置偏遠，卻為客人提供了超過20款戶外活動，包括在湖畔划艇、釣魚、攀山、踩單車、騎馬、夜探動物之旅等。對城市人來說，就如來到世外桃源般，捨不得離開。

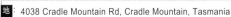

地：4038 Cradle Mountain Rd, Cradle Mountain, Tasmania
電：61-3-6492 2103 網：www.cradlemountainlodge.com.au
費：AUD 404 起 設：風筒、熨斗、Spa

避暑山莊 33
Country Club Tasmania Map 6-4B A5

由朗瑟斯頓機場駕車前往約20分鐘

露台面對著絕美的高爾夫球場景致，令人心曠神怡。

塔斯曼尼亞的氣溫雖然清涼，不過Country Club Tasmania卻令人想起避暑山莊。酒店自成一角，設施之多叫人必須狠下心腸作出篩選，房間亦裝飾得相當雅致。只需港幣千多元就可以享有富豪級的享受，算是相當超值吧！

地：Country Club Avenue, Launceston, Tasmania 費：AUD 152 起
電：61-3-6335 5777 網：www.countryclubtasmania.com.au
設：寬頻上網、風筒、熨斗、King size 床、18 洞高爾夫球場、網球場、賭場、Spa、Gym、室內泳池、免費 Wi-Fi

南 澳
S.Australia

南澳首府為阿得萊德市（Adelaide）、巴羅莎（Barossa）、阿得萊德山（Adelaide Hills）、菲爾半島（Fleurieu Peninsula）、袋鼠島（Kangaroo Island）、Clare Valley、Eyre Peninsula、Limestone Coast、Murraylands、Riverland、Flinders Ranges & Outback及Yorke Peninsula共12個地區。你可以在此欣賞到大自然的美景與可愛的野生動物，也有機會品嘗世界級的葡萄酒與美食。

氣候

季節	平均溫度
春 (9月1日-11月30日)	9°C-24°C
夏 (12月1日-2月28日)	15°C-29°C
秋 (3月1日-5月31日)	10°C-26°C
冬 (6月1日-8月31日)	7°C-16°C

前往阿得萊德交通

內陸機

Qantas Airways、Jetstar、Tiger Airways與Virgin Blue均有內陸機，由澳洲其他主要城市前往南澳阿得萊德。

墨爾本→阿得萊德	1小時20分鐘
悉尼→阿得萊德	2小時10分鐘
坎培拉→阿得萊德	1小時45分鐘
愛麗斯泉→阿得萊德	1小時55分鐘
布里斯本→阿得萊德	2小時40分鐘
柏斯→阿得萊德	2小時50分鐘
達爾文→阿得萊德	3小時35分鐘

火車

Great Southern Rail提供3條通往阿得萊德的火車鐵路線：

The Ghan	來往阿得萊德、達爾文（Darwin）及愛麗斯泉（Alice Springs）
The Indian Pacific	來往悉尼、柏斯及阿得萊德
The Overland	來往墨爾本及阿得萊德

自駕遊

由澳洲其他主要城市駕車往南澳阿得萊德，須時如下：

悉尼→阿得萊德	1,412公里（20.5小時）
墨爾本→阿得萊德	731公里（8小時）
布里斯本→阿得萊德	2,045公里（33小時）
愛麗斯泉→阿得萊德	1,533公里（17小時）
柏斯→阿得萊德	2,696公里（33.7小時）

阿得萊德市內免費交通

巴士

Free City Transport

乘搭免費觀光巴士99C，可穿梭於阿得萊德各主要觀光點。

網址：www.adelaidemetro.com.au

The Adelaide Connector Free Bus Service

途經北阿得萊德及阿得萊德主要城市設施。

網址：www.adelaidemetro.com.au

Tindo

世界首架太陽能電動巴士，穿梭於阿得萊德市中心與北阿得萊德之間。

網址：www.adelaidecitycouncil.com

電車

Tram

往來Glenelg及Entertainment centre，途經North Terrace、South Terrace及Glenelg沿岸，來往North Terrace與South Terrace是免費的。

網址：www.adelaidemetro.com.au

實用網址

www.southaustralia.com

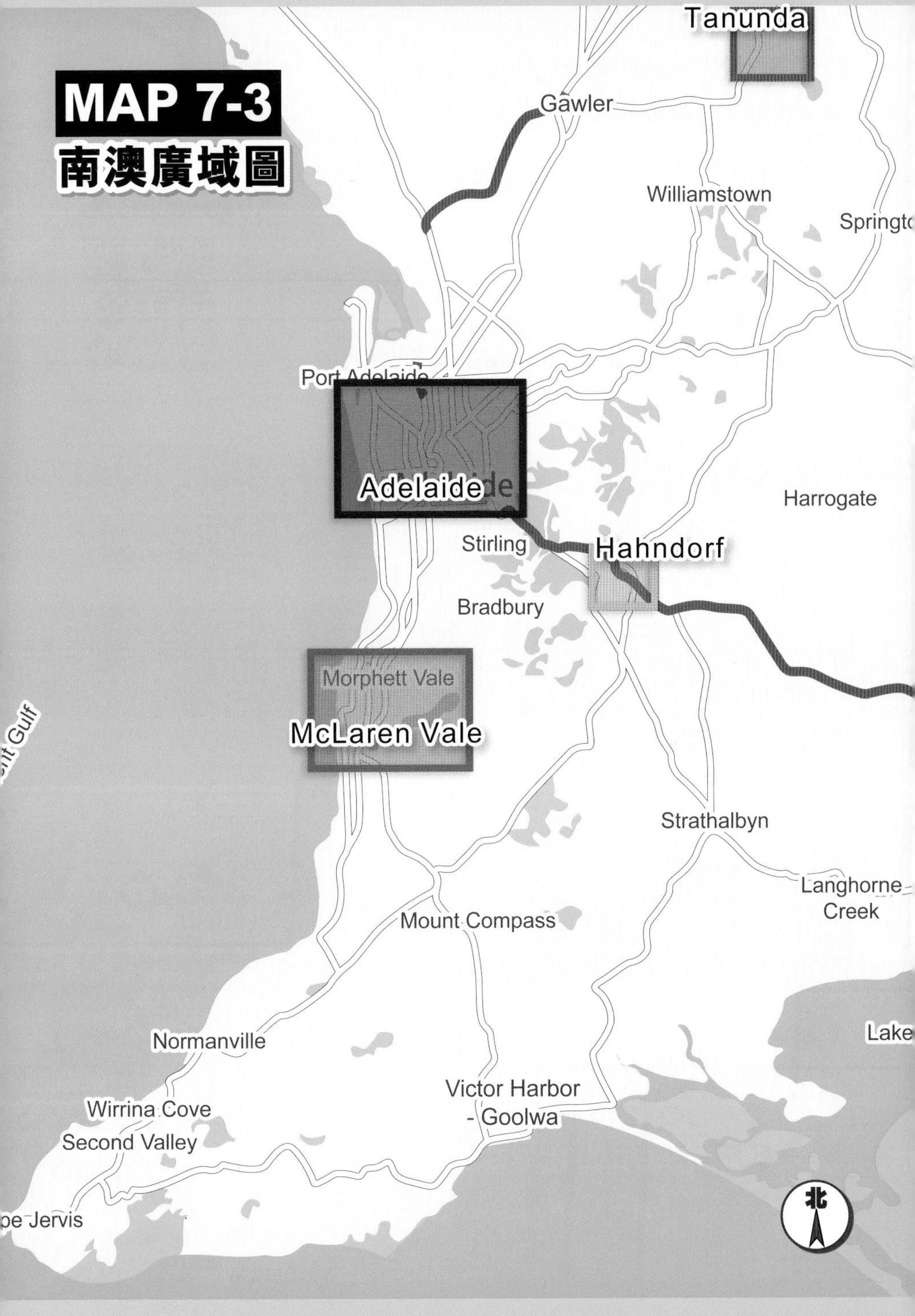
MAP 7-3
南澳廣域圖
Tanunda
Gawler
Williamstown
Springto
Port Adelaide
Adelaide
Harrogate
Stirling
Hahndorf
Bradbury
Morphett Vale
McLaren Vale
Gulf
Strathalbyn
Langhorne
Creek
Mount Compass
Lake
Normanville
Victor Harbor
- Goolwa
Wirrina Cove
Second Valley
pe Jervis
北

MAP 7-4A
Adelaide
The University
Botanic
13
Kent Town
(Park 25)
Rundle St
Hindley St
Glover Ave
Currie St
09 - 12
Grenfell St
Pirie St
Google Map 下載
Fullarton Rd
Wakefield St
Grote St
30
Hutt St
Gouger St
01 - 08
King William St
Carrington St
Halifax St
Halifax St
Sturt St
Sturt St
Gilles St
Gilbert St
Victoria Park
北
1 Central Market 7-6
2 Food Tours Australia 7-6
3 The Smelly Cheese Shop 7-7
4 Dough 7-7
5 House of Organics 7-8
6 Lucia's Pizza and Spagetti Bar 7-8
7 Providore 7-9
8 The Yoghurt Shop 7-9
9 Rundle Mall 7-10
10 Jurlique 7-10
11 Haigh's 7-11
12 Forever New 7-11
13 Bookabee Tours 7-12
30 Hilton Adelaide 7-32
MAP 7-4B
Adelaide 周邊
St Peters
North Adelaide
College Park
Kensington Park
14 Sammy's on the Marina 7-14
18 Cleland Wildlife Park 7-16
23 Penfolds 7-22
Norwood
23
Adelaide
Dulwich
West Beach
Netley
18
Plympton
Unley Park
Myrtle Bank
Cleland Conservation Park
Glenelg Borth
14
Glenelg
Ascot Park
Daw Park
北

15	Hahndorf Inn Restaurant	7-14
16	Beerenberg Farm	7-15
17	Udder Delights	7-15

Hahndorf

MAP 7-5A

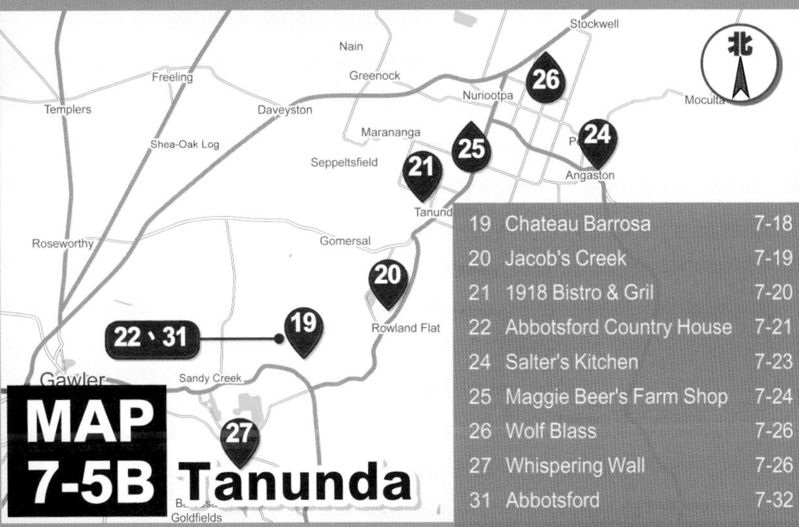

19	Chateau Barrosa	7-18
20	Jacob's Creek	7-19
21	1918 Bistro & Gril	7-20
22	Abbotsford Country House	7-21
24	Salter's Kitchen	7-23
25	Maggie Beer's Farm Shop	7-24
26	Wolf Blass	7-26
27	Whispering Wall	7-26
31	Abbotsford	7-32

MAP 7-5B Tanunda

MAP 7-5C McLaren Vale

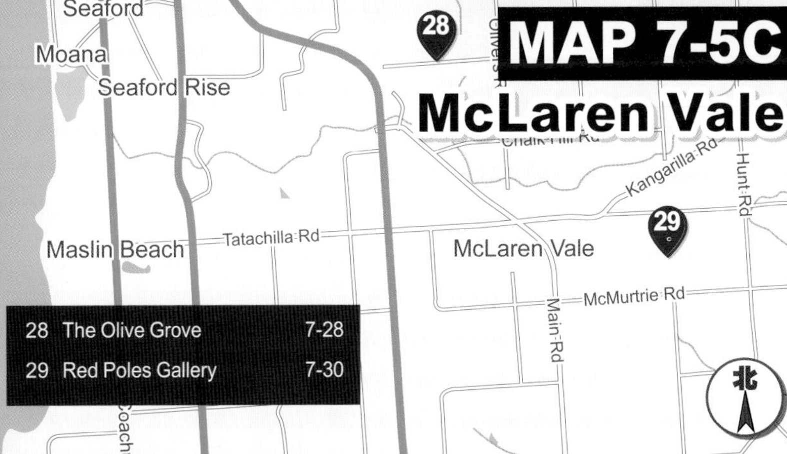

28	The Olive Grove	7-28
29	Red Poles Gallery	7-30

南澳真味 01 Map 7-4A B2
Central Market

乘免費Adelaide Connector巴士於市場門口下車

中央市場(Central Market)位於南澳首府阿得萊德(Adelaide)市中心，是這兒最繁忙的市集，也是當地人日常的消費重地，以及遊客的觀光熱點。市場內有超過80個販賣攤檔，海鮮、農產品、芝士、紅酒等應有盡有，在此可尋找多國美食，很多時令食材更是從農場直接入貨，新鮮又健康，故一直深受注重生活質素的南澳人歡迎。

中央市場是當地最大型的鮮貨市集，大清早已有不少人前來購物。

市集內亦有小食攤檔與咖啡店，走累了可在市場盡頭的休憩處坐下歇歇。

地: 於 Gouger Street 及 Grote Street 交界　**電**: 61-8-8203 7494　**網**: www.adelaidecentralmarket.com.au

時: 7:00am - 5:30pm(周二)；9:00am - 5:30p(周三、四)；7:00am - 9:00pm(周五)；7:00am - 3:00pm(周六)；周一及日休息

駕: 由市中心 King William St 朝南駛向 Vitoria Sq，駛進 Victoria Arc Sq 後向左轉即達

註: 除特別註明外，大部分攤檔會依循市場開放時間

市集鴨仔團 02 Map 7-4A B2
Food Tours Australia

説到最熟悉中央市場的人，一定是Food Tours Australia的創辦人Mark Gleeson。他在旅遊及餐飲業打滾超過25年，對市場每個角落都瞭如指掌。在2小時的行程中，他會親自帶領團員到各式攤檔，試吃新鮮食材。行程結束，團友更會獲贈有關市場資訊的光碟。

導覽期間，Mark會帶領團員逐家逐戶探訪，順道介紹各攤檔的有趣小故事。

Mark所舉辦的導賞團曾榮獲當地雜誌表揚為"Best Walking Experience in Traveling"。

地: 於 Central Market 入口集合　**電**: 61-0403 864 286

時: 不同導覽團的開始時間分別為 8:30am、9:30am、12:30pm 及 1:30pm(二、四、五及六)

網: www.ausfoodtours.com　**費**: AUD 89-168

駕: 由市中心 King William St 朝南駛向 Vitoria Sq，駛進 Victoria Arc Sq 後向左轉即達

註: 1. 須預先上網預約；2. 每團人數上限為 40 人

地：Stall 44

電：61-8-8410 7328

時：周二、四 7am-5:30pm、周五至 9:00pm；周六至 3:00pm；周三 8:00am-4:00pm；周日及一休息

網：https://smellycheese.myfoodlink.com/

臭味相投 Map 7-4A B2
The Smelly Cheese Shop 03

在店名加上「臭」(Smelly)字，絕對是趕客行為。但當此「臭」所指的是店內過百款芝士的濃郁發酵氣味，一眾支持者定必聞「芝」發狂。芝士來自世界各地，有瑞士的Emmental、英國的Cloth Cheddar，當然還有本地農場製作的羊奶芝士等。店內設試食服務，遊客可請店員推介較鮮為人知的本地品牌。

筆者參觀導賞團時，靚仔店員奉上芝士試食，並有芝士的最佳拍檔——餅乾與乾果伴碟，相當細心。

Woodside Goat Curd
由Adelaide Hills的農場製作的羊奶芝士，口感新鮮creamy，入口帶微酸，能保存1個月，配以魚、雞及露筍一起食用，味道最佳。

絲絲烘培香
Dough 04 Map 7-4A B2

走過Dough的門前，很難不被店內傳來的麵包香氣所吸引。各式麵包及糕點每天由人手製作，做好便馬上放進爐內烘焗，因此任何時候都有美味包點新鮮出爐。店子雖小，每天卻有超過35款麵包及40款糕點供應，看著店員不是忙於在堆積如山的麵包堆中打轉，就是忙著招待人客，已可知麵包有幾好味。

小店自設木製焗爐，糕點通常是限量製作，往往出爐不久已旋即沽清。

Lemon Tart
檸檬撻是當地常見糕點，餡料軟綿，味道不太酸，撻底亦夠香脆。

地：Stall 45 電：61-8-8211 9640

時：周三、四 9:00am-5:30pm、周五 7:00am-9:00pm；周六至 3:00pm；周二 7:00am-5:30pm；周日及一休息

網：https://www.facebook.com/DoughBakery45/

平食超鮮甜水果 05

Map 7-4A B2

House of Organics

店名開宗明義以有機蔬果為主，數十款琳瑯滿目的蔬果，全部都「有根有據」列明原產地及價錢。店舖將所有蔬果分門別類後整齊地排列，貨品中還有香港甚少見的茴香（Fennel）、大黃（Rhubarb）或洋薊（Artichoke）等，驟眼望去紅橙黃綠樣樣齊，五彩繽紛叫人賞心悅目。此外，這兒賣的有機水果格外鮮甜，價錢公道，建議買回酒店慢慢歎。

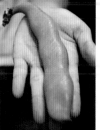

Eco-Farm Bananas
香蕉尾部以紅蠟封印，原來是產自生態農場的標籤，這些農場極少使用農藥，大家可放心食用。

Board Beans
荷蘭豆就食得多，比手掌還要大的則是頭一遭見到，產自當地Virginia區的小型農場。

地：Stall 34/35 電：61-4-1984 0429
時：周三、四 9:00am-5:30pm、周五 7:00am-9:00pm；周六至 3:00pm；周二 7:00am-5:30pm；周日及一休息
網：https://adelaidecentralmarket.com.au/traders/house-organics-sustainably-grown-produce/

Map 7-4A B2

Nicky是老闆娘之一，每日親力親為在店內幫忙，縱使工作繁忙，仍然終日笑容可掬示人，難怪深得當地人厚愛。

50年正宗意式咖啡

Lucia's Pizza Bar 06

Lucia's是阿得萊德首間薄餅快餐店，由1956年開業至今已超過50年歷史。小店是由百分百意大利血統的Nicky及Maria Bugeja兩姊妹經營。意大利人是天生的烹飪能手，素聞每個家庭都有自己的絕密秘方，Nicky她們亦不例外。秉承母親Lucia流傳下來的烹調手法，無論薄餅、意粉都帶有正宗傳統風味。還有，絕不能錯過這裡的咖啡，那份香滑口感在中央市場內可謂無人不曉！

地：WR1-2 電：61-8-8231-2303
網：https://www.lucias.com.au/pizza-and-spaghetti-bar

Frog Cake
造型趣緻的青蛙蛋糕，內裡是雲呢拿味蛋糕，外層是味道偏甜的糖霜，好味與否則見人見智。

糕餅天堂 Providore 07

Map 7-4A B2

小型雜貨店Providore由Chef's Media Tour創辦 人Mark Gleeson開設。店內出售本地優質凍肉、橄欖油等，不過最引人注目還是各式甜美糕點。超過150種糕點全由當地小型烘焙工場人手炮製，數得出的款式都有齊，而且價錢低廉，大部分只售AUD 5以下，就算多買幾款也不會太昂貴。

Lovington
傳統甜點Lamington心形變奏版，朱古力味與桑莓味同樣甜蜜。

地: Stall 66 電: 61-8-8231 5977
網: https://providoreadelaide.com/

無添加希臘乳酪 The Yoghurt Shop 08

Map 7-4A B2

標榜店內乳酪全部不含防腐劑、添加劑、魚膠粉及忌廉，做法參照傳統希臘秘方，因此脂肪含量低至4%左右，最適合愛美又嗜甜的女士。店內的銷售模式有點像雪糕店，每日售賣近20款不同口味，全部放在凍櫃內供人選購。

口味主要以草莓、芒果等水果作主打，亦有咖啡、焦糖等口味，個人推介Honeycomb味，蜜糖粒又甜又脆，與酸酸軟軟的乳酪形成強烈對比。

地: Stall 67
電: 61-8-7130 3022
網: www.theyoghurtshop.com.au

阿得萊德商店街 Rundle Mall 09

乘免費觀光巴士99B或99C前往Rundle Mall一帶下車

Rundle Mall是阿得萊德第一條行人專用購物街，商店街由Pulteney Street直至King William Street，大小商舖合起來超過800間。行人道中央設有遊客服務中心，亦有不少可愛的藝術雕塑佇立其中。值得一提是澳洲商店平日多數在5:30pm便關門，但星期五會延長服務時間至9:00pm，是購物狂的一大喜訊。

來過Rundle Mall，都必定會認得這些小銅豬，全街共有4隻，分別叫Truffles、Oliver、Horatio和Augusta，小朋友最愛騎在豬背上耍樂。

廣場中央最矚目是「廣場之球」(The Mall's Ball)，是當地人約會的熱點。不過相信很多人已忘了這座大型雕塑，原名為「Bert Flugelman's Spheres」。

地：Rundle Mall, Adelaide, South Australia
電：61-8-8203 7200
時：周一至四 9:00am-5:30pm; 周五至 9:00pm；周六、日 9:00am-5:00pm
網：https://www.rundlemall.com/
駕：由市中心 King William St 朝北面 Savings Bank P1 直行至第二個街口 Rundle Mall 就在右邊

教我如何不買它 Jurlique 10

別噓我！我也知Jurlique是世界知名的護膚品牌，重視自然是品牌的作風，產品採用的植物原材料都是來自有機農莊，用料全部以人手收集。但就好像到澳洲必看袋鼠一樣，看到分店總得進內逛個圈才心安理得。款式最新最齊全，價錢還要比香港平2成，教人怎忍得手呢！

Rundle Mall分店以原木打造，突顯品牌重視自然的宗旨，店內更闢出一角讓顧客慢慢試用各式產品，相當細心。

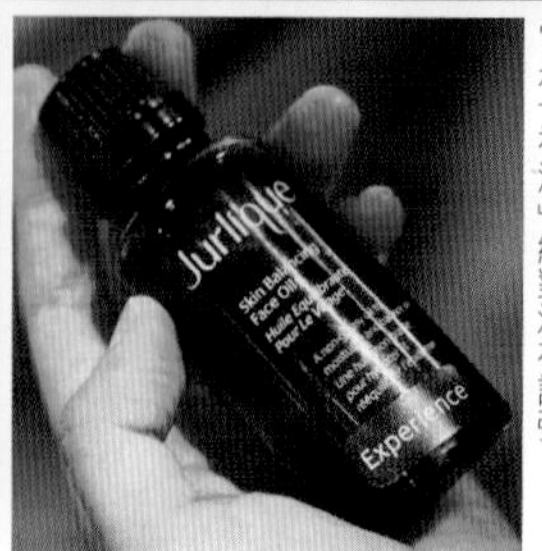

Skin Balancing Face Oil
採訪當天率先試用剛於當地推出不久的面部修護精油。沒騙你，試塗在手背後，肌膚瞬間回復彈性，說它是「神油」絕對沒有誇張。

地：100 Rundle Mall, Adelaide SA (David Jones 店內)
電：61-8-8305-3000
時：9:30am-6:00pm，周五至 9:00pm
網：www.jurlique.com.au

令南澳人自豪的朱古力
Haigh's 11 Map 7-4A C1

始創於1915年的Haigh's在澳洲已有超過6家分店，難得身處南澳，當然要到位於Beehive Corner的總壇朝拜一下。店內所用的Theobroma可可豆來自西非、南美洲的熱帶雨林地區，製造朱古力工序繁複，先要以大型炒豆機瀝乾水分及以高溫逼出香味，再以人手鑑定其色香味，符合嚴格的質素檢定後，便會放進磨坊壓制出朱古力漿，此時會加入可可油、可可粉等調教顏色味道，經歷72小時工序才完成。

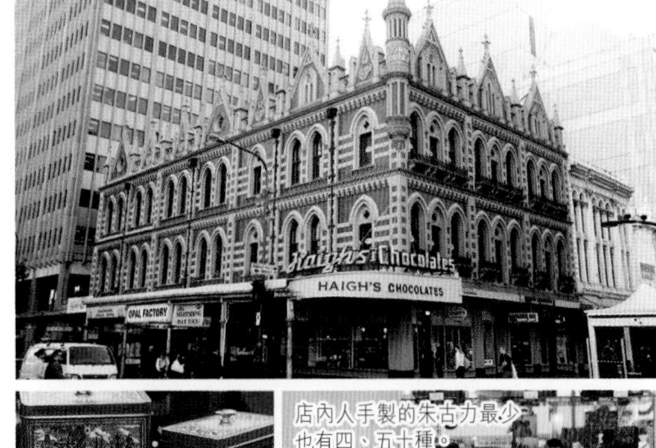

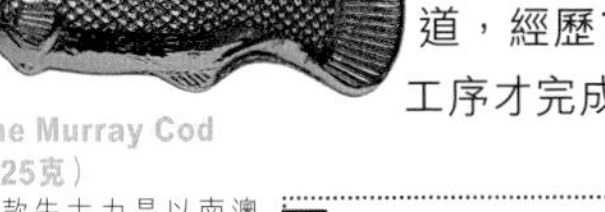

The Murray Cod
（125克）
這款朱古力是以南澳瀕臨絕種的Murray Cod命名，部分收益會作慈善用途。

店內人手製的朱古力最少也有四、五十種。

Haigh's Drinking Chocolate
包裝夠矜貴，送禮最啱使。

地：Beehive Corner, 2 Rundle Mall, Adelaide, South Australia
電：1300 424 447
時：9:00am-6:00pm（一至四）; 9:00am-9:00pm（周五）; 9:00am-5:00pm（周六）; 11:00am-5:00pm（周日）
網：www.haighschocolates.com.au

南澳版Zara
Forever New 12 Map 7-4A C1

Rundle Mall的時裝店令人花多眼亂，愛購物的女士們肯定逛得樂不思蜀。就在商店大街的The Mall's Ball附近，有一家以女裝為主的連鎖時裝店Forever New，內裡的Party Dress是各位女士的Must-Have Item。古典、型格、前衛、野性全部有齊，款式特別，買回港也不怕跟人撞衫，價錢普遍由AUD 19.99-99.99不等，抵買！

售貨員個個都樣子甜美，骨架勻稱，她們就好像人肉衣架般，演繹店裡最新款式。

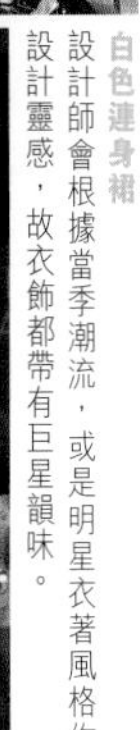
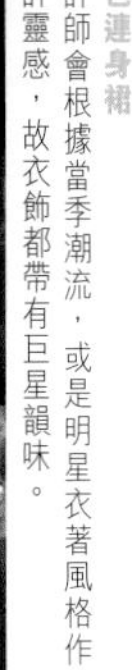
白色連身裙
設計師會根據當季潮流，或是明星衣著風格作設計靈感，故衣飾都帶有巨星韻味。

地：Tenancy 32-34 City Cross Shopping Centre, Rundle Mall, Adelaide, SA
電：61-8 8402 5984
時：9:00am-5:30pm(一至四)；9:00am-9:00pm(周五)；9:00am-5:00pm(周六日)
網：www.forevernew.com.au

Map
7-4A C1

當天帶領我們的導遊Haydyn Bromley，本身有原住民血統，由他來講解原住民文化實在是不二之選。

花園試原住民佳餚
Bookabee Tours 13

乘免費99C巴士於Botanic Gardens站下車

聽到植物公園的名字，可能已令你想打呵欠。不過，參加過Bookabee Tours的導賞團後 ，卻會發現觀賞花草樹木都可以趣味盎然。Bookabee Tours提供2小時Bush Food Trail短期導賞團，會帶領遊客走進阿得萊德植物公園(Adelaide Botanic Garden)，探索原住民的生活文化。

公園池塘附近100-200米路段種滿竹樹，每根竹節都刻滿愛侶的海誓山盟。

阿得萊德植物公園是南澳10大必遊景點之一，不時也有旅行團或學生團到此遊覽。

花園背後

花園一帶曾是不少原住民部落的聚居地，原住民一向「靠山吃山、靠水吃水」，因此園內草木大都是原住民的日常食糧。

認識原住民食物

Bookabee Tours現時有2位全職導遊與1位兼職導遊，他們全都對原住民文化有深厚的認識，而2小時的導覽團會由認識原住民食用的植物開始，導遊會詳盡介紹園內各種植物的特性與用途，之後更有機會在花園的百年大樹下品嘗原住民美食，又是另一番新體驗。

行程完結前會有機會嘗試原住民小食，當天有6款原住民醬汁可試，例如以胡椒葉製成的芥末醬，如喜歡更可即場購買。

記者感言

對著工作平日只有埋頭苦幹，連身邊的事物也忽略了，現在難得有機會，嘗試放開胸懷接受新事物，往往可以開拓更多生活新情趣。

行程 Highlight

園內有不少可食用的果實，這些西梅全是即摘即食。西梅體形細小，味道非常淡，跟平常吃到的很不同。

這棵毫不起眼的大樹是全程最得意的發現之一，摘下種子會發現它們很有黏性，感覺有點像memo紙。樹的名字亦令人印象深刻，叫「Parapara」，令人想聞「名」起舞。

這棵600歲的老樹叫River Red Gum，從前原住民就是以樹幹部分作「瓦遮頭」。

樹幹跟6呎導遊差不多高，原來樹齡已有450歲。

地：Adelaide Botanic Garden, North Terrace, Adelaide, South Australia（Adelaide Botanic Garden）

電：61 4 3414 1421 **網**：www.bookabee.com.au

費：有多種行程，收費由每位 AUD 180/3.5 小時起 (最少兩名成年人)

駕：由市中心往 North Tce A11 沿線行駛，再於 Botanic Rd 左轉入 Hackney Rd，然後左轉入 Plant Tree Dr 後直達

註：1. 集合地點及時間請自行與導遊商議 2. 每團 2 至 10 人；3. 需預先致電預約

看著落日彩霞變化萬千，令人有一份「夕陽無限好」的感歎。

調情海鮮宴 14 Map 7-4B A5

Sammy's on the Marina

乘電車於Jetty Road或總站Moseley Square下車再步行前往

Sammy's堪稱阿得萊德最具情調的海鮮餐廳。餐廳樓高2層，坐落古典小鎮Glenelg的Holdfast Shores區，面對無敵大海景，令店內充滿地中海風情。全店採用落地玻璃設計，不論室外室內都可欣賞美麗海景。

菜式主打當地時令海鮮，推介由Coffin Bay進口的生蠔，入口有強烈的海洋氣息，味道鹹鮮。建議於晚上6、7點前來欣賞日落美景，晚霞散發的柔和金光叫人醉倒。

海鮮拼盤 Sammys Platter
海鮮拼盤幾乎每枱必點，分量相當巨型，約有6至7款海鮮，可供3至4人同享，共有3款不同的拼盤可選。

香煎魚柳 King George Whiting
招牌菜之一，魚肉煎得香口，蘸上少許他他醬是最傳統食法，最適宜配上一杯Sauvignon Blanc。

地：R1/12, Holdfast Promenade, Glenelg, South Australia
電：61-8-8376 8211　費：AUD 40
時：11:30am-2:00pm；5:30pm-8:30pm
網：www.sammys.net.au
駕：由市中心Waymouth St直行至West Tce左轉，之後一直沿 A5 Anzac Hwy 走到盡頭即達

正宗德國菜 15 Map 7-5A

Hahndorf Inn Restaurant

於市內Currie Street乘864號巴士於Hahndorf 55號巴士站下車

餐廳的歷史可遠溯至1853年，佇立於Hahndorf Inn Hotel內，是其中一間最早期成立於Hahndorf的德國菜餐館。餐單上都是熱門的德國菜式，有德國鹹豬手、Pretzel、各式肉腸等，全部依照傳統食譜烹調，忠於傳統口味。吃德國菜當然不可缺少啤酒助興，店內啤酒由慕尼黑入口，口味夠正宗。

德式拼盤 A Taste of Germany Platter（兩位用）、Hofbräu Original 啤酒
拼盤內有一整隻鹹豬手、4式肉腸、Pretzel包、烤豬肉、酸菜等10種食物，份量頗多，3至4人分都足夠。

Hahndorf小史

Hahndorf距離主要城市約20分鐘車程，名字裡的「dorf」在德文中有小鎮之意，前半部分的「Hahn」則為紀念Hahn船長而命名。為了逃避宗教逼害，Hahn船長於1839年帶領大批東德的路德教徒移居此地，故街頭巷尾都充滿德國風情。

地：35A Main Street, Hahndorf, South Australia　電：61-8-8388 7063
時：10:30am-10:30pm　網：www.hahndorfinn.com.au
駕：於市中心 Pulteney St 駛入 Glen Osmond Rd，走上 A1 Adelaide Crafers Hwy 後往 M1 South Eastern Hwy 行駛，再沿 Mount Barker Rd 直走即達

Map 7-5A

即摘即食士多啤梨 16
Beerenberg Farm

於Adelaide市中心乘864F巴士於Stop 57 Mt Barker Rd 下車

Beerenberg的英文即Berry Hill，由德國Paech家族於十七世紀開設。每年11月至翌年4月，是士多啤梨當造的季節。農場開放果園讓遊客入內採摘，付了入場費就可開始下手，摘得的士多啤梨再以每公斤計算。即採即食的士多啤梨味濃鮮甜，與一般超市買到的比絕對「無得輸」！園內還有各種鮮莓醬及手信出售，大家可慢慢逛。

地: 2106 Mount Barker Rd, Hahndorf, South Australia　電: 61-8-8388 7272
時: 9:00am-5:00pm　費: 入場費 AUD5；士多啤梨每公斤 AUD10.95
網: www.beerenberg.com.au

「芝」味無窮
Udder Delights 17

Map 7-5A

因為愛羊，所以經營養羊牧場，聽起來很瘋狂，卻的確是Udder Delights故事的開始。早於1995年，牧場主人Trevor Dunford與家人於Adelaide Hills的Lobethal小鎮經營小型牧場，再於1999年開設手造芝士工場，品牌經過多年努力慢慢於當地建立名聲，自家出品的Chèvre更贏得08年度的全國芝士大賽金獎。現時Udder Delights的業務已相當多元化，於Hahndorf大街上擁有同名零售門市，同時兼營café、芝士學堂等。

店內除自家出品外，亦有一系列來自英法等地的芝士製品，不容錯過的當然是前排得獎的Chèvre系列，有不同口味可選

地: 91A Main Street, Hahndorf, South Australia　電: 61-8-8388 1588　網: www.udderdelights.com.au
時: 10:00am-5:00pm (一至四); 10:00am-10:00pm (五至六); 10:00am-6:00pm (日及假期)
註: Cheese Tasting 於 4:00pm 後結束

全南澳唯一抱樹熊公園 Map 7-4B D5

Cleland Wildlife Park 18

乘823號巴士於Cleland Wildlife Park 27號巴士站下車

阿得萊德市內，已有知名的Adelaide Zoo，為何還要山長水遠跑來Cleland Wildlife Park？因為這個公園是南澳少有允許抱樹熊地點之一。位於Adelaide Hills的Mount Lofty，Cleland是一座開放式野生動物公園，致力保存南澳的動物體系，因此遊客在園內見到的全是南澳現存的動物品種。在這裡可以看到澳洲鴕鳥Emu、瀕臨絕種的Dingo，當然還有大家都想抱抱的國寶樹熊。

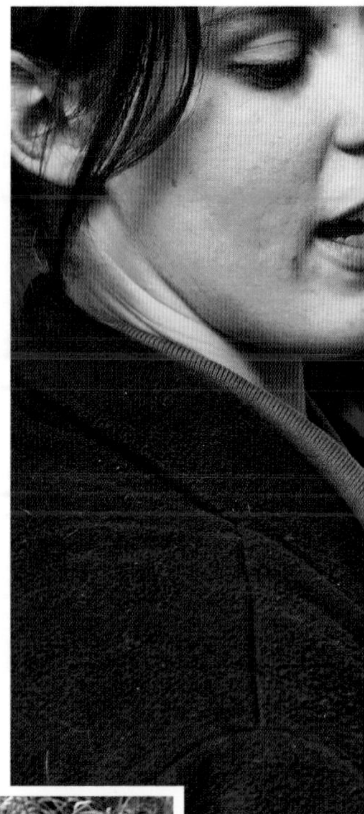

工作人員會替遊客拍攝2-3次，之後仍可抱著樹熊揀取心水相片。

其貌不揚的Emu，體型龐大，為食的牠為了搶過工作人員手上的青蘋果，一躍身已高約6呎多。

Dingo屬野狗的一種，現正瀕臨絕種邊緣，動物園內就養育了4頭Dingo好好保育。

這隻袋熊（Wombat）只有1歲大，體形細小的牠非常活潑，放在草地上就搖頭擺腦的四處亂轉。

Emu知多啲

鴯鶓（Emu），平均身高達1.5至2米，是鴕鳥以外全世界最大隻的鳥類，故又稱澳洲鴕鳥。牠們的祖先早在恐龍時代已經出現，全身啡色羽毛，雖然長有一雙強大翅膀，但現在已不會飛行。平日以花朵、果實和幼蟲為主要食糧，有時亦會吞下小石頭幫助消化。另外，鴯鶓擁有強壯的腿肌和利爪，雖然平日見到人就會逃跑，但為保護鳥蛋和幼鳥，有可能向人類作出攻擊。

可愛的樹熊只要用尤加利葉哄哄就會坐定定任人抱抱，溫馴得很。不過謹記不要抱牠的頭，不然樹熊很有可能會發狂抓人！

與樹熊親密接觸

園內總共有40隻樹熊，當中15隻會輪流交替充當硬照模特兒。大部分手抱樹熊從小就由人手養育，個性都很溫馴。不過要抱樹熊也有些小秘訣，首先腰背要挺得筆直，好讓樹熊有伏在樹上的錯覺，然後一隻手環抱牠的下半身，另一隻手則要繞過其背部，再加上職員會不停餵牠吃尤加利葉，樹熊便會乖乖的任攬唔嬲。此時，可放鬆膊頭，配個開懷笑容，與樹熊來張甜蜜合照！

園內養了不同種類的袋鼠，有紅袋鼠、西部灰袋鼠等，全部皆可餵飼，乾糧可於接待處索取。

地: Mount Lofty Summit Road, Crafers, South Australia

電: 61-8-7424 5800 **時**: 9:30am - 5:00pm（Last Entry 4:30pm）; 聖誕日休息

網: www.clelandwildlifepark.sa.gov.au **費**: （成人）AUD 31、（小童）AUD 16

駕: 由 Hahndorf Mount Barker Rd 駛至 M1 South Eastern Hwy，見 Mount Lofty Summit Rd 右轉，沿途見公園指示牌

註: 抱樹熊拍照時間 2:00pm-3:00pm (每日)，收費 AUD34.5

Map 7-5B

英女皇剪綵玫瑰園 19 Chateau Barrosa

澳洲是其中一個新興的釀酒國，單是巴羅莎 (Barossa) 地區便有70多個酒莊。想沾染一點上流社會的優雅氣質，建議你來Chateau Barrosa走一趟。數十年前開幕時，莊園邀請了英女皇前來剪綵；而莊園內放滿了搜羅自英法德國的古董與酒杯，儼如博物館般典雅富氣派。如今90多歲的莊主雖已不再釀酒，但他在莊園種滿了玫瑰，美不勝收，而用葡萄製成的果醬，更是不可錯過的必買品。

玻璃櫃內的酒杯，珍貴程度有如古董。

樓上的博物館放滿了各種釀酒工具，叫人大開眼界。

Grape Jelly
用葡萄製的果醬，甜得來洋溢著水果鮮味，價錢也相當便宜，一場來到當然要買多幾樽。

新世界vs舊世界

愈來愈多人對紅酒產生興趣，而在酒的世界中，就有舊世界與新世界之分。舊世界即是有悠久釀酒歷史的地方，諸如法國和意大利；新世界則是指釀酒歷史較短的酒國，好像澳洲、南非和美國加州。雖然有些新世界的葡萄品種也是從舊世界那兒帶來，但憑著獨有的釀酒方式，新世界的酒絕不比舊世界的遜色。

酒莊開幕時，邀得英女皇親臨剪綵，威震澳洲。

地：Hermann Thumm Drive, (Formerly Gomersal Road) Lyndoch, South Australia

電：61-8-8524 4920

時：10:00am-3:30pm（周三至日）

網：www.barossachateau.com

駕：由 Cleland Wildlife Park 離開後左轉至 Mount Lofty Summit Rd，一直沿 Woods Hill Rd 及 Marble Hill Rd 行駛，之後按 B31 公路直行再轉入 B19 Hermann Thumm Dr，車程約 1 小時 17 分鐘

新世界名氣葡萄園 Jacob's Creek 20

乘火車於Rowland Flat站下車

巴羅莎的70多個酒莊中，以Jacob's Creek的名氣最盛。甫踏進酒莊，已傳來陣陣清新葡萄果香，舉目所見是一望無際的葡萄園。隨手採摘一顆葡萄，輕輕一按發現甚具彈性，急不及待放進口中，雖然葡萄皮略厚，而且要吐核，但葡萄汁相當豐盈，那種甜味絕非一般葡萄可比，難怪這兒的葡萄酒以清甜見稱。

深紫色的葡萄比波子還要細粒，一口咬下去，發現葡萄汁相當豐富，而且清甜好味。

酒莊內設有餐廳，在葡萄園吃一頓悠閒午餐，歎一杯有氣紅酒，感覺很Blue Blood。

品酒冷知識

分辨葡萄酒，基本上可從色、香、味三大原則出發：	
色	分辨好壞的第一步，酒色愈深，代表酒齡愈高，單寧愈重，口味愈複雜，但酒的顏色深淺並非判斷好壞的標準，要分辨，檢查酒身有沒有雜質反而較重要。
香	根據原產地的地理位置、土壤、氣候等，會為葡萄帶來不同的香氣，這份原有的香味專稱為「Aroma」，其後在葡萄酒熟成期間也會為酒添進新的香氣，專稱為「Bouquet」。
味	酒的香味大致上可分成3大類：土香(Earthy)、花香(Flowery)及果香(Fruity)。 口味很視乎個人喜好，基本上不過酸過澀已屬合格。

Jacob's Creek Shiraz Rose

像加入了Perrier的提子汁，味道清新，可以一次過滿足飲香檳和紅酒的願望。

Jacob's Creek Johann Shiraz Cabernet 2001

用60% Barossa的Shiraz與40% Coonawarra (南澳東南部另一個釀酒區)的Cabernet混合釀製，再放在法國木桶裡醞釀5年，味道香醇馥郁。

地：Barossa Valley Way Rowland Flat ,5352, South Australia

時：10:00am-4:30pm(耶穌受難日及聖誕節休息)

電：1300 154 474　網：www.jacobscreek.com

駕：由 Hermann Thumm Dr 沿 B19 Barossa Valley Hwy 左轉至 Rowland Flat

Map 7-5B

Barossa Valley第一家小酒館
1918 Bistro & Grill 21

乘火車於Tanunda站下車

1918不僅是餐廳的名字，也是餐廳的開業年份，今年剛好踏入70周年，是巴羅莎第一間小酒館。餐廳位處典雅的石屋內，周圍種滿各式花卉，頗有小農舍風情。室內則呈現一片溫暖的橙調，內裡被劃分成多個小型宴會廳，環境舒適幽靜，最適合與三五知己在此聊天。菜式設計卻與室內氣氛大相逕庭，1918賣的是摩登融和菜，總廚兼老闆Christian Fletcher曾於中國及泰國學藝，擅長在澳洲菜式內滲入亞洲元素，不少菜式都是以中式或東南亞式烹調，食材卻選用當地的時　令農作物為先，菜單亦會按時令每季轉換。此外，店內的藏酒逾百款，亦有不少是來自小型酒莊。

Bailey 甜品拼盤
Bailey Tasting Plate
以Bailey酒做出的4道甜品，包括加進了杏仁的雪糕與雪葩，以及加入了朱古力的慕絲與朱古力撻，款式各有千秋，滲透淡淡酒香，屬必食之選。

煙燻鴨胸
Tea Smoked Duck Breast, Chinese Greens, Shallot Cakeand Yellow Bean Dressing

炭燒西冷扒拌意式冬菇雲吞
Char Grilled Sirloin, Mushroom Tortellini, Local Bacon, King Brown Mushroom and Black Truffle Butter
烤肉是這裡的拿手菜，這塊厚切西冷炭烤後，入口仍鮮嫩多汁。配菜是冬菇意式雲吞，甚有驚喜。

店內的黑板寫上是日紅白酒推介，括號部分代表店內尚餘存貨數量。不少餐酒都是限量供應，買少見少。

地：94 Murray Street, Tanunda, South Australia, Barossa Valley

電：61-8-8563 0405　網：www.1918.com.au

時：12:00nn - 2:30pm、6:00pm - 9:00pm；聖誕節及耶穌受難節休息

費：AUD 50

駕：由 Rowland Flat 沿 B19 Barossa Valley Hwy 北行即達

Jane本身是烹飪能手，Barossa出產的食物哪些是最新鮮當造，問她就最清楚。每個早上，她都在開放式廚房內忙得團團轉，為客人炮製最熱辣美味的早餐。

夢想的農舍 ㉒ Abbotsford Country House

Map 7-5B

巴羅莎在世界舞台上愈來愈具名氣，要找一家有特色的旅舍理應很容易，何苦要經歷九曲十三彎走進Yaldara小鎮內的Abbotsford呢？當你認識莊主Julian與Jane兩夫婦後，你也會認同這裡是Barossa最棒的旅舍。Abbotsford擁有傳統的村屋氣派，整個範 圍除莊主居住的大宅外，就只有他們所興建的兩所小屋，裡面共有8間客房。令人感到最窩心是他們的早餐，並非簡陋冰冷的鮮奶麥片，而是親自下廚的早晨全餐，叫人吃後打從心底裡暖出來。

客人需移師莊主的住宅內用膳，莊主家的金毛尋回犬相當熱情，怕狗人士可預先通知莊主「閒狗勿近」。

早晨全餐相當豐富，就連煙三文魚也有提供。Julian本身是蘇格蘭人，夠膽量者可試他推介的地道蘇格蘭血腸。

Yaldara Drive位置偏僻，在直路見此路牌後記緊轉右，之後仍要走上約3分鐘石仔路才到達。

地：Abbotsford Country House, Yaldara Drive, Lyndoch, South Australia

電：61-8-8524 4662 **費**：AUD 260 起

駕：由 Tanunda 沿 B19 Barrossa Valley Hwy 直行，約 17 分鐘後見 Yaldara Dr 路牌向右轉

註：1. 早餐時間：8:30am - 10:00am
2. 旅舍詳細資料請參閱後頁

導遊正細心講解木桶清潔方法，原來從前清理木桶屬高危工作，工人須直接走進桶內洗擦。桶內酒精含量極高，吸入後會令人有酩酊之感，體格稍遜也負荷不了。

全南澳最大酒窖 Penfolds 23

Map 7-4B D4

由阿得萊德市中心乘的士約半小時

Penfolds於1844年成立，是全澳最古老、最具代表性的酒莊之一。酒莊創辦人Christoper Penfolds醫生最初只將酒用於醫療用途，但隨著大量歐洲移民湧入，對葡萄酒需求突增，才漸漸發展成釀酒事業。曾有紀錄顯示，在澳洲每2瓶出售的餐酒中，就有一瓶屬於Penfolds。

發展至今，他們在巴羅莎的酒莊裡，還擁有號稱全南澳最大的酒窖，能儲存共80,000個橡木酒桶。如想走訪酒窖及酒廠重地，可參加他們自設的兩個導賞團——「A Taste of Grange」 及「Make Your Own Blend」。前者可品嘗到50年代發明至今的酒王；後者則讓客人親嘗當調酒師的滋味，客人更可用優惠價選購心水靚酒。

地：78 Penfold Road, Magill, South Australia
電：61-8-8301 5569 網：https://www.penfolds.com/
時：10:00am - 5:00pm；耶穌受難日、聖誕及元旦日休息
費：導賞團收費：AUD 30(60 分鐘)
駕：由 Yaldara Dr 左轉至 Barossa Valley Hwy 直行至 Tanundex Rd，車程約 30 分鐘
註：導賞團時間：10:00am 及 2:00pm，長 1.5 小時，須預先致電報名

澳洲哪些酒最出名？

紅酒

以Shiraz紅葡萄釀製的紅酒最出名，酒味豐厚剛勁，當中以南澳巴羅莎出產的為上品。此外，以GSM(Grenache、Shiraz、Mourvedre)3種葡萄酒混製而成的紅酒也享負盛名，其特性是酸度清晰，果味濃郁。

白酒

以Reisling、Semillon及Chardonnay這3種白葡萄釀成的白酒最受追捧。前者陳年愈久，愈能帶出蜜糖等香味，味道怡人；後兩者酒質厚實，味道甘美香醇。

有汽葡萄酒(Sparkling Wine)

即「香檳」(因只有法國香檳區出產的才能稱為「香檳」，其他地區出產的只稱為「有汽葡萄酒」)，當地多採用Pinot Noir及Pinot Meunier紅葡萄、Chardonnay白葡萄來釀製，經發酵後加入甜酒控制甜酸度，大部分味道偏甜，較易入口，而以塔斯曼尼亞、維多利亞及阿得萊德的出品最為熱門。

Map
7-5B

煙燻雞肉薄餅
Barossa Smoked Chicken Pizza
薄餅以木製焗爐烘烤，為香脆餅底帶來淡淡的木燻香氣。內裡的洋葱以焦糖炒香，跟鮮嫩的雞肉配搭無瑕。

得獎酒窖優質午餐
Salter's Kitchen 24

乘火車於Angaston站下車再步行前往

NV Yellowglen Pink
午飯來杯香甜的Sparkling Wine感覺最爽，餐廳內的有汽香檳選擇極多，有Yellow、Pink、Red等，全以酒的顏色作名字，非常易記。

在巴羅莎稱霸為「南澳紅酒之鄉」的歷程上，有一個不可或缺的名字——Saltram酒莊。由1859年開始，他們製造無數知名美酒，其No.1 Shiraz更於各國際及本土的大小紅酒比賽中，勇奪了11項大獎。來到他們位於Angaston 的店子，除可找到美酒外，旗下的Salter's Kitchen也是本土著名的食肆。這家由創辦人親自興建的古老小石屋，把餐廳與酒窖合而為一。菜單設計亦以藏酒為概念，讓客人從food-and-wine-matching中，感受到醇酒的不同層次。不過，這裡只提供午市，要享受美酒佳餚，要記緊中午前來。

店內樓底特高，感覺闊落開揚，約設40個座位。亦設露天雅座，感覺甚有地中海風情。

烤西冷牛排
Char Grilled Sirloin Steak
約8至10安士的牛扒烤過後肉汁豐腴，配意大利醋感覺不太油膩。下層則有紅菜頭菜蓉及大蘑菇，味道獨特。

地：Nuriootpa Road , Angaston, South Australia 費：AUD 50
電：61-8-8561 0216 網：www.saltramwines.com.au
時：10:00am - 4:00pm（餐廳）、
10:00am - 5:00pm（Wine Cellar）；聖誕日休息
駕：由 Tarrunda Rd 右轉至 Railway Tce，之後沿 Angaston Rd 行駛即達

Maggie透露除了拍攝電視節目、兼顧店舖運作外，她更決定進軍雪糕界。不過她並不是長駐Farmshop，要一睹其風采還需要一點運氣。

澳洲方太自作業 25

Maggie Beer's Farm Shop

Map 7-5B

Maggie Beer就像我們香港的方太，其烹飪節目《The Cook & the Chef》在澳洲極受歡迎，是無人不曉的電視紅人。她一直致力推廣Barossa Valley文化，在節目中常用當地食材入饌，更在當地的Nuriootpa區開設Maggie Beer's Farm Shop，讓不熟門路的遊客有機會一嘗Barossa Valley的高級美食。

遊Farmshop不容錯過的環節，例必是每逢下午2時、於店舖隔鄰的Verjuice Workshop舉行的烹飪示範。烹飪示範約半小時，導師會教遊客煮3-4道菜，而菜式均會用上Maggie親自調製的Verjuice醬汁。示範完畢，遊客更有機會試食。若遇上喜愛的菜式，可直接到Farmshop「照單執藥」，買齊材料回家試煮。

Farmshop內每樣產品皆附設簡略說明，客人更可隨意試食。

Verjuice

Verjuice是由未發酵葡萄釀造的葡萄酒，其酸甜口感更常作醬汁用途，這裡的Verjuice是Maggie自創的獨有口味。

烹飪示範會由Maggie的4位得力助手負責，而菜式通常是在節目中出現過，有烹飪上的疑難，也可請教她們。

來參觀店鋪多是Maggie的擁躉，來自墨爾本的Merrigan夫婦就最欣賞她簡易的烹飪手法，故專程前來選購她的產品。

店內亦設café，客人可在露天茶座一邊享受眼前湖景，一邊在和煦日光下來個輕怡午膳。

The Cook & the Chef DVD（前）、Maggie's Harvest Cookbook（後）

Cookbook有齊近年的烹飪食譜，每本首頁均附送Maggie的親筆簽名。

Bon Bons All 6 Pastes

6款口味有Spiced Pear、Fig、Apple & Rosemary等，全是Maggie私家秘方，用作餐前小吃的佐料效果不俗。

The Three Essentails

不怕重的話，可買這個套裝組合，內裡有齊Maggie下廚必備的3大用料：Verjuice、Red Wine Vinegar及Extra Virgin Olive Oil。

地：50 Pheasant Farm Road, Via Samuel Road, Nuriootpa, South Australia

電：61-8-8562 4477　網：www.maggiebeer.com.au

時：10:00am-4:30pm；耶穌受難日、平安夜、聖誕節及新年休息

駕：由 Angaston Rd 直行至 Railway Tce 轉右，見 Greenock Rd 左轉，再轉入 Stonewell Rd，右轉後抵 Pheasant Farm

這裡的土壤最適合種植「Big Reds」系列葡萄，Big Reds即是指如Shiraz、Merlot等紅葡萄。

Map 7-5B

南澳第一調酒師 Wolf Blass 26

記者感言

平日飲酒只為口腹之慾，但來到南澳我才發現原來酒也是一門藝術，更會提升人的生活品味。

南澳除了Jacob's Creek與Penfolds的酒莊外，還有Wolf Blass。始創人Wolf Blass是當地知名的調酒師，他是巴羅莎釀酒區內第一個作Wine Blending（混酒）的人，更發明了顏色辨酒法，以酒色作酒名，較歐洲以葡萄作酒名相對簡單易明，為六、七十年代尚未懂得品酒的澳洲人開啟了品酒大門。

Wolf Blass的酒走摩登時尚路線，訪客中心採圓形迴廊設計，內有具型格的Cellar Door、博物館及宴會廳等。廣場中心豎立了Wolf Blass的雄偉巨鷹雕塑標誌。此外，博物館還利用多媒體的方式，展示他們過往的歷史、品酒的小知識，遊一圈像是上了一堂品酒課。

Wolf Blass出色的混酒技術為他於1966年賺取了第一桶金，現在品牌業務已擴展至歐洲、美洲、亞洲各地。

品酒步驟

1 先以白布作底，觀察酒內有沒有滲進雜質。
2 再來是「聞杯」聞一下酒的味道，記住頭一遭的香氣。
3 然後進行「掛杯」步驟，「掛杯」即輕晃杯子，讓酒與空氣進一步接觸，令香氣釋放。同時觀察杯中的酒所留下的痕跡，酒精含量愈高，酒的痕跡會顯得多而厚。
4 再次聞酒，感受盛放的香氣，此時香氣應該較之前明顯。
5 淺嘗一口，讓葡萄酒在口中巡迴一圈，再吞下去，細味酒的味道與回香。

地：97 Sturt Highway, Nuriootpa, South Australia　電：61-8-8568 7311　網：www.wolfblass.com

時：10:00am - 4:30pm；10:30am - 4:30pm（公眾假期）；周一、二休息

駕：由 Pheasant Farm Road 駛離 Stonewell Rd 後左轉至　A20 Sturt Hwy 直行即達

Map
7-5B

在水庫中心說愛你 27
Whispering Wall

只是平常的説話聲浪，説話仍會在另一端清晰聽見，勁過用「大聲公」。

於Barossa近郊的水庫內，擁有全世界數一數二的回音壁，全長140米，原本為水壩用途才作獨特的弧形設計，意外地產生奇妙的傳音效果。只要在水壩一端輕輕耳語，遠在百米外另一端，依然可聽得一清二楚。如想示愛就不用怕「面懵懵」。玩過回音壁後，可順道參觀展板，了解水庫的歷史。

地: Whispering Wall, Yettie Road, Williamstown, South Australia

電: 61-8-7424 1671

時: 8:00am - 5:00pm

費: 免費

駕: 沿 Sturt Hwy 西行至 Old Kapunda Rd，走過 Barossa Valley Hwy 後左轉至 Williamson Rd，直行至 Whispering Wall Rd 右轉即達

Kalamata Olives
原味、蒜蓉及辣椒味（350克）
紅色的Kalamata通常作食用，食其核夠細；青色的Verdale則因為較多汁，所以常用作榨油之用。

擁抱橄欖園 28 Map 7-5C

Lloyd Brothers Wine and Olive Company

除了出產名酒外，南澳還有優質的農產物。阿得萊德南部的Fleurieu Peninsula地區，有個盛產橄欖的莊園，佔地60英畝，約有1,200棵優質Kalamata及Verdale橄欖樹，當中屬Family Reserve的一排橄欖樹更有百年歷史。區內地中海式的氣候，為橄欖樹帶來極佳的生長環境。1年能生產18噸橄欖，當中13噸作食用，其餘會壓榨成油。每年4月尾至6月中旬會是採摘橄欖的季節，經過分類及去殼，才作浸泡鹽水及包裝。這些工序都由人手負責，確保每顆橄欖都是精挑細選。

認識橄欖油

橄欖油每年會因不同的土壤、氣候而有別，要判斷其新鮮度，得靠味道去判斷。橄欖油一般須於2年內食用，並要遠離日光確保品質。不同的橄欖，其特性和口味會有異，而且它可加添其他調味料，變化出新口味。

Family Reserve Olive Oil

特性：由百年Verdale橄欖樹限量生產

味道：香味最濃，感受到強烈的青蔥氣息，味道最富層次感

Cold Pressed Extra Virgin Olive Oil

特性：由不同地區採購4種橄欖，包括Kalamata、Verdale、Koroneiki及Frantoio。以冷壓榨方法製成，保留其營養與原味。

味道：口感creamy，入口帶微微苦澀，細味下會發現有點點辛辣餘韻。

Cold Pressed Extra Virgin Olive Oil

特性：以1/5有機檸檬汁，混合4/5特級橄欖油，而在壓榨過程中，會2種材料一齊榨取

味道：滿口檸檬清香，新鮮的檸檬味減輕橄欖入口時的濃烈草青氣息，口感輕怡，是3者中最易為人接受。

細看橄欖處理過程

橄欖由樹上採摘至拿出市場售賣，一般需時6-8個月，程序如下：

採摘橄欖

這部機器是專門用來採摘橄欖，工作人員會預先在樹的四周圍上墊子，然後使用機器前方的大夾，緊捏樹幹大力搖晃，之後全數橄欖便會著地。

分門別類

採摘的橄欖會放進機器，透過由窄至闊軌軸間的罅隙，把大中小3種尺寸的橄欖分門別類。

機器壓榨

分類後的橄欖會進行去殼、清潔等，如用來作橄欖油，橄欖會繼續在強勁滾輪轉動半小時，並壓榨成油及進行混合調味的工序。

浸泡鹽水

如橄欖是用作食用，清洗後會進行鹽水浸泡。將其放進混合14%鹽、6%醋及80%水分的膠桶內，比例會因應各種因素每年再略作調整。每桶重約100公斤，載有40,000粒橄欖在內，表層會以濾網阻隔，防止橄欖浮面。

人手包裝

無論是橄欖油及鹽醃橄欖，最後都會運往經全面消毒的包裝工場，由人手剔除不合格的製成品。橄欖粒亦會在此時加入辣椒、蒜蓉等口味，再貼上自家品牌招紙及進行密封包裝，這才完成整個生產工序。

莊園主人還有飼養超級可愛的羊駝（Alpaca），看起來像巨型版玩具貴婦狗，但其實是駱駝的一種。

別以為一棵橄欖樹有如此多花蕊就可以結出很多果實，當中其實只得1成左右可開花結果，每棵樹大概可生產30公斤橄欖。

地：34 Warners Road, McLaren Vale, South Australia

電：61-8-8323 8792　時：11:00am - 5:00pm　網：www.lloydbrothers.com.au

駕：由市中心 Anzac Hwy 左轉至 South Rd，再沿 M2 Southern Exp 直行至 Main South Rd，之後右轉入 Seaview Rd 再直行即達，全程約 55 分鐘

Map 7-5C

午餐由澳洲籍大廚主理，以fusion菜為主，好像主菜大蝦用了泰式手法，以香茅及薑醃製而成。

讓藝術走進飲食 Red Poles Gallery 29

The Red Poles Gallery的園主Ros Miller本身修讀藝術，她有感成年人工作後，已甚少拾起畫筆，遂於05年開設這間集餐廳、畫廊及Bed & Breakfast旅館於一身的多功能空間，讓大眾可大快朵頤外，可同時享受繪畫樂。

進入藝廊後，地下有畫作、雕塑、陶藝等展覽，每6周更換展品一次；1樓的工作室在每個周末會舉行繪畫班。而地下露天餐室及咖啡室，客人可一邊吃飯，一邊跟隨導師指導，或索性自行在畫布上，發揮個人塗鴉本色，享盡藝術與飲食結合的特色午膳。

記者感言
當手執畫筆時，發現久違了孩提時那種隨心亂畫的感覺，原來是好幸福的。

地：190 McMurtrie Road, McLaren Vale, South Australia
電：61-8-8323 8994
時：9:00am-5:00pm（三至日及公眾假期）；一、二休息
網：www.redpoles.com.au
駕：由 Osborne Rd 右轉至 Olivers Rd，經 Main Rd 再左轉至 McMurtrie Rd

繪畫班導師Michelle出身於專業美術學院，由她教路最好不過。

每年10月Red Pole均會舉辦名為「Arty Apron」的慈善拍賣活動，邀請一眾當地知名人士繪製獨一無二的個性圍裙，拍賣所得的善款，會撥捐負責當地拯救山火及善後工作的慈善團體。

餐廳食客一起繪畫，一幅以McLaren Vale風光為主題的畫，充滿童稚氣息。

半露天座位，晚上用餐十分有情調。

集餐廳、畫廊及旅館於一身的多元化空間。

周末不時會有特別節目和表演。

藝廊內有畫作、雕塑、陶藝等展覽。

花園內的一枱一櫈也自然成為園主的畫布。

5星級享受
Hilton Adelaide 30

由機場沿Sir Donald Bradman Drive向東行2公里；酒店亦提供穿梭巴士及租車服務。

裝潢風格典雅，電視更會不停播放由酒店行政總廚Simon Bryant與Maggie Beer主持的人氣烹飪節目《The Cook and the Chef》。

在南澳想住得豪華舒適，Hilton Adelaide會是個不錯的選擇。酒店位處阿得萊德市中心，距離阿得萊德機場（Adelaide Airport）僅10分鐘車程，無論搵食或觀光都非常方便。講到美食，酒店亦有不錯的選擇，好像供應地道美食及醇酒的The Brasserie、薈萃中外菜式的The Grange Restaurant，飯後可以去Charlies Bar歎杯香檳，而Lobby Lounge的Tapas小食同樣是高質素之選。

Lobby Lounge設計華麗，周末晚上會有即場Live Jazz表演。

地：233 Victoria Square, Adelaide, South Australia

電：61-8-8217 2000　網：www.hilton.com

費：單人房 AUD 165 起；雙人房 AUD 270 起

設：無線上網、保險箱、健身室、網球場、游泳池、美容院、髮型屋、外幣兑換服務等。

感受酒鄉風情
Abbotsford 31

網頁提供詳盡的前往方法，亦可直接向酒店職員查詢。

假如你去澳洲是到酒莊品嘗美酒，建議入住位於酒莊集中地巴羅莎區（Barossa）的Abbotsford。Abbotsford洋溢著一片悠閒的鄉村風情，四周只有農田、莊園和牧場，雖然沒有機會行街購物，但能享受出產自該區的葡萄酒及美食，帶來另一種住宿體驗。

房間用上格仔布點綴，典型鄉村風情。

地：Barossa Valley, Yaldara Drive, Lyndoch, South Australia

電：61-8-8524 4662

費：AUD 275 起

設：免費泊車、無線上網、保險箱、圖書館、Spa 等。

西澳 W.Australia

西澳包括首府柏斯（Perth）、卡爾古利（Kalgoorlie）、瑪格麗特河（Margaret River）、埃斯佩蘭斯灣（Esperance）、夢基米亞（Shark Bay）、布魯姆（Broome）等地區。作為澳洲最大的州，西澳有多個著名海灘，如Monkey Mia、Esperance等，也有種類繁多的海洋生物及珊瑚礁。內陸地區則蘊藏著奇山、怪石等自然奇跡。此外，西澳也有公認為世界最佳的葡萄酒莊區，瑪格麗特河便是首選。

氣候

西澳北部屬於熱帶、南部屬於溫帶，因此氣溫也會截然不同。

北部	
冬季	4月-9月，又稱為「乾季」
平均溫度	攝氏24-34度
內陸地區	攝氏0-40度
夏季	10月-3月，又稱為「濕季」
平均溫度	攝氏35-39度

南部	
冬季	4月-9月
平均溫度	攝氏14度
夏季	10月-3月
平均溫度	攝氏32度

前往柏斯交通

內陸機

Qantas Airways、Virgin Blue、Jetstar、Airnorth均有內陸航班前往柏斯。另有商業噴射客機在亞伯尼(Albany)、埃克斯茅斯(Exmouth)等城市均提供服務。一些航機會低飛進行「觀光飛行」，詳情可向航空公司或當地遊客中心查詢。

網址：www.qantas.com.au
www.virginblue.com.au
www.jetstar.com

火車

Indian Pacific豪華火車提供每星期2次往來柏斯、阿得萊德及悉尼的列車，全程需4日3夜。

Indian Pacific電話：61-8-8213 4401
網址：www.greatsouthernrail.com.au

自駕遊

西澳地大物博，最適宜州內自駕遊，來往各城市的距離及時間如下：

路線	距離（時間）
Perth → Fremantle	20公里(30分鐘)
Perth → Lancelin	128公里(2小時)
Perth → Bunbury	179公里(2.5小時)
Perth → Margaret River	273公里(4小時)
Perth → Albany	416公里(5小時)

柏斯市內交通

火車

Transperth提供6條主要路線，全部以柏斯市中心為起點，分別通往Midland、Armadale、Mandurah、Fremantle、Joondalup及Thornlie。柏斯所有公共交通以區間(Zone)來計算，Zone 1至9為AUD2.3至12.8，每天AUD12.8封頂。

巴士

Free Central Area Transit(CAT)

市內免費巴士簡稱CAT，分為紅、黃、藍、綠等4條路線，橫跨市中心多個熱門景點，平日班次約5-15分鐘一班，周末則需15-30分鐘一班。

火車及巴士網址：www.transperth.wa.gov.au

的士

從柏斯機場乘的士來往柏斯市中心只需20-30分鐘，車費約AUD 20-30。

Swan Taxis電話：13 1330(澳洲境內)
Black & White Taxis電話：13 1008(澳洲境內)
網址：www.transport.wa.gov.au

實用網址

www.westernaustralia.com

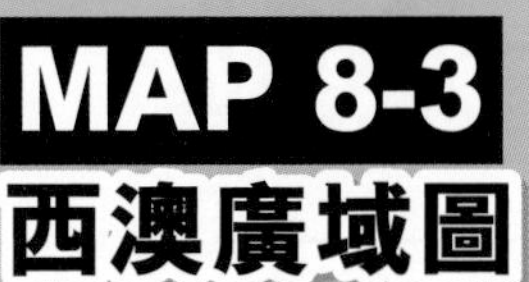

22	Dolphin Eco Cruises	8-23
28	The Pinnacles Desert	8-29
29	Lancelin	8-30

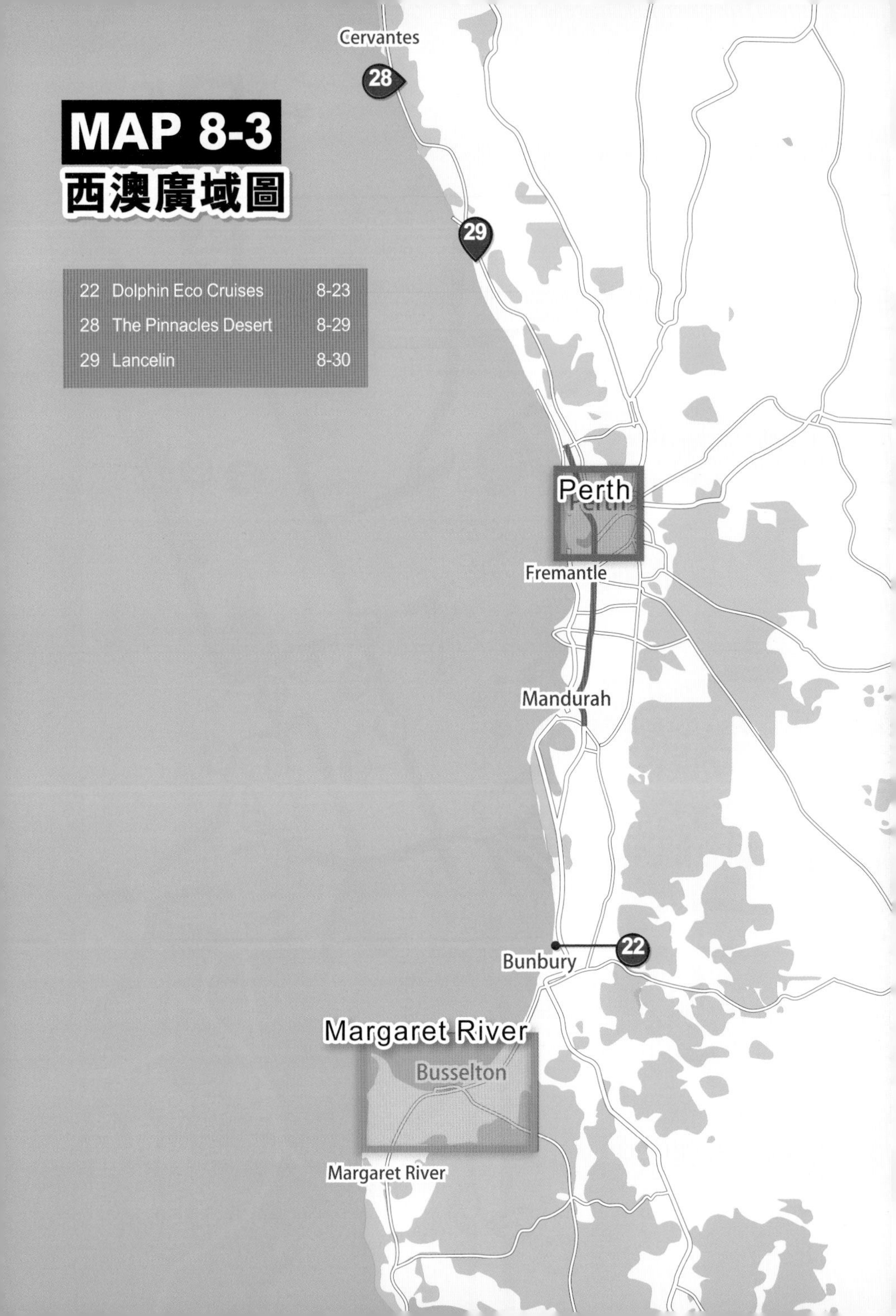

Cervantes

28

29

Perth

Fremantle

Mandurah

Bunbury

22

Margaret River

Busselton

Margaret River

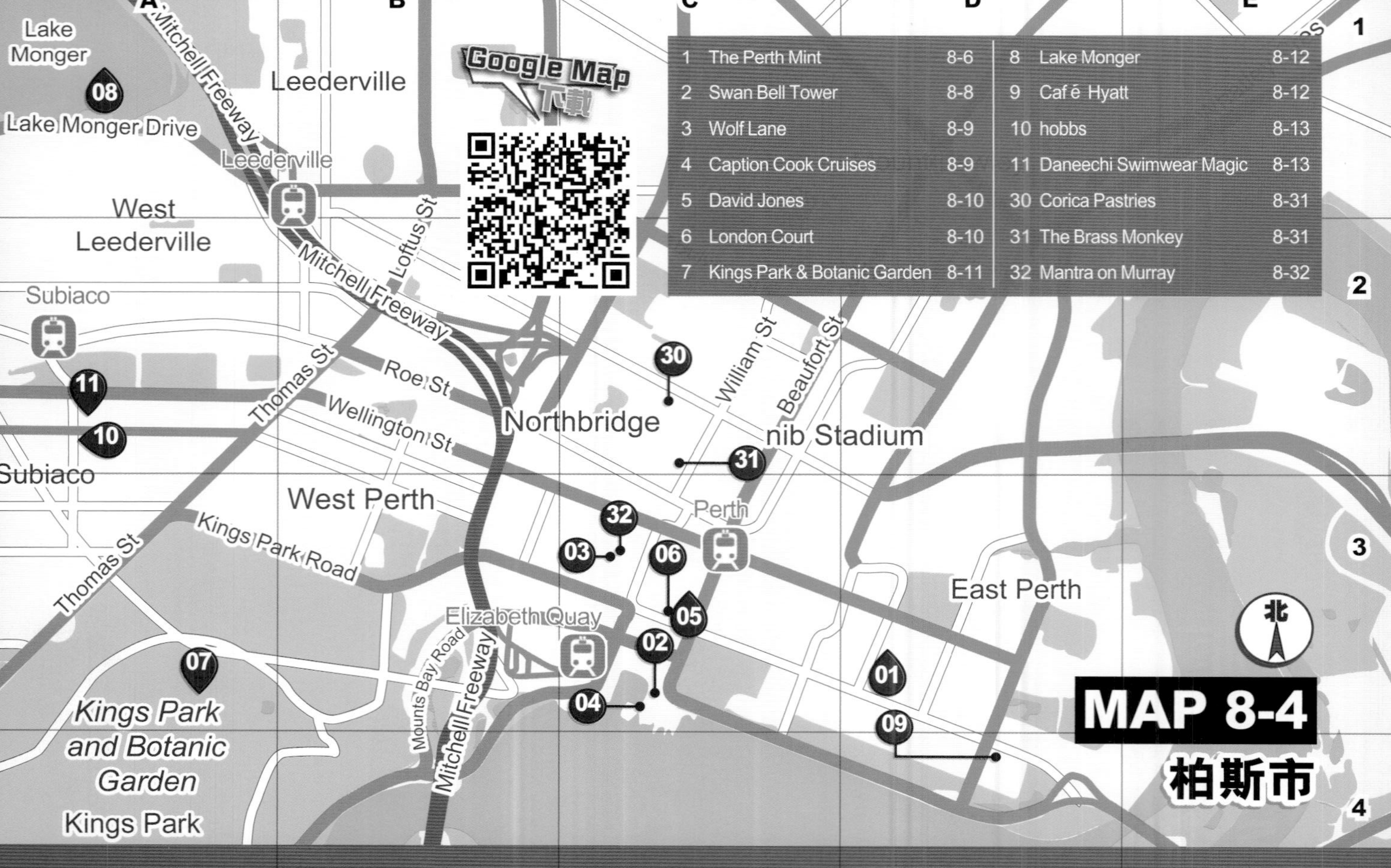

1	The Perth Mint	8-6	8	Lake Monger	8-12
2	Swan Bell Tower	8-8	9	Caf ē Hyatt	8-12
3	Wolf Lane	8-9	10	hobbs	8-13
4	Caption Cook Cruises	8-9	11	Daneechi Swimwear Magic	8-13
5	David Jones	8-10	30	Corica Pastries	8-31
6	London Court	8-10	31	The Brass Monkey	8-31
7	Kings Park & Botanic Garden	8-11	32	Mantra on Murray	8-32

MAP 8-5A
柏斯市周邊

23	Fremantle Prison	8-24	26	Rockpool	8-27
24	Gino’s	8-26	27	Caversham Wildlife Park	8-28
25	Benny’s	8-26	33	Crown Metropol Perth	8-32

MAP 8-5B
Margaret River 周邊

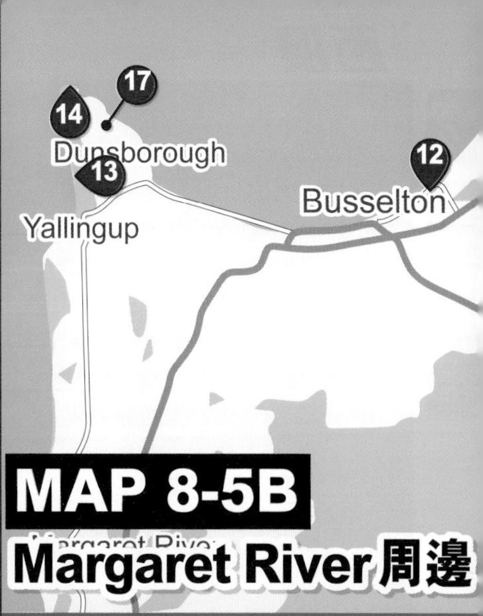

12	Busselton Jetty	8-14
13	Lamont’s	8-16
14	Cape Naturaliste Lighthouse	8-17
17	Eagle Bay Brewing Co	8-20

MAP 8-5C
Margaret River

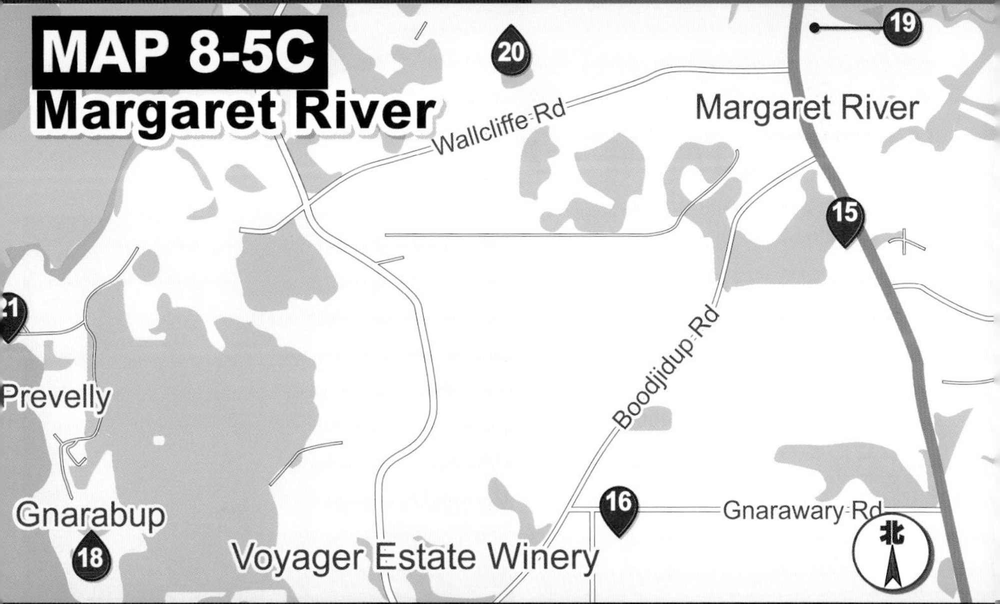

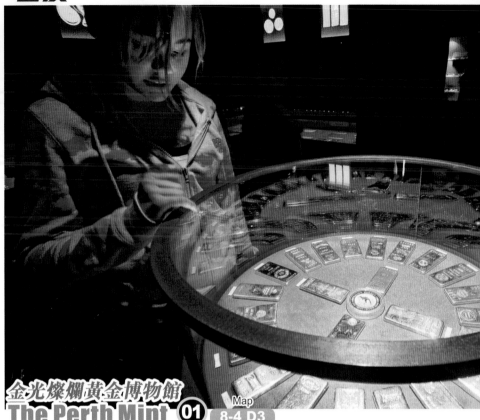

金光燦爛黃金博物館 The Perth Mint 01

Map 8-4 D3

乘紅線免費巴士Red CAT於6號站(Hay St Perth Mint)下車，步行約1分鐘

屹立於柏斯市中心Hay Street上的The Perth Mint，是世上現存最古老、仍然運作生產的鑄幣局。自1899年開業至今已近110年歷史。建議最好參加館內每小時舉行的免費Heritage Tour。約45分鐘的導覽行程，導遊會介紹鑄幣局及西澳的淘金歷史、局內鑄造的各款特色金幣、介紹令人耀眼心動的足金金條及金磚，令人眼界大開。旅程結束前，還有金條澆鑄示範，是整個旅程的高潮，千萬不要錯過。此外，客人還可自訂或親手鑄造紀念金幣，非常有紀念價值。

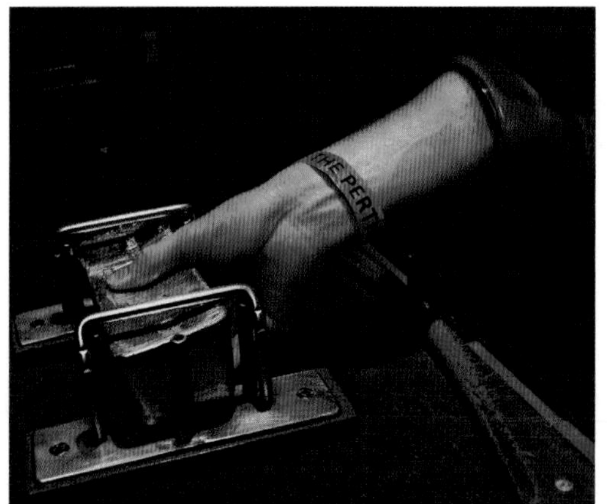

想感受一下金條有多重？看完示範後，可到隔壁的金庫，試舉重400盎司、市值逾20萬澳元的金條。

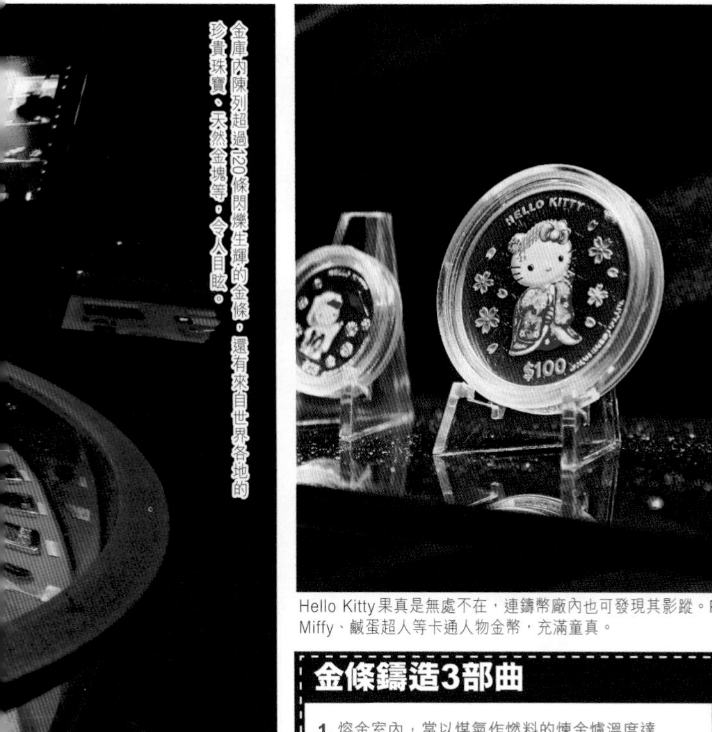

金庫內陳列超過120條閃爍生輝的金條，還有來自世界各地的珍貴珠寶、天然金塊等，令人目眩。

Hello Kitty果真是無處不在，連鑄幣廠內也可發現其影蹤。Perth Mint還有生產Miffy、鹹蛋超人等卡通人物金幣，充滿童真。

金條鑄造3部曲

1. 熔金室內，當以煤氣作燃料的煉金爐溫度達1,300℃時，盛載於熔金器內的黃金會溶化為液體。將溶化的黃金倒進鐵模，約20秒左右金條便會成形。

2. 金條需要放進冷水內降溫，約5-10秒金條已可完全凝固。

3. 現時Perth Mint製造的金條重量由半盎司至400盎司不等。現示範的金條重約200盎司（約6公斤），市值約10萬澳元。

客人可即場設計心儀圖案，造出獨一無二的紀念金幣，每枚價錢由AUD 15-49不等，視乎所用的金屬材料而定。

地：310 Hay Street, East Perth, Western Australia

電：61-8 9421 7376

時：9:00am - 5:00pm；耶穌受難日、澳紐軍團日、平安夜、聖誕節及新年休息

網：www.perthmint.com.au

費：成人 AUD 22、小童 AUD 12、家庭套票 AUD 59

駕：由機場沿 Horrie Miller Dr 出發，轉入 Tonkin Hwy，再轉入 Great Eastern Hwy，於 Shepperton Rd 向右轉，再於 Hay St 轉左，全程約 34 分鐘

註：Heritage Tour 時間：9:30am - 3:30pm（每隔 1 小時 1 節）

敲鐘的繩索甚重，每當繩索往回走時，整個人都好像給拉扯向上。

敲響百年大鐘 Swan Bell Tower 02

Map 8-4 C3

由柏斯火車站步行約10分鐘

Swan Bell Tower的外表雖看似前衛，內裡卻非常「傳統」。塔內有18座古老大鐘，當中12座是英國St. Martin-in-the-Fields教堂送贈，最古老的更超過600年歷史。鐘塔1樓每天下午都有敲鐘示範，遊客亦有機會嘗試。不過，當你步進示範室，別奇怪不見大鐘的蹤影。因為英式的大鐘與中式的有別，前者以齒輪發動，靠人手不停拉動繩索來轉動大鐘；後者則以巨木敲打鐘身。此外，英式大鐘愈重，音調愈低。當大家一起拉動繩索時，耳邊會傳來一陣陣鐘聲裊裊的交響樂。

曾試過敲鐘的客人都會獲發敲鐘證書，就連小孩子也有份。

示範室內會有plasma反映敲鐘狀況，想再看真一點，可上4樓參觀大鐘真貌。

地：Barrack Square, Riverside Drive, Perth, Western Australia

電：61-8-6210 0444

時：10:00am - 3:45pm（冬令時間）; 10:00am - 4:15pm（夏令時間）；聖誕及耶穌受難日休息

網：https://www.thebelltower.com.au/ 費：（成人）AUD 27、（長者、小童）AUD 17

駕：由柏斯市中心沿 Sherwood Ct 駕駛，左轉入 The Esplanade，再右轉至 Barrack Street，最後便抵達 Barrack Square

註：敲鐘示範時間約於為 11:30am - 1:00pm 進行，時間天天不同，以當日店內公佈的時間表作準。欲知當日時間表，可致電 61-8-6210 0444 服務台查詢

人氣隱蔽小店
Wolf Lane 03

Map 8-4 C3

乘紅線免費巴士Red CAT於23號站(Murray St Raine Square)即達下車

酒吧隱藏在Wolf Lane橫巷內，只有周末兩天營業，其他日子只供包場或私人用途。所以每逢開店都擠滿本地客，由於地點夠隱蔽，是當地上班族聚會的熱選。店內裝潢十分有特色，天花板掛滿旅行箱，配襯牆壁上色彩的油　畫，新潮得來帶點文青氣息，想感受一下當地文化可以去捧場。

地：321 Murray St, Perth WA 6000　電：61-8-9460 9971
時：周四 9:00am-10:00pm；周五、六 4:00pm-1:00am

想盡覽上、下游景觀可選擇全日導賞團（Full Day Tour），全程約需5小時，途徑弗里曼特爾、Swan Valley等主要景點。

海上暢遊天鵝河 04
Caption Cook Cruises

Map 8-4 C3

由Elizabeth Quay火車站步行約5分鐘

乘觀光船是觀賞天鵝河兩岸醉人景致的絕佳辦法，沿天鵝河上游遊覽；又或者選擇Perth Scandal路線，欣賞柏斯下游至弗里曼特爾（Fremantle）的沿途風光。所有航線全程均提供詳盡生動的景點介紹，亦設有船上午餐及品酒服務。

地：Pier 3, Barrack St Jetty, Perth, Western Australia (Opposite the Bell Tower)
電：61-8-9325 3341　時：8:00am-5:00pm
費：AUD 40 起　網：www.captaincookcruises.com.au
駕：由柏斯市中心沿 Sherwood Ct 駕駛，左轉入 The Esplanade，再右轉至 Barrack Street，最後便抵達 Barrack Square

Food Hall內出售很多當地品牌的食品，如有Luken & May曲奇、Beerenberg果醬等。

澳洲老牌百貨
David Jones 

Map 8-4 C3

由Elizabeth Quay火車站步行約5分鐘

自1838年已開業的David Jones是澳洲最早出現的百貨公司。柏斯分店樓高4層，位於著名商店大街Hay Street Mall內，男女服飾、化妝美容、廚具家電、文儀用品等均一應俱全，位於地下的Food Hall更屬遊客必到之地，內裡設生蠔海鮮即食櫃枱、新鮮手製曲奇櫃位等，還陳列各式各樣的高級食品任人選購，當中以朱古力及餅乾為手信熱選。

地：622 Hay Street, Perth, Western Australia
電：61-8-9210 4000　網：www.davidjones.com.au
時：10:00am - 6:00pm（一至四）；10:00am - 9:00pm（周五）；9:00am - 5:00pm（周六）；11:00am - 5:00pm（周日）
駕：由柏斯市中心出發，沿 St Georges Tce 往 Howard St 行駛，轉入 Malcolm St，向右轉至 Harvest Tce，再左轉到 Hay St

舊日英倫風
London Court 06

Map 8-4 C3

由Elizabeth Quay火車站步行約5分鐘

建於1937年的London Court，是Hay Street Mall商店街內最具特色的建築。它的設計流露維多利亞式風格，單是入口已散發著濃厚英式情懷。它有2個入口，Hay Street Mall入口有個仿照英國西敏寺的大笨鐘，而St Georges Terrace入口也有個谷咕鐘，每逢報時便上演聖佐治屠龍的故事。London Court內裡採取中空設計，中間闢為行人小徑，約40間特色小店及Café 則散佈於小徑兩旁。

這裡的特色小店包羅萬有，如賣古董、香水、手信等。有些店主要售賣英國進口貨，為此處加添英倫氣息。

地：入口分別設於 Hay Street Mall 及 St Georges Terrace
電：61-8-9261 6666　網：www.londoncourt.com.au
時：7:00am-9:00pm（一至五）；7:00am-5:00pm（六）；11:00am-5:00pm（日）
駕：由柏斯市中心出發，沿 St Georges Tce 往 Howard St 行駛，轉入 Malcolm St，向右轉至 Harvest Tce，再左轉到 Hay St

廣闊的草地，是當地人消閒玩樂的好去處。

公園的地點面向天鵝河的海岸線，是拍攝柏斯市全景的絕佳地點。

最佳拍攝地 Kings Park & Botanic Garden 07

Map 8-4 A3

於St George Tce Street乘37或39號巴士，到Visitor Centre下車

Kings Park位處柏斯市中心西邊邊陲，佔地400公頃，面積等於23.5個香港維多利亞公園。園內四處是青翠草地，設有延綿620米的步行徑，種植超過2,000種花卉，當中不少屬西澳獨有的特殊品種。每逢9月，園內會舉辦野花節，花團錦簇更見賞心悦目。園內有土著藝術精品店、BBQ設施及咖啡小店等。大家不妨騰出一個下午，在碧海藍天下野餐散步，感受柏斯的閒情逸致。

鮮紅小花Kangaroo Paw，原來是柏斯市市花。

公園入口的紀念碑，是用來悼念於兩次世界大戰中壯烈犧牲的澳洲勇士。

地：Fraser Avenue, West Perth Western Australia

電：61-8-9480-3600 時：24 小時 費：免費 網：www.bgpa.wa.gov.au

駕：由柏斯市中心 St George Tce 往 Howard St 行駛，朝 Malcolm St 行再轉入 Fraser Ave，在圓環處朝 Lovekin Dr 行駛，再朝 Forrest Dr 直行即達

Map
8-4 A1

Lake Monger的黑天鵝屬Cygnus Atratus品種，原產地正是澳洲。

尋找黑天鵝
Lake Monger 08

乘火車於Leederville或Glendalough站下車再步行前往

黑天鵝是柏斯市的標記，要觀賞黑天鵝的高貴倩影，可到市區西北面的Lake Monger。湖的西岸有個雀鳥繁殖島，無數黑天鵝與水鴨常連群結隊於湖上暢游。黑天鵝擁有一身黑亮羽毛，眼睛與嘴都是紅色的，但細心留意，會發現其嘴部前端有一道像被畫筆掃上去的白色橫紋，外形奇特。這兒容許遊客餵飼野生水鳥，不妨帶備乾糧餵食，跟黑天鵝來個近距離接觸。

餵飼黑天鵝該選素食乾糧，白麵包、粟米粒都是不錯的選擇。

地：Lake Monger Drive, Leederville, Perth, Western Australia
駕：由柏斯市中心沿 Hay St 轉上 Mitchell Hwy，之後轉向 Lake Monger Dr 即達

正宗意式自助餐
Cafe Hyatt 09

Map
8-4 D4

乘Red CAT巴士於10號Carlton站下車

Café 是集團開設的餐廳，以自助餐為主打，全店共分3部分：Deli Counter提供冷盤、海鮮及沙律；Show Kitchen是熱葷所在地；Dessert Bar則擺放了十多款精緻甜品，種類繁多。店內強調與客人互動性，故擺放食物的櫃枱均駐有工作人員，照顧客人的需要，服務相當貼心。

Show Kitchen設開放式焗爐，客人可掌握出爐一刻，品嘗到最新鮮熱辣的正宗意式薄餅。

地：Hyatt Regency Perth, 99 Adelaide Terrace, Perth, Western Australia
電：61-8 9225 1204
網：http://perth.regency.hyatt.com/
時：周一至五 6:30am - 10:00am, 6:00pm - 9:00pm
周六日 7:00am - 10:30am, 6:00pm - 9:00pm
駕：由柏斯市中心 St Geroge Tce 一直向 Adelaide Tce 行駛，約 4 分鐘便可到達

型格鞋陣
hobbs 10

Map 8-4 A2

乘火車於Subiaco站下車

柏斯近郊的Subiaco地區，是型格商店及特色餐廳集中地，主要街道Rokeby Road內全是個性前衛的商店，店面裝潢獨樹一格。當中hobbs鞋店設計簡約明亮，這兒的鞋履以OL女士為主要銷售對象，涼鞋、高跟鞋、皮靴都各有捧場客。除自家出品的時尚系列外，亦有入口意大利品牌，如Tony Bianco、Sachi等。

過百對鞋子整齊地排列，配合燈光所營造的氣氛，像正在參觀鞋子博物館。

銀色高跟鞋
hobbs自家出品，款式摩登優雅，Party Queen必備。

地：82 Rokeby Road, Subiaco, Western Australia
電：61-8-9388 2197　網：hobbsshoes.com.au
時：9:00am-5:30pm（一至五）; 9:00am-5:00pm（六）; 11:00am-3:00pm（日）
駕：由柏斯市中心 St George Tce 轉入 Kings Park Road，繼續朝 Bagot Road 行駛便可抵達 Rokeby Road

8,000泳衣任你揀 11
Daneechi Swimwear Magic

Map 8-4 A2

乘火車於West Leederville站下車
步行4分鐘

同樣位處Rokeby Road上，Daneechi堪稱全柏斯最大的女性泳衣零售店，網羅超過45個著名泳衣品牌，當中不乏澳洲本土名牌，如Seafolly、Tigerlily、Kulu等，合共8,000泳衣款式可供選擇。店內亦有自家品牌，泳衣款式可去到G Cup，尺寸則由8號至26號不等，照顧到身材豐腴的女顧客的需要。

這兒每月都有新貨上架，比堅尼的上身及下身款式更可分開獨立選購，愛美的女士們可自己mix & match。

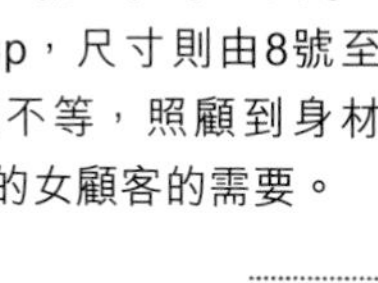

Camilla & Marc
黑白菱格泳衣

地：106a Cambridge St, West Leederville WA 6007
電：61-4-9049 9734　時：10:00am-4:00pm，周六至 5:00pm，周日休息
網：http://www.daneechiswimwear.com/

海天一色的醉人姿態，令人頓時忘卻煩憂。

百年木碼頭 Map 8-5B
Busselton Jetty & Underwater Observatory ⑫

可於Perth參加Shuttle Bus Tour到達當地，車程約長3小時

Busselton Jetty建於1865年，總長度差不多有2公里，是全南半球最長的木製碼頭。原為搬運木頭而設，及後1911年再於碼頭興建路軌，以火車取代馬車運送貨物。碼頭時至今日能發展成每年吸引40萬遊客到訪的旅遊勝地，背後有個動人故事。

話說碼頭1972年本已停用，在1978年更因龍捲風吹襲而幾乎全毀。不過當地社區認為Busselton Jetty是當地歷史性標誌，應好好保留，遂向各界籌集資金，經歷了28年時間，才籌足9百萬澳元重建碼頭，讓後人也有機會一睹其昔日風采。

記者感言

用28年去修復一個停用的碼頭，聽起來相當荒謬。但置身碼頭中心，就會明白，城市的發展和大自然保育都能和諧並存，且是不能以金錢來衡量。

無論大人或小孩，都愛沿著路軌向前進。

Busselton擁有長30公里的白沙灘，面對Geographe Bay，適合滑浪、潛水等一系列水上活動。

海底下的熱帶風情

走進了碼頭，你也會佩服前人的眼光。眼底下天空廣闊無限，與澄明的海面彷彿連成一線；閉上眼，感受到的是和煦陽光與清風撲面。踱步於碼頭上，你會看見老人享受釣魚樂；或是小孩成群，沿著路軌蹦蹦跳。兩公里的路程就這樣在歡笑聲中走到盡頭。碼頭另一端設有海底瞭望台，遊客可深入8米海底，透過特設的玻璃窗，一睹碼頭下的水世界。你會發現用作支撐碼頭的木柱上，長滿各式珊瑚，吸引超過300種海洋生物在此棲息，是西澳生態遊的熱門景點。

Underwater Observatory每小時均設導覽團介紹海底世界，每次導覽約需25分鐘。

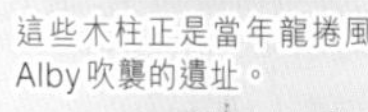

這些木柱正是當年龍捲風Alby吹襲的遺址。

地：Beach end of Queen Street, Busselton Foreshore, Western Australia

電：61-8-9754 0900　網：www.busseltonjetty.com.au

時：Underwater Observatory: 10:00am - 4:00pm、
Interpretive Centre and Cultural Heritage M useum: 9:30am - 5:15、
Jetty Train: 10:00am-5:00pm

費：Jetty Train：成人 AUD 16、小童（3-17 歲）AUD 9.5；
Underwater Observatory：成人 AUD 37、小童（3-17 歲）AUD 22

駕：由柏斯市中心先駛向 Mitchell Hwy，再轉入 Kwinana Hwy，到 Safety Bay Road 後再轉入 Mandurah Rd，然後駛入 Old Coast Rd，駛過 Bussel Hwy 後轉入 Albert St，全程約需 3 小時 39 分鐘

註：Underwater Observatory 每小時 1 次，必須提早致電預約，確實時間可參閱官方網頁

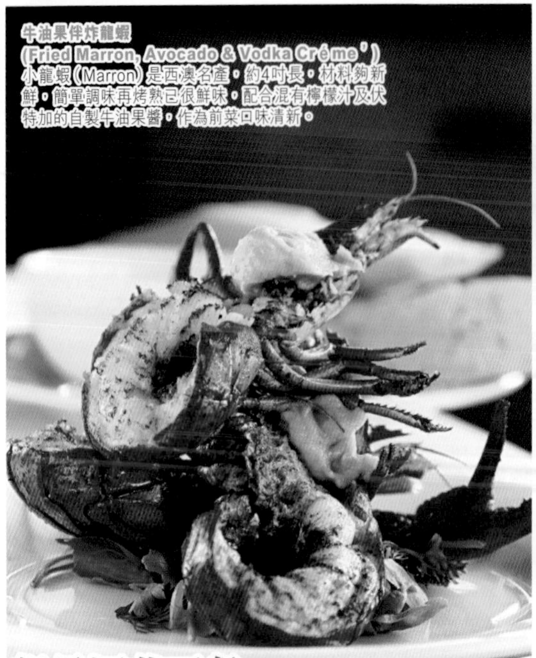

牛油果伴炸龍蝦
(Fried Marron, Avocado & Vodka Créme')
小龍蝦(Marron)是西澳名產，約4吋長，材料夠新鮮，簡單調味再烤熟已很鮮味，配合混有檸檬汁及伏特加的自製牛油果醬，作為前菜口味清新。

在溫暖旭日與醉人美景下，最適合與愛侶共進午餐。

餐廳入口處設有出售酒品，客人可請職員推薦適合的酒品，試對口味才選購。

靚景酒莊西餐
Lamont's 13

Map 8-5B

西澳盛產名酒，尤以瑪格麗特河(Margaret River)地區的美酒最具名氣，當地設有不少個性酒莊(Boutique Wine Valley)，位於Margaret River的Lamont's正是其中之一。Lamont's的釀酒事業始於1978年，至今由第4代傳人執掌。酒莊位於Margaret River的Yallingup地帶，坐落於湖泊之上，四周流水潺潺、綠樹城蔭，可謂佔盡地利。

除了賣酒，Margaret River的分店還經營餐飲服務。食客可一邊欣賞湖光山色，一邊品嘗美酒佳餚。這兒雖以美酒聞名，但在菜式烹調上費盡心思，材料多採用附近出產的當造農產品及海鮮，而菜單會根據四季轉換，確保客人吃到每一口都是最新鮮的美食。

紅糖烤牛肉
(Brown Sugar & Juniper Cured Wagyu, Olive Raisin Tapenade)
選用的是當地自由放牧的和牛，和牛經師傳秘方處理，做出內紅外熟的大理石紋理，入口即溶，一點牛羶味也沒有。

地：67 Smiths Beach Road, Yallingup, Western Australia
電：61-8-9750 1299
時：7:00am-11:00am,4:00pm-9:00pm（一至五）; 7:00am-12:00mn（六日）
網：www.lamonts.com.au
駕：由 Busselton 的 Albert St 一直駛向 Bussell Hwy，繼續朝 Caves Rd 行駛，於圓環處駛向 Commanage Rd，見 McLachlan Rd 轉右，之後駛向 Koorabin Dr 便可到 Gunyulgup Valley Dr
註：周末收 10% 服務費，公眾假期收 15% 服務費

Map
8-5B

百年燈塔上看鯨 14
Cape Naturaliste Lighthouse

燈塔以石灰岩石建造，當年以人手建造，花了近10個月才完成。

燈塔於1904年啟用，整座燈塔只有約20米高，卻因為建於高山上，因此最高點離海面足有123米高，燈光射程可遠至26海里，為船隻提供導航指引。這裡是全西澳最後一座人手操控的燈塔，於1996年才轉為全自動機械操作，故仍保留不少操作燈塔的珍貴資料。

遊客可參加半小時的導賞團，了解燈塔的操作、當地航海歷史，以及不為人知的故事！導遊會帶領遊客由燈塔內部走到塔外，觀看印度洋的優美景色。這兒也是大西洋與南大洋的交匯處，每年9-12月鯨魚最愛在這海域嬉戲。導遊說曾有一年的Boxing Day，就曾碰上26條大鯨魚嬉水的壯觀場面！

導遊解說燈塔是以一盞120伏特的燈泡作照明，配合巨大的鏡片投射，所產生的光線，猶如燃點120萬支燭光呢！

燈塔附近設多條步行徑，可讓遊客觀賞沿途花卉及海景。

地：1267 Cape Naturaliste Road, Dunsborough, Western Australia　電：61-8-9757 7411
時：9:00am-5:00pm；聖誕節關閉　網：www.margaretriverattractions.com
費：（成人）AUD 16、（小童 4-16 歲）AUD 8、（長者） AUD 14
駕：由 Gunyulgup Valley Dr 駛向 Marrigup Dr，轉至 Caves Rd 後於 Naturaliste Tce 向左轉，一直行便是 Cape Naturaliste Rd

Nora經營Lifestyle已近12年，當地一花一草的名字她都知得一清二楚，絕對是區內的人肉字典。

豪華房車導賞團 ⑮ Map 8-5C
Lifestyle Margaret River

有別於一般私人導賞團，Lifestyle Margaret River公司始創人Nora Gaebler別出心裁，想到讓遊客乘坐50年代的豪華房車遊覽勝景。他們提供多款體驗路線，如為愛酒人士而設的酒莊導賞團，帶領遊客參觀知名酒莊Leeuwin Estates及一些具個性的小型酒莊。在飽嘗美酒之餘，亦有機會跟釀酒師暢談品酒樂。另有瑪格麗特河體驗之旅，包括造訪特色畫廊、嘗盡農莊出產的新鮮橄欖、芝士及朱古力等多款佳餚，並學習相關歷史與有趣的小知識。全程都由女性充當司機及導遊，難怪在行程安排上細心又貼心。

旅行團一覽

Tasting Margaret River 酒迷必選

遊遍區內大小酒莊，還可選加長版旅行團（Extended Tour），有機會跟釀酒師交流，並參觀幕後釀酒過程。

Extended 5 Senses Tour of Margaret River 吃喝玩樂齊備

行程內有齊令5感興奮的元素，吃當地最佳食材；喝優質餐酒；遊盡最美綠林與海灘；細聽原住民音樂，行程多姿多采。

Luxurious Lifestyle Margaret River Package 玩得全面

若然時間充裕，不妨參加此行程，包括暢遊Leeuwin Estate、Voyager Estate、Cape Lodge等知名酒莊、高級餐廳及旅遊熱點，有3日2夜或2日1夜行程可選。

解構老爺車

叫得做豪華房車，對細節自然講究，後座有摺合餐枱，方便乘客用餐和書寫。

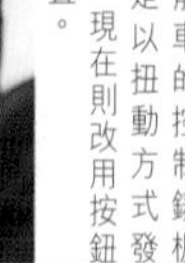

從前車的控制錶板全是以扭動方式發動，現在則改用按鈕裝置。

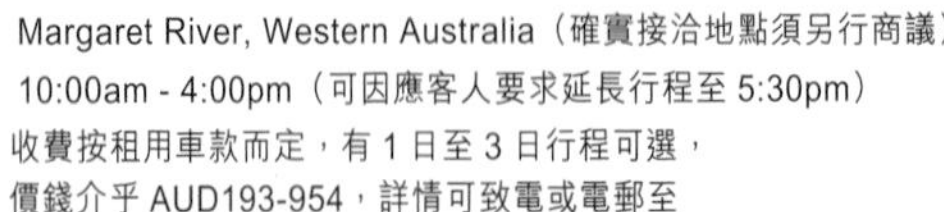

地：Margaret River, Western Australia（確實接洽地點須另行商議）

時：10:00am - 4:00pm（可因應客人要求延長行程至 5:30pm）

費：收費按租用車款而定，有 1 日至 3 日行程可選，價錢介乎 AUD193-954，詳情可致電或電郵至 tours@lifestylemargaretriver.com.au 查詢

電：61-8-9757 9111

網：www.lifestylemargaretriver.com.au/

註：Bentley 或 Rolls Royce 只可乘坐 4 人，Lexus 可載 7 人

試酒會提供當季最優質的紅白酒系列，職員會詳細介紹各酒的色香味，更設有Wine Tasting Notes供客人免費參閱。

不喝酒的酒莊主人 Voyager Estate 16

Map 8-5C

Voyager Estate於1978年才成立，在行業裡屬後起之秀，不過短短30載已屢獲殊榮，包括被專業酒評雜誌《Australian Wine Companion》評選為「5星酒莊」；出品的Chardonnay又與Leeuwin Estate及Devil's Lair的Chardonnay白酒並稱為瑪格麗特河的「黃金三角」，可想而知Voyager Estate有多赫赫有名。

大樓的設計參照南非開普荷蘭(Cape Dutch)風格，屋外全白的牆身是典型特色之一。

酒莊如此出色，主人Michael Wright卻是個滴酒不沾的禁酒主義者。店內獨家的Sparkling Grape Juice就是他自行研發的無酒精有氣果汁，口味跟有氣香檳無異，而且價錢相宜，是必試必買之選。酒莊內設有餐廳，菜單上會註明每道菜式的推介酒，不懂搭配酒品與食物的人大可從中偷師。

Sparkling White/Red Grape Juice

Chardonnay
酒味帶柑橘與無花果香，餘韻悠長，適合配襯海鮮及白肉菜式，配搭煙三文魚更堪稱一絕。

地：Stevens Road, Margaret River, Western Australia
電：61-8-9757 6354　網：www.voyagerestate.com.au
時：酒莊：10:00am - 5:00pm；餐廳：11:30-5:00pm；周一、二休息
駕：由 Armstrong Rd 朝西北行，先轉入 Cowaramup Bay Rd，再走進 Caves Rd，沿 Carter Rd 及 McQueen Rd 一直走，見 Bussell Hwy 向右轉即達

Map 8-5B

環境靚絕的啤酒莊園 17
Eagle Bay Brewing Co

由Cape Naturaliste Lighthouse駕車10分鐘即達

Margaret River一帶有許多酒莊，部分會開放招待客人參觀、提供餐膳甚至住宿服務，但Eagle Bay Brewing最特別之處是它不是生產貴價的紅白酒，而是大眾化的啤酒。顧名思義，Eagle Bay Brewing莊園坐落於Eagle Bay，可以遠眺印度洋壯麗的海景。莊園內設有酒窖、餐廳和花園，不但可以享用精美的餐點，更不可錯過清爽的手工啤酒和馳名的蘋果酒，感受海天一色的氛圍。

地：252 Eagle Bay Rd, Eagle Bay, Western Australia
電：61-8-9755 3554
時：11:00am-7:00pm
網：https://eaglebaybrewing.com.au/

同場加遊

Meelup Beach

Meelup and Castle Rock Beach

在Eagle Bay旁邊，就是Margaret River著名的Meelup（美立）及 Castle Rock Beach（城堡岩）海灘，清澈的碧海是本地人至愛。另一邊的Bunker Bay（邦克爾灣），每逢9月至12月都會成為鯨魚的避風港。旅客可以參加這一帶的觀鯨活動，乘船出海與這種地球最龐大的生物作零距離接觸，締造一生難忘的回憶。

Castle Rock Beach

Bunker Bay

Whale Watching

據統計每年有36,000條鯨魚經由西澳遷徙至南極，造就了這一帶的觀鯨業發展。

觀鯨活動 PULLMAN BUNKER BAY RESORT

地：42 Bunker Bay Road Naturaliste WA 6281 Australia  電：61-8 9756 9100
網：https://www.pullmanbunkerbayresort.com.au/whats-on/nearby-attractions/whale-watching

優質食材集中地
The Larder 18

Margaret River一帶除了酒莊出名外，區內的農莊亦出產很多優質產物。食品雜貨店The Larder就搜羅了各式地區性高級食材，好像有機橄欖油就是出自該地Cowaramup區的Olio Bello橄欖農場。還有一系列當地出品的高級朱古力、鮮製肉腸、羊奶芝士等，並提供海外有機農場產品，種類多元化。

Map 8-5C

架上主要擺放各農場出品的醬汁、醃菜與乾貨，全部列明產地，客人可放心選購。

地：Margarets Beach Resort,67/1 Resort Place,Gnarabup WA
電：61-8-9758 8990
時：9:30am-6:00pm（一至六）、9:30am-4:00pm（周日）；聖誕、聖誕翌日及耶穌受難日休息
網：www.larder.biz
駕：由Armstrong Rd朝西北方向駛向Cowaramup Bay Rd，左轉入Caves Road，再沿Carter Rd及McQueen Rd行走，於Bussel Hwy向右轉即達

這隻木碗外形像落葉，切割方式十分特別，一如店內所有展品，這隻木碗也可買走，價錢為AUD 100。

木之藝術師
Jah Roc Galleries 19

Map 8-5C

即使平凡如一塊木頭，看在澳洲人眼裡都是藝術品。Jah Roc這家以木為主題的藝廊，以藝術感與實用性兼具的原木傢俬作重點展品，所用的木材主要來自澳洲的Jarrah、Marri及Karri森林，整體以「彌久常新」為設計方針，因此店內家俱大都保留了木材質樸自然的顏色，並強調獨特的線條與紋路。

Jah Roc除了木傢俬外，也展出不少西澳畫家的作品。

記者感言
現今的貨品越來越注重包裝，這裡的木藝卻令我明白到越是簡約自然，才是彌久常新的永恆道理。

地：83 Bussell Highway, Margaret River, Western Australia
電：61-8-9758 7200 網：www.jahroc.com.au
時：10:00am - 5:00pm，平安夜及聖誕節休息
駕：由Armstrong Rd朝西北方駛向Cowaramup Bay Rd，左轉入Caves Road，再沿Carter Rd及McQueen Rd行走，於Bussel Hwy向右轉即達

Map 8-5C

玻璃海星

直擊玻璃示範 20
Melting Pot Glass Studio

要令玻璃變成海星形，需要經過一種叫『熱塑』的工序，以工具不停將玻璃體拉長扭曲來塑形。

瑪格麗特河一帶藝術氣氛濃厚，吸引不少藝術家聚居，並建立個人工作室。玻璃工藝家Gerry Reilly選擇以此作為基地，其工作室有一半闢為個人作品售賣部，另一半則屬開放式的玻璃燒製工場，客人可直擊玻璃燒製過程。技師手勢非常熟練，只消數分鐘已將未成形的玻璃化為晶瑩剔透的玻璃海星，過程相當精彩。

地: 5 Zani Pl, Margaret River, Western Australia

電: 61-4-2094 0123　時: 10:00am-5:00pm ; 周四五休息

網: www.meltingpotglass.com　費: 玻璃體驗班由 AUD50 起

駕: 由 Armstrong Rd 朝西北方向駛向 Cowaramup Bay Rd，左轉入 Caves Road，再沿 Carter Rd 及 McQueen Rd 行走；於 Bussel Hwy 向右轉即達

滑浪勝地 21
Map 8-5C
Margaret River Surfers Point

別以為Margaret River只有參觀酒莊、品嘗美食等靜態活動，其實這兒也有刺激的一面。Rivermouth一段是個世界級滑浪天堂，那裡的浪潮「一浪接一浪」，適合具經驗的滑浪人士前來挑戰。每年3月，Surfers Point都會舉行滑浪比賽，吸引全球衝浪精英前來參加。海灘本身亦是欣賞日落的熱點，駕車前來看浪吹風倍覺寫意。

騎單車亦是欣賞海岸景致的熱門方式之一。

主要衝浪點在停車場一帶，不時有滑浪好手前來挑戰巨浪。

地: Rivermouth Road, Margaret River, Western Australia

駕: 由 Armstrong Rd 朝西北行至 Cowaramup Bay Rd，再左轉至 Caves Rd，然後駛進 Wallcliffe Rd，見 Surfers Point Rd 後朝 Rivermouth Rd 行駛便可抵達

觀豚時遊客須於海灘上一字排開，不用怕錯失靚位。奉勸遊客參觀當日穿上短褲，免弄得褲腳全濕。

與海豚同游 22 Dolphin Eco Cruises

Map 8-3

乘Blue Cat巴士於James Street下車

Bunbury沿岸水清沙幼，一直是樽鼻海豚的理想休憩場所。想一睹牠們的風采，當然不能錯過參加Dolphin Eco Cruises，導賞團會在海豚出沒熱點Koombana Bay一帶遊覽，過百海豚就居住在附近流域。想跟海豚更親近，不妨參加與海豚同游的活動，潛入水中與海豚一同暢泳。不過所有活動均於早上進行，遊客務必預先安排好行程，以免錯失了觀豚的好機會。

就算已出海，要觀看野生海豚仍然很講運氣，建議夏天的上午時分前來，見到海豚的機會會較高。

這裡的小海豚大都不怕生，可以任影唔嬲。

地：Bunbury Dolphin Discovery, Koombana Drive, Bunbury, Western Australia　電：61-8-9791 3088
時：8:00am 、12:00nn、1:30pm（十一至四月）；12:00nn、1:30pm（五至十月）；聖誕休息
網：www.dolphindiscovery.com.au　費：（成人）AUD 54、(4-14 歲小童) AUD 40；(優惠票）AUD 45
駕：由 Margaret River 朝北面向 10 號 Bussell Hwy 行駛，沿 Blair St 直駛至 Koombana Dr 即達，全程約 1 小時 38 分鐘
註：原址的 Dolphin Discovery Centre 目前整修中，並將於 2018 年底重啓；但 Eco Cruise 仍然繼續運作。

監獄風雲 23 Fremantle Prison

Map 8-5A

導遊會讓遊客走進囚室，一嘗坐監的滋味。

乘地鐵於Fremantle站下車

俗語說：「羊毛出自羊身上」，想不到用來囚禁犯人的監獄，也是囚犯自行興建的。距離柏斯約19公里的弗里曼特爾小鎮（Fremantle），有座1855年建成的監獄，佔地15公頃，能同時囚禁男女犯人。這座澳洲守衛最森嚴的監獄，原來是由當年從英國送來的囚犯興建。監獄於91年關閉，翌年才開放給遊人參觀。

導賞團的導遊會先簡介這座有130年歷史的監獄的架構、運作模式，以及各種有趣的冷知識，例如囚室的設計也會因應年代變遷而有所不同，就以囚室的大門為例，20世紀初期原來只有172厘米高（約5呎9吋），皆因當時的囚犯普遍只有5呎3吋高！

當你走進監獄中心，感覺愈覺陰森恐怖。監獄中央特別興建了一座狹小的囚室，室內密不透光，這原來是用來囚禁死囚。監獄內就曾執行過44次死刑，當中包括2名女性。導遊最後帶領遊客到死刑執行的地點，一邊讓遊客參觀絞刑架，一邊描述死刑執行的情形，絕對令在場人士毛骨悚然！

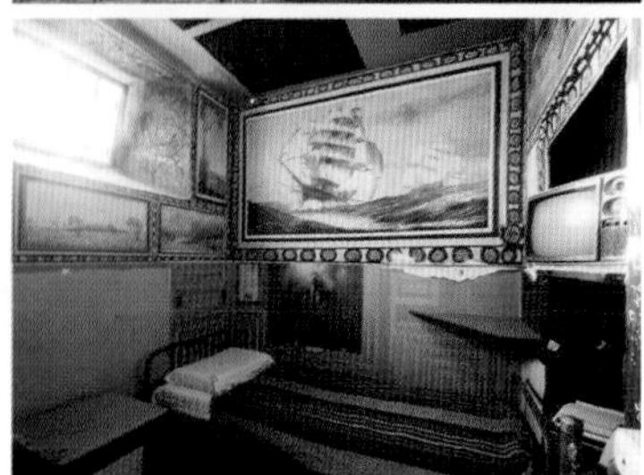

囚犯中不乏藝術造詣卓越之士，他們遺留在囚室的壁畫，揭示了他們渴望自由的心情。

偌大的監獄現在成為派對婚禮的舉辦熱點，試想像在牢獄之內fine-dining，場面有幾搞笑。

教堂是全監獄內最多窗戶的地方，目的是要讓犯人感受到「神聖之光」，開放後這裡也是熱門的結婚場地，單是去年已有5對璧人在此完婚。

絞刑執行時，4角都有守衛看守，犯人會被黑布蒙頭，套上繩索後腳下兩塊木板便會打開，犯人會跌落2米深洞，掙扎約10分鐘才死去，過程恐怖。

另類監獄觀光法

參觀監獄不一定每次都得死板地「企定定」聽書，這裡就提供多種參觀方法。

1. Great Escape Tour

效法當年越獄鬼才的各式逃獄妙計，充滿挑戰性，最啱喜歡刺激的你。

2. Torchlight Tour

入夜後拿著電筒探索陰森鬼魅的監獄禁地，想挑戰膽量者當然不容錯過。

3. Tunnels Tour

自問膽識過人，可直搗牢獄下20米深的地底，體驗一下在漆黑一片有如迷宮的通道工作有多艱苦。

地：1 The Terrace, Fremantle, Western Australia 電：61-8-9336 9200 網：www.fremantleprison.com.au

時：9:00am - 5:00pm；三、五至 9:00pm；耶穌受難日及聖誕日休息

費：（成人）AUD 22、（小童）AUD 12、（長者 ）AUD 19

駕：由 Bunbury 市中心 Koombana Dr 出發，走至 Estuary Rd 後往 Old Coast Rd 走，沿 Manildra Bypa、Fremantle Rd 走向 Mandurah Rd 後，走上 Rockingham Rd 及 Cockburn Rd，最後走到 Hampton Rd 再於 Fairbairn St 轉右即達

註：Great Escape Tour、Torchlight Tour 及 Tunnels Tour 的收費及導覽時間跟日常導賞團不同，詳情請參閱官方網頁

悠閒咖啡香
Gino's 24

Map 8-5A

乘地鐵於Fremantle站下車

Gino's坐落於弗里曼特爾一條相當有名的Café Strip小街內。小店本身甚具歐陸風情，與街外悠閒的氛圍如出一轍。一室的咖啡香是小店屹立24年的長勝之道，咖啡由精選南美及非洲優良咖啡豆混製而成，再配合自行調配的秘方，口味格外甘香，曾贏得「全澳洲最好喝的咖啡」美譽。黃昏時分坐在露天位置，看著漫天彩霞，再嘗一口香滑咖啡，你會渴望時光從此凝住。

Macchiato Cupcake

牆上掛滿店主攝影師朋友Blent Summer之傑作，大部分是人像攝影。

地：1-5 South Terrace, Fremantle, Western Australia　電：61-8-9336 1464
時：5:30pm-10:00pm　網：www.ginoscafe.com.au
駕：走出 Fairbairn St 後往 Fothergill St 行駛，再右轉至 Alma St，盡頭正是 South Terrace

裝修走時尚路線，酒吧區用上冰藍主調，感覺夠晒cool。

獨門雞尾酒
Benny's 25

Map 8-5A

乘地鐵於Fremantle站下車

Café Strip小街兩旁都是特色酒吧、咖啡店與餐廳，販賣各國美食，要出奇制勝才可長做長有，位於小街10號的Benny's就以一站式消費吸引客人。品嘗過店內的意澳Fusion菜後，客人可從過百款飲品中，挑選心愛飲料，毋須再出外尋尋覓覓下一站蒲點。店內更有現場音樂表演，星期四會有悠揚的acoustic，強勁的band sound則留給周五及周六，讓店內充斥著狂歡熱鬧的氣氛。

Benny's Mudslide(左)、Crush(右)

地：10 South Terrace, Fremantle, Western Australia　電：61-8-9433 1333
時：周一至四 7:30am-12:00mn、周五至 1:00am；周六 8:00am-1:00am、周日至 12:00mn　網：www.bennys.com.au
駕：走出 Fairbairn St 後往 Fothergill St 行駛，再右轉至 Alma St，盡頭正是 South Terrace

Map
8-5A

城中至靚牛
Rockpool 26

乘地鐵於Burswood站下車

獲得澳版米芝蓮《The Age Good Food Guide》的Rockpool大有來頭，大廚兼老闆NeilPerry是澳洲獲獎最多的廚師，出過多本食譜，而他對牛肉要求相當高 ——全部經由嚴格挑選，清一色天然餵養，無人工催化。他們賣不同品種的牛肉，有來自Rangers Valley的穀食牛、塔斯曼尼亞的草食牛，也有澳洲本地和牛，採用木火烤制，非常適合對牛有要求的人。雖然價格不便宜，但依然晚晚人氣爆棚，記得預先訂位！

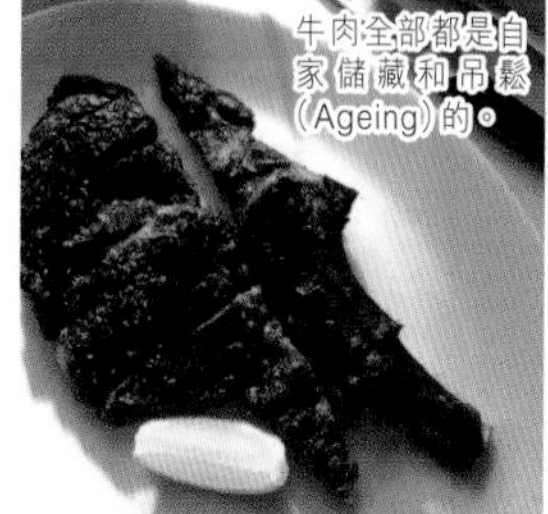

牛肉全部都是自家儲藏和吊鬆(Ageing)的。

地：Crown Perth, Great Eastern Highway, Burswood, Western Australia　電：61-8-6255 5587

時：午市：12:00nn-3:00pm(周三至日)；
晚市：5:30pm-9:30pm(周一至四)、
5:30pm-10:00pm(周五六)、5:30pm-9:30pm(周日)

網：www.rockpoolbarandgrill.com.au/perth/home

駕：由South Tce一直向Elder Pl及Beach St行駛，沿1號Canning Hwy直走至Great Eastern Hwy

Map 8-5A

令袋鼠們一見便發狂的特製乾糧，其實只是以草、種子及穀物壓製而成。

近距離餵袋鼠 27 Caversham Wildlife Park

於Morley巴士站乘336號往Ellenbrook巴士，跟司機説要在Whiteman Park下車

Caversham野生動物園於1987年開業，03年才進駐Whiteman Park，佔地20英畝，擁有200種不同類型的動物，數量超過2,000隻。動物園內的道路簡易明確，單線行人路讓人任何時刻都可清楚自己的所在地。

每種動物也有詳盡説明標示，即使沒有導遊帶領，也不會看得一頭霧水。園內的主角是袋鼠、樹熊、袋熊等澳洲本土動物，當中袋鼠養育區更不設圍欄，遊客可近距離接觸70多隻大大小小的袋鼠，更可親手餵飼，感受袋鼠一擁而上的瘋狂氣氛。其他活動還包括騎駱駝、觸摸樹熊等，保證令遊客樂而忘返！

園內設有與袋熊合照的影相位，成年袋熊可重達26公斤，所以抱袋熊的工作會由工作人員代勞。

來自東岸的樹熊，個性溫馴，想摸牠可用手輕掃其背部。

地：Whiteman Park, Lord St. Whiteman, Western Australia
電：61-8-9248 1984
時：9:00am - 4:30pm（Last Entry 3:30pm）；聖誕日休息
網：cavershamwildlife.com.au
費：（成人）AUD 32、（小童 3-14 歲）AUD 15
駕：由柏斯市中心駛至 1 號 Great Eastern Hwy，再轉進 52 號 West Swan Rd，於 Arthur St 向左轉即達
註：樹熊館開放時間 11:30am-3:30pm、Molly’s Farm 開放時間 9:30am-3:30pm

尖峰石陣內的石塊全都奇形怪狀，
最高的石塊可達4米。
石身與沙粒多為白色或啡黃色，
代表內裡蘊藏著豐富的鈣質與石英。

壯麗尖峰奇石群 28 The Pinnacles Desert

Map 8-3

有別於只得奇花異草的國家公園，在柏斯以北的Nambung National Park內，還有一片奇石陣！被當地人稱為尖峰石陣（The Pinnacles），早在1658年已被荷蘭的航海員發現，不過真正有人踏足此地卻是1839年，再待1958年被納入國家公園範圍才廣為人知。

整個石群是經長年累月風化而成的結果，據説石群1,000年前仍於海底，經過無數次海水沖刷與沙石沉澱後才演變成此模樣。石群多年來仍在不停轉變，如今的輪廓也只是於69年前形成。全個石群約有150,000 - 180,000顆尖峰石，數目龐大。建議於下午時段來臨，看著日光把石群照得金黃，實是一大奇觀。

石群就如迷宮一般錯綜複雜，自然成為小孩追逐嬉戲的好地方。

石上小洞是鈣化的結果，這石塊嚴重鈣化，連原本埋在裡面的樹根也露了出來。

地：Pinnacles Desert, Western Australia 電：61-8-9652 7913
網：https://exploreparks.dbca.wa.gov.au/site/pinnacles-desert-lookout-and-drive
費：於公園入場，每輛車為 AUD 15，旅遊巴乘客則每位 AUD 7
駕：由柏斯市中心出發，沿 1 號 Brand Hwy 駛至 Cervantes Rd，便到達 Namburg National Park，沿途均有前往尖石林的指示牌

站著滑沙其實很易會「翻板」，奉勸初次試玩者還是咪扮型，以免弄得一口是沙。沙粒幼滑不會「刮腳」，可放心脱掉鞋子在沙地上行走。

白沙飛馳 Lancelin

29 Map 8-3

距離Pinnacles石陣不遠的Lancelin小鎮，最出名是其白沙丘。這兒除可坐在四驅車上，感受連綿起伏的沙丘外，還可以試試滑沙。

滑沙前先得走上沙丘最高點，這段路程頗為辛苦，沙丘太軟，一踏上去整隻腳已陷入其中，在較陡峭的位置更幾乎要加上手爬行才能上到沙丘頂。不過只要坐上滑沙板，由最高點俯衝而下，那幾秒風馳電掣的快感，早已將剛才的痛苦一掃而空。

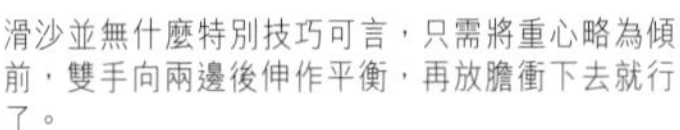
滑沙並無什麼特別技巧可言，只需將重心略為傾前，雙手向兩邊後伸作平衡，再放膽衝下去就行了。

Lancelin鎮內的加油站通常都有滑沙板出租，租用2小時價錢約AUD 10。

只需一塊滑沙板與一枝蠟筆便可在沙丘上飛馳。用蠟筆塗在滑沙板底部，確保滑時暢通無阻。

地：Lancelin Sand Dunes, Lancelin, Western Australia

網：https://www.australianpinnacletours.com.au/western-australian-tours/pinnacle-desert-and-4wd-adventure-day-tour

駕：由 Cervantes Rd 離開後沿 1 號 Brand Hwy 右轉至 Orange Springs Rd，然後沿線駛入 Lancelin Rd

1日導賞團

想一次過玩齊Caversham Wildlife Park、The Pinnacles Desert及Lancelin刺激滑沙之旅，可參加Pinnacle Tours的1日導賞團。每天8am出發，7:30pm結束，團費已包括專車接送、導遊服務、所有入場費用及午餐收費，價錢介乎成人AUD225，小童AUD125，有興趣可參閱官方網頁，或致電61-8-9417 5555索取更多資料。

網址：www.australianpinnacletours.com.au

Map
8-4 C2

一試難忘蘋果批 30
Corica Pastries

由柏斯火車站步行約5分鐘

Corica Pastries外表跟一般糕餅店無異，但它炮製的蘋果批就令人為之瘋狂！蘋果批份量非常大，足夠六、七個人分。蘋果批外皮鬆脆酥軟，夾心的吉士清甜而不膩，絕對想一吃再吃！

蘋果批以外，其他糕餅也很有水準。

蘋果配藍梅，
滋味doubleup。

地：106 Aberdeen Street, Northbridge, Perth, Western Australia　電：61-8-9328 8196
時：8:00am-5:30pm（一至五）；8:00am-3:00pm（周六）　網：www.coricapastries.com.au　費：AUD 30
駕：由柏斯市中心往Barrack St方向行駛，轉左至Francis St便可到達

嘗土產啤酒 31
The Brass Monkey

Map
8-4 C2

由柏斯火車站步行約5分鐘

西澳的Northbridge有不少個性酒吧，要夠正宗地道可選擇The Brass Monkey。酒吧室內設計充滿粗獷原始風味，提供一眾西澳知名啤酒品牌Little Creatures、Beez Neez、Dogbolter等。

Little Creature（右）、Brass Monkey Stout（左）

美式漢堡也是這裡的主打美食。

酒吧面積不算大，設計簡樸粗獷。

地：209 James Street, Northbridge, Perth, Western Australia
電：61-8-9227 9596　網：www.thebrassmonkey.com.au
時：周日至二 10:00am-10:00pm、周三至六 11:00am-12:00mn
費：AUD 15　駕：由柏斯市中心往Barrack St方向行駛，轉左至Francis St便可到達

服務式酒店 32 Map 8-4 C3

Mantra on Murray

由柏斯火車站步行約5分鐘

Mantra位於柏斯心臟地帶，雖然只屬4星之選，但交通方便、環境舒適、設施完善，方便遊客外出購物及感受當地的夜生活，絕對值得推介。酒店以Apartment的形式經營，共有190間房，全部都有客廳、睡房和廚房，有興趣大可弄一頓豐富海鮮宴。

房間一側是廚房，設爐頭、微波爐及各式廚具，可自行煮食，是商務客或長期旅客首選。

地：305 Murray Street, Perth, Western Austrilia

電：61-8-9347 7000

費：AUD 289 起

註：廚具、熨斗、風筒、寬頻上網、外幣兌換服務

奢華首選 33 Map 8-5A

Crown Metropol Perth

酒店位於柏斯Burswood中心地帶，前往各景點也相當方便。作為頂尖的5星級酒店，客房舒適、設備一應俱全不在話下，想不到連18洞高爾夫球場、賭場也有，更有世界級的演出在此輪流上演。

地：Great Eastern Highway, Burswood, Western Austrilia

電：61 8 9362 8888 費：AUD 308 起

時：Check-in：3:00pm；Check-out：11:00am

網：https://www.crownhotels.com.au/perth/crown-metropol/contact

駕：由市中心 St George Tce 駛向 Great Eastern Hwy，於 Bolton Ave 向左轉

註：無線上網、風筒、6 間餐廳、SPA、GYM、高爾夫球場、賭場、室內及室外泳池

北領地 N. Territory

北領地位於澳洲內陸，當中愛麗斯泉（Alice Springs）是著名的旅遊城市，以及烏魯奴（Uluru）最為人熟悉。時至今日，北領地仍保留著未經修飾的自然風光，岩石峽谷、沙漠地帶全都景色如畫，每年吸引無數遊客慕名而來。另外，不少澳洲原住民仍聚居於此地，令北領地更添一份獨特神秘色彩。

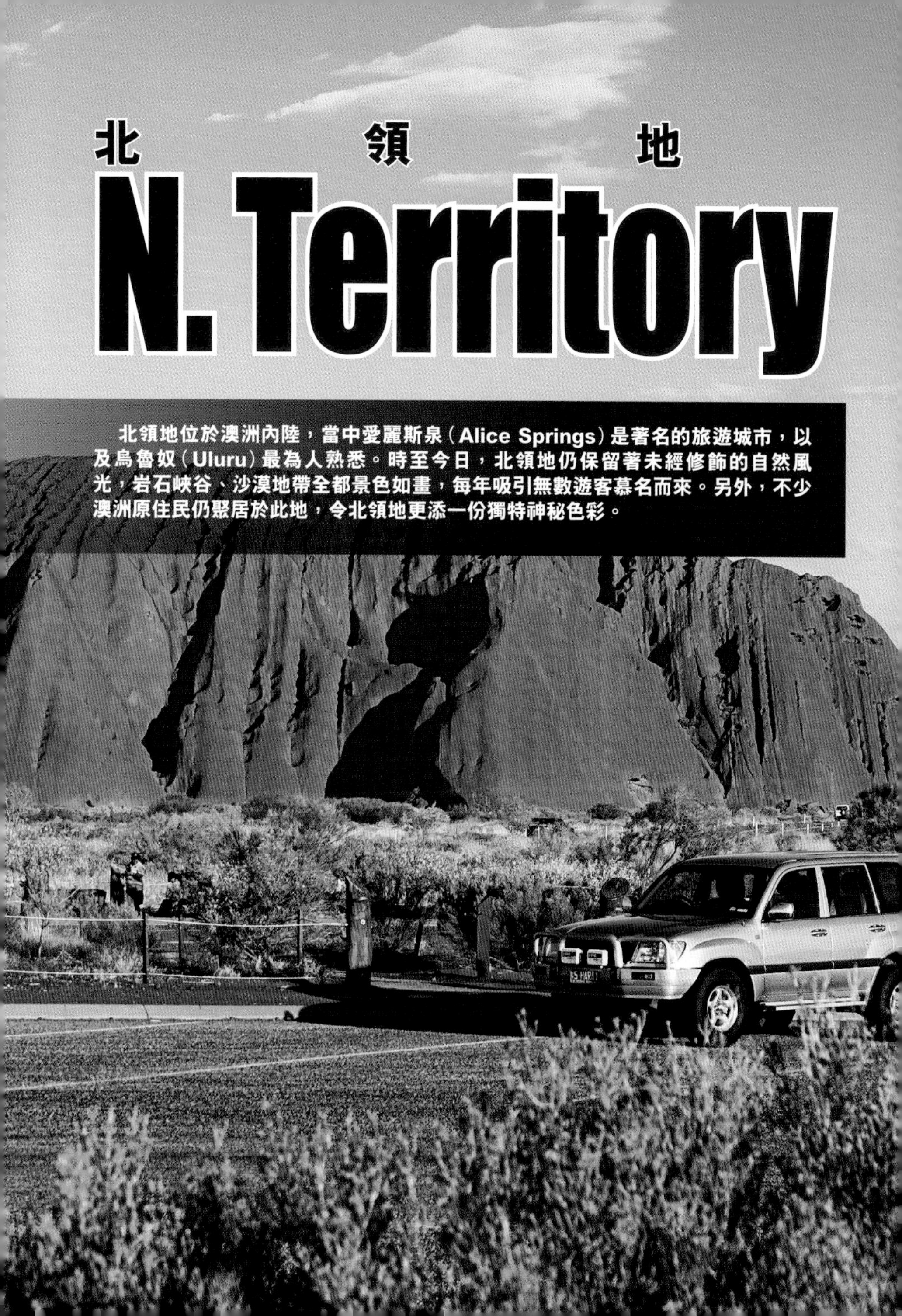

氣候

季節	平均溫度
春（9月1日-11月30）	14°C-30°C
夏（12月1日-2月28日）	20°C-35°C
秋（3月1日-5月31日）	12°C-27°C
冬（6月1日-8月31日）	3°C-20°C

前往愛麗斯泉交通

內陸機

悉尼、墨爾本、布里斯本、阿得萊德、柏斯和開恩茲等澳洲大城市，均有班機飛往愛麗斯泉和達爾文，也有多班直航機飛往尤拉臘（Yulara）。由悉尼乘坐內陸機到愛麗斯泉，約3小時。

火車

可從南澳阿得萊德乘搭The Ghan列車往達爾文（Darwin），也可在愛麗斯泉或凱瑟琳（Katherine）中途逗留。

自駕遊

從南澳出發	沿著斯圖爾特高速公路（Sturt Highway）向北行駛，公路南起阿得萊德，北至北領地
從昆士蘭出發	沿昆士蘭往西走，經巴克力高速公路（Barkly Highway）往北領地 北部的大草原之路維多利亞高速公路
從西澳出發	（Victoria Highway）、巴泰因高速公路（Butine Highway），或穿越南部塔納米公路（Tanami Road），均可抵達北領地

乘船

多班國際郵輪的行程，都包括在達爾文停留一天。另外，由澳洲北部沿海出發的探險郵輪，亦會遊覽北領地的阿納姆地區（Arnhem Land）和格魯特島（Groote Eylandt）。

愛麗斯泉市內交通

公共巴士

ASBUS

設東、南、西、北4大行車路線，覆蓋全市多個景點，AUD 3可於3小時內無限次上落，1日通行證則需付AUD 7。

參考網址：www.transport.nt.gov.au

旅遊巴士

Greyhound（Alice Springs）

接駁巴士途徑愛麗斯泉、達爾文及阿得萊德沿線，收費介乎AUD 70-301。

電話：1300 473 946（境內免費熱線）
參考網址：www.greyhound.com.au

的士

提供點對點接載服務，接載點遍布機場、巴士總站及火車站，價錢由AUD 10-1,000不等。

Alice Springs Taxis
電話：61-8-8952 1877（海外）
13 1008（境內免費熱線）

Alice Private Hire
電話：61-8-8952 3700
180 0018 881 (Free Call)

實用網址

www.australiasoutback.hk
www.alicesprings.nt.gov.au

A
B
C
D
Darwin
MAP 9-3A
北領地廣域圖
8 Standley Chasm 9-9
9 Ormiston Gorge and Pound 9-9
10 Namatjira Restuarnat and Gallery 9-10
11 Alice Springs Helicopters 9-10
12 Kings Creek Station 9-11
13 Quad Bike 9-11
14 Kings Canyon Rim Walk 9-12
15 Ayers Rock Designs 9-14
16 Sounds of Silence 9-14
17 Field of Light 9-15
18 Uluru Camel to Sunrise Tour 9-16
19 Kata Tjuta Dune Viewing Area 9-17
20 The Walpa Gorge Walk 9-18
21 The Uluru Base Walk 9-19
22 Uluru Sunset Tour 9-20
23 Tail Wiru 9-21
24 Ilkari Restaurant 9-21
26 Ayers Rock Resort 9-22
27 Kings Canyon Resort 9-23
28 Kings Canyon Wilderness Lodge 9-23
29 Kings Greek Station 9-23
1
2
3
4
5
Townsvi
09、10、11
08
West MacDonnel National Park
Alice Spring
Watarrka National Park
Uluru
12、13、14、27、28、29
15 - 24、26
Google Map 下載
04
Alice Springs Telegraph Station Historical Reserve
1 Alice Springs Reptile Centre 9-4
2 Araluen Cultural Precinct 9-5
3 Anzac Hill 9-6
4 Alice Springs Telegraph Station 9-6
5 Woolworths 9-7
6 Barrra on Todd Restaurant 9-7
7 Alice Springs Desert Park 9-8
25 Mercure Alice Springs Resort 9-22
MAP 9-3B
Alice Spring
03
07
e Springs esert Park
05
Alice Springs
01、02
Sadadeen
06、25
北
The Gap

北領地最大的爬蟲館 Alice Springs Reptile Centre 01 Map 9-3B C5

由Alice Spring火車站乘的士約5分鐘

想要找尋澳洲最毒、最兇猛的爬蟲類，就一定要到北領地最大的爬行動物中心Alice Springs Reptile Centre，館內收藏30多個不同品種蛇及蜥蜴，隔著厚厚的玻璃，你可親看到眼斑巨蜥（Perentie）、傘蜥蜴（Chlamydosaurus）、內陸太攀蛇（Inland taipan）、南棘蛇（Acanthophis）等澳洲獨有的爬蟲動物蹤影。

當中最特別的要數魔蜥（Thorny Devil），雖然外表長滿尖刺，奇醜無比，但性格卻出奇地溫馴，最有趣的是牠們用尾巴來喝水。

館內另一「重量級」主角就是鹹水鱷Terry，你可從觀賞玻璃看到這隻重200公斤的鱷魚身軀到底有多龐大。

順帶一提，如果想見到爬蟲們最活躍的一面，可選擇在天氣較涼爽的5月至8月期間，澳洲冬令時間上午11時到下午3時到訪。

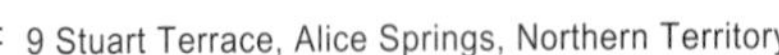

地：9 Stuart Terrace, Alice Springs, Northern Territory
電：61-8-8952-8900 網：www.reptilecentre.com.au
時：9:30am-5:00pm
（每日 11:00am、1:00pm、3:30pm 有講解及表演時間）
費：（成人）AUD 22、（4 至 16 歲小童）AUD 11、(長者)AUD 18
駕：於市中心 Hartley St 右轉至 Stuart Terrace，右邊正是 Alice Springs Reptile Centre

愛麗斯泉文化歷史中心 02 Map 9-3B C5
Araluen Cultural Precinct

由Alice Springs Reptile Centre駕車約5分鐘

不要以為到達北領地只有大自然景色，其實該地住了不少歷史悠久的原住民，而Araluen Cultural Precinct（阿拉倫文化區）則是最能體現愛麗斯泉歷史和多元文化的場所。區內設有多個博物館、畫廊及藝術中心，包括澳大利亞中部博物館（Museum of Central Australia）、亞伯特納馬特吉拉藝術館（Albert Namatjira Gallery）、施特雷洛研究中心（Strehlow Research Centre）、澳大利亞中部航空博物館（Central Australian Aviation Museum）和阿拉倫藝術中心（Araluen Arts Centre）等。想一次過了解澳洲的土著文化、歷史，甚至當代藝術、一定要抽時間到來參觀。

展覽場地有室內亦有戶外。

澳大利亞中部博物館。

地：61 Larapinta Dr, Araluen NT 0870 澳洲
電：61-8-8951 1122 時：10:00am-4:00pm
網：https://araluenartscentre.nt.gov.au/more/araluen-cultural-precinct

這裡既有土著藝術，亦有前衛藝術家的作品。

關於愛麗斯泉

澳洲中部四周的沙石都呈紅色，故有「紅土中心（Red Centre）」之稱，愛麗斯泉（Alice Springs）就坐落在內陸地區的核心。它原為原住民的聚居地，19世紀時吸引很多拓荒者到此探險，其中由查理•托斯（Charles Todd）帶領的人馬，打開了一條由南至北的通道，並發現愛麗斯泉交匯的兩條河流。為紀念托斯的貢獻，河流名稱便叫托斯河（Todd River），而泉水的源頭就用上其妻子的名字，亦即今天的愛麗斯泉。

航空博物館是飛機迷必到之地。

Map 9-3B C5

日落通常長約半小時，景致秒秒不同。面對平生難得一見的壯麗晚霞，除了感動，還是感動。

夕陽無限好
Anzac Hill 03

由Alice Spring火車站乘的士約5分鐘

Anzac Hill佇立著一座全白色的紀念碑，建於1935年的Anzac Day（4月25日），用以紀念第一次世界大戰、韓戰及越戰陣亡的澳洲勇士。不過這裡那麼受遊人歡迎，主要是因為山丘屬市內最高點，可俯瞰整個城市的風光。每天約下午6時半，山上定必人頭湧現，為的是一睹夕陽西下的壯麗景色。

地：Anzac Hill Road, Alice Springs, Northern Territory

駕：由市中心 Stuart Hwy 右轉入 Schwarz Cres，再右轉至 Anzac Hill Rd 即達

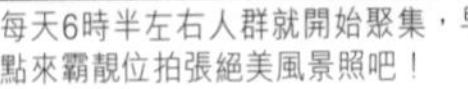

每天6時半左右人群就開始聚集，早點來霸靚位拍張絕美風景照吧！

歷史悠久電訊站
Alice Springs Telegraph Station 04

Map 9-3B C4

由Alice Spring火車站乘的士約10分鐘

為了方便北領地達爾文（Darwin）至南澳阿得萊德的訊息傳送，當時的政府決定在兩地的中點站成立電訊站，這正是Alice Springs Telegraph Station的由來。在1872年成立後，歐洲移民才開始進駐此地，因此電訊站對愛麗斯泉的發展有著重大意義。現時電訊站內仍保存了19世紀末的古老通訊設備，及展示了昔日長駐站內的站長家居布置。

地：Herbert Heritage Drive, Off the Stuart Highway, Alice Springs, Northern Territory

電：61-8-8952 3993

時：8:30am-5:00pm；導賞團 (4-11 月) 9:30am、11:30am

費：（成人）AUD 16.1；（6-12 歲小童）AUD 6.75；(16 歲以下)AUD9.9

網：alicespringstelegraphstation.com.au

舊日人們以這個電報通訊器，通過敲打不同排列的長短摩斯密碼，就可以將信號發送至另一個收發站。

必到補給站
Woolworths

Map 9-3B C5

由Alice Spring火車站乘的士約5分鐘

老實説，愛麗斯泉並非購物城市，徒步繞市中心逛一圈，可能不用30分鐘。市中心只得3大購物中心，售賣的貨品絕少能引起購物的衝動。不得不介紹的主因，是因為愛麗斯泉乃整條自駕路線的唯一大型補給站，在Yeperenye Shopping Centre內不但有美食廣場，還有大型超級市場Woolworths，內裡有齊各類日常用品及零食，價錢相宜，遊客緊記在此大量入貨，如果在沿路小店才買，價格會貴得令人咋舌。

Emu Oil、羊脂膏(250克) 中部氣候極之乾燥，這兩隻潤膚膏極為滋潤，一大瓶可用上一段日子，價錢也只是2澳元，誠意推介。

地：Yeperenye Shopping Centre,36-38 Hartley Street, Alice Springs, Northern Territory

電：61-8-8958 6575 時：7:00am-7:00pm

網：www.woolworths.com.au

駕：於市中心 Hartley St 直行即達

沓里風海鮮餐館
Barra on Todd Restaurant

Map 9-3B C5

由Alice Spring火車站乘的士約10分鐘

在乾旱的內陸地區，每餐都是肉扒，感覺超油膩。吃膩了建議到Alice Springs Resort內的Barra on Todd餐廳，他們是當地首間以海鮮為主題的餐廳，主打的澳洲盲鰽(Barramundi)已有6款不同煮法，當然還有各式可口甜品。餐廳位於泳池旁，加上沓里風情的裝潢，頓時覺得暑氣全消。

炭燒盲鰽 Chargrilled Barramundi 店名正是澳洲熱門食用魚類Barramundi的縮寫，肉質鮮嫩，配襯Sauvignon Blanc白酒或Merlot紅酒都很合適。

地：Mercure Alice Springs Resort, 34 Stott Terrace, Alice Springs, Northern Territory

電：61-8-8952 3523 時：6:00am-9:00pm，夏天至 9:30pm

駕：由市中心 Gap Rd 左轉至 Stott Tce 直達

可別錯過這裡的原住民文化導覽，會由正宗原住民導遊教授及示範，相中原住民正示範以簡單器具令長矛飛得更遠，用來捕殺獵物，而觀眾亦有機會一展身手。

進軍「紅土中心」首站 07 Map 9-3B A5

Alice Springs Desert Park

於市中心乘Desert Park Transfers前往

離開市中心，建議先到距離市中心只有10分鐘車程的Desert Park熱熱身。Desert Park強調與自然環境結合，盡量保存各種動物棲息地的原貌，公園分為3大區，包括Desert River Habitat、Sand Country Habitat及Woodland Habitat，分別飼養多種珍貴的雀鳥、紅袋鼠等，另設夜行生物館（Nocturnal House），展示約30種夜行爬蟲類生物，還有瀕臨絕種、全球只得這裡才有的Mala小袋鼠。

此外，大自然劇場（Natural Theatre）的節目更屬必睇環節，他們會播放一段有關雀鳥的影片，之後熒幕便會徐徐升起，而整個真實的West MacDonnell Ranges就會出現眼前，感覺壯觀宏偉。園內還設有多場專人或錄音導覽服務，建議早上前來，可避免於烈日下暴曬。

能近距離接觸超過20種雀鳥，並設圖文並茂指示牌，說明雀鳥生活特性，清晰易明。

以一大一小的石頭作石磨，不要以為很難用，一大把種子不消幾秒就全化作粉末了。

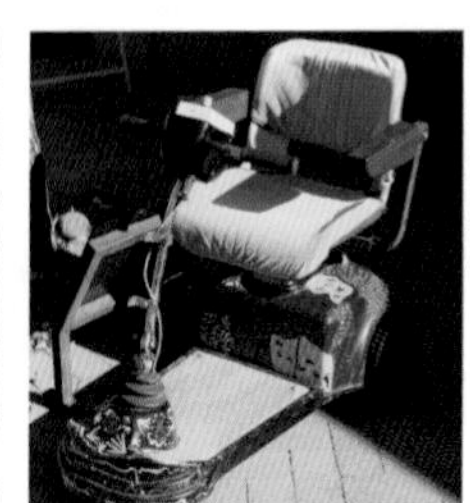
公園佔地極廣，怕行到腳軟可先在入口處租車，小車上的彩繪圖案由當地原住民婦女所畫，租金會用作慈善捐款。每輛車租金AUD 5。

地：Larapinta Drive, Alice Springs, Northern Territory
電：61-8-8951 8788
時：7:30am - 6:00pm（4:30pm Last Entry）；聖誕日休息
網：www.alicespringsdesertpark.com.au
費：（成人）AUD 39.5、（小童 5-16 歲）AUD 20、（學生）AUD 27.5、（長者）AUD 27.5
駕：由市中心 Stott Tce 朝 6 號 Larapinta Dr 直行

狹路之縫 08 Standley Chasm

Map 9-3A A3

根據路線，行山第一站會來到West MacDonell Ranges。它全長223公里，約5、6百萬年前已存在於世，起點附近的Standley Chasm屬必到之處。由於板塊移動，造就了巨大山石的裂縫。石塊呈奪目的橙紅色，是石內所含的鐵礦物質被銹蝕的結果。不習慣行山的遊客，可挑選較溫和的30分　鐘Main Chasm Walk，不過沿路碎石甚多，愈走近裂縫，路愈陡峭，小心絆倒。

地：Standley Chasm Road, Larapinta Drive, Alice Springs

網：www.standleychasm.com.au

駕：於市中心沿6號Larapinta Dr直行約50公里至Standley Chasm Rd右轉，全程約55分鐘

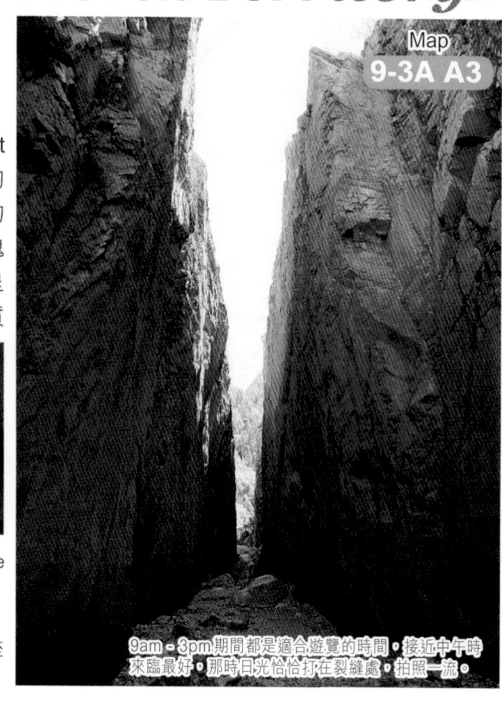

9am - 3pm期間都是適合遊覽的時間，接近中午時來臨最好，那時日光恰恰打在裂縫處，拍照一流。

展覽館設聲效裝置，只要按掣就有真人解說周遭的生態及文化風貌。

永恆的沙漠之湖 09 Ormiston Gorge and Pound

Map 9-3A A3

Ormiston Gorge的路較Standley Chasm好走得多，幾乎全段只有平路，不須花費太多氣力，約10分鐘便可走到Ormiston著名的湖泊景點。湖的周遭只有無盡的細沙，獨立於山脈之間的小湖，吸引很多家庭在夏天前來暢泳。遊客亦可到入口處的遊客中心參觀，那裡設有小型展覽，介紹Ormiston Gorge的獨特地理特點。

全段路皆「無遮無擋」，切忌於烈日當空的中午前來，以免中暑。

地：Ormiston Gorge Access Road, Larapinta Drive, Alice Springs

駕：離開Standley Chasm Rd後往Larapinta Dr直行，見Ormiston Gorge Access Rd向右轉即達，全程約1小時39分鐘

身心加油站 Namatjira Resturant and Gallery ⑩

Map 9-3A A3

當走到West MacDonnell Ranges的盡頭便是Glen Helen Gorge 。走了一整天的路也夠累，此時可到位於Glen Helen Resort內的餐廳休息，順道來個輕怡午餐。陳設簡單的小餐館，只提供漢堡包或沙律等輕食，不過餐館外設有少量露天座位，望著壯觀的山脈吃飯甚有風味。此外，遊客離開前緊記先解手及為車子入滿油，皆因之後進入帝皇谷（Kings Canyon），3小時路途上就只有無垠荒漠，並無半點公共設施！

Finke Camel Burger、Chicken Burger
想不到駱駝肉漢堡甚好味，味道有點像牛肉，配上大大份的炸薯條很飽肚。

地：Glen Helen Resort, Namatjira Drive, West MacDonnell Ranges, via Alice Springs, Northern Territory
電：61-8-8956 7489
時：11:00am-2:30pm、7:00pm-late
網：www.glenhelen.com.au
駕：離開 Ormiston Gorge Access Rd 沿 2 號 Namatjira Dr 直行，見酒店指示牌向左轉即達

空降峽谷 ⑪ Alice Springs Helicopters

Map 9-3A A3

全程由直升機接載，集合地點設於愛麗斯泉機場，詳情請參閱網頁或致電向職員查詢

澳洲中部山脈的壯麗全景，此刻就在眼前。

這裡提供另類欣賞West MacDonell Ranges的辦法。所用的Bell 47型直升機，機艙360度都以玻璃製造，坐上飛機就如坐進玻璃球升空。半日的觀光團會帶領乘客沿著行山徑Laripinta Trail的路線進發，途中會於Glen Helen Resort稍作休息。在高空觀賞整條山脈，一次過可看勻Standley Chasm、Ormiston Gorge等山巒起伏的懾人氣勢，只有連聲讚歎才能表達此刻心情。

機艙全透明玻璃設計，旁邊還是無門設計，無遮無掩教人心驚驚。

地：Glen Helen Resort
電：61-8-8952 9800
網：www.alicespringshelicopters.com.au
費：AUD 285 起（20 分鐘）

星光伴我睡 12 Kings Creek Station

Map 9-3A A3

美麗銀河似是伸手可及，久住城市的你又認得多少個星座？

帝皇谷(Kings Canyon)內有不少住宿選擇，價目豐儉由人。走進內陸中心選擇寄居於帳篷下，最能走近大自然。其中一個以帳篷為主的營地Kings Creek Station，位於George Gill Gorge山腳下，面對2,000平方公里大漠平原，只見整個天空都是閃閃繁星，完全感受到真正的澳洲內陸風情。

還以為在荒漠住進帳篷絕頂慘情，誰知我卻看到最美麗的縷綣星光。且在北半球住慣的香港人，難得有機會看看南半球的「南極星」，可別錯過！

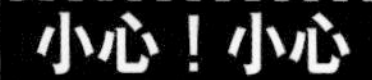

別因為公路上四野無人就學周董「飄移」，某些泥路崎嶇不平，即使是車神也很易中招。在Glen Helen Gorge駛往Kings Canyon的一段，車程約3小時，駕駛了約2.5小時，會見到這個油桶，提醒司機需鬆開踏著油門的腳，原來前方有個大洞，若駛得太快乘客很容易會撞傷，所以務必跟從車速限制，亦必須扣上安全帶，以策安全。

地：PMB 164 Alice Springs,Northern Territory **電**：61-8-8956 7474
網：www.kingscreekstation.com.au **費**：Bush Tents AUD 200 / 1 晚
駕：由 Red Centre Way 直駛向 Watarrka National Park，全程約 260 公里，約需 3 小時

刺激四驅體驗 Quad Bike 13

Map 9-3A A3

萬里紅沙，任何人看見也會心癢癢想一試在此瀟灑馳騁，Kings Creek Station營地就為不懂駕駛的人士提供了Quad Bike體驗。這種小型四驅車毋須駕駛經驗，只需學會簡單的踏油門及煞掣操控即可，踏著四驅車於紅色沙丘間長驅直進，絕對刺激又好玩！

所有路線均有專人從旁指導，工作人員示範站起來駕駛確是威風凜凜，但這可是高難度動作，參加者還是乖乖坐定定小心駕駛吧！

地：PMB 164 Alice Springs, Northern Territory **電**：61-8-8956 7474 **網**：www.kingscreekstation.com.au
駕：由 Red Centre Way 直駛向 Watarrka National Park，全程約 260 公里，約需 3 小時 **費**：AUD 112（1 小時）、AUD 225（2.5 小時）
註：1. 參加者需年滿 16 歲或以上；2. 參加者需穿長袖衣物及長褲；3. 所穿鞋款不可露趾

險要壯闊的山勢只是Kings Canyon獨有，不留倩影就太可惜了。

記者感言

走過經歷億萬年才形成的懸崖峭壁後，彷彿生活路途再崎嶇，也可以揮一揮汗水，就這樣衝過去。

終極行山王

Kings Canyon Rim Walk ⑭

Map 9-3A A3

探秘之旅的第一個高潮，是要花3小時登上中澳最高的山脈帝皇谷（Kings Canyon）。Kings Canyon位於Watarrka國家公園內，接近6公里的Rim Walk行山徑，山勢時而迂迴險峻，時而紓展緩落，如一大片天然平台，任人肆意欣賞雄偉山色。路線重點在於路程中段的150米高沙岩峭壁，以及置身於兩幅沙岩壁之間的伊甸園（Garden of Eden）。建議在早上日出時分起行，避開中午的猛烈陽光。

層層疊的形態，簡單來説是因為億萬年前仍藏於海底的沙丘，不停被海洋氣流帶來的沙石再三覆蓋，才漸漸形成今時今日的畫面。

不做有「蠅」人

澳洲有3「多」— 肥婆多、醉酒佬多、烏蠅多。在北領地的春夏，蒼蠅多得可與天上繁星匹敵，嗡嗡聲不絕於耳。不想殺生又想好好對付牠們，極力推薦這種叫「Flynet」的防蠅網，套在頭上就可阻隔惱人蒼蠅，價錢介乎AUD 5-7，一般商店已有發售。

其他行山裝備

- 太陽油或任何防曬品
- 太陽帽
- 最少1公升清水
- 防滑爬山鞋
- 手提電風扇
- 太陽眼鏡
- 行山枴杖

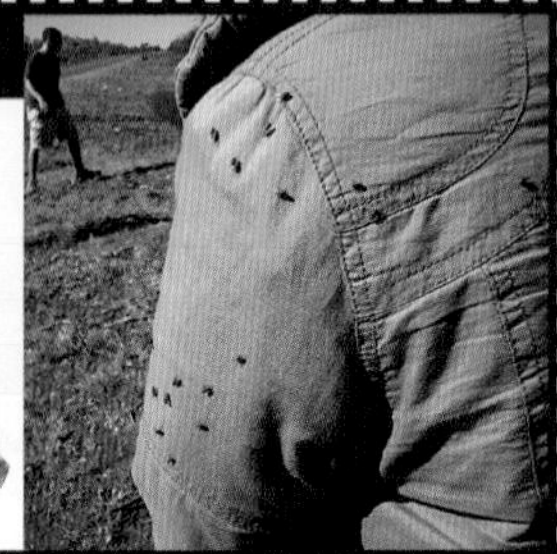

CHECKPOINT

1 一開始便是人稱「心臟病發山」(Heart Attack Hill) 的奪命長命斜，為了巍峨美景，氣喘呼呼也得走完那數百級樓梯。

2 懸崖這段路最為陡峭，即使已有樓梯輔助仍是一步一驚心。

起點

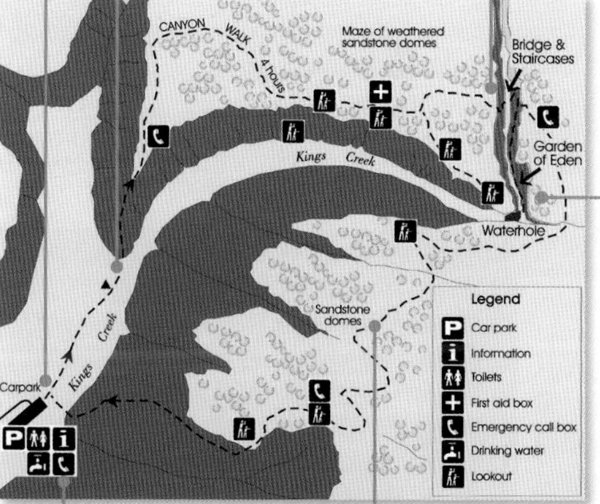

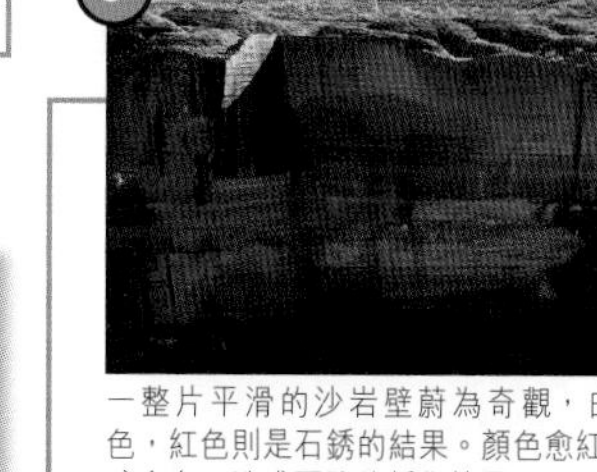

3 一整片平滑的沙岩壁蔚為奇觀，白色是本來的顏色，紅色則是石銹的結果。顏色愈紅，代表該位置鐵礦愈多，造成更強的銹化效果。

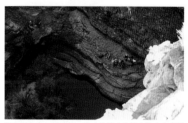

伊甸園內有一個水塘，膽大的遊人會換上泳衣在此暢泳一番。

走過了伊甸園，懸崖上有平台可窺視整個峽谷全景。

5 全條路線設有4個求助電話，分別設於起點、長命斜後、離開伊甸園的梯級後及落斜之後。

4 很多人看過峽谷後都忽略了另一壯觀場面，在走過5公里牌之後會發現被稱為「迷失古城(The Lost City)」的大型沙丘陣。

地：Kings Canyon, Watarrka National Park, Northern Territory

駕：於 Luritja Rd 朝西向 Ernest Giles Rd 直駛，駛進 Watarrka National Park 盡頭即達

經典手信熱點

Ayers Rock Designs 15

Map 9-3A A3

記事簿、CD套
環保也可以有型有款，封套原來全由車牌回收再做。

在廣闊的烏魯奴國家公園（Uluru- Kata Tjuta National Park）內，除有必看景點Uluru神石外，還有Ayers Rock Resort度假村，提供由露營至5星級酒店服的住宿。度假村內有齊全面的休閒設施，遊客可到度假村內的購物中心閒逛，那裡有不少休閒咖啡店，而訪客中心就提供完善的導賞團資訊，商店亦各具特色，當中的Ayers Rock Designs就主打本土風手信，貨品種類頗多元化。

袋鼠彩繪瓷碟
袋鼠圖案是經典手信，化成土著彩繪後除去了不少「娘」味。

地：Shopping Centre, Ayers Rock Resort, Uluru, Northern Territory
電：61-2-8296 8010 時：9:00am-5:00pm
網：www.ayersrockresort.com.au
駕：朝 Ernest Giles Rd 行駛，繼續朝 Luritja Rd 一直行，見 Lasseter Hwy 向右轉，駛至 Uluru Rd 即達 Uluru 區域，全程約 3 小時 45 分

富豪級銀河晚宴 16

Map 9-3A A3

Sounds of Silence

行程始於黃昏時分，客人可一邊享用香檳，一邊遠眺夕陽映照的Uluru神石之景。當大家酒意正濃，樂手開始表演獨有的土著樂器Didgeridoo，奇特的音樂趣味盎然。隨著天色轉暗，戲肉才上場。在曠野上吃過自助晚餐後，工作人員會請談得興高采烈的客人安靜下來，感受真正屬於澳洲中部的野外之聲。之後有觀星學家解說滿天星斗的神話故事，讓大家一窺銀河系的秘密。

食物質素一般，不過提醒客人最好坐中間的餐枱，因為這裡是逐張枱輪流取食物的，最尾的食客常常無啖好食。

餐前小吃甚有水準，有袋鼠肉多士、鱷魚肉慕絲、壽司等，全部的骰骰一口一件。

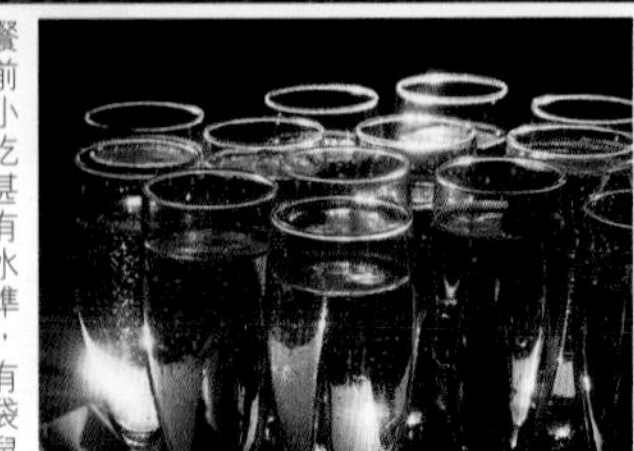
滿桌香檳無限添飲，不愛香檳還有啤酒果汁汽水任你選。

地：專車於下榻酒店接送 電：61-2-8296 8010 時：日落前一小時開始（全程共 4 小時）
網：www.ayersrockresort.com.au 費：（成人）AUD 258 起、（小童）AUD 129 起
註：需預先預約，詳情可於酒店內的 Resort Tour & Information Centre 查詢

燈火燦爛 17 Field of Light

Map 9-3A A3

可預約專車於下榻酒店接送

藝術家Bruce Munro設計的藝術裝置Field of Light位於北領地，展覽佔地4.9萬平方米，由5萬枝不同顏色及形狀的燈管組成。由40名工作人員花了6個星期才安裝好。而且全部燈都是使用太陽能提供電力，非常環保。燈光顏色經過精心搭配，與周圍的紅色沙漠相映成輝。當地人把這項裝置稱為「Tili Wiru Tjuta Nyakutjaku in Pitjantjatjara」，亦即是「看著許多美麗的燈光」。由黃昏開始，維持一整晚，非常壯觀。

地：Ayers Rock Resort, 163 Yulara Drive, Yulara, Northern Territory

電：61-2-8296 8010

時：日出前、日落前或後
(展期已延長至 2020 年 12 月 31 日)

費：成人 AUD45-280、
小童 AUD32-140

網：www.ayersrockresort.com.au/events/detail/field-of-light-uluru

Map
9-3A A3

駱駝隊伍會走到神石附近停下來，大家可請嚮導幫忙拍張大合照留念。

騎駱駝睇日出 18 Uluru Camel to Sunrise Tour

去看Uluru神石的方式五花八門，參加特色騎駱駝團就可於2.5小時內同時觀賞日出及神石，還可親嘗騎駱駝的特殊體驗。遊客先要領取頭盔及羊毛氈作座墊，再聽從嚮導的指示騎上駱駝。2米高的駱駝會先蹲下來，此時應盡量把身子向前傾，因為駱駝站起來時會相當搖晃，接著大可放鬆身體，全程緊握扶手便不易跌倒。

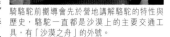

駱駝隊伍會走進神石附近的沙丘地帶，隨著隊伍走得愈接近神石，原本仍是昏暗一片的叢林，慢慢會被「鹹蛋黃」照耀得遍地金黃。觀賞完美妙的日出後，遊客會回到營地，享受一頓簡單的英式茶點作為早餐。

地：專車於下榻酒店接送　電：61-88956-3333　時：日出前1小時
網：www.ulurucameltours.com.au　費：AUD 145
註：1. 可預先致電或上網預約 ；2. 確實出發時間請向職員查詢；

騎駱駝前嚮導會先於營地講解駱駝的特性與歷史，駱駝一直都是沙漠上的主要交通工具，有「沙漠之舟」的外號。

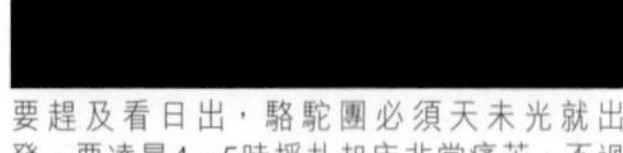

要趕及看日出，駱駝團必須天未光就出發，要凌晨4、5時掙扎起床非常痛苦，不過可看到如此景色辛苦也值得。

回營地後，會有新鮮的包點及熱茶咖啡供旅客享用。

神石姿態變化萬千，
中間的一塊就有點像隻大海龜。

多頭神山
Kata Tjuta Dune Viewing Area 19

Map 9-3A A3

Uluru-Kata Tjuta國家公園佔地1,325平方公里，名字是源於園內的兩大名石Uluru及Kata Tjuta。進公園後，可先到距離度假村約110公里的Kata Tjuta瞭望台參觀。Kata Tjuta在土著語中解作「很多顆頭(Many Heads)」，澳洲人則替它取了英文名字為「The Olgas」。石群由36塊大岩石組成，名氣雖不及Uluru，但壯觀之勢不相伯仲。Kata Tjuta對原住民別具神聖意義，是原住民男性用作祭典的屬地，族內女性到此是需要把面別過另一方向，幸好遊客並不在此限，可放肆地讓雙眼感受Kata Tjuta一字排開的磅礴氣勢。

瞭望台附近孕育了不少動植物，這種叫Thorny Devil的小蜥蜴在園內常見，以蟻為主要食糧。

多頭山，規條也特多

有沒有發現官方相片或書刊的Kata Tjuta照片，最少都有3座石山？其實因整個公園範圍都是原住民屬地，對原住民來說，不同的岩石組合，會構成不同的神話故事，每個故事最少需要3塊大岩石來組成；為尊重傳統規條，故所有商用照片都必經過官方「指導」。究竟故事關於甚麼？Sorry，原住民只會口耳相傳給同族群知道，閒人免問。

地：Uluru-Kata Tjuta National Park, Northern Territory

電：61-8-8956 1128

時：5:00am-9:00pm(12-2 月)、5:30am-8:30pm(3 月)、5:30am-8:00pm(4 月)、6:00am-7:30pm(5 月)、6:30am-7:30pm(6-7 月)、6:00am-7:30pm(8 月)、5:30am-7:30pm(9 月)、5:00am-8:00pm(10 月)、5:00am-8:30pm(11 月)

費：入場證成人 AUD38，小童 (17 歲以下) 免費，有效期 3 天

網：https://northernterritory.com/uluru-and-surrounds/see-and-do/kata-tjuta-dune-viewing-area

駕：離開 Ayers Rock Resort 範圍後，朝 Lasseter Hwy 進入國家公國

別看天色風和日麗，Walpa Gorge的全程大風得像在打8號風球，Valley of the Winds風勢更強勁。

遊走風之谷
The Walpa Gorge Walk & The Valley of the Winds Walk

20 Map 9-3A A3

看過石群的全貌，何不再進一步親近其真身？從Kata Tjuta瞭望台反入口方向駕駛約20分鐘左右，便會到達神石群的腳下，那裡設有兩條行山路線，分別是Walpa Gorge Walk及再遠一點的Valley of the Winds Walk，遊人可走進群山包圍的山谷，從別的角度感受火紅岩石的高低跌宕。兩大路線各有賣點，Walpa Gorge是石群中最高，高度達530公尺；Valley of the Winds則是日本動畫大師宮崎駿的靈感繆斯，著名動畫《風之谷》正是以此為據。兩條路線以Walpa Gorge程度較易，整條路線長2.6公里，需約1小時完成；Valley of the Winds則是環山行走，全程7.4公里，行山經驗豐富者不妨花3小時來挑戰自己。

原始的智慧

公園內不時見到點點黑色焦土，其實是原住民故意做成。3年前澳洲中部大火，嚴重得需要疏散居民到其他地區。政府遂將土地交由原住民管理，容許他們重用土著定期燒草的古老習俗，一來這樣做有利控制山火，二來燒過後的土壤會變得肥沃，長出來的草會更精良，吸引更多動物前來獵食，實在不得不佩服原住民的原始智慧。

地：Uluru-Kata Tjuta National Park, Northern Territory

電：61-8-8956 1128

時：5:00am-9:00pm(12-2 月)、5:30am-8:30pm(3 月)、5:30am-8:00pm(4 月)、6:00am-7:30pm(5 月)、6:30am-7:30pm(6-7 月)、6:00am-7:30pm(8 月)、5:30am-7:30pm(9 月)、5:00am-8:00pm(10 月)、5:00am-8:30pm(11 月)

網：https://parksaustralia.gov.au/uluru/do/walks/valley-of-the-winds/

費：入場證成人 AUD38，小童 (17 歲以下) 免費，有效期 3 天

駕：離開 Ayers Rock Resort 範圍後，朝 Lasseter Hwy 進入國家公園

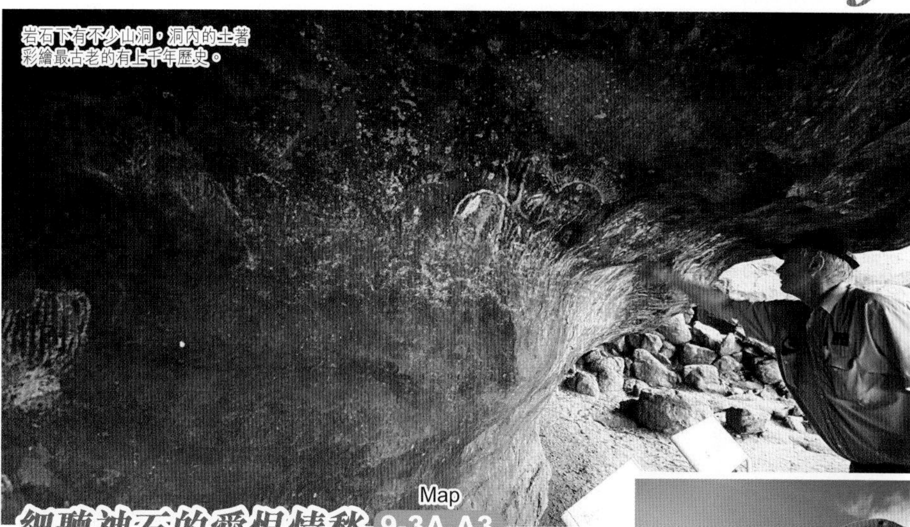

岩石下有不少山洞，洞內的土著彩繪最古老的有上千年歷史。

細聽神石的愛恨情愁 Map 9-3A A3

The Uluru Base Walk 21

Uluru神石本身擁有6億年歷史，一直被土著視為神聖之地，流傳著很多鮮為人知的神話故事。如繞山而行，全長9.4公里的Uluru Base Walk奇觀背後便有許多動人傳説。Base Walk包含了Liru Walk、Mala Walk及Kuniya Walk3條步行徑，步行徑的名字正代表著3位民族祖先，他們全都是隨意變為人、變為獸的生物，像Kuniya為大蟒蛇女、Liru則是毒蛇男等。故事題材相當廣泛，有愛情、動作、復仇、神怪等曲折離奇的情節，全刻在山腳下的太陽能發聲故事版上，遊人請自行加上幻想力，參透箇中的愛恨交纏。

要環繞這塊全球最大的獨立岩石走一圈，得花上3-4小時。

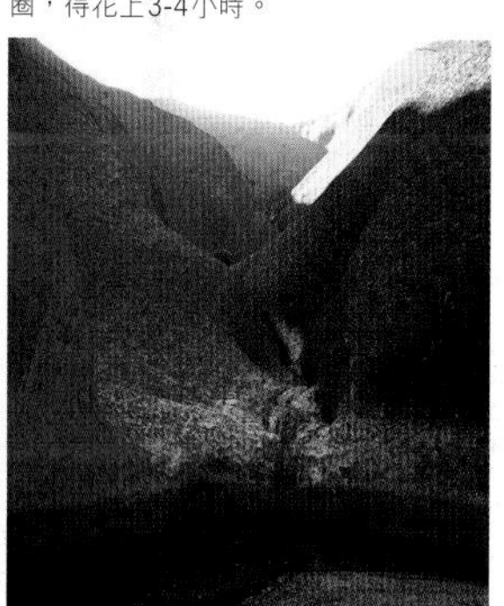

Kuniya及Liru岩石之間有個叫Mutitjulu的水塘，傳説層層相間的山坡是兩條大蛇的化身，牠們負責守護水塘，令它永不乾涸。

遊石以外……

看畢一眾神石群，也可到Uluru附近的原住民文化中心參觀。內裡有咖啡店及數間手信舖販賣原住民彩繪、飾物及手製工具與藝術品，還可參加旅行團，由正宗土著教授點畫藝術，親身接觸原住民文化的獨有魅力。

地：Uluru-Kata Tjuta National Park, Northern Territory　電：61-8-8956 1128

時：5:00am-9:00pm(12-2月)、5:30am-8:30pm(3月)、5:30am-8:00pm(4月)、6:00am-7:30pm(5月)、6:30am-7:30pm(6-7月)、6:00am-7:30pm(8月)、5:30am-7:30pm(9月)、5:00am-8:00pm(10月)、5:00am-8:30pm(11月)

網：https://parksaustralia.gov.au/uluru/do/walks/uluru-base-walk/

費：入場證成人AUD38，小童(17歲以下)免費，有效期3天

駕：離開Ayers Rock Resort範圍後，朝Lasseter Hwy進入國家公園

Uluru多麼近，舉起酒杯已可將整個倒影反射於香檳之中。

夕陽西照石映紅
Uluru Sunset Tour

22 Map 9-3A A3

Uluru神石的風采，在日出日落時分最為出色，置身國家公園內就可近距離欣賞巨石散發的懾人氣魄。公園內設有兩個日落觀賞位置，分別是私家車日落觀賞區及旅遊巴士日落觀賞區，兩個觀賞區以停泊旅遊巴的位置較佳。如你參加日落巴士團就可跟神石正面接觸，兼享用無限飲料與小食。在日落的短短30分鐘內，Uluru每一秒都在變化，由原本被陽光照得光亮的金啡色，漸轉為多層次的橙紅色，在太陽快要下山之際又變成火紅，最後隨著夕陽西下才隱藏在黑夜中。

參加日落巴士團的好處，就是有專人侍候一大堆佐酒小吃。

私家車是不可駛進旅遊巴士日落觀賞區的，想拍得如此震懾氣勢，就別省下那點錢吧！

拍照、拍照、再拍照，是遊石的指定動作。日落後20分鐘便回程，要影趁手！

地：專車於下榻酒店接送　電：61-2-9028-5180
網：https://www.aatkings.com/tours/uluru-ayers-rock/uluru-sunset/
費：（成人）AUD 85 起、（小童）AUD 59 起
駕：離開 Ayers Rock Resort 範圍後，朝 Lasseter Hwy 進入國家公國
註：日落前 60 分鐘於指定地點集合，詳情請向導賞團職員查詢

輕怡小食吧
Tali Wiru 23

Map 9-3A A3

Tali在土著語中解作「沙丘」，正是度假村門外自然景觀的寫照。酒吧位於Sails in the Desert酒店內，主要提供餐前或飯後特飲，亦附設輕巧小食及帶有亞洲色彩的午餐及晚餐。吧內不停播放輕音樂，晚上更有琴師即場演奏，氣氛輕鬆寫意。

酒吧旁便是泳池，顧客可選坐池畔慢慢歎冷飲。

三文魚沙律 Salmon Salad
三文魚沙律頗大碟，作為輕怡午餐已夠飽。另外還有壽司、咖喱雞飯等，種類多元化。

地：Sails in the Desert Hotel, Ayers Rock Resort, Uluru, Northern Territory

電：61-8-8296 8010　網：www.ayersrockresort.com.au

時：11:00am - late(只於3月下旬至10月下旬營業)

駕：朝 Ernest Giles Rd 行駛，繼續朝 Luritja Rd 一直行，見 Lasseter Hwy 向右轉，駛至 Uluru Rd 即達 Uluru 區域，全程約 3 小時 45 分

抵食海鮮自助餐 24
Ilkari Restaurant

Map 9-3A A3

同樣在於Sails in the Desert酒店內的Ilkari Restaurant，主要供應自助早餐及晚餐，在百物騰貴的旅遊區內，這裡的自助晚餐屬頗為划算之選。菜式以一系列新鮮海鮮作招徠，生蠔、小龍蝦、大虎蝦、青口、三文魚等無限量供應，頭盤亦有十多款選擇，別具地中海風情。

新鮮海鮮堆滿一桌，此外還有大量冷盤、熱葷及甜品可選。

地：Sails in the Desert Hotel, Ayers Rock Resort, Uluru, Northern Territory

電：61-8-8296 8010　時：6:30am - 10:30am、6:00pm - 10:30pm

網：https://www.ayersrockresort.com.au/dining/ilkari

駕：朝 Ernest Giles Rd 行駛，繼續朝 Luritja Rd 一直行，見 Lasseter Hwy 向右轉，駛至 Uluru Rd 即達 Uluru 區域，全程約 3 小時 45 分

位置便利

Mercure Alice Springs Resort

Map 9-3A C5

距離愛麗絲泉機場15公里，可到網站下載詳盡地圖；又或聯絡酒店，安排專車接送。

別以為酒店度假村一定遠離市區，這家Mercure Alice Springs Resort距離愛麗絲泉市中心僅5分鐘路程，住在這兒既可享受寧謐的時光，到各主要景點玩熱氣球、騎駱駝或乘搭吉普車暢遊沙漠也十分方便。度假區共有139間房間，全部均可看到Todd River或花園美景，基本設施亦相當齊全，最啱要求高的遊客入住。

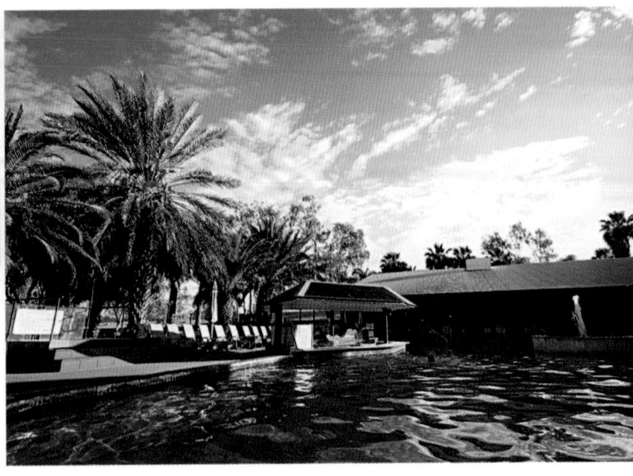

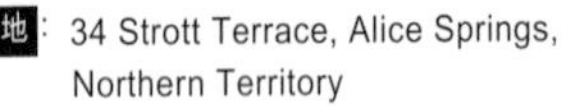

地：34 Strott Terrace, Alice Springs, Northern Territory

電：61-2 8951 4545

費：每晚 AUD 195 起 (2023 年 5 月參考價)

設：寬頻上網、外幣兑換服務、泳池、商務中心

站在酒店陽台已能享受Ayers Rock的宏偉景觀。

五星級之選 26

Map 9-3B A3

Ayers Rock Resort

有專車來往Ayers Rock機場及酒店

Ayers有各種不同等級的住宿可選擇，由一晚AUD43的營地露營、AUD400起的精緻酒店，至AUD3,780一晚的尊貴獨立屋(Longitude 131)都有，豐儉由人。酒店位於廣闊的平原上，能遠眺Ayers Rock，景色壯麗怡人，前往各主要景點也相當方便。此外，酒店亦安排了超過65個觀光團給住客參加。基本上，入住這間酒店後，你便可以無憂無慮，玩盡裡面的設施，以及在當地導遊的帶領下，暢遊北領地的各個著名景點。

地：Yulara Drive, Ayers Rock Resort, Uluru, Northern Territory

電：61 1300 134 044

網：www.ayersrockresort.com.au

設：醫療中心、旅客服務中心、美容院、泳池、網球場、圖書館、畫廊

大集團出品 27 Map 9-3A A3

Kings Canyon Resort

酒店位於愛麗絲泉及Uluru之間，由Watarrka National Park開車前往約7分鐘

酒店建於1991年，雖然已投入服務十多年，但房間仍能保持簇新和舒適。酒店位置方便，就在來往Uluru和愛麗斯泉的高速公路附近；往來著名的Watarrka National Park只是7公里。

房間選擇豐儉由人，擁有面對靚景的按摩浴豪華套房，亦有經濟實惠的背囊客宿舍。

地：Luritja Road, Watarrka National Park, Kings Canyon, Northern Territory

電：61-8-8956 7442

網：www.kingscanyonresort.com.au

費：每晚 AUD 380-480

設：戶外燒烤場、2 個泳池、網球場等、Wi-Fi

體驗野外生活 Map 9-3A A3

Kings Canyon Wilderness Lodge 28

由Watarrka National Park開車前往

北領地風光處處，想在最短時間內遊歷境內多個知名景點，建議你入住Kings Canyon Wilderness Lodge。單是「Wilderness」這個字，已知道這兒會跟野外活動扯上關係。事實上，度假屋提供了多款不同行程供遊客選擇，一般只需3日，就可以帶你玩盡北領地。

現今的豪華帳篷不止有高床軟枕，更有空調設備，認真誇張。

地：Kings Creek Station, Luritja Road, Kings Canyon,Northern Territory

電：1800-891-121（澳洲境內）/ 61-8-8955 8311

費：每晚每位 AUD 420

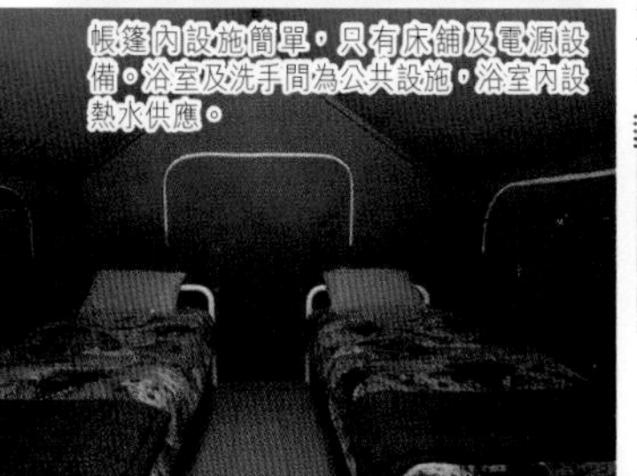

帳篷內設施簡單，只有床舖及電源設備。浴室及洗手間為公共設施，浴室內設熱水供應。

多元化民宿 Map 9-3A A3

Kings Creek Station 29

雖然沒有堂皇的裝修，Kings Creek Station卻是野外體驗的好去處。這兒有露營、騎駱駝、駕駛野外四驅車及乘搭直升機等節目供住客參加，有興趣的話，只要向職員報名便可出發玩個痛快。

地：PMB 164 Alice Springs, Northern Territory

電：61-8-8956 7474

網：www.kingscreekstation.com.au

費：Safari Cabins（成人）AUD 101；（6-16 歲小童）AUD 63

駕：由 Red Centre Way 直駛向 Watarrka National Park，全程約 260 公里，約需 3 小時

《澳洲王》

出版經理：馮家偉
執行編輯：Gary、Winnie
美術設計：Polly
電話：5116 9640
傳真：3020 9564
出版：經緯文化出版有限公司
電子郵件：iglobe.book@gmail.com
網站：www.iglobe.hk

港澳發行：聯合新零售(香港)有限公司
電話：852-2963-5300

台灣發行：大風文創股份有限公司
電話：886-2-2218-0701

國際書號：978-988-76582-2-1
初版：2011年　第49版：2023年6月
定價：港幣148元　　台幣539元

iGLOBE PUBLISHING LTD.
Rm 25, 8/F, Blk A, Hoi Luen Industrial Ctr,55 Hoi Yuen Rd, Kwun Tong, KLN